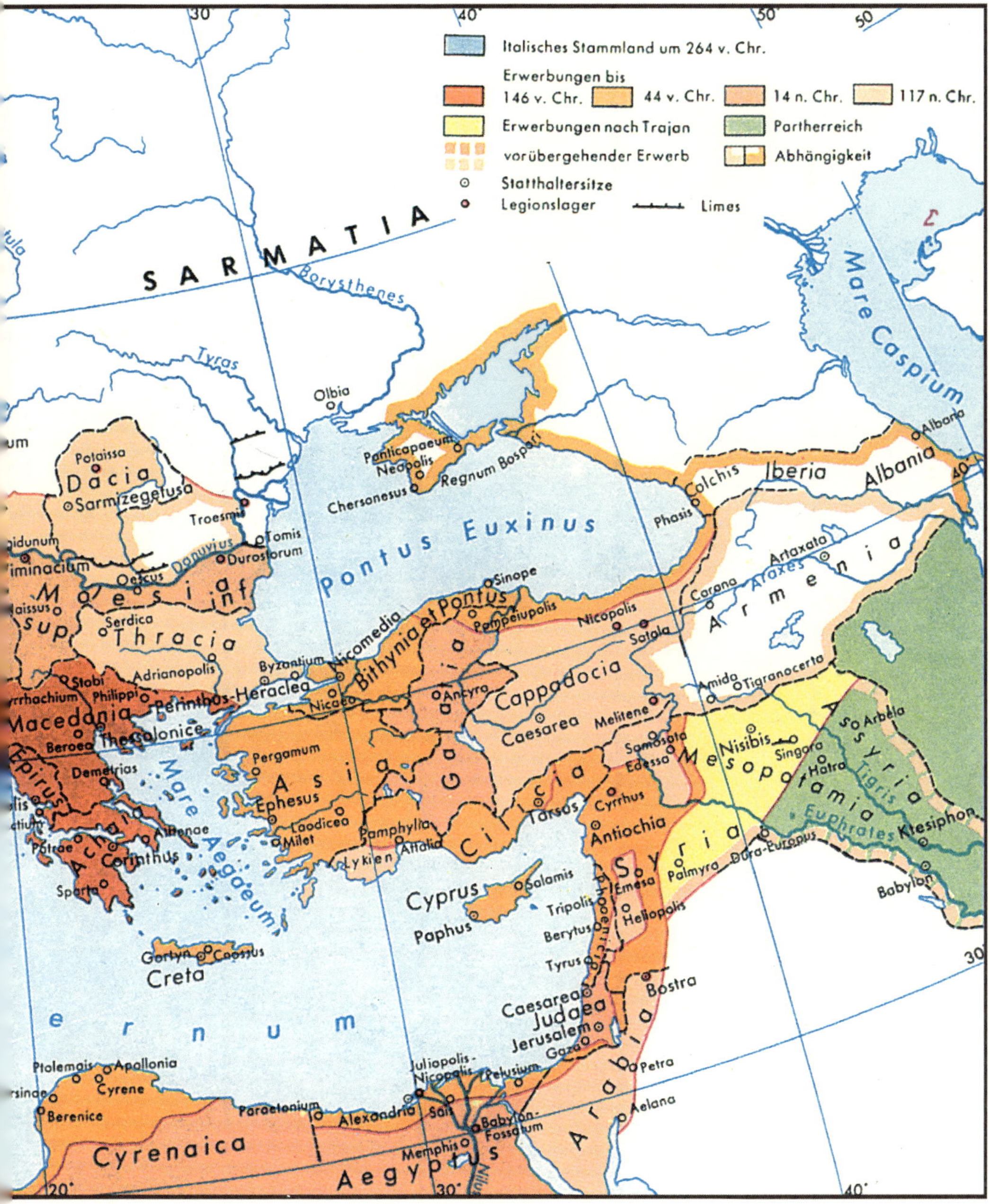

Italisches Stammland um 264 v. Chr.
Erwerbungen bis
146 v. Chr.
44 v. Chr.
14 n. Chr.
117 n. Chr.
Erwerbungen nach Trajan
Partherreich
vorübergehender Erwerb
Abhängigkeit
Statthaltersitze
Legionslager
Limes
SARMATIA
Borysthenes
Tyras
Olbia
Panticapaeum
Neapolis
Chersonesus
Regnum Bospori
Pontus Euxinus
Mare Caspium
Albania
Iberia
Colchis
Phasis
Artaxata
Araxes
Armenia
Carana
Nicopolis
Satala
Sinope
Pompeiupolis
Bithynia et Pontus
Nicomedia
Byzantium
Nicaea
Ancyra
Galatia
Cappadocia
Caesarea
Melitene
Amida
Tigranocerta
Samosata
Edessa
Nisibis
Singara
Hatra
Arbela
Mesopotamia
Assyria
Tigris
Euphrates
Ktesiphon
Babylon
Dura-Europus
Palmyra
Syria
Antiochia
Cyrrhus
Tarsus
Cilicia
Emesa
Heliopolis
Tripolis
Berytus
Tyrus
Phoenice
Bostra
Caesarea
Judaea
Jerusalem
Gaza
Petra
Aelana
Arabia
Pelusium
Juliopolis-Nicopolis
Alexandria
Sais
Babylon-Fossatum
Memphis
Aegyptus
Nilus
Paraetonium
Cyrenaica
Berenice
Cyrene
Apollonia
Ptolemais
Cyprus
Salamis
Paphus
Creta
Gortyn
Cnossus
Mare Aegaeum
Asia
Pergamum
Ephesus
Laodicea
Milet
Lykien
Pamphylia
Attalia
Thracia
Serdica
Adrianopolis
Perinthus-Heraclea
Macedonia
Thessalonice
Stobi
Philippi
Beroea
Epirus
Demetrias
Achaia
Athenae
Corinthus
Patrae
Sparta
Moesia sup.
Moesia inf.
Naissus
Oescus
Durostorum
Danuvius
Tomis
Troesmis
Dacia
Potaissa
Sarmizegetusa
Viminacium
Singidunum
30
40
50
20

DIE JUDEN IM RÖMISCHEN REICH

Ute Schall

DIE JUDEN IM RÖMISCHEN REICH

Verlag Friedrich Pustet
Regensburg

Umschlagmotiv: Sog. Titusbogen auf dem Forum Romanum in Rom.
Detail aus dem Innenrelief (vgl. dazu S. 170).
Foto: AKG Berlin/Erich Lessing

Die Deutsche Bibliothek – CIP-Einheitsaufnahme

Ein Titeldatensatz für diese Publikation ist bei
Der Deutschen Bibliothek erhältlich.

ISBN 3-7917-1786-3
© 2002 by Verlag Friedrich Pustet, Regensburg
Umschlaggestaltung: Anna Braungart, Regensburg
Gesamtherstellung: Friedrich Pustet, Regensburg
Printed in Germany 2002

Inhalt

Vorwort 7

VORABEND DER GESCHICHTE ISRAELS

Der Auszug aus Ägypten 13
Jerusalem, die Heilige Stadt 24
Die Babylonische Gefangenschaft 29
Unter Alexander dem Großen und seinen Nachfolgern 38
Der Makkabäeraufstand 45

DER OSTEN UNTER RÖMISCHER HERRSCHAFT

Die Hasmonäer – Aufstieg und Niedergang einer Dynastie 57
Crassus – Pompeius – Cäsar 66
Herodes auf dem Weg zum Königtum 72
Auge um Auge 80
Herodes der Große – König, Vater und Tyrann 86
Herodes, der Bauherr 98
Jesus von Nazareth 109
Teilung des Herodesreiches 119
Provincia Iudaea (6 n. Chr.) 127
Die Juden in der Diaspora 133
Die jüdische Gemeinde in Rom 143

Provincia Iudaea bis 41 n. Chr. 149
Agrippa I., König der Juden (41–44 n. Chr.) 158
Judenvertreibungen in Rom 186
Judäa gerät zunehmend außer Kontrolle 191
Auftakt zum Krieg 204
Das Jahr 66 n. Chr.: Der große Krieg beginnt 212
(Flavius) Josephus – Befehlshaber von Galiläa 221
Der Untergang Jerusalems (70 n. Chr.) 239
Die Erstürmung von Machaerus und Masada 246
Nach dem großen Krieg 254
Die Zeit zwischen den Aufständen 263
Aufstand der Diasporajuden (115–117 n. Chr.) 270
Das Ende Judäas unter dem „Sohn des Sterns" (132–135 n. Chr.) . 283
Nach Bar Kochba 295
Palästina unter den Antoninen (138–192 n. Chr.) 302
Unter den Severern (193–235 n. Chr.) – Gutes Einvernehmen
mit den jüdischen Untertanen 309
Der Zerfall des Römischen Reiches 316
Juden und Christen – Beginn einer Rivalität 327

Anhang
   Dank 340
   Anmerkungen 341
   Literatur 350
   Zeittafel 352
   Stammtafeln (Hasmonäer, Herodäer) 356
   Register 358
   Bildnachweis 365

Vorwort

Der Beitrag der Juden zur Geschichte Europas ist kaum zu überschätzen und sollte schon deshalb ein Teil des allgemeinen Wissens- und Bewusstseinskanons sein. Und hier war es wiederum der römische Staat einschließlich seiner christlichen Ausprägung seit der Regierung Constantins des Großen (306–337), der mit Hilfe weltlich und später dann auch kirchlich sanktionierter Normen die Existenzberechtigung der Juden verankerte. Es handelte sich dabei allerdings um eine sehr eingeschränkte, unserer Vorstellung von Toleranz und Gleichberechtigung nicht entsprechende Einordnung der Juden in die christliche Mehrheitsgesellschaft des spätantiken Römerreichs, die den Keim zu deren rechtlichen und sozialen Deklassierung bereits in sich trug und der theologisch begründeten Judenfeindschaft zusätzlichen Rückenwind verschaffte. Damit ist aber nicht gesagt, dass der Judenhass und die Judenverfolgungen des späteren Mittelalters sich geradezu zwangsläufig aus den Vorgaben und Einstellungen der ausgehenden Römerzeit entwickeln mussten.

Wenn ein von der Pflicht der Christianisierung der römischen Welt so überzeugter Herrscher wie Theodosius I. (379–395) den Rechtsgrundsatz, „dass durch kein Gesetz die jüdische Religion verboten sei", nachdrücklich in Erinnerung rief, so setzte er damit die lange Tradition von römischen Herrschaftsprinzipien fort, deren innere Wahrheit und Folgerichtigkeit für die jeweiligen Zeitgenossen und die darüber räsonierenden Späteren allein schon durch den Erfolg Roms in Gründung und Behauptung eines Weltreichs offensichtlich waren. Dazu bedurfte es keiner tief schürfenden Philosophie und Ideologie, die etwa im Toleranzgedanken den Schlüssel zu einer gesellschaftlichen Integration mit dem Ziel einer Weltgesellschaft gefunden bzw. aus religiöser Indifferenz über die Lehren (und deren Konsequenzen) abweichender Glaubensbewegungen hinweggesehen hätte, sondern lediglich eines politischen Pragmatismus und der elastischen Handhabung einiger Prinzipien.

Die oberste Messlatte, die in diesem Zusammenhang an Juden und andere religiöse und national-ethnische Bevölkerungsgruppen angelegt wurde, war die strikte Wahrung der öffentlichen Ordnung – *disciplina publica* –, deren Gefährdung mit einem rigorosen Vorgehen der römischen Autoritäten geahndet wurde. Von dieser Prämisse aus gesehen – verkürzt könnte man geradezu von einem Grundgesetz sprechen –, genossen die Juden keinen Spezialstatus, wenn auch der Pragmatismus der Römer in dem ein oder anderen Punkt eine Ausnahmeregelung gegenüber Juden zuließ, da man erkannt hatte, dass diese von religiösen Überzeugungen und daraus resultierenden Lebensgewohnheiten (Sabbatheiligung, Beschneidung) geprägt und dadurch im öffentlichen Leben behindert wurden. Generell traf also auch für die Juden im Römischen Reich Rechtsnormalität, nicht Freistellung von für die Gemeinschaft geltenden Grundsätzen (mit Folgen wie etwa Sozialneid) zu.

Vergangenes Geschehen, wie wir es in Schriftquellen und nicht selten ergänzt durch Sachquellen vorfinden, wird erst durch die menschliche Reflexion zur Geschichte. Edward Hallett Carr hat diese Erkenntnis in folgender Weise zum Ausdruck gebracht: „Geschichte ist das lange Ringen des Menschen, durch den Einsatz seiner Vernunft seine Umgebung zu verstehen und auf sie einzuwirken" (Was ist Geschichte?, Stuttgart 1963, S. 132). Es handelt sich dabei um einen Bewusstwerdungsprozess, der um der eigenen Existenz selbst willen notwendig ist. Für die Umsetzung dieses menschlichen Grundbedürfnisses von Selbstvergewisserung gibt es verschiedene Möglichkeiten, darunter die *Geschichtserzählung*. Diese wurde zeitweise – weil angeblich intellektuell nicht herausfordernd genug und die überindividuellen Gegebenheiten und Strukturen nicht ausreichend berücksichtigend – in die Rumpelkammer der Geschichtsforschung verbannt. Heute aber gilt sie wieder und mit Recht als eine wichtige Darstellungsform des historisch Erforschten und des gedanklich Fortsetzbaren (und Fortschreibbaren), wenn uns die Quellen einmal im Stich lassen. Ihre Existenzberechtigung neben und zugleich mit der untersuchenden, diskursiven und didaktischen Darstellung von Geschichte steht außer Frage. Die Alternative *Geschichtserzählung oder Geschichtstheorie* ist der Auffassung gewichen, dass beide Ansätze als komplementär zu betrachten sind, aufeinander verweisen und sich nicht ausschließen.

Das hier vorgelegte Buch über die Juden im Römischen Reich ordnet sich in die klassische Auffassung von einer Geschichtserzählung ein. Es ist – durchaus im Bewusstsein, dass von der vergangenen Wirklichkeit lediglich Sichtweisen existieren – aus den Quellen erarbeitet, lebt immer wieder vom erzählerischen Moment und versucht erst gar nicht, den Lauf der Geschichte in das Prokrustesbett historischer Gesetzmäßigkeiten zu zwingen. Sein Informationswert ist beträchtlich. Da es keine Deutungsmacht beansprucht, kann es mit größerem Recht als anspruchsvolles Sachbuch für ein breites Publikum gelten als viele andere Publikationen, die unter diesem Etikett firmieren. Man muss ihm deshalb viele Leser wünschen.

Dr. Helmut Castritius
Professor für Alte Geschichte
an der TU Braunschweig

VORABEND DER GESCHICHTE
ISRAELS

Der Auszug aus Ägypten

Aufbruch in das verheißene Land – „Landnahme" – Hebräer und Philister –
Die Könige Saul und David – Jerusalem: Hauptstadt des Davidreiches

Ramses (1290–1224 v. Chr.), zweiter Herrscher gleichen Namens aus der Dynastie der Ramessiden, schickt sich gerade an, das uralte Reich der Pharaonen, über dem bereits die Sonne sinkt, aus den langen Schatten noch einmal zu den Höhen des Lichts zu führen. Zu seinen Untertanen gehören auch Angehörige eines halbnomadischen Volkes, das zu den übermächtigen Gottkönigen in einem zwangsarbeitsähnlichen Abhängigkeitsverhältnis steht.

„Habiru" oder „(H)apiru" werden sie in altägyptischen Texten aus der zweiten Hälfte des zweiten Jahrtausends genannt, eine Bezeichnung, auf die möglicherweise der Name „Ibri", Hebräer, seine Wurzeln zurückführt.[1] Sie haben, wie es schon die biblischen Quellen andeuten, einst mit ihren Herden wegen einer anhaltenden Trockenheit ihre vorderasiatische Heimat verlassen und im Nildelta Zuflucht gesucht. Dort leben sie in dankbarer Erinnerung an Josef, den Sohn Jacobs, ihren ruhmreichen Ahnen, der vor mehr als 400 Jahren unter der Fremdherrschaft der Hyksos, der aus Asien stammenden Könige der 15. und 16. Dynastie, das einflussreiche Amt des Großwesirs bekleidet und sich und den Seinen beachtliches Ansehen verschafft hat. Doch hat nach der Vertreibung der Fremden ein neuer ägyptischer König den Thron bestiegen, der Josef nicht kannte[2], und das Unheil, das die Hebräer mit der Macht einer Naturgewalt überrollte, nahm seinen Lauf …

Schon unter den Gottkönigen der 18. Dynastie waren die Hapiru kaum mehr als verachtete Hirten unter anderen Fremden, „erbärmliche Asiaten" und „Sandbewohner", wie sie die Alteingesessenen des Landes am Nil geringschätzig nannten. Und Ramses II. aus der 19. Dynastie, dem die Geschichte das seltene Prädikat „der Große" verleihen sollte, der größte Bauherr aller Zeiten in Ägypten – beinahe die Hälfte aller dort erhaltenen Monumente des Altertums geht nachweislich auf ihn zurück –, zwang sie gar zu Frondiensten: Für den Ausbau seiner gewaltigen Residenz im Nildelta mussten sie schwerste Feldarbeit verrichten oder Lehmziegel für seine ehrgeizigen, oft ins Maßlose gesteigerten Bauvorhaben herstellen. Das stolze Wüstenvolk, das den fremden Königen früher mit Freuden gedient hatte, fühlte sich zunehmend gedemütigt und beschloss, der entwürdigenden Knechtschaft den Rücken zu kehren und unter der Führung des Moses, den es als Propheten verehrte, ins Land der Väter zurückzuziehen.

In der metaphern- und blumenreichen Sprache, die den Bewohnern des Vorderen Orients noch heute eigen ist, erzählt die Bibel äußerst anschaulich vom Aufenthalt in Ägypten und dem Exodus, eine lange und komplizierte Überlieferung wohl einer ganzen Reihe von Wanderungen, die spätere Bewohner des Heiligen Landes verschmolzen und als Beweis für das rettende Eingreifen Gottes in das Schicksal seines Volkes werteten. Die Erzählungen der Bibel, die noch heute jedem Grundschüler vermittelt werden, von der strengen Wissenschaft lange angezweifelt und mit Argwohn bedacht, erweisen sich im Licht archäologischer Forschungen als immer wahrscheinlicher: Die Flucht unter Moses auf geheimen Pfaden und die am Schilfmeer gescheiterte Verfolgung durch die Ägypter, der beschwerliche Weg über den Sinai, vorbei an den alten ägyptischen Türkis- und Kupferbergwerken im Westen, die Rast in der Oase Mara, wo Moses das erste „Wunder" vollbrachte, indem er ihrem ungenießbaren Wasser seine Bitterkeit nahm, sodass Mensch und Tier ihren Durst stillen konnten. Weiter durch Schluchten und gewundene, ausgetrocknete Wadis, über bizarre Gebirgs- und Felsformationen aus rotem Sandstein und bronzefarbenem Granit, nur ab und zu eine Spur von Leben in der kargen Landschaft, ein magerer Busch oder ein vertrockneter Strauch, aber nirgendwo ein Schatten spendender Baum, Wüstensand oder Felsen allenthalben und Vorräte, die sich allmählich neigen. Schon träumen sie von Ägyptens üppigen Fluren, dem im Überfluss gedeckten Tisch. In der Verklärung des Rückblicks, die ungewisse Zukunft vor Augen, beginnen die ersten zu zweifeln und sich nach Ägyptens wohl gefüllten Fleischtöpfen zu sehnen. War nicht die schlimmste Zeit der Knechtschaft immer noch besser als Hunger und Entbehrung und die vor ihnen liegende Unsicherheit?

Da stellen sich ihnen bei Refidim die Amalekiter in den Weg, ein wilder Wüstenstamm, als Geißel der Menschheit bekannt. Doch Moses, der gottesfürchtige Führer, den nichts erschrecken kann, schickt ihnen seine mutigsten Krieger entgegen, an ihrer Spitze den begabten Feldherrn Josua, dem es gelingt, die Angreifer in die Flucht zu schlagen.

Langsam zieht das Volk Israel weiter zum Berg Sinai im Süden der Halbinsel, wo ergiebige Quellen und ausgedehnte Weideflächen zu einer längeren Rast einladen. Durch hoch aufragende Felswände ist man zudem vor neuen Überfällen geschützt. Hier schließt der Herr nach dem

Glauben der Alten mit den Israeliten den immerwährenden Bund, der sie zum Volk Gottes macht, zum auserwählten, indem er Moses seine Gesetze offenbart. Diese Offenbarung wurde zur „Magna Charta" des Judentums, das von Gott zum Gehorsam gegenüber der Thora verpflichtet und also auserwählt war. Das historisch weder fassbare noch genau lokalisierbare Ereignis wuchs im Laufe der Jahrhunderte „infolge besonderer überlieferungsgeschichtlicher und politischer Bedingungen … zu welthistorischer Bedeutung".[3]

Noch aber ist das verheißene Land nicht gefunden. Ein Jahr ist seit dem Aufbruch aus Ägypten vergangen, da machen sich die Hapiru erneut auf den Weg. Über Paran und Negev folgen sie ihren Herden und lagern schließlich in den Tälern und auf den Hügeln an der Oase Kadesch-Barnea, dem Tor zum Lande Kanaan, in das Moses zwölf seiner besten Leute als Kundschafter entsendet: „Seht", befiehlt er ihnen, „wie das Land aussieht, und ob seine Bewohner stark oder schwach sind!"[4] Die Männer schwärmen aus, schon neigt sich der Sommer, und Weintrauben, Feigen und Granatäpfel sind reif. Vierzig Tage lang durchstreifen sie staunend die Gegend und können sich nach all den Monaten eintöniger Wüste und Entbehrung an so viel Fruchtbarkeit kaum satt sehen. Und als sie endlich zurückkehren, berichten sie stolz, sie haben ein Land gefunden, in dem „Milch und Honig fließen"[5].

Honig aber (wahrscheinlich Dattelsirup) und Milch standen den Wüstenbewohnern für Ackerbau und Viehzucht und waren begehrenswert für Nomadenstämme, die bisher nur von dem gelebt hatten, was ihnen Wüste und Oasen boten. „Es war ein gutes Land", hatte schon Jahrhunderte zuvor Sinuhe, der nach Kanaan geflohene Ägypter, begeistert berichtet. „Feigen gab es dort und Weinstöcke und mehr Wein als Wasser; es war reich an Honig und hatte viel Öl und viele Früchte auf seinen Bäumen. Gerste gab es dort und Weizen und unzähliges Vieh."[6]

Freilich waren auch hier Wachsen und Gedeihen abhängig von den Launen der Natur. Anders als im Land am Nil mit seinen künstlich angelegten Bewässerungsarmen „trank" die Erde Kanaans nur das Wasser, das als Regen vom Himmel fiel. Es würde also auch, soviel war gewiss, ein Land der Mühsal sein, und die Worte des Herrn würden sich in ihm erfüllen: „Im Schweiße deines Angesichts sollst du dein Brot essen."[7]

Aber es sollte weitere vierzig Jahre dauern, ehe die Wanderer dieses gelobte Land einnehmen und sich auf Dauer dort einrichten konnten, wiederum unter Josuas bewährter Führung. Von Jericho aus eroberte er mit seinen Kriegern nach und nach die kanaanitischen Stadtstaaten.

Vorläufiger Höhepunkt war die Einnahme Hazors, 1230 v. Chr., der mit 30 000 bis 40 000 Einwohnern größten und stolzesten Stadt Kanaans (die nach der Zerstörung durch Josua ein Ruinenfeld bleiben sollte, bis sie König Salomo im 10. Jahrhundert wieder aufbaute). Weitere Siedlungen kamen in den beiden folgenden Jahrhunderten hinzu. Jerusalem fiel jedoch erst gegen 1000 v. Chr. in die Hand der Israeliten.

Was als „Landnahme" aus den Geschichtsbüchern gemeinhin bekannt ist und fast wie ein Handstreich anmutet, war in Wirklichkeit ein sich über mehr als zwei Jahrhunderte erstreckender Vorgang. Schon im 14. Jahrhundert v. Chr., lange bevor Ramses II. über die fruchtbaren Ufer des Nils im benachbarten Ägypten herrschte, waren israelitische Nomaden von Osten her in Kanaan eingedrungen. Sie lebten in den unbesiedelten Bergen und zogen im Spätsommer in die abgeernteten Ebenen hinab, um ihre Herden weiden zu lassen. Sie bereicherten Märkte und Städte mit den Erzeugnissen ihres Fleißes und nahmen schließlich Sprache und Kultur der hier ansässigen Kanaaniter an. Die aus Ägypten geflohenen Stämme gesellten sich zu ihnen. Deren Erzählungen von den Mühen und Gefahren ihres abenteuerlichen Marsches mischten sich mit ihren eigenen Legenden. Man zog gemeinsam in die Wüste, um mit anderen Nomadenstämmen in bestimmten Heiligtümern religiöse Feste zu feiern und Vereinbarungen sittlicher und rechtlicher Art zu treffen. Die Erlebnisse von Moses und Josua, die sicherlich nur kleine Gruppen innerhalb des Stammesverbandes betrafen, wurden schließlich zu einer gesamtisraelitischen Vorgeschichte ausgestaltet, und die anderen Landnahmetraditionen gingen über diesen farbenprächtigen Erzählungen verloren.

Mit ihnen erlangte auch die Verehrung Jahwes, ursprünglich wohl in der Sinai- und Negevwüste beheimatet, überregionale und schließlich weltgeschichtliche Bedeutung, weil die aus Ägypten geflohenen Sippen ihre Rettung vor den Verfolgern am Schilfmeer dieser Gottheit zuschrieben, die damit „... für bestimmte Gruppen das Geschichtsbewusstsein" bestimmte, „... alsbald mit dem ‚Vätergott' anderer Sippen identifiziert ... und auf Grund der besonderen politischen Situation im südlichen Syrien für weitere Stämme zur Quelle einer ungemein dynamischen und entschiedenen Religiosität"[8] wurde, eine Tatsache, die dem jüdischen Volk und seinem Staat im Laufe der Geschichte mehr als einmal zum Verhängnis gereichen sollte.

Nach der späteren biblischen Überlieferung hatten zwölf Stämme von dem Land Besitz genommen, die ihren Ursprung auf die zwölf Söhne

Jacobs zurückführten. Josua hatte es, so die Bibel, auf Befehl des Herrn an sie verteilt. Sie wurden von Ältestenräten geführt und waren in einem sakralen Bund vereint. Das Heiligtum ihres Gottes befand sich in Schillo.

Dieser Stammesverband nannte sich Israel, ein Name, der erstmals um 1220 v. Chr. auf einer Stele des Pharaos Merenptah erscheint und als „gegen (den Gott) El" gedeutet wird. Die Heere der zwölf Stämme befehligten Richter, die ab 1025 v. Chr. von Königen abgelöst wurden. Ein Teil der Wissenschaft wertet die im Buch Josua verzeichneten Stammesgebiete als Verwaltungsbezirke späterer Epochen.

Nach der „Landnahme", bei der die Hebräer zwar den Anspruch erhoben hatten, ganz Kanaan ihrem Einfluss zu unterwerfen (was ihnen jedoch nicht gelungen war), kam es im östlichen Mittelmeerraum zu schwerwiegenden und folgenreichen politischen Veränderungen. Die Ägypter, die unter den Nachfolgern der Ramessiden zunehmend an Bedeutung verlieren und ihre Führungsrolle schließlich ganz einbüßen sollten, konnten sich noch mit Mühe gegen vordringende Libyer behaupten, die waffenklirrend in das alte Land am Nil eingefallen waren. Auch gegen verschiedene Seevölker, die, vermutlich durch eine Hungersnot aus ihrer Heimat, dem Schwarzmeerraum, vertrieben, Balkan und Ägäis überquert hatten und die einstige Großmacht ebenfalls bedrohten, reichte ihre Kraft noch einmal aus. Reliefs am großen Tempel von Medinet Habu in der Totenstadt Thebens erinnern noch heute daran. Sie zeigen eine Seeschlacht zwischen Ägyptern unter Pharao Ramses III. (um 1184–1153 v. Chr.) und den Philistern, einem jener Seefahrervölker.

Auf ihrem Rückzug wanderten die geschlagenen Eindringlinge an der Küste des biblischen Kanaan entlang nach Norden. Die Philister, nach denen Griechen und Römer ab dem 2. nachchristlichen Jahrhundert das Land „Palästina" nannten, ließen sich jedoch am südlichen Küstenstreifen des Gelobten Landes nieder und gründeten einen Städtebund, der die Ebenen bald mit fester Hand beherrschte. Ägypten aber zog sich aus Kanaan gänzlich zurück. Mit dem Ende seiner Oberherrschaft kam es dort im 12. und 11. Jahrhundert v. Chr. zu schweren Unruhen, wobei Kämpfe nicht nur gegen fremde Völker stattfanden, sondern auch unter den Stämmen Israels tiefe Feindschaft herrschte.

Vor allem die Philister erwiesen sich für die Hebräer als gefährliche Gegner, da sie politisch und militärisch hervorragend organisiert waren und die besseren Waffen besaßen. Im Gegensatz zu den ansässigen Völkern einschließlich der Ägypter, die noch mit Bronze- und Kupferwaffen kämpften, beherrschten sie die Kunst der Eisenverarbeitung, die sie verständlicherweise vor den Hebräern mit allen Mitteln geheim zu halten versuchten.

Zum ersten großen Zusammenstoß zwischen den Philistern und den Nachfahren Jacobs kam es 1050 v. Chr. in der Schlacht bei Eben-Ezer, in der die vereinigten Stämme Israels vernichtend geschlagen wurden. Erstmals erfuhren sie das Los der Besiegten. Sie gerieten nicht nur politisch unter die Herrschaft der Fremden. Die Stadt Schillo wurde in Schutt und Asche gelegt. Auch die Bundeslade, die die Tafeln mit den Zehn Geboten enthielt, Symbol ihres Glaubens und seit dem Auszug aus Ägypten der heiligste Gegenstand des Volkes Israel, wurde von den Feinden erbeutet. An allen strategisch wichtigen Orten richteten die Sieger Garnisonen ein. Nach Siegerart entwaffneten sie die Besiegten und untersagten ihnen sogar, das Schmiedehandwerk auszuüben – leidvolle Erfahrungen und ein bitterer Vorgeschmack auf alles, was Israel, vor allem unter den Römern, noch widerfahren sollte.

Dennoch: Der junge Staatenbund ging aus der verheerenden Niederlage zumindest moralisch gestärkt hervor. Es gelang Saul, einem Hirten aus dem Stamm Benjamin, den der Prophet Samuel zum Oberhaupt ernannt hatte, die kriegsfähigen Männer aller hebräischen Stämme unter seinem Oberbefehl zu sammeln und die Ammoniter, ein östlich des Jordans lebendes Volk, das in israelitisches Gebiet eingedrungen war, zurückzuschlagen. Daraufhin wurde Saul zum König ausgerufen (um 1020 v. Chr.). Der lockere Stammesverband erstarkte zu nationaler Einheit. Fast fünf Jahrhunderte lang sollte Israel von nun an von Königen regiert werden, zumindest im verklärenden Rückblick nicht die schlechteste Zeit in der jüdischen Geschichte.

Die Herrschaft Sauls sollte allerdings Episode bleiben. Nachdem er die – völlig überraschten – Philister überfallen hatte, entzog ihm Samuel die Königswürde, weil er angeblich die sakrale Position des Herrschers zu stark betont hatte. Als er dann im nächsten Jahr in der Jesreel-Ebene zum entscheidenden Schlag gegen die Eindringlinge ausholen wollte, versagten ihm die meisten Stämme die Gefolgschaft. Schon beim ersten Angriff wurden seine Truppen versprengt und niedergemetzelt. In der ihm aussichtslos erscheinenden Lage beging der gedemütigte Held, von einem feindlichen Bogenschützen zudem schwer verwundet, Selbstmord (um 1005 v. Chr.).

Glaubt man der biblischen Überlieferung, so hatte sich unter den Gefolgsleuten König Sauls David aus Bethlehem, der aus dem Stamm Juda kam, besonders hervorgetan, ein Mann, der in der Tat zu einer überragenden Gestalt der jüdischen Geschichte werden sollte. Zahlreiche Legenden ranken sich um seine Person und vermischen sich mit den überlieferten historischen Berichten. Angeblich habe König Saul nach dem Zerwürfnis mit dem Propheten Samuel an schweren Depressionen gelitten und auf Empfehlung seiner Ratgeber David als Zitherspieler an den Hof geholt, damit ihm jener mit seiner Musik die Schwermut vertreibe. Davids Bemühungen seien, so das Alte Testament, erfolgreich gewesen: „Dann fühlte sich Saul erleichtert. Es ging ihm wieder gut, und der böse Geist wich von ihm."[9] Eine andere Version berichtet, David sei dem König erstmals auf dem Schlachtfeld aufgefallen, als er, furchtlos und nur mit Hirtenschleuder und einer Handvoll Steinen aus einem nahen Flussbett bewaffnet, den Riesen Goliath im Zweikampf erschlug.

Wie auch immer. David scheint dem König sowohl als Musiker als auch als Waffenträger gedient und sich rasch dessen Vertrauen erworben zu haben. Er befreundete sich mit Sauls Sohn Jonatan und heiratete die Königstochter Michal. Der Ruhm des jungen Helden und die Achtung, die er als Vertreter des Königs genoss, weckten bei diesem aber bald Eifersucht und Neid, und er begann, den früher Begünstigten zu hassen. Als der Jüngling ihn wieder einmal mit seinem Zitherspiel zu beruhigen versuchte, schleuderte der rasende König angeblich dreimal seinen Speer nach ihm und wurde „für alle Zeit zum Feind Davids".[10] Gerade noch rechtzeitig gelang jenem mit Hilfe seiner Frau die Flucht. Er sammelte eine Schar von Abenteurern um sich, die von Beutezügen lebte. Um sich den Nachstellungen seines früheren Herrn zu entziehen, trat David als Söldner in die Dienste der Philister ein, die ihn jedoch von der Schlacht gegen Saul ausschlossen. Zum einen befürchteten sie Verrat. Zum anderen sollte er nicht gegen seine Landsleute kämpfen müssen.

Nach Sauls Tod zog David nach Hebron, der größten Stadt Judas, wo die Erzväter Israels begraben lagen. Die sechs Südstämme unterwarfen sich ihm und ernannten ihn zum „König über das Haus Juda" (um 1005 v. Chr.). Die Nordstämme spalteten sich ab.

Mit der Teilung drohte Israel seine mühsam errungene Einheit wieder zu verlieren, und der Bestand des Königtums geriet in Gefahr. Nur den Philistern kam die Entscheidung entgegen, die David zum Herrscher lediglich über das Südreich Juda gemacht hatte. Sie musste zwangsläufig zu einer Teilung des israelitischen Volkes und damit zu Streit und

Uneinigkeit führen. Tatsächlich wurde etwa gleichzeitig für die nördlich angesiedelten Stämme Sauls einzig überlebender Sohn Eschbaal zum Herrscher ernannt. Es kam zu schweren bewaffneten Auseinandersetzungen, an deren Ende Eschbaal von seinen eigenen Leuten ermordet wurde. Danach kam der Ältestenrat der Nordstämme nach Hebron, um dem 37-jährigen David die Krone auch über das Nordreich Israel anzubieten und ihn zum König zu salben (1004 v. Chr.).

Hebron lag weit im Süden und war deshalb als Hauptstadt für das ganze Land kaum geeignet. Jerusalem, die knapp 40 Kilometer nördlich gelegene Festung, befand sich hingegen an einer wichtigen Handelsroute und war als Mittelpunkt eines vereinigten Reiches geradezu prädestiniert. Es erhob sich stolz auf einem Bergrücken und war nach zwei Seiten hin durch tiefe Taleinschnitte gegen Angreifer bestens geschützt. Es besaß eine üppige Quelle, die die Einwohner mit Trinkwasser versorgte. Auf den umliegenden Kalksteinbergen gab es hingegen kein Wasser, was eine längere Belagerung nahezu aussichtslos machte und manchen Feind abschrecken mochte. Die Hänge ringsum prangten von Oliven und Wein. Vor allem aber war die Stadt neutraler Boden, auf den bislang noch kein jüdischer Eroberer seinen Fuß gesetzt hatte. Die Enklave wurde von den Jebusitern, einem kanaanäischen Stamm, bewohnt.

Nichts lag also für den neuen König näher, als Jerusalem zur Hauptstadt seines vereinigten Reiches zu machen. Er führte gegen die Mauern der Stadt, von denen herab ihn die Einwohner verhöhnten, einen Scheinangriff aus.

Währenddessen aber drangen seine besten Leute durch einen unterirdischen Gang und den Schacht der Quelle, die die Bewohner Jerusalems versehentlich nicht gesichert hatten, in die Stadt ein und nahmen sie, offenbar unblutig, in Besitz.

Die Philister, die mit einer gewissen Genugtuung die Konflikte unter den Söhnen Israels verfolgt hatten, sahen sich nun plötzlich von einer starken Macht unter einem geschickten Führer, der sich zudem in ihren eigenen Verhältnissen bestens auskannte, bedroht. Diese überraschende Wendung der Ereignisse konnte ihnen kaum gefallen. Noch im selben Jahr, 1004 v. Chr., versuchten sie deshalb, die Vereinigung der israelitischen Nord- und Südtruppen mit einem gewaltigen Heeresaufgebot zu verhindern. Sie zogen ins Gebirge Juda und näherten sich der soeben eroberten Hauptstadt. Aber David, der sich wiederum als genialer Feldherr erwies, gelang es, sie in die Flucht zu schlagen. Auch ein zweiter Versuch, gegen Jerusalem vorzurücken, scheiterte. Die Israeliten errangen einen so vollkommenen Sieg, dass der feindliche Städtebund fortan keine Bedeutung mehr hatte. Freilich kam ihnen dabei die Schwäche der benachbarten Großmächte zu Hilfe. In Ägypten regierten zwei unfähige Priesterkönige. Die Assyrer hatten sich verzweifelt gegen vorstoßende Armenier zu wehren. Das Hethiterreich schließlich war in zahlreiche Kleinfürstentümer zerfallen.

Da Jerusalem nun fest in seiner Hand war, konnte David daran gehen, seine Macht zu festigen. Nicht lange hatten sich die Philister der erbeuteten Bundeslade erfreuen können. Alle Philisterstädte, die sie aufbewahrt hatten, waren von großem Unglück heimgesucht worden, sodass man sich bald entschlossen hatte, sie den Hebräern zurückzugeben. Zu Davids ersten Amtshandlungen gehörte es, das Glaubenssymbol von Kirjat-Jearim, wo es seit seiner Rückkehr von den Philistern zwanzig Jahre lang gestanden hatte, in die neue Hauptstadt zu holen, was sich als äußerst klug und vorausschauend erwies. Jerusalem wurde dadurch mit Israels verklärter Vergangenheit verbunden und ging als Heilige Stadt in die Geschichte des Volkes ein. Den Jahwekult betrachtete David als Klammer zwischen den verschiedenen jüdischen Stämmen und propagierte eifrig, der Gott des Exodus habe ihn erwählt, um Israel zu retten.

Doch kam es während seiner Regierungszeit immer wieder zu heftigen Unruhen, und der Thron wurde ihm mehr als einmal streitig gemacht. Auch gegen auswärtige Feinde hatte er sich oft zu wehren. Erst unter seinem Sohn, dem weisen König Salomo, den er auf Anraten seiner Hofpropheten noch selbst zum Nachfolger bestimmt hatte, kehrte allmählich Ruhe ein.

Salomo: Als sich sein Vater eines milden Frühlingsabends auf dem Dach seines Palastes in Jerusalem erging, erblickte er eine schöne Frau beim Baden. Der entzückte König schickte nach ihr, nahm sie in sein Bett und zeugte mit ihr einen Sohn. Bathseba, so hieß die Angebetete, war aber mit dem Hethiter Uria verheiratet, den David in der nächsten Schlacht kurzerhand in die vordersten Reihen schickte, wo der Unglückliche, wie vorauszusehen gewesen war, fiel. David heiratete nun die Witwe, aber der Sohn, den sie dem König gebar, starb. Erst an Salomo, ihrem Zweitgeborenen, durften sich die Eltern erfreuen.

Er gilt noch heute als ein Musterbeispiel an Weisheit, als ein Herrscher, dem der Krieg verhasst war. Der Sohn einer legendär schönen Mutter widmete sich lieber den Künsten, entfaltete eine rege Bautätigkeit und ließ in Jerusalem nördlich der Davidstadt einen neuen Bezirk errichten, den er mit weitläufigen Palastanlagen und einem Tempel schmückte. In dessen Allerheiligstem wurde die Bundeslade verwahrt.

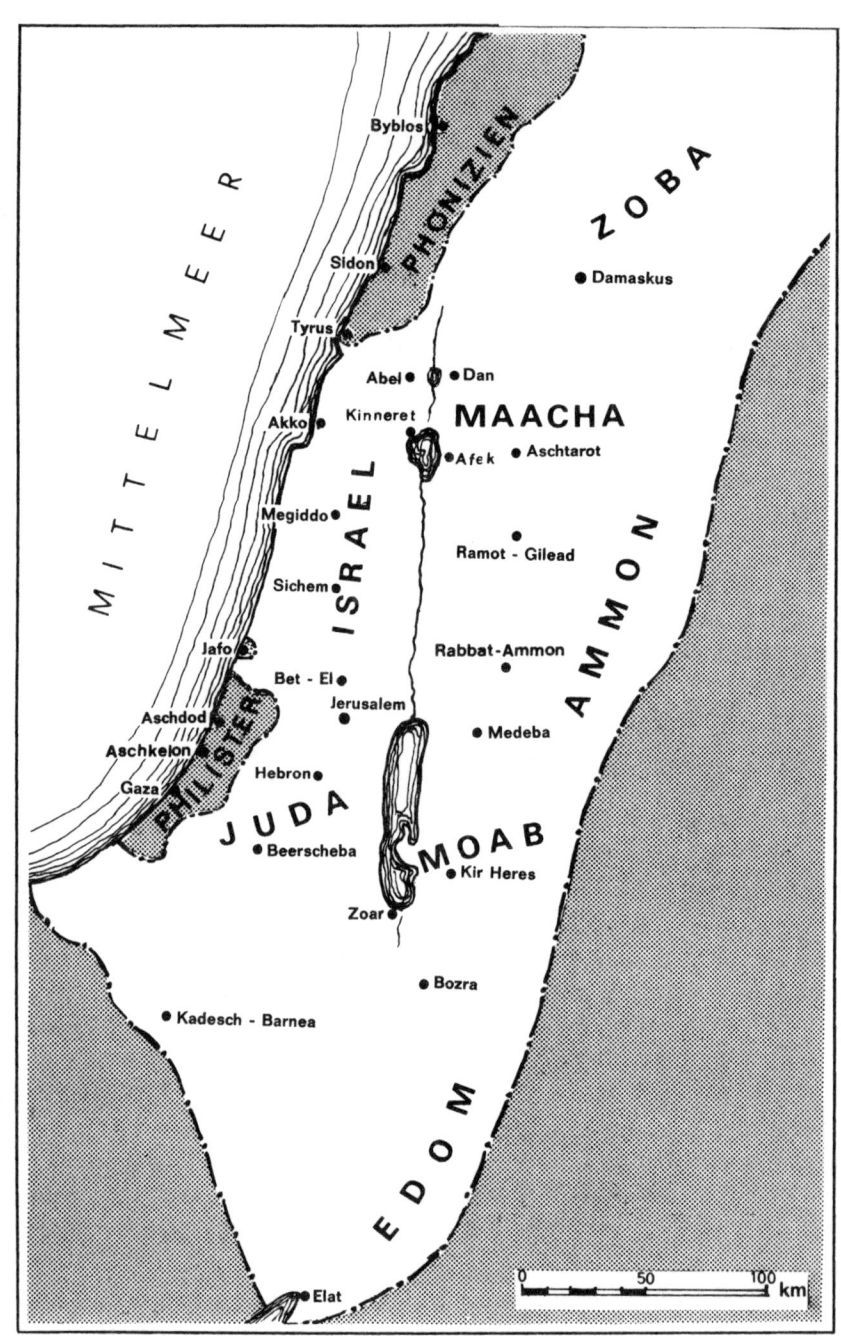

Das Reich Davids und Salomos

Viele zerstörte Kanaaniterstädte baute der umsichtige Herrscher wieder auf. Das dafür benötigte Baumaterial, Zedern- und Zypressenholz, bezog er im Austausch gegen Kupfer, Weizen und Öl. Eine mit Unterstützung des Königs von Tyros geschaffene Handelsflotte und der Zugang zum Roten Meer sicherten einen lebhaften Warenaustausch mit den Nachbarländern und verhalfen dem weisesten unter den Königen zu einem Wohlstand, der ihm allseits Bewunderung eintrug.

Doch nach seinem Tod (um 930 v. Chr.) zerfiel das Reich, das er mit so gütiger Hand gelenkt und zusammengehalten hatte, erneut (s. Karte S. 22). Zwar wurde sein Sohn Rehabeam von den Ältesten noch in den Königsstand erhoben. Aber die Nordstämme knüpften an seine Anerkennung Bedingungen: Minderung der Steuerlasten und Befreiung der inzwischen einflussreicher gewordenen Kanaaniter vom Frondienst. Rehabeam lehnte ab, und die Nordstämme erhoben Jerobeam, den Aufseher über die königlichen Güter, zum Herrscher über ihren Landesteil. Immerhin blieb der Tempel in Jerusalem Aufbewahrungsort der Bundeslade und der Ort, wo der Tempel einst stand, bis heute kultischer Mittelpunkt des jüdischen Glaubens.

*Denn der Herr hat den Zion erwählt,
ihn zu seinem Wohnsitz erkoren:
„Das ist für immer der Ort meiner Ruhe
hier will ich wohnen, ich hab' ihn erkoren."*
(Ps 132, 13–14)

Jerusalem, die Heilige Stadt

König Salomo erweitert die Stadt – Der Tempelbau

Zahlreiche Zeugnisse der von Salomo eingeleiteten Blütezeit, die noch bis etwa 800 v. Chr. andauerte, wurden von Archäologen aufgespürt. Öffentliche Gebäude, Torbauten, Befestigungsanlagen und riesige Vorratshäuser aus behauenen Steinquadern weisen auf einen beachtlichen städtischen Wohlstand hin. Leider konnten die Bauwerke Salomos auf Jerusalemer Boden wegen der heute darüber befindlichen heiligen Stätten, etwa dem Felsendom, und der dichten Bebauung noch kaum erforscht werden.

Die alte jebusitische Siedlung und die Davidstadt lagen im südlichen Jerusalem auf dem so genannten Ofel, dem Ausläufer einer Hügelkette, in unmittelbarer Nähe der lebenswichtigen Gichonquelle. Sie umfassten allenfalls vier bis fünf Hektar und dürften kaum mehr als zwei- oder dreitausend Einwohner gezählt haben. Es war ein uralter Siedlungsplatz, der schon im 19. vorchristlichen Jahrhundert in ägyptischen Dokumenten erwähnt worden war. Die ältesten Spuren weisen sogar auf eine Besiedlung bereits im vierten Jahrtausend durch eine semitische Bevölkerung hin, die in den umliegenden Tälern Ackerbau betrieb. Der Name *Jerusalem*, den Altertumsforscher 1975 auf Tontafeln in Nordsyrien entdeckten, leitet sich wahrscheinlich von *Urusalim* ab. *Uru* (oder *Jeru*) bedeutet Stadt und *Salim* entspricht der Bezeichnung für Heil, also „Stadt des Heils".[1] Manche Wissenschaftler vermuten in der Endung *-salim* allerdings eher den Namen einer alten lokalen Gottheit des Abendsterns.[2]

Schon die geringen Ausmaße der Hauptstadt des Davidreichs machen deutlich, dass es sich bei jenem Jerusalem kaum um den repräsentativen Mittelpunkt eines bedeutenden Staatswesens gehandelt haben kann, eine Vermutung, die durch die Tatsache erhärtet wird, dass sich Davids Nachfolger Salomo mit den Bauwerken seines Vaters nicht begnügte und nördlich der Altstadt mit großem Aufwand einen neuen Stadtteil mit weitläufigen, prunkvollen Palastanlagen und einem Tempel aufführen ließ. Er verwandelte damit den eher unbedeutenden Marktflecken tatsächlich in eine Metropole, die eines mächtigen Herrschers würdig war.

Schon David hatte auf der nördlich auf einem Hügel gelegenen „Tenne Araunas", wohl einem alten jebusitischen Kultplatz, eine Opferstätte unterhalten, die seinem Sohn nun als Mittelpunkt seines Stadtteils diente. Über dieser beherrschenden Anhöhe errichtete Salomo sein Palastviertel, das Herzstück der neuen Anlage, das er durch Befestigungsmauern mit der Stadt seines Vaters verband.

Der an den Tempelbezirk angrenzende Palastkomplex wies getrennte Wohntrakte für Salomo und seine Frauen, darunter seine ranghöchste Gattin, eine Pharaonentochter aus dem vorübergehend wiedererstarkten Ägypten, Kult- und Verwaltungsgebäude auf. Seine Errichtung dauerte dreizehn Jahre und veränderte, zusammen mit dem Tempelbau, das Aussehen der Hauptstadt beträchtlich. Ihre Fläche wuchs auf mehr als 13 Hektar an, und sie beherbergte nunmehr etwa 5000 Einwohner, mit den umliegenden Siedlungen, die in unmittelbarer Nachbarschaft jedes blühenden Handelszentrums entstanden, ein zu damaliger Zeit beachtliches und weithin angesehenes Gemeinwesen. Tatsächlich beherrschte Jerusalem in den vierzig Jahren der salomonischen Regierungszeit den Handel zwischen Ägypten und Mesopotamien und den Warenaustausch mit den Phönikern. Salomos Schiffe stachen vom Roten Meer aus nach Arabien und Afrika in See, um noch an den fernsten damals bekannten Küsten Waren abzuladen und aufzunehmen.

Doch was war das alles im Vergleich zu dem Tempel, den der weise König im Herzen des neuen Viertels aufführen ließ? Ihn legte er nach syrischen Vorbildern als Palasttempel an. Allein sein Bau erforderte sieben Jahre. Der monumentale Unterbau sowie die zur Davidstadt führenden Befestigungsmauern bestanden aus behauenen Steinquadern, die Wände des Innenhofs wurden aus Steinen und Holzlagen kombiniert. Zwar konnte bisher nirgendwo eine zeitgenössische Abbildung des Heiligtums gefunden werden, aber aus dem syrischen Raum sind genügend archäologische Parallelen bekannt.

Der schimmernde Kalksteintempel war ein Monumentalbau von mehr als 52 Metern Länge. Er war 26 Meter breit und 15 Meter hoch. Man betrat ihn von Osten her durch ein mächtiges Portal, das von zwei vorgesetzten vergoldeten Bronzesäulen flankiert wurde. Zunächst gelangte man in eine Vorhalle. Daran schloss sich der Hauptraum, das

Heilige, Hechal genannt. Kleine, knapp unter der Decke angebrachte Fenster streuten ein nur dämmeriges Licht. Nirgendwo im Inneren war die nackte Steinwand zu sehen. Die Wände waren bis zur Decke mit geschnitztem Zedernholz getäfelt, auf dem ringsum Flügelwesen in Löwengestalt mit Menschenköpfen prangten. Daneben waren Kerubim (Engel), Palmen und Blütenranken eingeschnitten. In der Mitte der Halle stand der Tisch mit den zehn geweihten Schaubroten, etwas weiter der goldüberzogene Räucheraltar. An den langen Seitenwänden waren je fünf Leuchter aufgestellt.

Unmittelbar hinter dem Altar führte eine Treppe durch ein zweiflügeliges Prunktor zum fensterlosen Allerheiligsten (Dewir) hinauf, dem Raum, den ausschließlich der Hohepriester einmal im Jahr betreten

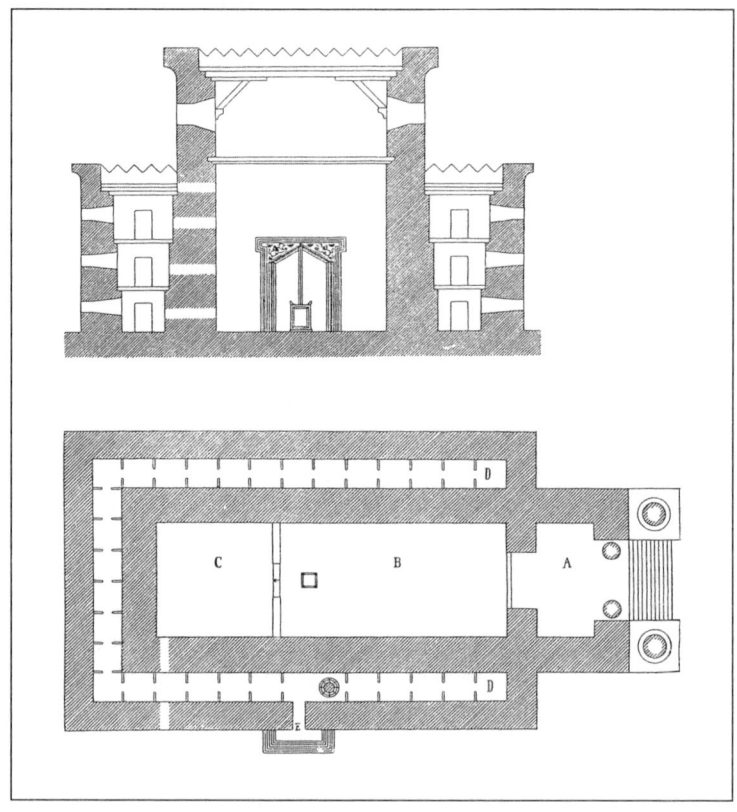

Querschnitt und Grundriss des Tempels Salomos
A Vorhof   B Tempelhalle (Hechal)   C Das Allerheiligste (Dewit)

durfte. Diese Stätte der heiligen Gegenwart des Herrn war von einem mächtigen Engelpaar aus goldüberzogenem Olivenholz nahezu ausgefüllt. „In der Gotteswohnung ließ er zwei Kerubim aus Olivenholz anfertigen. Ihre Höhe betrug zehn Ellen. Er ließ die Kerubim mit Gold überziehen ..."³ Sie „trugen" den unsichtbaren Gottesthron und „breiteten ihre Flügel über den Ort, wo die Lade stand, und bedeckten sie und ihre Stangen von oben her."⁴ (Man stellte sich die Gottheit als Lichtglanzwolke vor, in ein mystisches Halbdunkel gehüllt.)

Nicht nur aus den erwähnten Bibelstellen, auch durch vergleichbare Throndarstellungen und Tierpaare aus der näheren und weiteren Umgebung ist das Aussehen des Allerheiligsten in Salomos Tempel bekannt.

Der gewaltige Gebäudekern wurde, mit Ausnahme der Frontseite im Osten, von einem dreistöckigen Umbau begrenzt, in dem sich zahlreiche Nebenräume befanden.

Auf dem ausgedehnten Vorplatz an der Ostseite des Heiligtums, der jedem Gläubigen offen stand, befand sich der große Brandopferaltar mit quadratischem Grundriss. Im Südosten stand ein Wasserbassin aus Bronze, das von zwölf Rindern getragen und ‚Meer' genannt wurde. „Dann", so wieder der Bericht der Bibel, „machte er das ‚Meer'. Es wurde aus Bronze gegossen, maß zehn Ellen von einem Rand zum anderen, war völlig rund und fünf Ellen hoch ... Das ‚Meer' stand auf zwölf Rindern. Von ihnen schauten drei nach Norden, drei nach Westen, drei nach Süden und drei nach Osten."⁵ Möglicherweise diente das Becken rituellen Waschungen.

Ein ausgeklügeltes Kanalsystem, dessen Reste noch heute am „Heiligen Felsen" zu sehen sind, versorgte den Tempelberg mit Trinkwasser und entsorgte Abwasser und Opferblut.

Für die Brandbekämpfung standen zehn fahrbare Wasserkessel bereit, wie man sie ebenfalls in Syrien und Zypern ausgegraben hat. Was schon die geflügelten Kerubfiguren und die Rinder am „Ehernen Meer" bezeugen: Man scheute bei der Ausgestaltung des Gotteshauses bildliche und plastische Darstellungen nicht. Die Wände und Türen des Tempels, die Bronzesäulen vor dem Hauptportal und die Wassergefäße waren mit Ornamenten in Metallguss, Einlegearbeit und Holzschnitzereien reich verziert. Große Mengen von Edelmetallen waren auch für die Opfergefäße und Räucherpfannen verarbeitet worden, was auf enorme Staatseinkünfte des Königs schließen läßt.

Die gesamte Tempelanlage und ihre Ausstattung folgten offensichtlich kosmologischen Gesetzen. Ihre Ost-West-Ausrichtung, das große Wasserbecken mit den viermal drei Rindern, die auf die vier Himmelsrichtungen und Jahreszeiten verwiesen, sowie die Einteilung des Gotteshauses in Allerheiligstes, Heiliges und Vorhof dürften kaum zufällig gewesen sein.

Das für seine Zeit und den geographischen Raum ungewöhnlich großzügige Bauwerk und seine anspruchsvolle Ausstattung konnten von einheimischen Künstlern und Baumeistern, die einige Generationen zuvor noch als Nomaden die Wüste durchzogen hatten, nicht bewältigt werden. Salomo hat deshalb auch auswärtige Handwerker mit der Planung und dem Bau seiner Neustadt beauftragt. Insbesondere wurde die Hilfe der Phöniker in Anspruch genommen, sodass deren Einflüsse auch Opfer- und Kultterminologie der Israeliten prägten. Dennoch sollte der Eigenwert dieser Bauten für die israelitische Kulturentwicklung nicht unterschätzt werden, war doch die neue Macht durchaus in die Traditionen der Nachbarstaaten integriert.

Die beachtliche Ansammlung von Wertsachen im Tempel, die ständig durch private Weihegaben und staatliche Stiftungen vermehrt wurde, stellte im Übrigen eine Art Staatsschatz dar, wie er später in jüngeren Kulturkreisen, beispielsweise in Athen, ebenfalls zu finden war.

Bei allem Prunk kam aber einer Tatsache sicherlich die größte Bedeutung zu: David hatte einst die Bundeslade in seine Hauptstadt geholt, ihr aber auf Befehl des Herrn, der ihm vom Propheten Nathan übermittelt worden war, kein eigenes Haus gegeben, sondern sie nach Nomadenart in einem Zelt aufbewahrt, das sich jederzeit überallhin mitführen ließ. Erst Salomo wies ihr, dem Sinnbild für Gottes Bund mit dem auserwählten Volk, eine feste Heimstatt zu und brach damit eine jahrhundertealte Tradition. Die Zeiten der Wanderung gehörten für das israelitische Volk der Vergangenheit an. Es hatte in der Geschichte der Völker und in der Welt seinen eigenen festen Platz gefunden.

Durch die Präsenz der Lade im Tempel gewann dieser „wenigstens ansatzweise die Bedeutung eines gesamtisraelitischen Heiligtums und wurde zugleich Symbol der göttlichen Macht, des Gottesrechts und ... des davidischen Herrschaftsanspruchs über Gesamtisrael"[6]. Die Heilige Stadt stand damit für eine Idee. Sie wurde „zu einer bindenden Kraft, die den Juden in ihrer langen und bewegten Geschichte half, ihre Identität zu bewahren, auch und gerade als Jerusalem in der Hand von Fremden war".[7] Ihr national-religiöser Symbolwert hat das Judentum durch die Unbilden der Zeiten begleitet, über alle Verfolgungen, über Mord und Rassenwahn hinweg.

Die Babylonische Gefangenschaft

Teilung des Davidreichs in Israel und Juda – Die Assyrer – Nebukadnezar II. erobert Jerusalem – Die babylonischen Juden – Rückkehr ins Land der Väter

Seit Beginn ihrer Geschichte hatten die Israeliten ein besonderes Verhältnis zu ihrem Land als dem von Gott „verheißenen" gehabt, das zur Zeit Davids erstmals feste Grenzen erhalten hatte und dabei weit über die ursprünglichen Wunschvorstellungen hinausgewachsen war. Auch nach der Teilung in Juda und Israel blieben die als „historisch" bezeichneten Grenzen das Ziel einer jeden jüdischen Zukunftserwartung. Wenn sich auch das Land, das Jahwe einst den Vätern Israels versprochen hatte, nicht mehr mit dem jeweiligen Staatsgebiet deckte, so gewann es doch von Generation zu Generation größeren Wert als national-religiöses und damit einigendes Band.

Nach Salomos Tod (um 930 v. Chr.) zerfiel das starke Reich, das er und sein Vater mit so großer Mühe und unter manchen Verlusten aufgebaut hatten, und die alten Stammesgegensätze traten wieder verstärkt hervor. Im Norden mit dem zentralen Hochland, der Ebene Jesreel, Galiläa und Transjordanien herrschte Jerobeam I. (um 930–908 v. Chr.), der zunächst in Sichem, später in dem leichter zu verteidigenden Tirza residierte. Dieser Teil des Reiches hieß Israel.

Der etwas überhebliche Rehabeam (um 930–913 v. Chr.), der wenig von der geradezu sprichwörtlichen Weisheit seines Vaters geerbt und mit seiner Unnachgiebigkeit entscheidend zur Teilung beigetragen hatte, herrschte im Süden über Juda, den größeren Teil Benjamins, einen Teil des Philisterlandes und einen schmalen Wüstenstreifen. Sein einziger Vorteil war die prachtvolle Hauptstadt Jerusalem. Ansonsten stand er den mächtigen Nordvölkern an Menschenzahl, Hilfsmitteln, Staatsgebiet und auch militärisch weit nach.

Durch die unkluge Teilung, die für alle Zeiten eine Schwächung nach sich ziehen sollte, hatten indes beide Seiten verloren. Nicht nur der König von Damaskus konnte auf Grund der Uneinigkeit seiner Nachbarn die eigene Stellung erheblich festigen. Teile Transjordaniens spalteten sich ab, und im Westen erstarkten wieder die Philister. Das mächtige Wirtschaftsimperium, das Salomo errichtet und zuletzt mit nicht geringen Anstrengungen verteidigt hatte, brach zusammen. Die wich-

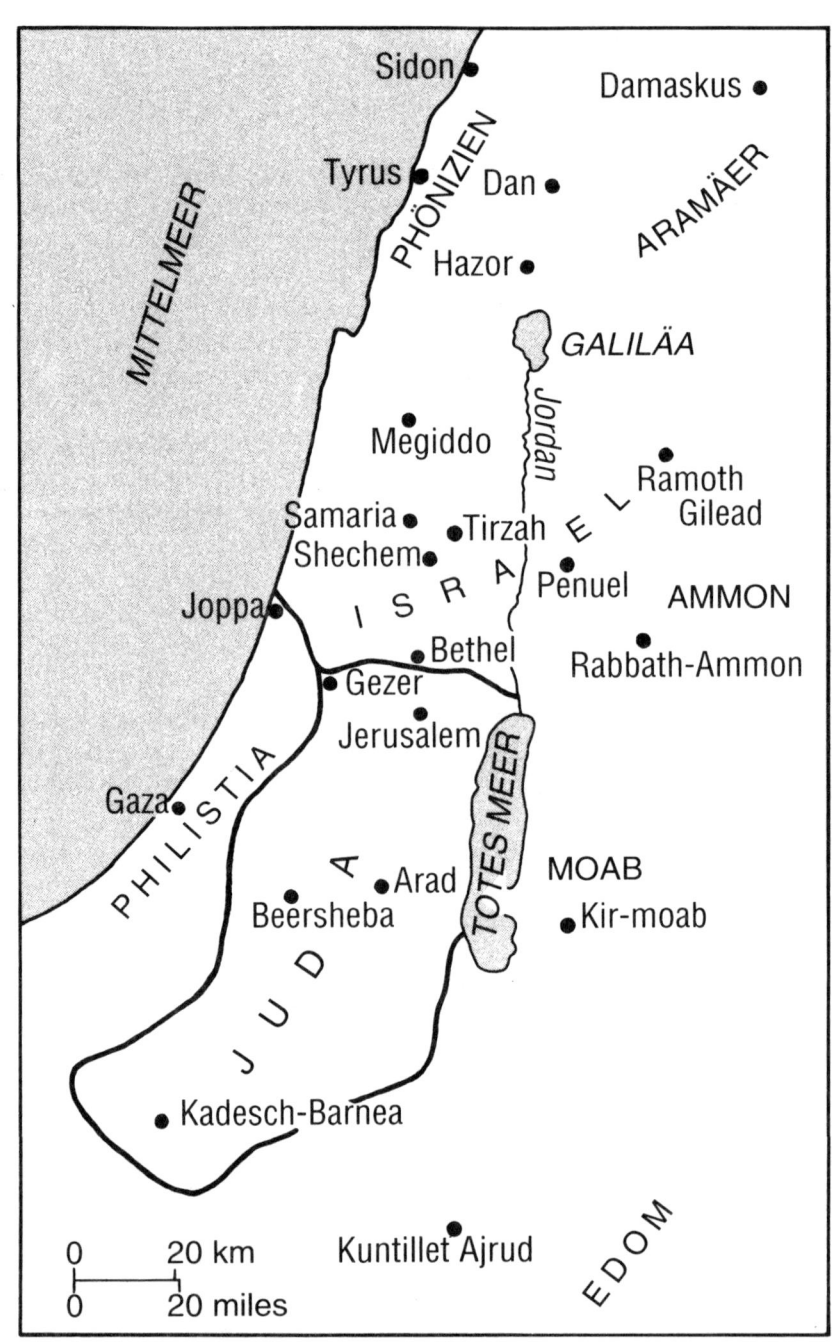

Teilung des Davidreiches in Israel und Juda

tigsten Handelsbeziehungen schliefen ein. Bruderkriege, Grenzüberschreitungen und Kämpfe der beiden Nachfolgereiche mit Nachbarvölkern erschöpften Israels und Judas Lebenskraft.

Immerhin wies zumindest die Herrschaft in Juda eine gewisse Kontinuität auf. Der Herr hatte einst versprochen, dass dort stets das Haus David regieren würde.[1] Und tatsächlich hatten Nachfahren des bedeutenden Königs über 29 Generationen den Thron inne, unterbrochen nur von der israelitischen Omridenprinzessin Atalja, die im Jahre 845 v. Chr. für fünf Jahre die Macht an sich riss, bis Jerusalem 587 v. Chr. den Babyloniern in die Hände fiel.

In Israel blieb hingegen die dynastische Nachfolge eher die Ausnahme. Mord und Staatsstreich verschafften dort den jeweiligen Usurpatoren den Thron. Mehr als die Hälfte der Nachfolger Jerobeams bis zum Fall Samarias im Jahr 722 v. Chr. starb eines unnatürlichen Todes. Dennoch konnte sich Israel auf Grund seiner günstigeren geografischen Lage mit seinen internationalen Handelsstraßen zeitweise eines gewissen Wohlstands erfreuen, der freilich durch die Interessen der angrenzenden Großmächte stets gefährdet war. Ihnen fiel das Nordreich schließlich auch zum Opfer. Als dessen König Hoschea (732–724 v. Chr.) das mit Assyrien geschlossene Bündnis brach, um sich Ägypten zuzuwenden, wurde Israel von den Assyrern erobert und verschwand vom Schauplatz der Geschichte. An die 30 000 Israeliten wurden nach Mesopotamien verschleppt. In ihrem Land siedelten sich Syrer und Babylonier an, die von da an nach der Provinz Samaria Samaritaner genannt wurden. Die Verbannten aber gingen in der einheimischen Bevölkerung ihrer Exilorte auf.

In einer nur auf den ersten Blick glücklicheren Lage befand sich der Südstaat Juda, an dem die großen Karawanenstraßen weit vorbeiführten. So strömten weder Waren noch neue Ideen ins Land. Seine Nordgrenze wurde ständig vom militärisch überlegenen Israel bedroht. Eine Ausdehnung nach Osten verhinderte das Tote Meer. Im Süden war Juda durch die Wüste begrenzt und im Westen durch die dornenbedeckten Hügel der Schefela, die ebenfalls eine natürliche Barriere bildeten.

Zwar störte hier kein fremder Einfluss die politische Stabilität und das Fortbestehen des alten Glaubens. Aber Juda blieb auf diese Weise auch arm, fortschrittsfeindlich und abgeschieden vom Rest der Welt, eine leichte Beute für diejenigen, die es mit überlegenen Waffen und Strategien zu erobern versuchen würden. Als es sich zudem um 600 v. Chr. mit den Gegnern Babylons verbündete, war auch sein Ende nicht mehr fern.

Schon Rehabeam hatte zu Beginn seiner Herrschaft um sein kleines Reich einen Verteidigungsgürtel angelegt. Wenn man den Überlieferungen der Bibel auch hier glauben darf, handelte es sich um fünfzehn zu Festungen ausgebaute Städte[2], die Juda in erster Linie vor ägyptischen Überfällen schützen sollten – ein Bemühen, das sich als vergeblich erwies. Weder seine noch die Bollwerke seiner Vorgänger vermochten der Wucht des ägyptischen Angriffs standzuhalten. Insgesamt fielen den Ägyptern in Israel und Juda 165 Orte zu (um 925 v. Chr.), wie Schischak, der Pharao, auf der Südmauer des Amun-Tempels von Karnak stolz einmeißeln ließ. Nur Jerusalem blieb verschont, weil es Rehabeam durch hohe Tributzahlungen aus dem Palast- und Tempelschatz freikaufte und der Pharao wegen Unruhen am Nil so rasch wie möglich nach Hause zurückkehren musste.

In der Folgezeit wechselten kriegerische Epochen mit ruhigen Phasen und Perioden des Friedens und Wohlstands. Doch wurden immer wieder die Schatzkammern von Palast und Tempel geplündert, teils von feindlichen Angreifern, teils von Judas eigenen Bewohnern, die mit den Schätzen Stadt und Reich freikaufen mussten. Als das israelische Brudervolk 722 v. Chr. dem Weltreich der Assyrer einverleibt wurde, blieb Juda als Tribut zahlender Vasallenstaat bestehen. Seine Einwohner beteiligten sich in den folgenden Jahren nicht an den Aufständen, die vom Boden Samarias und einigen Philisterstädten gegen die Eroberer ausgingen. Erst um die Wende vom 7. zum 6. Jahrhundert v. Chr. änderte sich die jüdische Politik. Man sicherte sich die Waffenhilfe Ägyptens und nahm Kontakt zu Babylon auf, das sich ebenfalls von den assyrischen Fesseln zu lösen versuchte. Aber der Aufbegehrungsversuch scheiterte. Ägypten war rasch geschlagen und wiederum musste Juda hohe Abgaben entrichten, um sich eine labile Freiheit zu bewahren.

Der jahrzehntelangen Bevormundung müde, stellte König Joschija 626 v. Chr. die Zahlungen ein und entfernte Statuen und Bilder fremder Gottheiten aus dem Tempel von Jerusalem. Nach und nach besetzte er auch die assyrisch verwalteten Provinzen Israels. Mit nennenswertem Widerstand musste er nicht mehr rechnen, denn das Großreich der Assyrer, das noch eine Generation zuvor den Vorderen Orient in Angst und Schrecken versetzt hatte, begann unter dem Druck der Babylonier zu zerbröckeln.

Als eigentlicher Sieger aller Auseinandersetzungen ging zuletzt Neubabylonien hervor, das unter dem späteren König Nebukadnezar II. zunächst Ägypten schlug (605 v. Chr.) und sich dann auf Juda stürzte. Dieses verfolgte unter Zedekia (597–587) zunächst eine babylonfreundliche Politik, zu der der Prophet Jeremia geraten hatte, um den Bestand des Staates nicht zu gefährden. Doch gab der König schließlich dem Drängen der babylonfeindlichen Partei seiner Ratgeber nach und erklärte die Unabhängigkeit Judas. Daraufhin besetzten die Babylonier das Land und seine Hauptstadt, die sie 587 v. Chr. einnehmen konnten. Zedekia hatte noch versucht, seinem Schicksal zu entrinnen. Er wurde bei Jericho gefangen genommen und vor Nebukadnezar gebracht. Dort tötete man seine Söhne vor seinen Augen, blendete ihn und führte ihn in Ketten nach Babylon, wo er bald starb.

Einige tausend seiner Landsleute teilten sein unfreiwilliges Exil. Die Stadt aber wurde geplündert und in Brand gesteckt. Palast, Tempel und Bundeslade wurden zerstört.

Jerusalem war so verwüstet, dass es den Eroberern als Verwaltungssitz nicht mehr taugte. Er wurde nach Mizpa verlegt; das unbedeutend gewordene Restjuda schlug man der Provinz Samaria zu. „Nur von den armen Leuten im Land ließ der Befehlshaber der Leibwache einen Teil als Wein- und Ackerbauern zurück."[3] Die Ober- und Mittelschicht wurde von den Babyloniern verschleppt. Dazu gehörten Kaufleute und Gelehrte.

Ähnlich wie die „Ägyptische Knechtschaft" vor dem Exodus hat die „Babylonische Gefangenschaft" das spätere jüdische Geschichtsbewusstsein als ein das ganze Volk betreffendes Unglück beherrscht.

Als Nebukadnezar II. 562 v. Chr. starb, zerfiel auch sein Reich, und die jüdischen Gefangenen erlangten in ihrer neuen Umgebung eine gewisse Unabhängigkeit. Sie durften in mehr oder weniger geschlossenen Siedlungen leben, insbesondere entlang dem Fluss Kebar, und ihre eigene Sprache und Kultur pflegen. So blieben sie untereinander in Kontakt und ließen auch den zu ihrer Heimat nicht abbrechen. Als Oberschicht verstanden sie sich auch in der Fremde als Repräsentanten ihres Volkes und identifizierten „ihr Schicksal, ihre Erfahrungen und Hoffnungen mit dem Geschick und der Zukunft"[4] des Gelobten Landes.

Nicht nur in Babylon hatte sich zu jener Zeit eine jüdische Gemeinde gebildet. Nachdem sie Mizpa zum neuen Verwaltungssitz erhoben hatten, setzten die Babylonier einen gewissen Gedalja, der einer der vornehmsten Familien Jerusalems entstammte, als Statthalter ein. Er aber forderte alle, die vor den Feinden geflohen waren, auf, nach Juda zurückzukehren und sich vor den Babyloniern nicht zu fürchten. So kehrten viele Juden aus ihren Verstecken heim. Der Himmel schien Gedaljas

Bemühungen gewogen, denn dank reicher Ernten zeichnete sich bald bescheidener Wohlstand ab.

Der Aufschwung wäre möglicherweise von Dauer gewesen, hätte Gedaljas babylonfreundliche Politik nicht den Argwohn nationaljüdischer Kreise geweckt. Der erfolgreiche Statthalter fiel einem Mordanschlag zum Opfer (582 v. Chr.); in den Wirren nach dem Attentat verließen viele Offiziere und Zivilisten fluchtartig das Land und begaben sich nach Ägypten, wohin sie den Propheten Jeremia, der von der Flucht abgeraten hatte, mitschleppten. Wer geblieben war, wurde bald von den Babyloniern deportiert.

Damit hatten sich die Zentren des jüdischen Lebens verlagert. Die wichtigsten Orte der Diaspora, der Zerstreuung des jüdischen Volkes in der Fremde, lagen nun in Babylon und Ägypten, dessen jüdische Gemeinde rasch wuchs und an Einfluss gewann. Im östlichen Nildelta, wo einst Jacob mit seinen Söhnen Schutz gesucht hatte, gab es schon bald nach dem Fall Judas eine Exilgemeinde, die später unter den ptolemäischen Herrschern in Wirtschaft und Politik eine bedeutende Rolle spielen sollte.

Wichtiger freilich und einflussreicher für das jüdische Leben und Denken während des Exils waren die babylonischen Juden. Ihnen ging es vor allem wirtschaftlich so gut, dass viele zu beachtlichem Wohlstand und Ansehen gelangten. „Baut Häuser, um darin zu wohnen", empfahl Jeremia seinen Mitbrüdern in der Fremde. „Pflanzt Gärten und eßt ihre Früchte. Nehmt euch Frauen und zeugt Söhne und Töchter ... Ihr sollt euch dort vermehren und nicht vermindern", beschwor er sie.[5] Über allem aber sollten sie die Hoffnung auf Rückkehr in die geliebte Heimat niemals aufgeben.

Die religiöse und politische Elite des jüdischen Volkes bemühte sich nach Kräften, den Verlockungen der fremden Lebensart, die sich von den eigenen strengen Geboten zu Bescheidenheit und Askese so angenehm unterschied, tapfer zu widerstehen. Gewissenhafter denn je beachteten die Frommen die Vorschriften des Sabbats, beschnitten ihre Knaben und hielten die überlieferten Bräuche ein, um sich bewusst von der einheimischen Bevölkerung zu unterscheiden.

Dank machtpolitischer Veränderungen im Alten Orient sollte sich der Traum von der Heimkehr für die Verbannten und ihre Nachkommen eines Tages erfüllen.

Unaufhaltsam verfielen die glanzvollen Kulturen Mesopotamiens und Ägyptens, auf die die Nachbarn über Jahrhunderte bewundernd und auch ein wenig neidisch geblickt hatten, und neue Völkerschaften schwangen sich zum Gipfel des Ruhmes empor. 539 v. Chr. zog der Perserkönig Kyros II., einer der aufgeklärtesten Herrscher des Altertums, vom Volk umjubelt in Babylon ein, schonte gegen alle Gepflogenheiten Leben und Eigentum seiner Bewohner und wurde als großer Befreier begrüßt. Er zeigte sich, anders als alle seine Vorgänger, auch gegen besiegte Völker tolerant. Jüdische Propheten verbreiteten, er sei dazu ausersehen, das Volk Gottes zu befreien. Schon 538 erließ er ein Dekret, das den Juden gestattete, nach Hause zurückzukehren und den Tempel von Jerusalem wieder aufzubauen, wofür er sogar Mittel aus seinem Staatsschatz zur Verfügung stellte und alle Kultgeräte, die Nebukadnezar II. geraubt hatte, zurückgab.

Aber nicht alle der Exilierten machten von diesem großzügigen Angebot Gebrauch. Manchem war die Fremde mittlerweile zur Heimat geworden, da sie ihm bessere wirtschaftliche Möglichkeiten als das karge Juda bot.

Die Heimkehr der ehemals Verschleppten scheint sich in mehreren Wellen vollzogen zu haben. Eine erste, kleinere, brach unmittelbar nach Kyros' II. Erlass auf, stieß aber zu Hause auf schier unüberwindliche Schwierigkeiten. Das ein halbes Jahrhundert zuvor zerstörte Jerusalem war noch immer eine Trümmerstätte. Sein Wiederaufbau würde die schwachen Kräfte der Heimkehrer übersteigen. Die Samaritaner, Nachfahren jener Israeliten, die vor 200 Jahren im Nordreich der Deportation entgangen waren und sich mit den dort angesiedelten Assyrern vermischt hatten, wollten von einer Wiederbesiedlung Judas verständlicherweise nichts wissen. Den Ankommenden ihrerseits galten sie als unrein und waren damit zumindest von den Bauarbeiten am Tempel ausgeschlossen. Auch die wenigen Juden, die in der Heimat geblieben waren, verteidigten verbissen das Land, auf dem sie lebten und das sie mehr schlecht als recht ernährte. Missernten verschärften die Lage zusätzlich. Die Streitigkeiten führten schließlich dazu, dass der Tempelbau stagnierte, nachdem gerade einmal die Fundamente errichtet waren.

Etwa fünfzehn Jahre nach Aufbruch der ersten kehrte eine weitere Gruppe, wahrscheinlich nicht mehr als 20 000 Menschen, heim. Ihre Propheten Haggai und Sacharja drängten zum Weiterbau am Tempel, vielleicht um von den sozialen Spannungen abzulenken. 515 v. Chr. wurde er geweiht, dürfte aber noch nicht ganz fertig gestellt gewesen sein. Er war auch weniger prächtig ausgefallen als sein 72 Jahre zuvor von den Babyloniern zerstörter Vorgängerbau aus der Zeit Salomos und wies zudem zwei bemerkenswerte Änderungen auf: Die beiden kolossalen Kerubstatuen im Allerheiligsten waren nicht wiederhergestellt worden. Und, was noch erstaunlicher war, auch die Bundeslade wurde nicht erneuert. Niemand vermag zu sagen, weshalb die Juden gerade auf den „Behälter der Gebotstafeln" verzichteten. Möglicherweise hat das Scheitern der davidischen Restauration die Neuanschaffung der Lade verhindert, war sie doch in der Königszeit in erster Linie Symbol der Erwählung von Davids Dynastie gewesen.

Die letzten Juden erreichten 452 v. Chr. das Land ihrer Väter. Nachdem es in Persien zu Ausschreitungen gegen die jüdischen Mitbürger gekommen war, brachen viele Nachkommen der vor über hundert Jahren Verschleppten nach Jerusalem auf. Sie begannen unter dem von Persien eingesetzten Statthalter Nehemia, der am Hof von Susa das Amt des königlichen Mundschenks bekleidet und von der Not seiner Landsleute in Jehud, wie es die Juden nannten, gehört hatte, die alten Befestigungen Jerusalems wieder aufzubauen und der Stadt ihr einstiges Gepräge zurückzugeben. In der erstaunlich kurzen Zeit von nur 52 Tagen war die Mauer errichtet. Der Bau von Toren, Türmen und Zinnen sollte allerdings mehr als zwei weitere Jahre in Anspruch nehmen. Nehemia hatte kurzerhand in den Dörfern seiner Heimat eine allgemeine Aushebung angeordnet, um die nötigen Arbeitskräfte zu beschaffen.

Sanballat jedoch, der persische Statthalter von Samaria, verfügte die Einstellung der Bauarbeiten. Er fürchtete, in dem wiedererstarkten Juda eine gefährliche Konkurrenz zu erhalten. Aber die Juden setzten dank ihrer guten Beziehungen zum persischen Großkönig die Genehmigung zum Weiterbau durch, sodass Nehemia bald ein Zehntel der Bevölkerung des Landes in der Hauptstadt ansiedeln konnte.

Nehemia hatte Jerusalem wieder aufgebaut und damit für Sicherheit vor äußeren Feinden gesorgt. Mit wirtschaftlichen, religiösen und gesellschaftlichen Reformen wollte er nun auch den inneren Frieden stabilisieren. Von weit reichendem Einfluss ist sein Bemühen nicht geblieben. Erst Esra, ebenfalls babylonischer Jude, gelang es, mit allen Vollmachten des persischen Hofes ausgestattet, die religiösen Angelegenheiten Jehuds zu regeln und dem Volk „das Gesetz" zu verkünden, durch das sich die Juden wiederfanden und das sie sich bis heute bewahrten: Die Thora mit den fünf Büchern Mose.

Doch noch war Juda persische Provinz und die Gebete, die seine Bewohner für den Großkönig und seine Söhne sprachen, erinnerten täglich daran, dass ihr Land nur ein kleiner, unbedeutender Teil eines gewaltigen Reiches war und sich ihr Schicksal in der Hand eines Fremden befand.

Unter diesen Gesichtspunkten wurde die Hoffnung auf ein „eschatologisches, strafendes und danach erlösendes Eingreifen Gottes ... immer aktueller, verstärkt ... durch das neue Verständnis der alten prophetischen Überlieferungen als Weissagungen auf die Zukunft ..." Von ihr erwartete man „eine Gottesherrschaft, die auch von den Völkern anerkannt werden sollte".[6]

Galt ursprünglich die Bezeichnung „Jude" ausschließlich für die Bewohner des Landstrichs Juda, so schloss sie jetzt, ab dem 5. vorchristlichen Jahrhundert, alle Nachfahren Abrahams und Jacobs ein, die den religiösen Reformen von Esra und Nehemia folgten.[7]

Unter Alexander dem Großen und seinen Nachfolgern

Ptolemäer und Seleukiden – Rom mischt sich ein – Unterdrückung der jüdischen Religion durch Antiochos IV.

Der Erste, der Esras Reformen absegnete, war, so wird berichtet, der Statthalter Nehemia, wenn das persönliche Einvernehmen zwischen beiden Männern auch ansonsten nicht ungetrübt gewesen zu sein scheint. Mit dem Wiederaufbau Jerusalems und den religiösen und wirtschaftlichen Reformen verlieren sich dann beider Spuren, und es enden die historischen Überlieferungen des Alten Testaments.

Über die folgenden drei Jahrhunderte der jüdischen Geschichte ist nur wenig bekannt. Die Spannungen blieben, und es blieb auch die tiefe Kluft zwischen utopischer Hoffnung und Realität. Judäa, wie es nach der Babylonischen Gefangenschaft genannt wurde, das jüdische Siedlungsgebiet um Jerusalem, führte wohl ein Schattendasein und war als Verbindungsglied zwischen Asien und Afrika auch weiterhin Spielball der neuen Mächte, der Ptolemäer, Seleukiden und schließlich des im Westen mächtig aufsteigenden Rom. Offensichtlich wurde es auch gegen Ende der persischen Oberherrschaft von eigenen Statthaltern regiert, wobei zeitweise der Hohepriester von Jerusalem auch der politische Repräsentant des Landes war.[1] In allen Wechselfällen des Geschicks verlor es aber die Hoffnung auf den Messias und damit auf Erlösung nie. Die Reihe der messianischen Bewegungen und Enttäuschungen riss niemals ab. Sie reicht herauf bis in die jüngste Vergangenheit, und sie verlangte den Juden entsetzliche Opfer ab, brachte ihnen aber auch ein unvergleichliches Durchhaltevermögen ein.

Als der Makedone Alexander die Bühne des Weltgeschehens betrat, nahm die Geschichte der Völker des Mittelmeerraumes einen anderen Verlauf.

Schon in frühester Jugend hatte sich der Königssohn bitter beklagt, sein Vater, Philipp von Makedonien, habe ihm nichts übrig gelassen, womit sich Ruhm erlangen ließe. Als aber jener einem Mordanschlag zum Opfer fiel, erwies sich Alexanders militärisches Genie. Als größtem Eroberer des Altertums war dem Zögling des griechischen Philosophen Aristoteles in einem Alter, in dem man heute noch die Schulbank drückt, ein phänomenaler Aufstieg bestimmt, der ihn im Bewusstsein der Nachwelt zum viel bewunderten Vorbild und Heroen hochstilisierte.

336 v. Chr. bestieg er, gerade 20-jährig, den Thron, schlug einen Aufstand in Griechenland blutig nieder und überschritt, wie es der persische Großkönig Dareios I. fast 200 Jahre zuvor in umgekehrter Richtung getan hatte, mit seinem Heer den Hellespont, um die Perser aus Kleinasien zu vertreiben. Alle Götter des Olymps schienen dem ehrgeizigen Jüngling gewogen, der sich später als Sohn des Zeus-Amun feiern ließ, wie ein Wirbelwind die Eindringlinge hinwegfegte und in der berühmten Schlacht von Issos 333 v. Chr. Dareios III. und dessen Heer, das dreimal so groß wie sein eigenes war, schlug. Dann wandte er sich mit stolzgeschwellter Brust nach Ägypten, um seine Südflanke zu sichern, eroberte unterwegs eine Reihe von Städten – auch Jerusalem fiel ihm zu – und gelangte 332 ins alte Pharaonenreich, das die Perser ihm kampflos übergaben. Ein Jahr später brach er wieder auf, marschierte die Ostküste des Mittelmeeres entlang nach Norden und über Syrien und das Zweistromland „bis ans Ende der Welt".[2] Der beispiellose Siegeszug sollte den jungen Mann bis nach Indien führen, und sein Jugendtraum von der Eroberung der Welt schien sich zu erfüllen.

Er schlug Dareios III. vernichtend, besetzte die Hauptstädte Babylon, Susa und Persepolis, wo sich ihm die Schatzkammern des persischen Hofes öffneten. Aber sein ruheloser Geist begnügte sich damit noch nicht. Erneut machte er sich auf den Weg, um noch weiter nach Osten vorzudringen, bis er an das Wasser des fernen Indus gelangte. Dort besiegte er den indischen König Poros (326 v. Chr.), einen Mann, der ihm an militärischem Geschick fast ebenbürtig war. Womöglich wäre er bis zu den Ufern des Pazifiks gestürmt, hätten sich seine kriegsmüden Soldaten nicht verweigert. Schweren Herzens machte er kehrt und ahnte nicht, dass er die griechische Heimat nicht wiedersehen sollte.

In Babylon befiel den erst 33-Jährigen ein heftiges Fieber, und ein schleichender Tod bereitete seiner Verwegenheit ein unrühmliches Ende (323 v. Chr.). Doch setzte mit seinem Ableben ein Nachruhm ein, wie er noch keinem Feldherrn zuteil geworden war.

Das gewaltige Reich, das er erobert, aber in sich nicht gefestigt hatte, teilten seine Feldherrn, die Diadochen, unter sich auf, rivalisierten untereinander und machten sich gegenseitig das Leben schwer. Unter Alexanders Nachfolgern gelang es nur zwei Männern, ihre Interessen dauerhaft zu wahren und sich und ihren Nachkommen die Herrschaft über Teile des zerfallenden Alexanderreichs zu sichern. Seleukos I. (um

304–281 v. Chr.) beanspruchte Babylonien und Syrien, zu dem auch Judäa gehörte, mit dem Verwaltungszentrum Jerusalem. Ptolemaios I. Soter (305–284 v. Chr.) eignete sich Ägypten, das benachbarte Palästina und Phönikien an und begründete eine ruhmreiche Dynastie, deren Herrscher sich als die legitimen Nachfolger der Pharaonen begriffen und die erst 300 Jahre später unter Königin Kleopatra der römischen Übermacht erlag.

Um nicht gegen einen früheren Freund kämpfen zu müssen, verzichtete Seleukos auf die südlichen Teile Syriens, sodass Judäa den ägyptischen Ptolemäern zufiel.

Es ist nicht im Einzelnen bekannt, wie sich die Eroberung des Vorderen Orients durch Alexander den Großen auf Judäa auswirkte. Traditionell fühlten sich seine Bewohner dem persischen Großkönig verbunden, sodass ihre Unterwerfung eher zögernd erfolgt sein dürfte. Dabei scheint auch Alexander wie vor ihm die persischen Eroberer Fingerspitzengefühl gezeigt zu haben. Sowohl er selbst als auch die nachfolgenden hellenistischen Herrscher respektierten die Religion und die besondere Lebensweise der jüdischen Bevölkerung. Sie durfte weiterhin nach den Sitten der Väter und nach der Thora leben, was im Übrigen nicht nur für die Bewohner Judäas galt. Da sie sich rascher vermehrten als das Land sie zu ernähren vermochte, warben die Diadochen jüdische Soldaten an, ermöglichten ihnen in besonderen Einheiten die Beachtung ihrer strengen Riten und siedelten sie später in Militärkolonien an, wo ihnen ihr Rechtsstatus ebenfalls garantiert war. So entstanden starke jüdische Gemeinden im syrischen Antiochien und in der von Alexander gegründeten neuen Hauptstadt Ägyptens, Alexandria, deren Existenz in den folgenden Jahrhunderten immer wieder für Aufruhr sorgte.

Auch die bereits bestehenden Diasporagemeinden erfreuten sich im Allgemeinen religiöser Toleranz. Das sicherte ihnen einerseits eine gewisse Unabhängigkeit, barg aber auf der anderen Seite auch eine Menge Konflikte, die sich immer wieder in blutigen Auseinandersetzungen entluden.

Trotz des relativen Wohlstands unter den Ptolemäern sympathisierten viele Juden mit den Seleukiden. Leider besaßen die Nachfolger von Seleukos I. und Ptolemaios I. so gar nichts von jener Weitsicht, die einst die Begründer der Dynastien ausgezeichnet hatte. Ab 276 v. Chr. war auch Judäa immer wieder Schauplatz von Kriegen, die auch seinetwegen geführt wurden, Dörfer und Städte in Mitleidenschaft zogen, den Handel störten und den Tempel in Jerusalem beschädigten, bis das Land schließlich dem tatkräftigen Antiochos III. (223–187 v. Chr.) zufiel. Der Seleukidenkönig verstand es meisterhaft, die Stimmung der Menschen für sich auszunutzen. 198 v. Chr. verfügte er, dass auf eingeführtes Baumaterial zur Instandsetzung des Tempels nicht der übliche Zoll zu erheben war. Er befreite den Hohepriester und andere Würdenträger von den Abgaben, die ihnen die Ptolemäer für die Gewährleistung freier Religionsausübung auferlegt hatten, und setzte die Steuern der anderen Bürger für drei Jahre aus. Gleichzeitig sicherte er Judäa eine Regierungsform in Einklang mit den Gesetzen des Landes zu und ordnete die Befreiung aller in der jüngsten Vergangenheit versklavten oder verschleppten Juden an.

Vor allem in den Schichten der Bevölkerung, die unmittelbar Nutznießer der neuen Privilegien geworden waren, bei der Priesterschaft und der gesellschaftlichen Oberschicht, den Offizieren, Kaufleuten und Begüterten, führten die Erfolge der proseleukidischen Partei zu vorübergehender Euphorie. Für die Mehrheit der Juden aber, vor allem die auf dem Land, besserte sich die Lage kaum. Hier sahen sich im Gegenteil viele bitter enttäuscht, da man an den Herrschaftswechsel eschatologische Heilserwartungen geknüpft hatte, die endzeitliche Erlösung des Einzelnen und der Welt durch den sehnsüchtig erwarteten von Gott gesandten Messias. Die Macht der Priesterschaft stand fester denn je. Zu ihrem Glück aber stellten die auf ein Eingreifen Gottes hoffenden Gruppen noch keine drohende politisch-religiöse Kraft dar. Aber sie waren vorhanden und konnten nicht mehr übersehen werden.

Eine Stärkung des religiösen Selbstbewusstseins hatte der Wechsel zu den seleukidischen Regenten indes für alle Volksschichten mit sich gebracht, wie zwei Erlasse zeigen, die unmittelbar nach der Regierungsübernahme durch Antiochos III. ergingen: „Kein Fremder", so verfügte er, „darf das Innere des Tempels betreten ... Niemand darf ferner Fleisch von Pferden, Mauleseln ... oder anderen Tieren, deren Genuss Juden verboten ist, in die Stadt einbringen, imgleichen auch die Häute dieser Tiere nicht einführen ... Wer diese Vorschriften übertritt, hat den Priestern dreitausend Silberdrachmen zu entrichten ..."[3]

Die Vergünstigungen, die, angepasst an die jeweiligen Belange, auch anderen ethnischen Gruppen innerhalb des Reichsverbands zuteil wurden, waren für die Seleukiden lediglich eine diplomatische Formsache, die dazu diente, sich die Loyalität der unterworfenen Völker ihres gewaltigen Reiches zu sichern und separatistischen Bestrebungen vorzubeugen. Gerade den Juden bedeuteten sie aber weitaus mehr: Der mit –

allerdings vagen – politischen Befugnissen ausgestattete Hohepriester war nun auch ihr weltliches Oberhaupt, das folgerichtig die Restaurierung von Hauptstadt und Tempel in die Hand nahm.

Doch ließ sich über die Interessengegensätze zwischen Einheimischen und Fremden nicht lange hinwegsehen. Als Erben des großen Alexander lag den Seleukiden daran, langfristig „dessen Vision von der Vereinigung aller Völker auf der Grundlage der griechischen Kultur"[4] zu verwirklichen, was naturgemäß gerade in Judäa auf heftigen Widerstand stieß. Doch traten auch anderswo immer wieder Spannungen zwischen der hellenistischen Führungsschicht und der lokalen Traditionen verpflichteten einheimischen Bevölkerung auf, in welchen diese versuchte, sich dem Sog des Hellenismus zu entziehen und mit der kulturell-religiösen auch die politische Selbstständigkeit zu erlangen. Das jüdische Problem war also nur ein besonders ausgeprägter Musterfall im Spannungsfeld des Nahen Ostens, „in dem Hellenisierungsvorgänge und orientalische Renaissancebestrebungen einander in buntem Wechsel gegenübertraten ..."[5] So glich Palästina, wie es der bedeutende jüdische Geschichtsschreiber Flavius Josephus (um 38–100 n. Chr.) so treffend formulierte, „einem Schiff im Sturm, das von zwei Seiten durch die Fluten bedrängt wird".[6]

Die ungeschickte Außenpolitik Antiochos' III. und sein hemmungsloser Expansionsdrang, der nicht in Kleinasien Halt machte, riefen endlich die Römer auf den Plan, jene aufsteigende Großmacht, die nach zwei Kriegen gegen Karthago das westliche Mittelmeer beherrschte und sich nun ungehindert nach Osten ausbreiten konnte. Als der größenwahnsinnige Seleukide in Griechenland einfiel und sich zudem mit Karthago, dem Todfeind Roms, verbündete, erklärte der römische Senat dem König den Krieg.

190 v. Chr. errang Publius Scipio Africanus, der schon den punischen Feldherrn Hannibal vernichtend geschlagen hatte, in der Schlacht von Magnesia über Antiochos einen so vollkommenen Sieg, dass er außergewöhnlich harte Friedensbedingungen diktieren konnte: Der Seleukide musste den größten Teil der ihm verbliebenen Streitkräfte entwaffnen, sich aus Kleinasien zurückziehen und Rom hohe Tributzahlungen entrichten.

Damit war das Ende des einst mächtigen Seleukidenreiches, das freilich schon vorher Zeichen des Verfalls aufgewiesen hatte, besiegelt. Doch war es noch nicht endgültig niedergerungen und wollte noch einmal seine Kraft erproben. Wie ein wundgeschlagener Riese bäumte es sich auf, versuchte, Ägypten zu erobern und führte in Judäa Krieg gegen die Juden.

Als Antiochos IV. Epiphanes (175–164 v. Chr.), der seinen Vater auf dem Thron abgelöst hatte und dessen ehrgeizige Pläne in Ägypten weiterverfolgte, 169 v. Chr. einen Feldzug an den Nil unternahm, endete auch für Judäa der fast 30-jährige Friede. Auf seinem Rückweg kam der König, von den Römern zur Aufgabe gezwungen, im Herbst nach Jerusalem, wo er zur Sanierung seiner zerrütteten Staatsfinanzen Teile des Tempelschatzes raubte und damit der ohnehin explosiven Stimmung im Lande neue Nahrung bot. Kaum war er abgezogen, griffen fromme Juden, die in der Plünderung des Heiligtums eine böswillige Profanierung sahen, zu den Waffen. Zu Recht fasste der König den Aufruhr als Empörung gegen seine Herrschaft auf und griff im Sommer 168 mit harter Hand durch: Er erneuerte die Polisverfassung dahingehend, dass Jerusalem eine griechische Stadt mit weitgehender Selbstverwaltung und den kultischen Einrichtungen der Sieger werden sollte, und hob nun den Tempelschatz völlig aus. Der Aufstand wurde gnadenlos niedergeschlagen. In der Akra, der neuen Burganlage von Jerusalem, wurde eine syrische Besatzung einquartiert.

Da sich die Parteigänger der Frommen immer noch nicht geschlagen gaben, ließ Antiochos IV. die Akra noch stärker befestigen und einen Teil der übrigen Stadtmauern schleifen. Er siedelte zudem eine Kolonie von „Ausländern" in der Stadt an[7], was die Gegensätze noch weiter verschärfte. Der Konflikt eskalierte, als der König befahl, dass in seinem Reich „alle Bewohner zu einem einzigen Volk werden sollten. Jedes Volk sollte seine besonderen Bräuche aufgeben! …"[8] Den Juden wurden die Beschneidung ihrer männlichen Neugeborenen, die Sabbatruhe und die Speisevorschriften, besonders das Schweinefleischverbot, untersagt.

Da die Macht in der Polis nun in der Hand von Nichtjuden lag, forderten diese verständlicherweise auch Zugang zum lokalen Heiligtum, dem Tempel, um dort ihre eigenen Götter zu verehren. Bald ersetzte der Kult des Olympischen Zeus den des Gottes Israel, womit sich nicht alle Gläubigen abfinden wollten. Wer sich aber weigerte, seinem Glauben abzuschwören, wurde getötet oder in die Sklaverei verkauft. Ein Teil der Frommen, darunter die traditionstreue Priesterschaft, floh in das umliegende Hügelland oder in die Wüste.

Ganz richtig hatte der Seleukidenkönig die Bindung des Volkes an die Thora als eigentliche Quelle des Widerstandes ausgemacht und versuchte nun, deren Beachtung unter schwere Strafe zu stellen. Als Loyalitätsbeweis gegenüber der staatlichen und religiösen Ordnung forderte er die Teilnahme am fremden Opferkult und die Beachtung der ergänzenden orgiastischen Feierlichkeiten für Bacchus-Dionysos, was in jedem nur halbwegs traditionsbewussten Juden Abscheu erregen musste. Königliche Beamte waren gehalten, die Verehrung der fremden Götter zu kontrollieren.

Nur eine kleine Minderheit entschiedener Hellenismus-Sympathisanten, von ihren Glaubensbrüdern als Abtrünnige und Verräter gebrandmarkt, stand hinter diesen Neuerungen, die sich zur sonstigen eher toleranten hellenistischen Religionspolitik in krassem Widerspruch befanden. Aber Antiochos IV. und die Syrer sahen in den jüdischen Thora-Anhängern gefährliche Fanatiker, die „unter keinen Umständen von ihren barbarischen und rückständigen Bräuchen lassen wollten und die Gemeinschaft mit Nichtjuden nach Möglichkeit zu meiden suchten"[9]. In einer Flut antijüdischer Literatur bemühte sich der syrische Hof, sein unerbittliches Vorgehen vor der Öffentlichkeit zu rechtfertigen. Insbesondere prangerte man die Menschen- und Fremdenfeindlichkeit des separatistischen Judentums an. Von der ausgehenden Antike bis zur Gegenwart blieb der Vorwurf des *odium humani generis*, des Menschenhasses, ein Schlagwort antijüdischer Polemik.

Hetzkampagnen belasteten zunehmend auch die Verhältnisse in den Diasporagemeinden, wo Juden und Nichtjuden bislang mehr oder weniger problemlos zusammengelebt hatten. Man begann, entschiedener denn je, jüdische Mitbürger nicht mehr als Nachbarn, sondern als Fremde einzustufen, neidete ihnen zugestandene Privilegien als ungerechten Vorteil und forderte eine strikte Trennung. Juden hingegen, die von der endzeitlichen Erlösung des Menschen überzeugt waren und auf den verheißenen Messias warteten, sahen in den emotional überfrachteten Reaktionen ihrer Mitbürger das Walten widergöttlicher Mächte und fürchteten um ihr heilsgeschichtliches Ziel.

Der Makkabäeraufstand

Mattathias und seine Söhne – Kampf gegen die Seleukiden –
Wiedereinweihung des Tempels – Bündnis des Judas Makkabäus mit Rom –
Anerkennung der Selbstständigkeit Judäas

„Um diese Zeit", so berichtet der jüdische Geschichtsschreiber Flavius Josephus, von dem später noch ausführlich die Rede sein soll, „wohnte in Modiim, einem Dorfe Judäas, ein Mann mit Namen Mattathias ... Er war Priester nach der Ordnung des Joarib, stammte aus Jerusalem und hatte fünf Söhne ... Dieser Mattathias bejammerte vor seinen Söhnen das Elend des Volkes, die Plünderung der Stadt, die Beraubung des Tempels und die Änderung der Verfassung und erklärte ihnen, es sei besser, für die Gesetze der Väter den Tod zu erleiden als ein so schmähliches Leben zu führen ..."[1] Die Bibel bestätigt seinen Bericht.[2]

Mattathias war mit seiner Familie von Jerusalem in die waldreichen Grophnahügel geflohen, wo sich ihm bald gleichgesinnte Juden aus dem ganzen Land angeschlossen hatten. Wegen seiner Gelehrsamkeit stand er bei den Dorfbewohnern von Modiim in hohem Ansehen.

Eines Tages erschienen dort königliche Beamte, um die Bevölkerung zur Darbringung der von Antiochos IV. angeordneten Opfer anzuhalten, und forderten Mattathias auf, mit gutem Beispiel voranzugehen und mit den vorgeschriebenen Kulten zu beginnen, damit sich seine Anhänger dem priesterlichen Vorbild anschlössen. Er würde dadurch dem König besonders wohlgefällig werden.

Aber der Priester Jahwes weigerte sich und erklärte, dass andere Familien aus Angst oder auch aus Liebedienerei Antiochos' Befehlen folgen könnten. Was ihn und seine Söhne beträfe, so würden sie niemals den Gott ihrer Väter verraten. Er hatte kaum ausgesprochen, als ein Jude hervortrat und sich anschickte, nach der Vorschrift des Königs zu opfern. Da zog Mattathias sein Schwert, „sein Eifer glühte, sein Inneres erbebte. Er ließ seinem Zorn freien Lauf, wie es sich gehörte ..."[3], und erschlug den Treulosen vor dem Altar, machte auch den königlichen Beamten nieder und rief erregt aus: „Jeder, der noch für die Gebräuche unserer Väter und die Verehrung Gottes eifert, folge mir nach!"[4] Daraufhin floh er, begleitet von seinen Kindern und zahlreichen Frommen, in die Wüste, wo man sich in Höhlen verbarg.

Diesen Vorfall nahmen die Heerführer des Königs Antiochos IV. zum

Anlass, die Besatzung der Jerusalemer Burg zu den Waffen zu rufen und den Geflohenen in die Wüste nachzusetzen. Kaum waren diese eingeholt, als die Soldaten des Königs versuchten, sie mit viel Geduld und guten Worten zur Aufgabe zu bewegen. Aber die Aufrührer ließen von ihren Vorstellungen nicht ab. So wurden sie von Antiochos' Leuten angegriffen. Es war Sabbat, sodass diese wegen der den Juden von der Religion gebotenen Ruhe mit Gegenwehr nicht rechnen mussten. (Die Mentalität der jüdischen Sabbatruhe ist auch aus späteren Zeugnissen, vor allem aus einer in Qumram gefundenen „Königsrolle" bekannt. Dort wird der endzeitliche Entscheidungskampf zwischen den Söhnen des Lichts und denen der Finsternis beschrieben. Der Ausgang aller Ereignisse galt den Juden ohnehin als vorherbestimmt. Sie glaubten, dass man nur entschlossen am Glauben festhalten müsse und Gott allein die Wende zum Heil herbeiführen werde.)

Hier wurde das blinde Vertrauen in die göttliche Gerechtigkeit vielen zum Verhängnis. Samt Weib und Kind wurden sie in ihren Höhlen, an deren Eingänge man Feuer legte, eingeschlossen, sodass sie erstickten.

Diejenigen, denen die Flucht gelungen war, schlossen sich Mattathias an, wählten ihn zu ihrem Anführer und ließen sich belehren, dass man auch am Sabbat kämpfen müsse, um nicht ohne Gegenwehr und damit sinnlos sein Leben zu verlieren. Eine gewaltige Schar Gleichgesinnter sammelte der fanatische Glaubenseiferer um sich, die Bewohner ganzer Dörfer liefen ihm zu. Er zerstörte die Götzenaltäre und ließ Abtrünnige gnadenlos hinrichten.

Doch schon im Jahr danach wurde er schwer krank. Da er sein Ende nahen fühlte, bestimmte er seinen Sohn Simon, der „ein kluger Mann war", zum geistigen Oberhaupt der Verschwörung. Sein dritter Sohn Judas, „seit seiner Jugend ein tapferer Krieger"[5], sollte der militärische Anführer des Widerstands sein. Schon nannte man ihn den „Makkabäer", was so viel wie „Hammer" bedeutet. Und als solcher sollte sich der hitzige Spross des jüdischen Priesters wahrhaftig erweisen.

Als Mattathias im Jahr 166 starb, war der so genannte Makkabäeraufstand noch nicht voll entflammt. Noch hatten keine größeren Kämpfe stattgefunden, aber mit Ausnahme einiger befestigter Städte befand sich ganz Judäa in aufständischer Hand. Judas bildete die Rebellen, die sich in dem unwegsamen Gelände mit seinen zahlreichen Schlupfwinkeln bestens auskannten und von der einheimischen Bevölkerung bereitwillig unterstützt wurden, für einen „Guerillakrieg" aus. Tagsüber mischten sich seine Kämpfer unter unauffällige Dorfbewohner, oder sie verbargen sich in den Wäldern und Schluchten. Nachts griffen sie syrienfreundliche Siedlungen an und überfielen königliche Spähtrupps.

Unter dem Druck der immerwährenden Verfolgungen wandelte sich allmählich auch bei den Frommen die noch „vorherrschende Ansicht vom selbstverständlichen Lohn der Frömmigkeit".[6] Unbewusst hatten sich die Juden im Laufe der Zeit gewisse hellenistische Vorstellungen von der den Körper überlebenden Seele zu Eigen gemacht und blickten nun auch auf die ausgleichende göttliche Gerechtigkeit nach dem Tod.

Der Prophet Daniel, der sich eher als Visionär erwies und Gesichte von der Zukunft Israels zum Besten gab, sprach erstmals von Auferstehung und Vergeltung. „Viele von denen", sah er voraus, „die im Land des Staubes schlafen, werden erwachen, die einen zu ewigem Leben, zu Schmach und ewiger Verdammnis die anderen."[7] Kein Wunder, dass seine Ansichten nicht nur den Widerstandswillen stärkten, sondern auch die Bereitschaft zum Martyrium förderten.

Judas' Partisanen, obwohl zahlenmäßig den ausgebildeten syrischen Truppen weit unterlegen, setzten jenen dennoch heftig zu, wobei der Anführer selbst mit bewundernswertem Beispiel voranging. „Er glich im Kampf einem Löwen", hieß es von ihm, „einem Junglöwen, der nach Beute brüllt."[8] Aber er hatte auch Glück. In dem unwirtlichen Gelände konnte sich die Kriegskunst der syrischen Söldner, die eher Entscheidungsschlachten auf offener Ebene gewohnt waren, nicht voll entfalten. Um den Aufständischen wirksam begegnen zu können, hätte es einer vielfachen Übermacht der königlichen Truppen bedurft. Sie vermochten die Seleukiden allerdings nicht aufzubringen, da sie wegen zahlreicher Unruhen auch in anderen Gegenden des Reiches gebunden waren.

So überfiel Judas mit seinen Männern aus einem Hinterhalt Apollonios, den Statthalter Samarias, der ihm mit einem Heer aus Bürgermilizen entgegengeschickt worden war, vernichtete die Truppe und tötete den Anführer (166 v. Chr.), dessen Schwert er an sich nahm und Zeit seines Lebens in jedem Kampf gebrauchte. Auch Seron, einem anderen Befehlshaber der syrischen Streitkräfte, fügte er mit einem Überraschungsangriff eine vernichtende Niederlage zu.

Im nächsten Frühjahr sandte ihm Antiochos IV. den Reichsverweser Lysias mit einem großen Heer entgegen, „um seine Macht zu brechen ... und sogar die Erinnerung an die Juden auszulöschen".[9] Unter Führung der Generäle Nikanor und Georgias marschierte diese Streitmacht vorsichtig von Norden her in Judäa ein und lagerte bei Emmaus. Nikanor hatte gehört, dass sich Judas in Mizpa aufhielte, und befahl Georgias, das jüdische Lager nachts mit 6000 Mann zu überfallen. Aber Judas wurde von Getreuen aus der einheimischen Bevölkerung gewarnt und konnte sich rechtzeitig in Sicherheit bringen. So fand der Seleukide in Mizpa nur ein überstürzt verlassenes Lager vor und fahndete in den umliegenden Hügeln nach Flüchtigen, ohne fündig zu werden. Als er sich wieder seinem eigenen Lager bei Emmaus näherte, sah er schon von ferne gewaltige Rauchwolken aufsteigen. Während seiner Abwesenheit hatte Judas Nikanors Truppen angegriffen und ihnen schwere Verluste zugefügt. Wer dem Überfall entkommen war, war in panischer Angst geflohen. Da sahen Georgias' Männer in der Ebene das in Schlachtordnung aufgestellte jüdische Heer und ergriffen ebenfalls die Flucht.

Lysias erkannte die Ohnmacht seiner Leute und versuchte nun, die Dinge selbst in die Hand zu nehmen. Er stellte sich dem begabten jüdischen Strategen bei Bet-Zur, etwa 25 Kilometer vor Jerusalem. Aber auch über ihn fielen die Partisanen wie Heuschrecken her und töteten 5000 Mann. Da leitete der vorausschauende Syrer, ahnend, dass für die Seinen ein eindeutiger Sieg nicht oder doch nur mit unverhältnismäßigen Verlusten zu erringen wäre, eine Revision der seleukidischen Politik ein. Ein an die Gerusie von Jerusalem, den Ältestenrat – in hellenistischer Zeit die offizielle Vertretung der Bevölkerung Judäas gegenüber der weltlichen Herrschaft – gerichteter Brief seines Königs vom April 164 v. Chr. sicherte allen Aufständischen, die binnen vierzehn Tagen in ihre Heimat zurückkehrten, eine Amnestie und das Recht zu, wieder nach ihren alten Geboten leben zu dürfen.

Judas Makkabäus und seine Anhänger ließen sich jedoch auf diese Kompromisslösung nicht ein. „Unsere Feinde sind nun vernichtend geschlagen", sagte der Anführer. „Lasst uns also nach Jerusalem hinaufziehen, den Tempel reinigen und neu weihen!"[10] Im Dezember 164 v. Chr. entfernte er den heidnischen Altar und brachte auf einem neuen Altar Brandopfer dar. (Ab der zweiten Hälfte des 1. Jahrhunderts n. Chr. wird auch das Anzünden von Kerzen berichtet. Deshalb spricht Flavius Josephus vom Fest der „Lichter".) „Judas feierte mit seinen Mitbürgern die Wiedereinrichtung der Opfer acht Tage lang unter lautem Jubel. Kostbare und herrliche Opfer lieferten die Speisen zum Mahle, und man ehrte Gott durch Lobgesänge und Psalmen, während das Volk in Freuden lebte."[11] Bis auf den heutigen Tag gedenken fromme Juden in aller Welt des Ereignisses der Tempelweihe mit der Feier des lichtreichen Chanukkafestes.

Für Judas gab es im Tempelbezirk viel zu tun. Es galt, die nötigen Thorarollen, von denen es infolge der Kriegsverluste nur noch wenige gab, neu zu beschaffen und die Schriftgelehrten wieder in ihre alten

Funktionen einzusetzen. Die Priesterschaft, die sich teilweise als sehr unzuverlässig erwiesen hatte, ließ er „säubern". Wer mit der hellenistischen Führungsschicht sympathisiert hatte, war entweder geflohen oder hatte in der noch immer von der syrischen Besatzung gehaltenen Akra Zuflucht gesucht.

Als Judas sich anschickte, auch den Burgberg zu erobern, nahm der Reichsverweser Lysias den Kampf wieder auf und belagerte Jerusalem mit der stärksten Streitmacht, die bisher gegen die Aufständischen eingesetzt worden war (163 v. Chr.). Das erste Makkabäerbuch spricht von 40 000 Fußsoldaten, 7000 Reitern und 32 Kriegselefanten, die sich von Süden her der Stadt näherten. Die Elefanten, mit riesigen Holztürmen, in denen sich Bogenschützen verbargen, bewehrt, entschieden die Schlacht. Durch Wein und Maulbeersaft zum Kampf gereizt und von den Rufen ihrer indischen Lenker angefeuert, stürzten sie sich den jüdischen Freiheitskämpfern entgegen, die ihnen mit keinem gleichwertigen „Kriegsgerät" erwidern konnten.

Die Niederlage der Aufständischen konnte auch noch so verzweifelter Heldenmut nicht abwenden. Sie wäre wohl vollkommen gewesen, hätte Lysias seinen Angriff wie beabsichtigt beenden können. Aufstände in der Heimat, die sich gegen seine Regentschaft richteten, zwangen ihn jedoch, vorzeitig abzuziehen und nach Antiochia, der Hauptstadt des seleukidischen Königreichs, zurückzukehren. Er machte deshalb den Juden ein Friedensangebot: Sie sollten die Festung auf dem Tempelberg räumen und im Gegenzug nach ihren Geboten leben dürfen. Der junge König Antiochos V. – sein Vater und Vorgänger war vor kurzem gestorben – bestätigte den Kompromiss.

Nur wenige der in Judäa Verantwortlichen sahen damit ihr Ziel, ungehindert dem Glauben der Väter folgen zu können, erreicht und gaben sich mit den neuen Verhältnissen zufrieden. Judas und seine Männer waren indes nicht gewillt, den von den Syrern eingesetzten Hohepriester, einen Mann namens Alkimos, zu dulden. Längst hatten sie nicht mehr nur eine Restauration der politischen Lage im Sinn, sondern erstrebten, ermutigt durch die zahlreichen militärischen Erfolge, die völlige Autonomie. Innenpolitische Schwierigkeiten im seleukidischen Königshaus sollten schließlich ihren Wünschen zum Erfolg verhelfen.

Im Jahr nach der abgebrochenen Verteidigung Jerusalems entbrannte in Antiochia zwischen den Nachkommen Antiochos' IV. und denen seines Bruders Seleukos ein erbitterter Kampf um den Thron. Antiochos V., ein Kind noch, und dessen Regent Lysias wurden abgesetzt und ermordet, und Demetrios I., der Sohn des Seleukos, riss die Herrschaft über Syrien an sich (162 v. Chr.).

Geschickt nutzten die Juden die Situation. Judas hatte sich auf den Grophnahügeln einen Stützpunkt eingerichtet und versuchte von dort aus, die Zugangswege nach Jerusalem zu sperren. Auf einen Hilferuf des von Syrien eingesetzten Hohepriesters entsandte Demetrios abermals den Feldherrn Nikanor mit 3000 Mann nach Judäa. Dort geriet jener in einen Hinterhalt der Partisanen und wurde geschlagen. Bei einem zweiten Versuch, sich der begehrten Stadt zu nähern, wurde er erneut angegriffen und fiel als Erster. Seine Krieger ergriffen daraufhin in wilder Panik die Flucht. Der ungeliebte Alkimos wurde vertrieben, und Judas beeilte sich, den innenpolitischen Erfolg nun außenpolitisch abzusichern und nahm Kontakt zu Rom auf.[12]

Auch der aufsteigenden Weltmacht war an einer Schwächung des Seleukidenreiches gelegen, wobei sie allerdings kaum die Interessen der Juden im Auge hatte. Angeblich erreichte eine jüdische Gesandtschaft 161 v. Chr. im Auftrag des Judas Makkabäus Rom. Sie sollte um ein Waffenbündnis und um die Aufnahme und Anerkennung des Judas Makkabäus als *socius et amicus populi Romani* (Bundesgenosse und Freund des römischen Volkes) nachsuchen. Tatsächlich soll daraus ein Vertragsschluss entstanden sein.[13]

Trotz des Bündnisses und obwohl die jüdische Revolte wieder aufflammte, gaben die Seleukiden noch nicht auf. Bakchides, einer der hervorragenden Truppenführer des Demetrios, marschierte mit einer Eliteeinheit quer durch das Land auf Jerusalem zu. Diesmal wagte der Makkabäer, vor kurzem noch als Held umjubelt, nicht, sich zum Kampf zu stellen. Erst allmählich reifte sein Entschluss, dem Syrer entgegen seiner bisherigen Guerillataktik in offener Feldschlacht gegenüberzutreten. Seine Männer beschworen ihn, den Kampf aufzuschieben. Er aber wollte davon nichts wissen. „Wenn unsere Zeit gekommen ist", hielt er ihnen entgegen, „so wollen wir für unsere Brüder tapfer in den Tod gehen. Kein Schatten soll unsere Ehre beflecken"[14].

Anfangs hatte er noch das Kriegsglück auf seiner Seite. Aber bald schon wendete sich das Blatt. Die Übermacht der Feinde war erdrückend. Die Zange des syrischen Heeres rieb das jüdische schließlich auf. Judas fiel, und ganz Israel beweinte seinen Tod (161 v. Chr.).

Wer von seinen Getreuen überlebt hatte, floh nach Süden in die Wüste Tekoa, wo der Aufstand der Makkabäer weiterschwelte, angeführt von Mattathias' jüngstem Sohn Jonathan. Zunächst schien alles verloren, und die Aufrührer mussten sich wie Banditen durchschlagen.

Doch bald wurden sie von der Bevölkerung unterstützt und erstarkten. Bereits 156 v. Chr. verfügte Jonathan über eine gut ausgebildete Truppe, mit der er sich in Bet-Basi am Rande der Wüste verschanzte. Die Seleukiden, die die Atempause schlecht genutzt hatten und immer noch mit Thronstreitigkeiten beschäftigt waren, sandten erneut Bakchides, um die hellenisierten Juden gegen die Rebellen zu schützen. Er belagerte Bet-Basi mit einem großen Truppenaufgebot, indessen Jonathan umherstreifte und den Nachschub des Generals störte. Sein Bruder Simon verteidigte inzwischen den erfolgreich befestigten Ort. Bakchides' Zorn richtete sich nun gegen die hellenenfreundlichen Juden Jerusalems, denen er vorwarf, ihn in eine Falle gelockt zu haben. Er drohte, nach Antiochia zurückzukehren und sie ihrem Schicksal zu überlassen. Jonathan, dem die Absicht des Generals zu Ohren gekommen war, bot diesem an, Frieden zu schließen. Also wurden die Gefangenen ausgetauscht, und Bakchides zog ohne weiteres Blutvergießen ab. Dann legte der Anführer der Aufständischen „das Schwert beiseite und widmete sich der Politik".[15]

Der nicht enden wollende Streit um den seleukidischen Thron brachte schließlich auch den Sohn des rebellischen Mattathias dem Ziel seiner Wünsche näher. Von Michmas aus, wo er eine Art Gegenregierung errichtet hatte, herrschte er über das Land und befreite nach und nach Städte und Ortschaften von all jenen, die mit den Fremdherren sympathisierten, wobei er aus deren Uneinigkeit Nutzen zog.

Als 153 v. Chr. Alexander Balas, der behauptete, ein Sohn Antiochos' IV. zu sein, Anspruch auf den Seleukidenhof erhob, überboten sich Demetrios I. und er in ihren Bemühungen um Jonathan. Obwohl Alexander als Betrüger bekannt war, unterstützten ihn viele Herrscher in der Hoffnung, das Seleukidenreich damit zu schwächen. Verzweifelt suchte Demetrios nun Bundesgenossen, bot Jonathan hohe Würden an und gab ihm das Versprechen, „Truppen auszuheben und sein Verbündeter zu werden".[16] Sein Rivale wollte nicht zurückstehen und ernannte den Juden 152 v. Chr. sogar zum Hohepriester und Freund des Königs, womit die makkabäische Herrschaft de iure abgesichert war. Anlässlich der Eheschließung Alexanders mit Kleopatra Thea, einer Ptolemäerprinzessin, wurde Jonathan zudem noch zum *strategos* (Feldherrn) ernannt und nahm an der Hochzeitsfeier als Ehrengast teil. Der Sohn des Rebellen und vor kurzem noch selbst bekämpfter und verfolgter Aufständischer war gesellschaftsfähig geworden.

Die meisten politischen Ziele des Makkabäeraufstands waren erreicht. Wenn Judäa auch noch keine volle Unabhängigkeit erlangt hatte, so war es doch ein autonomer Teil des Seleukidenreichs geworden. Selbstbewusst verlegte der neue Hohepriester seine Residenz nach Jerusalem und spielte während des folgenden Jahrzehnts alle Rivalen um den syrischen Thron geschickt gegeneinander aus. Dabei verlor er das endgültige Ziel, die volle Souveränität seines Landes, nie aus den Augen.

Demetrios II., der Sohn des in einer Schlacht gegen Alexander Balas gefallenen Demetrios I., setzte dessen Kampf gegen den Thronrivalen fort. Er heiratete Kleopatra Thea, die ihr Vater dem glücklosen Alexander weggenommen hatte, und entsandte erneut ein Heer gegen Süden, um Jonathans Aktivitäten, die sich mittlerweile auf einige Küstenstädte richteten, Einhalt zu gebieten. Aber das Unternehmen scheiterte kläglich, und Jonathan konnte daran gehen, die endgültige Trennung vom Seleukidenreich einzuleiten. Er belagerte die Akra, bis sich Demetrios II. zu einem Kompromiss bereit zeigte. Er übergab den Juden einen großen Teil Samarias, befreite das Land von den lästigen Tributzahlungen und bestätigte Jonathan in allen Ämtern.

Doch kam es schon zwei Jahre später wieder zu Meinungsverschiedenheiten. Alexander Balas war einem Mordanschlag zum Opfer gefallen, und Tryphon, einer seiner Feldherrn, hatte dessen minderjährigen Sohn als Antiochos VI. auf den Thron gehoben. Zunächst unterstützte Jonathan gemäß der Absprache Demetrios II. und half ihm sogar mit 3000 Soldaten aus. Da aber jener die früheren Versprechungen nicht einzuhalten gedachte, kündigte ihm der Jude die Gefolgschaft und schloss sich Tryphon an, der ihn mit weiteren Gebieten in der Küstenebene, darunter Gaza, belohnte.

Nachdem mittlerweile auch fast alle anderen judenfeindlichen Siedlungen im Norden und Westen Judäas unterworfen waren, stand damit der größte Teil des südlichen Syrien unter jüdischer Oberherrschaft. Doch ahnte der arglose Jonathan nicht, dass Tryphon ein falsches Spiel mit ihm trieb, das ihn schließlich das Leben kosten sollte.

Wie vor Jahren sein Bruder, sicherte sich auch Jonathan die Unterstützung Roms[17] und nahm darüber hinaus Verbindung zu Sparta auf, das zu dieser Zeit eine beachtliche Macht darstellte und zu dem möglicherweise schon einer seiner Vorgänger diplomatische Beziehungen unterhalten hatte. Als er sich zudem noch anschickte, wieder einmal die Akra zu belagern, beorderte ihn der erboste Tryphon nach Ptolemais mit dem Versprechen, ihm die Stadt zu übergeben. Kaum aber hatte Jonathan mit seiner 1000 Mann starken Ehrengarde den städtischen Boden betreten, als der Syrer ihn gefangen nahm und seine Männer nie-

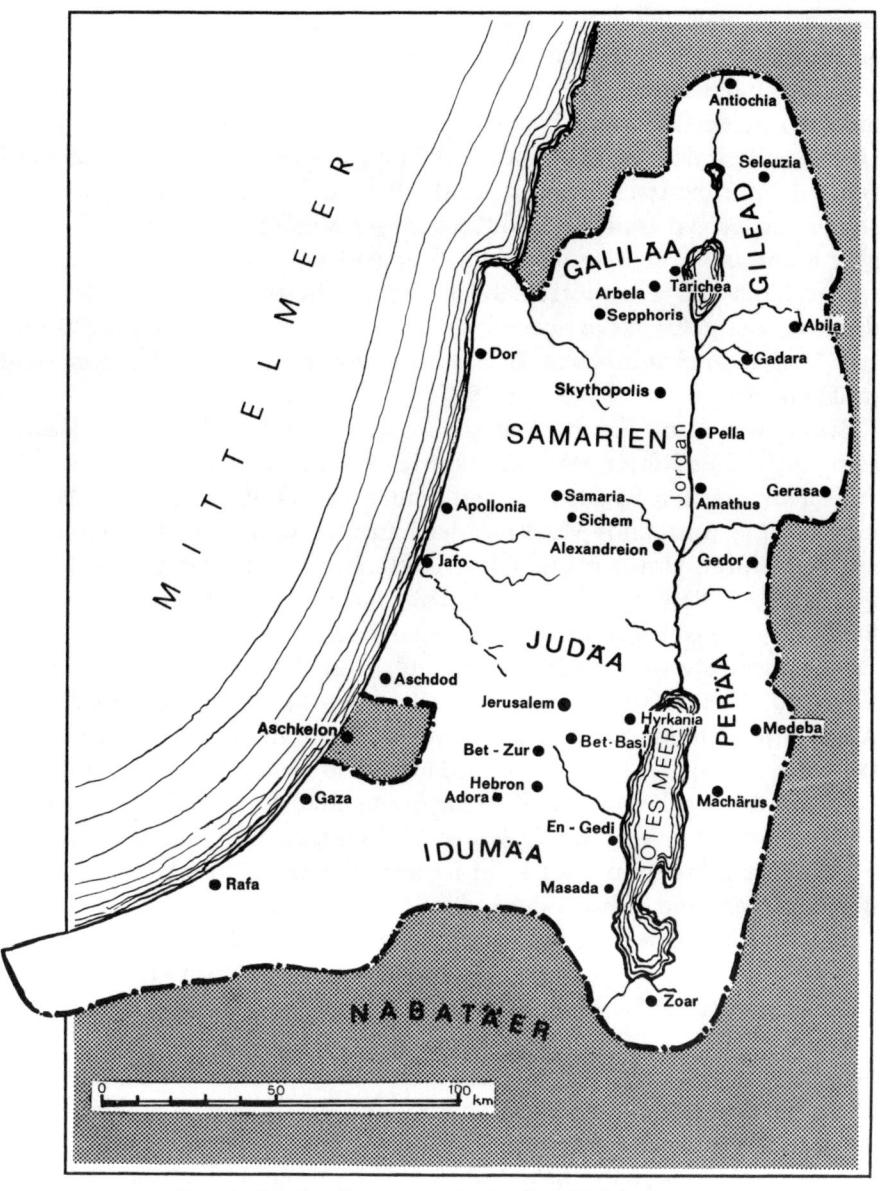

Der jüdische Staat zur Zeit der Makkabäer

dermachen ließ. Dann brach Tryphon, den Gefangenen im Schlepptau, auf, um Judäa von der Küste aus anzugreifen.

Indessen hatte in Jerusalem eine Volksversammlung Jonathans Bruder Simon mit der Führung beauftragt. Dieser erkannte die militärische Überlegenheit des Gegners und sah keinen anderen Ausweg, als der syrischen Forderung nachzukommen, die beiden Söhne Jonathans als Geiseln auszuliefern und eine Ablösesumme zu zahlen. Tryphon dachte aber nicht daran, sich an die Abmachungen zu halten und den Gefangenen freizulassen. Ein plötzlich einsetzender heftiger Schneesturm und die Bedrohung durch Demetrios' militärische Aktivitäten zwangen ihn, sein Vorhaben abzubrechen. In der Nähe von Baskama ließ er Jonathan umbringen.

Simon war damit Familienoberhaupt und nach dem Willen des Volkes sein politischer Führer. Wie seine Brüder spielte auch der „kluge Mann" die seleukidischen Rivalen untereinander aus. Tryphon, der den Marionettenkönig Antiochos VI. ermordet hatte, erhob nun selbst Anspruch auf den Thron. Um den Preis der vollständigen Unabhängigkeit Judäas nahm Simon Verbindung zu Demetrios auf und machte sich daran, die Bewohner seines Landes zu zwangsjudaisieren. Wer sich weigerte, Jahwe als einzigen Herrn anzuerkennen und nach den strengen Regeln der Väter zu leben, wurde vertrieben oder ermordet. Simon eroberte die Akra in Jerusalem, das letzte Bollwerk der Fremdherrschaft, und kontrollierte damit ein geschlossenes Herrschaftsgebiet, das weit über die Grenzen Altisraels und die jüdische Sehnsucht hinausreichte (Frühjahr 142 v. Chr.). Das Volk aber „begann, Urkunden und Verträge mit der Formel einzuleiten: Im Jahr 1 der Regierung Simons, des Hohepriesters, Befehlshabers und Führers der Juden".[18]

Jonathan hatte, wie gesagt, noch am Ende seiner Regierungszeit (um 144 v. Chr.) das Bündnis mit Rom erneuert. Und auch Simon versicherte sich der Gunst der Weltmacht.[19]

Seit Simons Vater im Dorf Modiim den Aufstand ausgelöst hatte, waren 25 Jahre vergangen. Die Juden hatten für ihre Unabhängigkeit einen gewaltigen Blutzoll entrichtet. Vier von Simons Brüdern hatten in diesem Freiheitskampf ihr Leben verloren. Und das Blutvergießen sollte weitergehen, auch wenn sich Judäa am Ziel seiner Wünsche glaubte.

DER OSTEN UNTER
RÖMISCHER HERRSCHAFT

Die Hasmonäer –
Aufstieg und Niedergang einer Dynastie

Simon, Führer der Juden – Bruder- und Bürgerkrieg in Judäa –
Konflikte mit den Nabatäern – Die Eroberung Jerusalems durch
Gnaeus Pompeius (63 v. Chr.)

Der Führer der Juden war nun nicht mehr Untergebener eines fremden Königs, nicht mehr bloßer Befehlsempfänger, sondern Herrscher und Repräsentant eines souveränen Staates, der über sein Schicksal selbst bestimmte. Im Jahr 140 v. Chr. erkannte das jüdische Volk Simon als Hohepriester und weltlichen Machthaber mit allen Befugnissen an, mit denen die Seleukiden dieses Amt ausgestattet hatten, und bestätigte die Erblichkeit seiner Würden. Die Regelung sollte allerdings nur so lange gelten, „bis Gott einen wahren Propheten erweckt"[1]. Offensichtlich war sie ein Kompromiss zwischen der Hasmonäerpartei und jenen Gruppen, die in naher oder ferner Zukunft den Anbruch der Gottesherrschaft erwarteten.

Dennoch gab es äußerst glaubensstrenge Juden, die in Simons Priestertum eine Profanierung des heiligen Amtes sahen und sich unmutig nach Qumran am Nordwestufer des Toten Meeres zurückzogen, wo sie sich der Schriftauslegung widmeten und der verheißenen Ankunft des Messias entgegenträumten. In einer ihrer berühmt gewordenen Schriftrollen wurde Simon oder ein anderer Hasmonäer als „Frevelpriester" bezeichnet. Im Allgemeinen aber waren sich Simons Untertanen einig, dass unter ihm der Wohlstand zurückgekehrt war und die Juden in Frieden ihr Land bebauen konnten.[2]

Außenpolitisch wurde dieser neue Status, wie erwähnt, wiederum durch ein Bündnis mit Rom abgesichert, in dem der römische Senat den Juden das uneingeschränkte Recht auf ihr Land garantierte.[3] „Unter demselben Simon fand 138 v. Chr. auch die so genannte ‚Schildgesandtschaft' statt, die einen goldenen Schild im Wert von 1000 Minen nach Rom brachte und eine (erneute?) Bündnisbekräftigung erwirkte."[4]

Kaum hatte Tryphon die Augen geschlossen, da forderte der Bruder und Nachfolger des Demetrios II., Antiochos VII., der letzte starke Vertreter eines dem Tode geweihten Geschlechts, Simon auf, die seleukidische Oberhoheit erneut anzuerkennen. Er verlangte die Rückgabe der

Städte Jaffa und Gezer sowie die der Jerusalemer Akra, ferner die Entrichtung von Steuern für alle außerjüdischen Besitzungen, die unter Simons Herrschaft standen, oder eine Abfindung von 500 Talenten Silber.

Um die so schwer und blutig erkämpfte Unabhängigkeit nicht aufs Spiel zu setzen, entsandte der greise jüdische Führer seine Söhne Judas und Johannes (Hyrkan) mit einem Heer gegen den König. Tatsächlich gelang es den jüdischen Truppen, den Gegner im Kidrontal zu schlagen (135/4 v. Chr.).

Mittlerweile aber brach in Judäa selbst ein Bruder- und Bürgerkrieg aus. Offensichtlich hatte sich Simons Schwiegersohn Ptolemaios, der Gouverneur von Jericho, mit Antiochos VII. gegen seine Verwandten verbündet. Jedenfalls ließ er bei einem Gastmahl seinen Schwiegervater und zwei von dessen Söhnen heimtückisch ermorden (134 v. Chr.). Auch Johannes Hyrkan sollte umgebracht werden, wurde aber rechtzeitig gewarnt und konnte sich in Sicherheit bringen. Wahrscheinlich hatte Ptolemaios geplant, die gesamte Hasmonäerfamilie auszurotten und die Herrschaft an sich zu reißen.

Johannes Hyrkan war also den Häschern seines Schwagers entkommen und trat als Hyrkan I. (134–104 v. Chr.) die Nachfolge seines Vaters an. Er wurde nach dem Erbrecht Hohepriester in Jerusalem und traf umgehend Maßnahmen für die Verteidigung der Stadt. Nur langsam vermochte er sich gegen Ptolemaios durchzusetzen. Der Beginn des Sabbatjahres, des alle sieben Jahre vorgeschriebenen „Brachjahres", das der Ruhe und dem Frieden dienen sollte, ließ jedoch die innenpolitischen Auseinandersetzungen schließlich verebben.[5]

Ein ganzes Jahr lang belagerte aber nun Antiochos VII. die Stadt, bis sie aus Mangel an Nahrungsmitteln zu kapitulieren gezwungen war. Die Friedensbedingungen waren ungewöhnlich mild: Nur ein Teil der Stadtmauern wurde geschleift. Hyrkan hatte 300 Talente Silber sofort und weitere 200 binnen einer bestimmten Frist zu entrichten. Er musste für die nichtjüdischen Gebiete den Vasallenstatus anerkennen, Geiseln stellen und sollte Heeresfolge im Partherfeldzug leisten.

Um den finanziellen Verpflichtungen nachzukommen ließ er das Grab Davids öffnen. Mit dem dort ausgegrabenen Silber warb er auch fremde Söldner an, ein Schritt, der besonders seinen gläubigen Zeitgenossen bedenklich erschien.

Nachdem Antiochos VII. 129 v. Chr. während des Partherfeldzugs gefallen war, beschleunigte sich die Auflösung des Seleukidenreichs.

Hyrkan I. nutzte die in Syrien erneut auftretenden Thronstreitigkeiten, um sein Herrschaftsgebiet zu erweitern.

125 v. Chr. hatte er bereits einen Teil Samarias, das Judäa von Galiläa trennte, annektiert, ebenso Idumäa im Süden. Der aus der Zeit Alexanders des Großen stammende Tempel auf dem Berg Garizim, das dem Tempel von Jerusalem ähnliche Nationalheiligtum der Samaritaner, wurde zerstört. Die Bevölkerung der unterworfenen Gebiete wurde zur Annahme des Judentums gezwungen, da man sich ihrer Loyalität versichern wollte. Unter den Zwangsbekehrten befanden sich die Vorfahren des späteren Königs Herodes des Großen, der in der jüdischen Geschichte und in deren Verhältnis zu Rom noch eine bedeutende Rolle spielen sollte.

Gegen Ende von Hyrkans I. dreißigjähriger Regierungszeit verschärfte sich der Konflikt zwischen der heimischen hasmonäerfreundlichen Priesteraristokratie, den Sadduzäern, und der Partei der strenggläubigen Pharisäer. Der Führer Israels bemühte sich offensichtlich noch auf seinem Sterbebett um einen Ausgleich und bestimmte in seinem Testament, dass dem Hohepriester die weltlichen Machtbefugnisse entzogen werden sollten. Sein ältester Sohn, Aristobul, sollte künftig das hohe geistliche Amt ausüben, seine Witwe die Regierung des Landes übernehmen.

Aber Aristobul dachte nicht daran, auf die weltliche Macht zu verzichten. Er nahm als Erster den Königstitel an, ließ seine Mutter ins Gefängnis werfen, wo sie langsam verhungerte, und setzte die Expansionspolitik seines Vaters unbekümmert fort. Zwar gelang es ihm, das gesamte Hügelland westlich des Jordans seinem Einfluss zu unterwerfen, doch war seiner Herrschaft ansonsten kein Glück beschieden. Er starb im Jahr 103 nach nur einjähriger Regierungszeit, und sein Bruder Alexander Jannäus folgte ihm auf dem Thron.

Während der 27 Jahre, in denen er das auserwählte Volk führte, unternahm er eine Reihe von Feldzügen, die Judäa trotz mehrerer Niederlagen beträchtliche Gebietsgewinne einbrachten, sodass es schließlich fast die gleiche Ausdehnung wie seinerzeit unter König David erreichte. Was Alexander Jannäus dabei an militärischen Fähigkeiten fehlte, glich er durch Geduld und Beharrlichkeit aus. So verbündete er sich mit Kleopatra III. gegen deren Sohn Ptolemaios IX. Lathyros, den König von Zypern, kämpfte östlich des Jordans und eroberte einige Küstenstädte im Südwesten, darunter Gaza (96 v. Chr.). Auch östlich des Toten Meeres erweiterte er sein Herrschaftsgebiet.

Unterdessen aber verschlechterten sich die Beziehungen des Königs zu den Pharisäern, nicht ohne seine Schuld, da er die Spannungen geradezu provozierte. So ließ er beispielsweise auf seine Münzen „Alexander der König" zweisprachig, hebräisch und griechisch, schlagen, worin viele seiner Kritiker eine Hellenisierung erblickten. 90 v. Chr. kam es zum offenen Aufruhr. Jannäus' Versuch, den Konflikt friedlich beizulegen, scheiterte, weil die Aufständischen als Preis für ihr Stillhalten seinen Kopf forderten. Von ihnen zu Hilfe gerufene syrische Truppen griffen in die Auseinandersetzungen ein. Doch mussten sich die Pharisäer nach siebenjährigem zähem Ringen geschlagen geben. Der jüdische Geschichtsschreiber Flavius Josephus schätzt, dass der sinnlose Bürgerkrieg nicht weniger als 50 000 Opfer forderte. Dabei soll der König äußerst grausam gegen innenpolitische Gegner vorgegangen sein und einmal sogar 800 von ihnen gleichzeitig zur Kreuzigung verurteilt haben, eine Hinrichtungsart, die man bis dahin in Israel nicht gekannt hatte. Erstaunlicherweise riet er seiner Frau Salome Alexandra auf dem Sterbebett, mit den Pharisäern Frieden zu schließen.

Alexander Jannäus starb 76 v. Chr. an den Folgen seiner Trunksucht, und seine Gemahlin Salome Alexandra bestieg den Thron. Ihr älterer Sohn Hyrkan II., der zeitlebens mit den Pharisäern sympathisiert hatte, übernahm das Amt des Hohepriesters. Solange die auf Ausgleich bedachte Mutter lebte und herrschte, ließ sich der bewaffnete Konflikt vermeiden, doch mit ihrem Tod standen sich die Fronten wieder unversöhnlich gegenüber, feindseliger womöglich noch als zu Lebzeiten ihres Gatten. Jetzt rangen auch noch ihre beiden Söhne, Hyrkan und Aristobul, um den Thron. Der jüngere, der ein engagierter und kämpferischer Anhänger der aristokratischen Priesterkaste war, hatte sich schon bei seiner Mutter beklagt, dass er keine Rolle im öffentlichen Leben spiele, und ihr listig die Befehlsgewalt über eine Reihe kleinerer Festungen abgetrotzt. Jetzt marschierte er, den der Historiker Flavius Josephus als Mann der Tat beschrieb, gegen seinen Bruder, den noch die Mutter zu ihrem Nachfolger ernannt hatte. Bei Jericho wurde Hyrkan geschlagen und floh nach Jerusalem. Dort verzichtete er zu Gunsten Aristobuls auf seine Ansprüche und verlangte nur, dass man ihm seine Einkünfte belasse.

Keiner von beiden ahnte, dass der Riss, der ihr Land wie kein anderer zuvor gespalten und sich in ihrer Familie fortgesetzt hatte, das Ende ihres Geschlechts und den Beginn einer neuen Knechtschaft ihres Volkes einläutete, einer Abhängigkeit, an deren Ende ihr Staat für Jahrhunderte von den Landkarten verschwinden und ihr Volk einen beispiellos blutigen Leidensweg antreten sollte.

Aristobul II. gelangte nicht mehr in den uneingeschränkten Genuss seiner Herrschaft. Ein gewisser Antipater, judaisierter Gefolgsmann Hyrkans aus Idumäa, Vater des späteren Königs Herodes, hatte mit Hilfe der Judäa benachbarten Nabatäer den Südteil des Reiches unter seine Kontrolle gebracht und machte dem selbst ernannten König seine Stellung streitig. Zwar schützte er dabei Hyrkans Interessen vor und verschaffte diesem sogar am Nabatäerhof in Petra ein sicheres Asyl. Doch ging es ihm allein um seine persönliche Macht.

Hyrkan II. gelang es, dem Nabatäerkönig Aretas III. (87–62 v. Chr.) ein Heer zu entlocken, das gegen seinen Bruder ins Feld ziehen sollte. Im Gegenzug versprach er, ihm den Besitz über zwölf Städte östlich und südlich des Toten Meeres zu verschaffen.

65 v. Chr. besiegten die nabatäischen Truppen Aristobul II. und trieben ihn auf den Tempelberg von Jerusalem, wo er sich mit seinen Leuten verschanzte. Doch fielen bald zahlreiche Söldner von ihm ab, und die meisten Bewohner Jerusalems ließen den verhassten Potentaten ohnehin im Stich. In seiner Not wandte er sich hilfesuchend an Rom. Doch auch sein Bruder bemühte sich um die noch immer aufstrebende Weltmacht.

Als der Römer Gnaeus Pompeius, einer der fähigsten und mächtigsten Feldherrn des Altertums, im Jahr 65 v. Chr. mit seinen Legionen in Syrien erschien, wurde einer seiner hohen Offiziere, ein Mann namens Scaurus, in Jerusalem von Gesandten der verfeindeten Brüder „bestürmt". Scaurus schätzte die Lage vor Ort sachkundig ein: Nur mit Mühe wäre Aristobul II. aus seiner von drei Seiten natürlich gesicherten Festung zu vertreiben. Also befahl er den Nabatäern, die Belagerung abzubrechen und sich zurückzuziehen. Andernfalls würden sie zu Feinden Roms erklärt.

Der auf diese Weise überraschend befreite Aristobul setzte den Abziehenden nach, stellte sie in einem Sumpfgebiet östlich der Jordanmündung und schlug sie vernichtend, wobei ein Bruder Antipaters ums Leben kam. Dann versuchte er, Pompeius für sich zu gewinnen. Er sandte dem Feldherrn einen prächtigen Weinstock aus Gold als Geschenk, das später den Tempel des Jupiter Capitolinus in Rom zieren sollte. Doch nicht nur er buhlte um die römische Gunst. Auch Antipater machte dem mächtigen Römer seine Aufwartung, angeblich, um sich für Hyrkan II. einzusetzen. Er hatte erkannt, dass sich Aretas „als keine nützliche Hilfe für ihn und Hyrkanus erwiesen hatte"[6], und wollte jetzt selbst mit den Römern, gewissermaßen Auge in Auge, verhandeln.

Der folgende Bericht des Flavius Josephus ist widersprüchlich. Der Ablauf der Ereignisse bei der Annäherung Antipaters an den mächtigen Römer ist deshalb nicht genau auszumachen. Seine Bemühungen scheinen aber wie die der anderen angesehenen Juden dahin gerichtet gewesen zu sein, dass keiner der beiden Brüder begünstigt, sondern die Königsherrschaft ganz abgeschafft werden sollte.[7] Jedenfalls hat Antipater die offiziell in Hyrkans Namen gesandte Delegation angeführt.

Pompeius, der sich noch nicht festlegen wollte, lud die verfeindeten Hasmonäersöhne nach Damaskus. Dort traf noch eine dritte Abordnung ein, Gesandte der Pharisäer, die ihn ebenfalls baten, das Königtum in ihrem Land abzuschaffen und die frühere vormakkabäische Volkssouveränität wiederherzustellen. Doch bevor Pompeius endgültig entscheiden wollte, sollte noch ein anderes Problem aus der Welt geschafft werden. Er brach zu einem Feldzug gegen die Nabatäer auf.

Die Abwesenheit des römischen Feldherrn nutzte Aristobul II., der das endgültige Urteil des Römers nicht abwarten wollte, um überstürzt von Damaskus aufzubrechen und der Bergfeste Alexandreion zuzustreben, die er offensichtlich als Stützpunkt für einen neuerlichen Aufstand einzurichten gedachte. Aber Pompeius durchschaute den Plan, stieg von der Höhe der transjordanischen Berge herab und belagerte Aristobul in der Festung, die jener erst nach zähen Verhandlungen aufgab. Daraufhin zog sich Aristobul Richtung Jerusalem zurück. Aber der römische Oberbefehlshaber folgte ihm mit seinen Truppen auf den Fersen. Vor Jericho, „wo die Palme wächst und der Opobalsam gedeiht ..."[8], bot der jüdische Führer die Übergabe Jerusalems und Tributzahlungen an. Rückendeckung fand er in der Stadt für diese weitere Eskapade nicht mehr. Man verschloss ihm und den Römern die Tore. Da ließ Pompeius Aristobul gefangen nehmen und wandte sich gegen das widerspenstige Jerusalem.

„Von den Wällen herab, hinter denen sie sich sicher glaubten, sahen die Einwohner Jerusalems vor den braunen Hügeln die federgeschmückten Helme und die roten Umhänge der römischen Legionäre, deren Speerspitzen in der Sonne funkelten. Die Stadt befand sich in Aufruhr ..."[9] Aristobuls Anhänger bereiteten sich auf den Kampf vor, verschanzten sich auf dem Tempelberg und zerstörten die Brücke zur Oberstadt.

Noch war der Unmut des strengen römischen Feldherrn nicht bis zum Äußersten entfacht. Pompeius bot den Verteidigern des Tempelberges Verhandlungen an. Als diese jedoch ablehnten, rüstete er zum Sturm.

Mit den ihnen vertrauten Strategien gingen die Römer zu Werk. Von Tyros holten sie schweres Belagerungs- und Kriegsgerät heran. Große Holz- und Erdrampen wurden für einen Zangengriff errichtet, der auf die Nord- und Westmauer der Festung erfolgen sollte. Schon während der Anlage der Rampen wurden Katapulte und Rammböcke Meter um Meter vorgeschoben. Doch trotz der technischen Überlegenheit kamen die Belagerer nur mühsam voran. Hartnäckig leisteten die Eingeschlossenen Widerstand und brachten die Operationen der Gegner teilweise ganz zum Erliegen. Nur am Sabbat, wenn sich die Juden wegen der ihnen gebotenen Ruhe allenfalls bei unmittelbarer Gefahr für Leib und Leben wehren durften, konnten Pompeius' Leute kleine Erfolge verbuchen. Doch kam der Tag, an dem die in Stellung gebrachten Belagerungsmaschinen ungehindert gegen Jerusalems gewaltige Kalksteinmauern donnerten. Man befand sich im dritten Kriegsmonat, als es endlich gelang, Breschen in den mächtigen Befestigungsgürtel zu schlagen. Römer und Anhänger Hyrkans II. drangen schreiend in die Stadt ein. Rund 12 000 von Aristobuls Männern und Stadtbewohnern kamen auf grausame Weise ums Leben. Viele von ihnen stürzten sich von den Mauern oder zogen es vor, in ihren brennenden Häusern qualvoll zu sterben als sich dem Feind zu ergeben. „An der Abschlachtung ihrer Landsleute betätigten sich auch Hyrkans Anhänger; das Blut der Priester mischte sich mit dem der Schlachtopfer, die sie bis zuletzt dargebracht hatten ..."[10] Die Verluste der siegreichen Römer blieben indes gering.

Der Tempel, „dessen Inneres sonst unzugänglich und keinem Auge sichtbar war, wurde schwer geschändet. Denn Pompeius drang mit einer Anzahl seiner Begleiter in das Innere ein und sah, was kein Sterblicher außer dem Hohepriester erblicken durfte ..." Obwohl dort eine Menge Schätze, Opfergaben und Räucherwerk lagerten, rührte der Römer „aus Frömmigkeit", wie Flavius Josephus behauptet, nichts an, „sondern benahm sich, wie man von seiner Tugend erwarten konnte ..."[11] Tags darauf ordnete er an, das Heiligtum zu reinigen und Gott die nach dem Gesetz vorgeschriebenen Opfer darzubringen.

Er bestätigte Hyrkan II. in seinem priesterlichen Amt, verlieh ihm jedoch keinen weltlichen Titel. Dann machte er sich daran, das von Hyrkan I. und Alexander Jannäus so mühsam errichtete Hasmonäerreich zu zerschlagen. Alle in der jüngsten Vergangenheit eroberten griechischen Städte mussten die Juden abtreten. Sie wurden als Freistädte dem römischen Statthalter in Syrien unterstellt. Die gesamte Küstenregion, der wertvolle Zugang zum Meer, einst mit so großen Verlusten erobert, musste aufgegeben werden. Im Nordosten vereinten die Römer zehn

Nach der Gebietsneuordnung durch Pompeius

griechische Städte zu einem Bund. Auch diese berühmte „Dekapolis" wurde dem römischen Statthalter unterstellt.

„An diesem Unglück", klagte Flavius Josephus noch viele Generationen später, „trug nur der Streit zwischen Hyrkan und Aristobul die Schuld. Dadurch wurde uns die Freiheit entrissen: wir kamen unter die Botmäßigkeit der Römer und mussten das Land, welches wir den Syrern mit Waffengewalt abgenommen, denselben wieder zurückgeben."[12]

Rom war indessen auch daran interessiert, die Reste des Seleukidenreichs zu beseitigen. Pompeius ernannte Scaurus zum Statthalter und überließ ihm zwei Legionen. Er selbst machte sich auf den Weg nach Kilikien, um möglichst bald nach Rom zurückzukehren. „Dorthin nahm er auch den Aristobul und dessen Kinder als Kriegsgefangene mit. Letztere waren zwei Töchter und ebenso viele Söhne, von denen der eine, Alexander, entfloh, der jüngere, Antigonus, aber mit seinen Schwestern nach Rom gebracht wurde."[13] Dort sollten sie, wie es altem Herkommen entsprach, den Triumphzug des Pompeius krönen – noch immer das größte und aufwändigste Spektakel, das die Weltstadt am Tiber zu bieten hatte.

Crassus – Pompeius – Cäsar

Spannungen zwischen Rom und Judäa – Crassus raubt das Tempelgeld – Cäsar ernennt Antipater zum Procurator ganz Judäas

Wenn sich Gnaeus Pompeius in einer Siegesinschrift rühmte, Aristobul II., den König der Juden, unterworfen zu haben, so kann seine Eroberung Jerusalems, die wenigstens dem Schein nach für Hyrkan II. erfolgte, keinesfalls mit der im Jahre 70 n. Chr. von Titus angeordneten Zerstörung verglichen werden.

Pompeius war nicht als Verfechter römischer Interessen nach Judäa gekommen, sondern von zwei streitenden Thronanwärtern als Schlichter in ihr Land gerufen worden. Allerdings kann nicht ausgeschlossen werden, dass dabei das bestehende Vertragsverhältnis mit Rom eine Rolle spielte. Freilich ahnte niemand, welchen Wolf im Schafspelz man angelockt hatte.

Pompeius setzte also nicht in der Absicht seinen Fuß auf jüdischen Boden, das Land dem Römischen Reich einzuverleiben. Er betrat jedoch, möglicherweise aus Neugier, das Allerheiligste des Tempels, das selbst dem Hohepriester nur einmal im Jahr, am Versöhnungstag, zugänglich war, und brach damit ein Tabu, beging ein todeswürdiges Verbrechen, das ihm die jüdische Tradition nie verzieh. Denn selbst gemäßigt fromme Kreise sahen darin eine entsetzliche Demütigung, ein Sakrileg, das auch die Tatsache, dass Pompeius nichts antastete und nichts wegschleppen ließ, nicht zu kompensieren vermochte. Hatte nicht schon Antiochos III. den Juden garantiert, dass kein Fremder diesen Ort ungestraft auch nur erblicken durfte? Noch heute meiden strenggläubige Juden das Betreten des Tempelbergs, um nicht versehentlich in den nicht mehr genau lokalisierbaren Bereich des ehemaligen Tempelinneren zu gelangen.

Leider verschaffte die Entfernung des gefährlichen Aufwieglers Aristobul II. vom Brennpunkt der Ereignisse dem Land nicht den erhofften Frieden. Daran änderte auch die Tatsache nichts, dass Judäa verkleinert wurde und jetzt verwaltungsmäßig dem Statthalter von Syrien, einem Römer, unterstand.

Zudem glich die Regierung Hyrkans II. und Antipaters einem Marionettenspiel und blieb auch weiterhin von Aristobuls Anhängern und

Gesinnungsgenossen bedroht. Aristobuls Sohn Alexander II. war es, nicht eben rühmlich für die erhabene Weltmacht, gelungen, aus der Gefangenschaft zu entkommen. 57 v. Chr. kehrte er in seine Heimat zurück, um gleich wieder das Banner des Aufstands zu hissen. Mit immerhin 10 000 Fußsoldaten und 1500 Reitern nahm er einige Festungen ein und näherte sich Jerusalem, wo er die Verteidigungsanlagen wiederherstellen wollte. Da eilte der Statthalter von Syrien, Gabinius, heran, um die Erhebung niederzuschlagen. In seinem Gefolge machte zum ersten Mal ein junger Offizier von sich reden, ein draufgängerischer Mann, dessen Namen später allenthalben Bewunderung, aber auch Angst und Abscheu erregen sollte: Marcus Antonius.

Wie nicht anders zu erwarten gewesen war, siegten die Römer. Sie zerstörten die von Alexander eingenommenen Festungen und teilten Davids Reich in fünf Bezirke, jeweils mit einem eigenen Verwaltungszentrum auf: Judäa, das Jordantal, Peräa, Galiläa und Idumäa. Hyrkans Zuständigkeit wurde auf den Tempelbezirk von Jerusalem begrenzt, was ihm jeglichen politischen Einfluss nahm.

Im Jahr, nachdem sein Sohn in das Land der Väter zurückgekehrt war, gelang auch Aristobul die Flucht. Doch es sollte nur ein kurzer Traum von Freiheit werden. Er stellte in Windeseile ein Heer auf, aber seine unerfahrenen Truppen wurden von den Römern über den Jordan getrieben, bis sich ihr Führer der römischen Übermacht ergab. Man brachte ihn als Gefangenen zurück nach Rom. Sein unbelehrbarer Sohn zettelte daraufhin noch einmal einen Aufstand an, und wieder stellte ihn Gabinius in einer Schlacht. Gegen die strategisch überlegenen Legionen vermochten die schlecht ausgebildeten jüdischen Truppen jedoch nichts auszurichten. Zehntausend Mann fielen in der Nähe des Berges Tabor (56 v. Chr.), und Judäa wurde für einige römische Politiker endgültig zum Spielball im Kampf um die Macht.

Schon die Qumran-Texte hatten die Römer mit den Kittäern des Visionärs Daniel gleichgesetzt und sie als den Typus des endzeitlichen Feindes beschrieben. Die pharisäisch-rabbinische Überlieferung sah in ihnen den Erbfeind schlechthin, der, zunächst in der Gestalt des romfreundlichen Antipater, dann in dem von Rom eingesetzten tyrannischen König Herodes, für Judäa zum Schicksal würde.

Allenfalls die eschatologisch orientierten gemäßigten Juden versuchten, sich mit dem politischen Status abzufinden, sahen dem Untergang des „Vierten Reiches" als Vorstufe für die Heilszeit entgegen und bemühten sich um einen leidlichen Ausgleich mit Rom. Die politisch Verantwortlichen waren jedoch wohl oder übel gezwungen, mit der neuen

Weltmacht zusammenzuarbeiten. So verschärfte das Verhältnis zu den Römern oder zum Römertum den ohnehin schwelenden innerjüdischen Parteienstreit.

Nur vor diesem historisch-theologischen Hintergrund werden die Spannungen zwischen Rom und Judäa begreiflich. Dabei muss festgehalten werden, dass die rechtliche Lage des Judentums als Religion keineswegs ungünstig war. Auf Grund der Rom eigenen Toleranz in religiösen Fragen, die allenfalls da auf Argwohn und Widerstand stießen, wo sie den inneren Frieden oder den Bestand des Imperiums gefährdeten, genossen die Juden hinsichtlich ihres monotheistischen Glaubens und der strengen rituellen Praxis, die zudem mit hohen moralischen Ansprüchen verbunden waren, erhebliche Privilegien. Diese gingen weit über die Zugeständnisse gegenüber anderen Religionen hinaus. Lebten die Juden doch nach den alten Vätersitten, die als Idealvorstellung auch den Römern vorschwebten!

Doch der Druck der römischen Verwaltung barg fast zwangsläufig auch Konfrontationen in sich. Sie und wachsende soziale Spannungen unter den Juden Kleinasiens haben dem radikalen Judentum, das auf eine gewaltsame Lösung drängte, schließlich Auftrieb gegeben und das Verhältnis zu Rom bis zur Unerträglichkeit vergiftet.

Bereits im Jahr 60 v. Chr. hatten im Zentrum der Weltmacht drei ungleiche Männer, Pompeius, Crassus und Cäsar, das Ruder der Regentschaft ergriffen und sich in einem Privatbündnis, dem so genannten Triumvirat (Dreimännerbund), zusammengeschlossen. Fünf Jahre später kam Marcus Licinius Crassus, der zu den reichsten Männern des Imperiums zählte, als Statthalter nach Syrien. Er hoffte, aus diesem Amt noch wohlhabender hervorzugehen und darüber hinaus in einem Feldzug gegen die Parther militärischen Ruhm zu erlangen.

Während dieses Krieges, aus dem er nicht zurückkehren sollte, gelangte er auch nach Jerusalem, „... raubte alles im Tempel befindliche Geld, welches Pompeius nicht angerührt hatte, im Ganzen zweitausend Talente, und vermaß sich sogar, alles Gold im Werte von ungefähr achttausend Talenten daraus zu entfernen."[1] Eindrucksvoll schildert der jüdische Geschichtsschreiber Flavius Josephus die Vorfälle, die sich damals an Israels heiligster Stätte zugetragen haben. Sein emotionsgeladener Bericht über die Ereignisse, die zu seiner Zeit weit mehr als hundert Jahre zurücklagen, beweist, wie lebendig die Überlieferung noch in der zweiten Hälfte des ersten nachchristlichen Jahrhunderts gewesen sein muss und wie schmerzlich die Schändung des Heiligtums durch einen Fremden im Bewusstsein des Volkes haften geblieben war.

Es mag für manchen frommen Juden ein – freilich schwacher – Trost gewesen sein, dass sich Jahwe für diesen Frevel bitter rächte. Crassus kam nicht mehr dazu, den Juden weiteren Schaden zuzufügen. In der Schlacht bei Carrhae erlitten seine Legionen 53 v. Chr. durch die parthische Reiterei eine verheerende Niederlage. Als er sich anschickte, die Reste seiner Truppen geordnet zurückzuführen, geriet er in eine feindliche Falle. Um an den verhassten Römern ein Exempel zu statuieren, gossen ihm die Parther flüssiges Gold, nach dem er zeitlebens so gierig gestrebt hatte, in die Kehle. Dann wurde sein abgeschlagenes Haupt an den Hof des Partherkönigs geschickt, wo es als Spielball ein Gastmahl an der königlichen Tafel bereicherte, ehe es im Kuriositätenkabinett des fremden Herrschers verschwand.

Durch diesen fulminanten Sieg und die beispiellose Demütigung der römischen Weltmacht beflügelt, versuchten die Parther nun, in Syrien einzudringen. C. Cassius Longinus, ein äußerst fähiger General, dem auf römischer Seite der Oberbefehl über die restlichen Truppen übertragen worden war, gelang es jedoch, sie zurückzuschlagen. Danach wandte er sich nach Judäa, das sich infolge der ständigen Umtriebe Aristobuls in Aufruhr befand. Führer der Aufständischen war ein gewisser Peitholaos der sich früher als loyaler Feldherr unter Antipater hervorgetan, inzwischen aber Aristobul angeschlossen hatte. Cassius schlug ihn und die beachtliche jüdische Streitmacht bei Tarichaia am See Genezareth vernichtend. Er verkaufte etwa 30 000 Aufständische in die Sklaverei und ließ ihren Anführer auf Anraten Antipaters hinrichten.[2] Dieser hatte nicht gezögert, die Römer gegen seine eigenen Landsleute zu unterstützen.

Nach der Hinrichtung des Peitholaos trat der von Rom gegenüber seinem Bruder begünstigte Hyrkan immer mehr in den Hintergrund, während Einfluss und Macht in Judäa allmählich ganz in Antipaters Hände übergingen.

Nach Crassus' gewaltsamem Tod stellte sich Antipater, angeblich immer noch für Hyrkan II. handelnd, demonstrativ auf die Seite des Pompeius. Darin sah der in Rom gefangene Aristobul ein großes Glück. Denn Cäsar ließ ihn frei, stattete ihn mit zwei Legionen aus und schickte ihn in den Osten, wo er gegen die restlichen Anhänger des Pompeius kämpfen sollte. Aber Pompeius' Spitzel hatten den Plan durchschaut. Sie vergifteten Aristobul, noch ehe er Rom verlassen hatte. Seinen Sohn Alexander übergaben sie in Antiochia dem Scharfrichter.

Für Antipater, der es sich mit keinem der rivalisierenden Römer verderben wollte, arbeitete indes die Zeit.

Meinungsverschiedenheiten zwischen Pompeius dem Großen und Cäsar führten schließlich zum Bürgerkrieg, der 48 v. Chr. bei Pharsalos mit einer Niederlage des Pompeius endete. Er floh nach Ägypten, um wenigstens seine Haut und die Reste seiner Hoffnungen zu retten. Dort aber fiel er durch Mörderhand. Offensichtlich hatten sich König Ptolemaios XIII. Philopator und dessen Berater, die den Mord in Auftrag gegeben hatten, von Cäsar eine stattliche Belohnung oder wenigstens Belobigung erhofft. Als jener jedoch am Nil eingetroffen war und man ihm das abgeschlagene Haupt des Ermordeten brachte, wandte er sich entsetzt ab und weinte. Pompeius und er waren einst Freunde gewesen. Doch auch aus politischen Gründen verabscheute er den hinterhältigen Mord. Der Tod seines Gegners hatte ihn jeglicher Möglichkeit beraubt, sich mit diesem zu einigen und den Staatsfrieden auf legale Weise wiederherzustellen.

Der Bürgerkrieg in Rom sollte auch für Judäa weit reichende Folgen haben, wobei Antipater nie seine eigenen Interessen aus den Augen verlor. Als Cäsar in Ägypten bei Kämpfen in Schwierigkeiten geriet, unterstützte er ihn mit 3000 Soldaten. Der nunmehrige „Alleinherrscher" Roms stattete Judäa daraufhin mit einer Reihe von Privilegien aus, die auch seine Nachfolger nicht antasteten. Das Land selbst wurde von Steuerlasten, vor allem von den lästigen und kostenaufwändigen Einquartierungen befreit. Hyrkan II. erhielt den „Ethnarchen"-Titel und das Hohepriesteramt. Er durfte sich fortan *socius populi Romani* (Bundesgenosse des römischen Volkes) nennen. Antipater erhielt das begehrte römische Bürgerrecht und Steuerfreiheit und wurde zum Procurator, Sachwalter, von ganz Judäa ernannt. „Da aber dieses Amt nicht klar umrissen war, bot es dem Antipatros eine Handhabe, sich in alles und jedes einzumischen und tatsächlich das Land zu verwalten, angeblich im Auftrage des Hyrkanos."[3]

Der Mann, den Flavius Josephus als außerordentlich kühn beschreibt: „... bald war fast sein ganzer Körper mit Narben, Malen seiner Tapferkeit, bedeckt"[4], scheint auch von durchtriebener Schläue gewesen zu sein. Als ihm Cäsar die Wahl eines einflussreichen Postens frei gelassen hatte, gab der Jude „das Maß der Auszeichnung dem Auszeichnenden" zurück. Cäsar war von so viel Bescheidenheit offenbar so beeindruckt, dass er Antipater nicht nur zum Procurator ernannte, sondern ihm auch die Erlaubnis gab, die Mauern Jerusalems wieder aufzubauen, die seit der Eroberung durch Pompeius 16 Jahre lang zerstört gelegen hatten. Die Urkunde über die Ehrung sandte er nach Rom, „damit sie im Kapitol als Denkmal seiner Gerechtigkeit und der Verdienste des Antipater eingemeißelt werde"[5]. Dann brach der mächtige Römer eilig zum Pontischen Feldzug auf und überließ die Statthalterschaft Syriens seinem Verwandten und Freund Sextus Iulius Caesar.

Der geehrte Antipater gab, ganz diplomatischer Staatslenker, Cäsar bis zur Grenze das Geleit und kehrte nach Jerusalem zurück. Dort zog er sogleich die Zügel der Herrschaft straffer, gab Auftrag, die von Pompeius zerstörten Mauern wiederherzustellen, und bereiste das Land, um Unruhen beizulegen. Er verlangte von seinen Landsleuten, sich Rom ganz zu unterwerfen und den allgemeinen Frieden zu achten und zu genießen. Niemand, warnte er, solle sich von den Versprechungen der Empörer, die alle nur auf den eigenen Vorteil bedacht seien, blenden lassen. Dann begann er, das Land nach seinen Vorstellungen zu ordnen. Er erkannte, dass der von ihm geförderte Hyrkan träge und antriebslos war und schwerlich seine Herrscherpflichten erfüllen könnte. So setzte er seinen ältesten Sohn, Phasael, zum Statthalter von Jerusalem ein. Dem Zweitgeborenen, Herodes, der noch sehr jung war, unterstellte er Galiläa.

Bald wetteiferten die beiden jungen Männer miteinander, sich in den ihnen übertragenen Ämtern auszuzeichnen. Herodes machte eine gefährliche Räuberbande unschädlich, die in der Grenzregion zu Syrien ihr Unwesen getrieben hatte. Daraufhin wurde er nicht nur in Städten und Dörfern als Friedensbringer und Retter des Eigentums gerühmt, sondern auch Sextus Iulius Caesar bekannt. Phasael wollte nicht nachstehen und machte sich durch eine besonders tugendhafte Lebensweise die Einwohner Jerusalems geneigt. Kein Wunder, dass beider Vater, Antipater, bald wie ein König geachtet und als wirkliches Staatsoberhaupt verehrt wurde.

Doch hatte ihn Cäsar nicht nur mit großer Ehre überhäuft, sondern auch dem Neid missgünstiger Zeitgenossen ausgesetzt. Und dennoch hätte sich die Lage in Judäa möglicherweise stabilisiert, wäre Cäsar nicht an den berüchtigten Iden des März im Jahre 44 v. Chr. ermordet worden.

Herodes auf dem Weg zum Königtum

Die Rivalen: Hyrkan II. und Herodes – Herodes erweitert sein Herrschaftsgebiet – Tod Antipaters – Kampf um Judäas Thron – Herodes, König ohne Land

„Aber niemand vermag im Glück der Missgunst zu entgehen. Schon war Hyrkanos der Ruhm der jungen Leute ein Dorn im Auge. Besonders ärgerten ihn die Taten des Herodes und dass ständig Herolde jede neue Ruhmestat verkündeten ..."[1] Es scheint zudem, als habe auch Antipater mit Cäsars Ermordung das Glück verlassen, das so lange sein treuer Begleiter gewesen war.

Um den Makel seiner idumäischen Abstammung, deretwegen ihn mancher Jude verachtete, wettzumachen, verließ er sich auf Rom und lieferte sich und sein Volk der gierigen Schutzmacht völlig aus. Vor allem die Steuer zahlenden Juden traf seine Politik hart, sodass sie sich zuletzt verraten fühlten. „In Jerusalem sahen die Vornehmen in der Gefolgschaft des Hyrkanos, wie der Idumäer sich zum Herrn im Lande machte und Schritt für Schritt die Adelsfamilien verdrängte, und knirschten die Zähne angesichts der wachsenden Macht dieses ‚Halbjuden', dessen ganze Größe nur auf der Schwäche des Hyrkanos beruhte."[2]

Doch auch seine Söhne wurden stolz und hochfahrend, und die ihnen anfänglich entgegengebrachte Achtung schlug bald ins Gegenteil um. So ließ beispielsweise Herodes, der beim Geschichtsschreiber Flavius Josephus dereinst als „der Große" in die Annalen eingehen sollte, mehrere Rebellen, die sich seiner Herrschaft widersetzt hatten, ohne Gerichtsverfahren hinrichten. Dies war nicht nur ein eklatanter Verstoß gegen seinen Stand – er war nicht offiziell mit der Regentschaft betraut –, sondern auch ein Affront gegen die gerichtliche Oberhoheit des Jerusalemer Sanhedrin, der obersten politischen, juristischen und religiösen Körperschaft des jüdischen Volkes, „der von der Königinmutter Alexandra nach dem Muster des Synhedrion, der Ratsversammlung der Griechen, eingerichtet worden war"[3].

Selbst die gemäßigten Pharisäer, stets um einen friedlichen *modus vivendi* bemüht, forderten ihn daraufhin vor das oberste Gericht, zumal die Mütter und Witwen der hingerichteten Verbrecher immer wieder vor dem Tempel erschienen und Gerechtigkeit forderten. Es dauerte lange, bis Hyrkans Zorn so entfacht war, dass er gegen Herodes ein Verfahren wegen Mordes einleitete. Jener dachte zunächst nicht daran, einer Vorladung Folge zu leisten. Erst auf gutes Zureden seines Vaters Antipater und nachdem er Galiläa durch militärische Posten gesichert hatte, bequemte er sich nach Jerusalem. Er erschien in pompöser Aufmachung, von einer starken Leibwache begleitet, die zwar kaum geeignet war, Hyrkan einzuschüchtern, aber genügte, um „ihn seinen Neidern nicht unbewehrt erscheinen zu lassen"[4]. Als Hyrkan merkte, dass der Gerichtshof entschlossen war, Herodes zum Tode zu verurteilen, vertagte er die Sitzung und riet dem Angeklagten heimlich, aus der Stadt zu fliehen.

Inzwischen hatte Sextus Iulius Caesar in Damaskus von dem neuerlichen innerjüdischen Zwist erfahren. Besorgt um das Schicksal des jungen Mannes, wies er Hyrkan an, die Anklage wegen Mordes fallen zu lassen. Herodes wäre wohl ohnehin freigesprochen worden, denn im Grunde genommen war ihm der Hohepriester zugetan. Er glaubte jedoch, seine Freilassung sei gegen den Willen des Königs zustande gekommen, begab sich eilig zum Statthalter von Syrien und war fest entschlossen, einer weiteren Vorladung nicht mehr nachzukommen.

Intrigen der Höflinge überzeugten Hyrkan, dass Herodes im Zorn davongegangen war und gegen sein Vaterland rüste. In der Tat verfügte der junge Mann, beim Volk überdies wieder beliebt, bald über eine Angst einflößende Macht, denn der Römer unterstellte noch weitere Territorien im südlichen Syrien und Samaria seiner Herrschaft. Dann sammelte Herodes ein Heer und zog vor Jerusalem, um seinen vermeintlichen Widersacher zu stürzen. Nur mit Mühe gelang es Vater und Bruder, ihn von seinen Racheplänen abzubringen: Hyrkan, gaben sie ihm zu bedenken, habe ihm nie übel gewollt und sei nur ein bedauerliches Opfer falscher Ratgeber geworden.

Der leidige Vorfall hatte Herodes immerhin gezeigt, dass er sich nie auf eine jüdische Partei würde verlassen können. Stets würde er sich wie sein Vater Antipater an die Römer halten müssen.

Mit der Ermordung Cäsars war indes Rom selbst in eine schwere Krise geraten. Zwischen Cäsars Anhängern und seinen Gegnern war der bisher blutigste Bürgerkrieg der römischen Geschichte ausgebrochen. Antipater entschied sich für C. Cassius Longinus, einen der führenden Köpfe der Verschwörung gegen Cäsar, der vor den Rächern des Diktators nach Syrien geflohen war. Dort stiftete er Frieden unter rivalisierenden römischen Truppenführern, zog an der Spitze des Heeres durch das Land und legte den Städten nahezu unerschwingliche Kriegssteuern auf.

Da die Juden mit seinem Gegner Cäsar sympathisiert hatten, forderte er, nicht zuletzt, um seine leeren Kassen zu füllen, auch von ihnen die Zahlung eines Tributs, insgesamt wohl 700 Talente, wenn sich die alten Quellen zur Höhe der verlangten Abgaben auch widersprechen.[5] Doch die Juden stöhnten unter der neuerlichen Steuerlast. Einige Städte verzögerten oder verweigerten die Zahlung. Aus Angst vor den Drohungen des Römers beauftragte Antipater seine Söhne und andere Verwandte, das Geld einzutreiben. Herodes war der Erste, der Cassius zufriedenstellte und sich dadurch dessen Gunst sicherte. Andere Steuereintreiber zeigten sich weniger eifrig. Unter ihnen befand sich ein gewisser Malichos, der dem mit ihm verwandten Antipater feindlich gesinnt war. Offen widersetzte er sich den Tributzahlungen. Cassius war empört über die Auflehnung, verurteilte Malichos zum Tode und ging gegen die aufsässigen Städte vor, deren männliche Einwohner er in die Sklaverei verkaufte. Nur die mutige Intervention Antipaters rettete dem Verwandten das Leben. Er bewog Hyrkan, die Summe zu zahlen, die Malichos hätte aufbringen müssen.

Doch dankbar erwies sich Malichos seinem Retter keineswegs; er versuchte vielmehr, ihn aus dem Weg zu räumen und zettelte eine Verschwörung an. Murcus, der damalige Statthalter von Syrien, schickte sich daraufhin an, Malichos wegen seiner aufrührerischen Umtriebe hinrichten zu lassen, und erneut rettete ihm das beherzte Eintreten Antipaters das Leben.

Inzwischen war der römische Bürgerkrieg zwischen den Anhängern Cäsars, Octavian und Antonius, und den Cäsar-Mördern, zu denen der oben genannte Cassius und Marcus Iunius Brutus gehörten, voll entbrannt. Da Herodes den römischen Anführern Cassius und Murcus einen großen Teil der Mittel zur Truppenaushebung beisteuerte, bestätigten sie ihn in seiner Machtstellung und versprachen, ihn nach Beendigung des Krieges zum König von Judäa zu machen.

Herodes ahnte nicht, dass dieser ungeheure Machtzuwachs seinen Vater das Leben kosten sollte. Denn Malichos, mehr denn je von Missgunst und Neid geplagt, bestach einen der Mundschenken, Antipater während eines Gastmahls zu vergiften. „So starb dieser tatkräftige und in der Leitung wichtiger Angelegenheiten kundige Mann", bemerkt Flavius Josephus „als Opfer von dessen Bosheit."[6]

Sogleich verdächtigte das empörte Volk Malichos des Giftmords. Er jedoch leugnete und sammelte Truppen, denn er ging zu Recht davon aus, dass zumindest Herodes den Tod seines Vaters nicht gelassen hinnehmen würde. Tatsächlich machte sich dieser an der Spitze eines

Heeres auf den Weg, den Toten zu rächen. Doch der besonnene Phasael konnte ihn davon überzeugen, dass es unklug wäre, den Mann offen zu verfolgen. Also hörte sich Herodes Malichos' Rechtfertigung an, tat, als hege er gegen ihn keinen Verdacht mehr und veranstaltete seinem Vater ein großartiges Begräbnis. Dann begab sich Herodes nach Samaria, kehrte aber bald anlässlich eines Festes nach Jerusalem zurück, das Herz von Rachegedanken verdüstert.

Zunächst unternahm er gegen den Mörder seines Vaters nichts, bis sich jener in Sicherheit wog. Er versicherte sich jedoch der Hilfe des Cassius, der den ihm unterstellten Tribunen befahl, Herodes in jeder Hinsicht zu unterstützen.

Malichos' Kopf war indessen von Königsträumen vernebelt. Er malte sich schon eine glänzende Zukunft aus: Cassius könne ihm, so redete er sich ein, vom Krieg gegen Octavian und Antonius abgelenkt, nicht mehr gefährlich werden. Es konnte im Augenblick nicht allzu schwierig sein, das Volk zum Abfall von Rom zu bewegen, den unfähigen Hyrkan zu stürzen und selbst den Thron zu besteigen.

Doch Herodes hatte diese Absichten durchschaut. Er lud Malichos und Hyrkan zum Gastmahl. Auf dem Heimweg wurden sie von den römischen Tribunen, die ihnen auflauerten, überfallen und umzingelt. Malichos wurde erstochen. Hyrkan schwanden vor Schrecken die Sinne. Als er aus seiner tiefen Ohnmacht wieder erwachte, erkundigte er sich, wer seinen Begleiter umgebracht habe. Einer der Tribunen antwortete: „Ein Befehl des Cassius." Da rief der König geistesgegenwärtig aus: „So ist Cassius mein und meines Vaterlandes Retter, indem er den aus dem Wege schaffen ließ, der beiden gefährlich war." Doch selbst Flavius Josephus wusste nicht genau zu sagen, ob er „wirklich so dachte oder nur aus Furcht seine Worte dem Vorfall entsprechend einrichtete"[7].

Kaum war Cassius aus Syrien abgezogen (42 v. Chr.), brachen in Jerusalem abermals Unruhen aus. Doch hatte damit eine neue Generation den Kampf um Judäas Thron aufgenommen. Auf der einen Seite stand Antigonos, der jüngste Sohn des ermordeten Aristobul, auf der anderen waren die Söhne des vergifteten Antipater, Herodes und Phasael. Letzterer kämpfte erfolgreich gegen einen gewissen Helix, der sich als Rächer des ermordeten Malichos aufspielte. Herodes selbst zog gegen Antigonos, verjagte ihn und kehrte unter dem Jubel des Volkes nach Jerusalem zurück. Einem neuerlichen Versuch hasmonäischer Machtergreifung begegnete er mit einem Trick. Bereits mit einer Jüdin edler, wenn auch nicht königlicher Abstammung verheiratet, Doris, die ihm einen Sohn, Antipater, geschenkt hatte, erzwang er jetzt Hyrkans Zustimmung zur Verlobung mit der Hasmonäerprinzessin Mariamne, Tochter von Aristobuls Sohn Alexander und Enkelin des Hyrkan, und heiratete später in die königliche Dynastie ein.

Jüdische Delegationen kamen 42 und 41 v. Chr. zu Marcus Antonius, der sich gerade in Bithynien und dann in Daphne bei Antiochia aufhielt. Sie führten Klage, dass die Söhne Antipaters die gesamte Macht in Händen hielten, während Hyrkan nurmehr der Träger eines ehrenvollen Titels sei, und erreichten nichts. Im Gegenteil: Herodes, der ebenfalls vor Antonius erschienen war, um sich zu rechtfertigen, hatte diesen durch reiche Geschenke für sich eingenommen. Eingedenk der Gastfreundschaft des Antipater, die Antonius einst widerfahren war, ernannte er Herodes und Phasael zu Tetrarchen und übertrug ihnen die Verwaltung ganz Judäas. Hyrkan blieb zwar Hohepriester, war aber in der Folgezeit nicht mehr als eine Marionette des Herodes.

In Ungnade wurde die zweite jüdische Delegation von dem mächtigen Römer entlassen, der zudem fünfzehn Gesandte als Geiseln zurückbehielt und einkerkerte, da die abziehenden Juden ihrem Unmut über seine Entscheidung offen Luft gemacht hatten. Das empörte die Bewohner Jerusalems noch mehr, und sie schickten eine dritte Abordnung zu Antonius, die sich ihm lärmend und protestierend näherte. Da befahl er dem Kommandanten von Tyros, alle, die er fange, gnadenlos niederzumachen und die Herrschaft der von ihm ernannten Tetrarchen zu festigen.

Vergeblich hatten sich Herodes und Hyrkan bemüht, ihre Landsleute zur Vernunft zu bringen. Eindringlich hatten sie sie davor gewarnt, die Römer durch sinnlosen Widerstand noch mehr zu reizen und sich und ihr Land in den Untergang zu treiben. Unmut und Unzufriedenheit steigerten sich aber eher noch, bis Antonius Bewaffnete schickte, die viele Aufrührer töteten oder verwundeten. Doch die, die dem Blutbad entkommen waren, hetzten die Bevölkerung der Umgebung noch weiter auf, sodass Antonius wutentbrannt die in seiner Obhut zurückbehaltenen Gefangenen umbringen ließ.

40 v. Chr. fielen auch die Parther, denen Antigonos 1000 Talente und 500 Frauen versprochen hatte, wenn sie ihn zum König machten, in Judäa ein. Begeistert schlossen sich viele Juden Antigonos an und unterstützen ihn. Auf ihrem Zug nach Jerusalem stießen weitere Unzufriedene hinzu. Sie gelangten bis an den Königspalast, wo sich ihnen Hyrkan und Phasael entgegenstellten. Auf dem Marktplatz kam es zum ersten großen Gefecht. Herodes griff in den Kampf ein, besiegte die Ein-

dringlinge und sperrte sie in den Tempel. Zu ihrer Bewachung postierte er auf den Dächern der umliegenden Häuser Soldaten. Aber diejenigen aus der Jerusalemer Bürgerschaft, die den beiden Brüdern feindlich gesinnt waren, zündeten die Häuser an, sodass diese mitsamt den Wachen verbrannten. Das wiederum setzte weitere heftige Kämpfe mit beiderseitigen schweren Verlusten in Gang. Es schien, als hätte das Morden kein Ende mehr.

Es war Antigonos, der vorgab, unter parthischer Vermittlung nach einem Ausgleich zu suchen. Gutgläubig ließen Phasael und Hyrkan eine Abteilung der parthischen Reiterei, 500 Mann stark, in die Stadt ein und nahmen sie sogar gastfreundlich auf. Ihr Anführer, ein gewisser Pakoros, überredete die beiden verantwortlichen Juden, sich als Gesandte ins feindliche Lager zu begeben, um den Konflikt diplomatisch beizulegen. In kaum zu überbietender Naivität machten sie sich auf den Weg.

Nur Herodes hatte Verdacht geschöpft, jedoch Bruder und König vergeblich davor gewarnt, sich einer List auszuliefern. Die Barbaren, meinte er, seien von Natur aus treulos. Er sollte Recht behalten.

Nach außen hin wurden die Vertreter des jüdischen Volkes bei den Feinden gastfreundlich empfangen und anfangs sogar mit Geschenken überhäuft. Doch bald durchschauten sie das falsche Spiel. Gerüchte machten die Runde. Sie hörten von den versprochenen 1000 Talenten und den 500 Frauen, unter denen sich auch ihre eigenen befanden. Und es entging ihrer Aufmerksamkeit nicht, dass sie Tag und Nacht von den Parthern überwacht wurden. Stimmte etwa, was man allenthalben hörte, dass man sie längst gefangen genommen hätte, wäre man nur des Herodes habhaft geworden? In der Ferne sahen sie die Wachposten, die sie nicht aus den Augen ließen.

Da riet Phasael ein ihm gewogener Syrer, der von den Plänen der Parther sichere Kenntnis hatte, dringend zur Flucht. Antipaters aufrichtiger Sohn weigerte sich jedoch, seinen Schicksalsgenossen Hyrkan im Stich zu lassen. Er trat vielmehr unerschrocken vor den verantwortlichen Satrapen, bezichtigte ihn der Geldgier und des Verrats und versuchte, sein Heil durch eine Summe zu erkaufen, die größer war als die, die Antigonos für das Königtum versprochen hatte. Er bat umsonst. Man setzte die beiden „Gastfreunde" gefangen.

Anders Herodes, der den Parthern nicht in die Falle gegangen war. Dem ihm eigenen Argwohn folgend – er hatte bereits von der Gefangennahme seines Bruders erfahren – und gewarnt von Mariamne, der Tochter Hyrkans, einer nach dem Zeugnis der Alten sehr verständigen Frau, entfloh er im Schutze der Nacht mit seinen nächsten Angehörigen nach Idumäa, ohne dass es die Parther bemerkten. Als sie von seiner Flucht erfuhren, setzten sie ihm nach. Er schickte seine Verwandten voraus und bemühte sich, die Verfolger aufzuhalten, von denen er viele tötete. Wohlbehalten erreichten schließlich alle die Festung Masada am Westufer des Toten Meeres.

Mehr als alle auswärtigen Feinde hatten Herodes unterwegs die eigenen Landsleute zu schaffen gemacht, die ihn auf der Flucht bedrängt und sich mit ihm manches Gefecht geliefert hatten. Doch war es ihm zuletzt gelungen, auch sie zu schlagen. Zur Erinnerung daran gründete er später am Ort seines Sieges eine Stadt mit prächtigen Palästen und einer stark befestigten Burg, die er Herodion nannte. Doch hatten ihn nicht alle Juden bekämpft. Es hatten sich ihm so viele Menschen angeschlossen, dass er die meisten vor Masada entlassen mußte, da die Festung eine solche Menschenmenge nicht fasste.

Er selbst verweilte dort nicht lange. Er versorgte Masada mit allen Vorräten für eine eventuelle Belagerung, ließ die Frauen und Kinder mit einer 800 Mann starken Besatzung zurück und begab sich zu den Nabatäern nach Petra.

Jerusalem war unterdes den plündernden Parthern schutzlos preisgegeben. Doch hatten Herodes und seine Anhänger zumindest ihre Kostbarkeiten schon früher nach Idumäa in Sicherheit gebracht, sodass die Beute geringer als erwartet ausfiel. In ihrer Siegerlaune setzten die Eindringlinge Antigonos zum König ein und übergaben ihm die gefesselten Gefangenen zur Folter. Hyrkan bat kniefällig um sein Leben, doch der selbst ernannte König wollte von Gnade nichts wissen. Er biss dem Gefangenen vielmehr die Ohren ab, damit dieser, etwa bei einem neuerlichen Umsturz, nicht wieder das Amt des Hohepriesters bekleiden konnte, das nur einem körperlich Unversehrten übertragen werden durfte.

Weitaus charakterstärker erwies sich Antipaters Sohn Phasael. Da er wegen der ihm angelegten Fesseln kein Schwert ergreifen konnte, zerschmetterte er sich den Kopf an einer Steinwand. Dieser heldenmütige Tod ließ Hyrkan umso erbärmlicher erscheinen. Es gab allerdings Gerüchte, Phasael hätte sich von seinen Verletzungen wieder erholt und sei dann auf Weisung des Antigonos von einem Arzt vergiftet worden. Jedenfalls soll er, als er erfahren hatte, dass sein Bruder entkommen war, ausgerufen haben: „Nun scheide ich glücklich, da ich den lebend zurücklasse, der meinen Tod an meinen Feinden rächen wird."[8] Hyrkan wurde als Gefangener nach Parthien geführt.

Vergeblich versuchte Herodes, der Phasael noch am Leben glaubte, den König der Nabatäer zu überreden, ihm mit einem Betrag von 300 Talenten auszuhelfen, damit er seinen Bruder auslösen könne. Er hoffte auf die Dankbarkeit des Nabatäers für die diesem einst von Antipater erwiesene Gastfreundschaft. Aber jener dachte nicht daran, die freundschaftlichen Beziehungen, die er zum Vater unterhalten hatte, zu den jetzt in Not befindlichen Söhnen fortzusetzen und diese zu unterstützen. Er verwies den Bittsteller des Landes. Herodes begab sich daraufhin enttäuscht nach Ägypten, wo er sein Nachtquartier in einem Tempel auf dem Lande aufschlug. Dort erfuhr er, dass sein Bruder Phasael tot war. Die Sorge wich nun seiner Trauer; er machte sich auf den Weg nach Rom, ohne den Anträgen der ägyptischen Königin Kleopatra, die in ihm einen Feldherrn zu gewinnen hoffte, Gehör zu schenken. Auf dem Umweg über Rhodos gelangte er nach Brundisium und suchte Marcus Antonius, den Freund seines Vaters, auf. Ihm erzählte er die Geschichte von Unglück und Verrat, dass er seine Familie in einer Festung, deren Belagerung er fürchte, zurückgelassen und als Hilfesuchender die beschwerliche Reise nach Italien trotz Winterkälte und Seesturm auf sich genommen habe.

Antonius, der sich einmal mehr der Gastfreundschaft des Antipater dankbar erinnerte, rührte das Schicksal des Bittenden, dessen vortreffliche Eigenschaften er bewunderte. Kurz entschlossen machte er den von ihm ernannten Tetrarchen zum König, wobei er sich auch von seinem Hass gegen den Römerfeind Antigonos leiten ließ. Auch der nicht minder mächtige Octavian kam dem Bittsteller bereitwillig entgegen. Er erinnerte sich der Unterstützung, die Antipater einst Cäsar, seinem „Vater", auf dessen Feldzug in Ägypten hatte zukommen lassen. So stellte er Herodes im Senat vor, rühmte dessen gute Eigenschaften und romfreundliche Gesinnung. Gemeinsam schlugen die beiden Staatsmänner den versammelten Senatoren vor, Herodes ihrerseits als König von Judäa anzuerkennen, was im Übrigen im Krieg gegen die Parther für Rom von großer Bedeutung sei. Alle stimmten zu, und nach Beendigung der Sitzung „nahmen Antonius und Caesar [Octavian] Herodes in die Mitte und begaben sich, begleitet von den Konsuln und den übrigen Würdenträgern, hinaus, um zu opfern und den Beschluss auf dem Kapitol niederzulegen"[9].

„Es verging noch eine Woche, ehe Herodes die Bestätigung seines Königstitels und die bewilligten Gelder entgegennehmen konnte. Dann aber war er wirklich König, ein König freilich ohne Thron."[10]

Um ihn sollte er noch manche Kämpfe auszufechten haben.

Auge um Auge ...

Kampf um die Macht: Herodes und Antigonos – Belagerung Jerusalems – Tod des letzten Hasmonäerkönigs

Nachdem der König ohne Land, ein Herrscher von Roms Gnaden, „am ersten Tag seiner neuen Würde"[1] die Gastfreundschaft des Marcus Antonius genossen hatte, machte er sich wieder auf den Weg nach Hause, wo er in der Küstenstadt Ptolemais nördlich des Karmelgebirges an Land ging (39 v. Chr.). Er sammelte ein Heer aus Juden und fremden Söldnern um sich und brach nach Galiläa auf, wo seine politische Laufbahn vor neun Jahren so hoffnungsvoll begonnen hatte. Schon dort liefen ihm viele Juden zu, da sie mit der Herrschaft Antigonos' II. unzufrieden waren und glaubten, dass dem Günstling der Römer der Thron so gut wie sicher wäre. Herodes' erstes Ziel war nicht Jerusalem, sondern Masada, wo er seine Familie zurückgelassen hatte.

Inzwischen hatte der römische General P. Ventidius, der soeben ein Partherheer geschlagen hatte, aus Rom Befehl erhalten, Herodes bei der Durchsetzung seiner Ansprüche zu unterstützen. Dazu zeigte Ventidius allerdings wenig Neigung. Er hatte sich nach seinem Sieg nach Judäa gewandt, lagerte vor Jerusalem und ließ sich von Antigonos gut dafür bezahlen, dass er die Stadt nicht angriff. Als er nach Syrien zurückkehren musste, um dort die Ordnung wiederherzustellen, blieb einer seiner höheren Offiziere, Poppaedius Silo, in Judäa mit dem Auftrag zurück, weitere Bestechungsgelder von Antigonos anzunehmen und an seinen Vorgesetzten abzuführen.

Auf seinem Weg nach Süden musste Herodes zunächst die Küstenstadt Joppe (Jaffa) in Samaria unterwerfen, um sich die Flanke zu sichern. Dann zog er durch Idumäa nach Masada. Dort fand er die Verhältnisse schlimmer vor, als sie es bei seiner Flucht gewesen waren. Wie er befürchtet hatte, war die Feste während seiner Abwesenheit belagert worden und wäre um ein Haar in die Hände des Feindes gefallen. Zwar war sie mit Lebensmitteln reichlich versehen, doch von Wassermangel geplagt, sodass sich die Verteidiger schon mit dem Gedanken getragen hatten, aufzugeben.

Joseph, sein Bruder, den er als Kommandanten in Masada zurückgelassen hatte, wollte sich mit 200 Mann zu den Nabatäern durchschlagen, deren König, wie ihm zu Ohren gekommen war, sein abweisendes

Verhalten gegen Herodes längst bereut hatte. Just in der Nacht, für die der Ausfall geplant war, fiel jedoch ein starker Platzregen, der die Zisternen der Burg wieder mit Wasser füllte. Nach diesem gleichsam göttlichen Zeichen ließen die Verteidiger von ihrem unsicheren Vorhaben ab und unternahmen nur kleinere Ausfälle gegen die Belagerer, wobei sich Glück und Missgeschick aber auf beiden Seiten die Waage hielten. Es blieb nichts übrig, als auf den Entsatz durch den heimgekehrten Herodes zu warten.

Nachdem diesem die Befreiung seiner Angehörigen ohne große Mühe gelungen war – inzwischen hatte sich ihm auch der römische Oberbefehlshaber Silo mit seiner Streitmacht angeschlossen –, rückte er mit einer gewaltigen Armee auf Jerusalem zu. Er machte sich nun mit römischer Hilfe an die Belagerung.

Auf der Westseite der Stadt schlug er das Lager auf, wurde aber von den dort aufgestellten Wachen mit Pfeilen und Spießen bedrängt. Da ließ er rings um die Mauern verkünden, er sei nur zur Rettung Jerusalems und zum Wohle seiner Menschen gekommen. Er gedenke, selbst seinen erbittertsten Feinden zu verzeihen. Doch Antigonos beantwortete dieses Angebot der friedlichen Übergabe mit dem Hinweis, dass Rom wenig gerecht handle, wenn es Herodes zur Herrschaft gelangen ließe, der als Idumäer nur ein halber Jude und nicht königlicher Abstammung sei. Nach den strengen Gesetzen des Landes dürfe nur einem Mann königlichen Geblüts die Königswürde zufallen. Wenn man ihn selbst als von den Parthern eingesetzten Throninhaber auch nicht gelten ließe, so gäbe es doch untadelige Männer seines Geschlechts, die ein ererbtes Recht auf den Thron hätten und nicht übergangen werden dürften. Seine Rede artete bald in Schmähungen aus, währenddessen er die Belagerer von den Mauern wegtreiben ließ.

Nach mehreren kleinen Geplänkeln mit wechselseitigem Vorteil erschien Herodes die Fortsetzung der Belagerung im Augenblick aussichtslos. Er wandte sich deshalb nach Jericho, „wo sein Depot für die Wintervorräte lag"[2], fand die Stadt verlassen vor, besetzte sie und gab sie den Römern zur Plünderung frei. Dann ließ er eine Besatzung zurück und wies dem Römerheer in Idumäa, Samaria und Galiläa Winterquartiere zu, um selbst seine Mutter und die übrigen Verwandten, die Masada inzwischen verlassen hatten, in Sicherheit zu bringen. Von Rastlosigkeit getrieben, nahm Herodes während eines Schneesturms Sepphoris ein, säuberte die Gegend von einer Räuberbande, die sich in den umliegenden Höhlen verkrochen hatte, und wandte sich dann nach dem parthischen Samosata am Euphrat, das Antonius gerade belagerte.

Enttäuscht, dass ihn die römischen Generäle nur zögernd unterstützt hatten, gedachte Herodes, an höchster Stelle, nämlich bei Marcus Antonius, Klage zu führen.

Unterwegs hatte sein Heereszug, noch etwa zwei Tagesreisen von Samosata entfernt, manches Scharmützel zu bestehen. Einheimische lauerten im Hinterhalt, um den unwillkommenen Fremden die Zufuhr abzuschneiden, und in der Ebene vor der Stadt erwarteten sie Reiterabteilungen, die ihnen den Weg versperrten. Aber bald schickte ihnen der römische Feldherr Antonius ein Heer nebst seiner persönlichen Dienerschaft entgegen, um dem von ihm ernannten König zu helfen und ihn zu ehren.

Nach dem Eintreffen des Herodes wurde die Festung von den Parthern bald übergeben, was nicht zuletzt auf sein tapferes Eintreten zurückging, sodass Antonius, der schon lange Herodes' Tüchtigkeit bewundert hatte, jetzt noch mehr für ihn eingenommen war und den früheren Ehrenbezeugungen noch viele weitere hinzufügte. Vor allem erhielt Herodes das Versprechen, Sosius, der neu ernannte Statthalter von Syrien, werde sich seiner Sache annehmen. Zufrieden kehrte Herodes daraufhin nach Judäa zurück und begab sich nach Jericho (38 v. Chr.).

Seine Interessen hatten aber in Judäa selbst einen entscheidenden Rückschlag erlitten. Er hatte dort seinen Bruder Joseph als Oberbefehlshaber von fünf römischen Kohorten zurückgelassen, ihn jedoch angewiesen, sich jeder kriegerischen Maßnahme gegen Antigonos zu enthalten. Doch Joseph kümmerte sich, sobald er den Bruder außer Landes wusste, nicht um den Befehl, rückte vielmehr in die Gegend von Jericho vor, um dort das reife Getreide zu rauben. In dem gebirgigen und unwegsamen Gelände wurde er den Feinden eine leichte Beute. Er selbst fiel, die gesamte römische Abteilung wurde niedergemacht – unerfahrene Hilfstruppen, die erst kürzlich in Syrien ausgehoben worden waren und in ihren Reihen keine kampferprobten Veteranen hatten.

Herodes hätte diese Niederlage, von seinem ungehorsamen Bruder selbst verschuldet, womöglich geschluckt. Doch verging sich Antigonos an dessen Leiche, indem er ihr den Kopf abschlagen ließ. Über die Leichenschändung empörten sich viele Anhänger des Königs in Galiläa, die ihre Loyalität mit dem Leben bezahlten. Sie wurden von Antigonos' Leuten im See Genezareth ertränkt.

In Daphne bei Antiochia hatten Herodes indes deutliche Träume den Tod des geliebten Bruders angekündigt. Als Boten die Unglücksnachricht bestätigten, überließ er sich nur für kurze Zeit seinem Schmerz. Dann stürzte er sich Antigonos in Eilmärschen entgegen, um Rache zu nehmen. Sosius schickte ihm Hilfstruppen in Stärke von zwei Legionen nach Galiläa voraus und folgte ihnen mit dem Rest seiner Streitmacht. Auch viele Juden strömten ihm begeistert zu, nicht zuletzt, weil sie sich eine Veränderung der bestehenden Verhältnisse erhofften. Antigonos beging den Fehler, den anrückenden Truppen nur die Hälfte seiner Streitmacht entgegenzuschicken. Sie stand unter dem Oberbefehl des griechischen Feldherrn Pappos. Der von Rom eingesetzte König brannte angeblich vor Begierde, seine Kampfkraft mit den Feinden zu messen.[3] Aber auch Pappos' Männer zogen ihm mutig entgegen, ohne seine Übermacht zu fürchten.

Im Gedenken an den toten Joseph schreckte der König vor nichts zurück und schlug sich, als hätte er in jedem Gegner dessen Mörder vor sich. So unbarmherzig wüteten er und die Seinen, dass ihnen schließlich selbst die Leichen den Weg versperrten. Pappos fiel in dieser Schlacht. Herodes ließ der Leiche den Kopf abschlagen. Damit war der Mord an seinem Bruder gesühnt.

Am liebsten wäre der König der Juden im Siegesrausch gleich nach Jerusalem gestürmt, aber der strenge Winter hielt ihn zurück. Erst im folgenden Frühjahr (37 v. Chr.) erschien er vor den Toren der Stadt und schlug vor dem Tempelbezirk sein Lager auf, just an der Stelle, von der aus einst Pompeius Magnus Jerusalem erobert hatte. Seit er in Rom zum König ernannt worden war, waren drei Jahre vergangen, und Jahwe allein mochte wissen, wann er und ob überhaupt den umkämpften Thron besteigen sollte.

Da näherte sich Sosius mit einem starken Heer, und die Belagerung Jerusalems konnte beginnen. Wohl übertrieben spricht Flavius Josephus von elf Legionen Fußsoldaten und 6000 Reitern, dazu noch einigen Hilfstruppen, die Herodes gegen Antigonos aufgeboten habe.

Fest steht, dass auf beiden Seiten erbittert gekämpft wurde. Beide Gegner trieben Tunnel unter den Wehranlagen hindurch, die einen, um aus der Stadt auszubrechen und die Belagerungsmaschinen zu verbrennen, die anderen, um in die Stadt eindringen zu können. Nach 40 Tagen gelang es den vereinten Streitkräften von Sosius und Herodes, die äußere Mauer zu überwinden. Weitere 15 Tage waren nötig, um auch in den inneren Befestigungsgürtel Breschen zu schlagen.

Zuerst wurden Tempel und Oberstadt erstürmt. Das sich in die Stadt mit der Gewalt einer Sturmflut ergießende Heer richtete ein unvorstellbares Blutbad an. Erbost über die lange Belagerung, ließen die Römer keinen am Leben. „Weder Kinder noch Greise noch schwache Frauen konnten auf Mitleid rechnen, und obwohl der König Boten schickte und Schonung befahl, hielt doch niemand ein, sondern die Soldaten wüteten wie rasend gegen jedes Alter."[4]

Antigonos wagte sich trotzdem von der Burg herab, um sich Sosius zu Füßen zu werfen und um sein Leben zu bitten. Aber der stolze Römer nannte ihn nur verächtlich „Antigone" (die weibliche Form von Antigonos) und befahl, ihn in Ketten zu legen. Dann wurde die Stadt den römischen Soldaten zur Plünderung freigegeben. Als sich die fremden Hilfstruppen jedoch dem Tempel näherten und ungestüm Einlass forderten, um zu sehen, was sich im Allerheiligsten verbarg, hielt Herodes sie durch Bitten und Drohungen und zum Teil sogar mit Waffengewalt zurück. Zuletzt versuchte er noch, der völligen Zerstörung Jerusalems Einhalt zu gebieten. Sosius gegenüber führte Herodes ins Feld, dass er als der von Rom eingesetzte König ja in einer Einöde zurückbliebe, wenn die Stadt von Menschen und Gütern völlig entblößt sei. Gleichzeitig erklärte er sich bereit, die Soldaten für ihre Strapazen aus seiner eigenen Tasche zu belohnen, „… und er erfüllte sein Versprechen, indem er jeden Soldaten glänzend, die Offiziere entsprechend reicher, Sosius selbst aber wahrhaft königlich beschenkte …"[5].

Daraufhin weihte der römische Oberbefehlshaber dem Gott der Juden eine Krone aus Gold und verließ den heiligen Ort, um Antigonos zu Marcus Antonius nach Antiochia zu bringen, der ihn an Ort und Stelle hinrichten ließ. Mit dem Beil sagen die einen.[6] Dio Cassius allerdings berichtet, der Römer habe sich für den Gefangenen einen besonders schmachvollen Tod ausgedacht. Man habe Antigonos an ein Kreuz gebunden, ausgepeitscht und erst danach getötet.[7] Alle Zeitzeugen sind sich aber darüber einig, dass die Todesart des Hasmonäerkönigs ungewöhnlich war. Denn bis dahin hätten die Römer nie solche Strafen an Königen vollzogen.

Warum musste er aber überhaupt gegen Gesetz und Brauch so schnell sterben? Ist Antigonos auf Drängen des Herodes hingerichtet worden, weil dieser fürchtete, der gefangene König könnte in Rom den Senat von der Legitimität seiner Ansprüche überzeugen? Ist möglicherweise wieder Bestechungsgeld geflossen? Oder wollte Antonius mit der sofortigen Hinrichtung des Hasmonäers dessen Anhängern jede Hoffnung nehmen und erneuten Unruhen in Judäa vorbeugen? Die Wahrheit wird wohl nie mehr zu ergründen sein.

Fest steht, dass mit Antigonos' Tod die Hasmonäerherrschaft und die Dynastie der Makkabäer in Judäa zu Ende waren. „Der Bruderzwist zwischen Hyrkanus und Aristobulos im Jahre 67 v. Chr. hatte das Land den

Besatzungstruppen der Römer geöffnet. Jetzt, dreißig Jahre später, bestieg Herodes – und mit ihm die Dynastie der Herodäer – den Thron."[8]

Jerusalem: Die Wunden, die Pompeius ein Vierteljahrhundert zuvor in seine Mauern geschlagen hatte, standen wieder offen. Herodes machte sich unverzüglich daran, sie zu schließen. Und er tat noch mehr. Im ganzen Land entstanden prächtige Bauten. Das Reich der Juden wurde vortrefflich verwaltet, und allenthalben herrschte Frieden. Doch so sehr sich der König auch bemühte, seine Herrschaft war nicht vom Glück begünstigt. Seine Untertanen, so spontane Zuneigung sie ihm gelegentlich auch entgegengebracht haben mochten, lehnten ihn ab. Für sie war der neue König der Juden ein Günstling der Römer, der nur durch sie an die Macht gekommen war, ein skrupelloser Gewaltherrscher und zudem ein Fremder, der als Sohn eines Idumäers und einer Nabatäerin einer Familie angehörte, die nach den jüdischen Vorschriften und Überzeugungen für das Königtum nicht in Frage kam.

Auch sein Privatleben blieb von Schicksalsschlägen und Familientragödien nicht verschont.

Herodes der Große –
König, Vater und Tyrann

*Kleopatra und Herodes – Herodes schlägt sich auf die Seite Octavians –
Hinrichtung Mariamnes – Feindselige Söhne – Antipater intrigiert –
Die Grausamkeit des Herodes*

Die Römer, die im Jahr 37 v. Chr. aus Jerusalem abzogen, ließen ihren Günstling als 36-jährigen Herrscher über ein Land zurück, das in Bedeutung und Ausdehnung dem früheren Hasmonäerreich entsprach. Wie bei jedem Herrschaftswechsel fanden auch jetzt die üblichen Säuberungen statt: Wer mit Antigonos II. sympathisiert hatte, wurde hingerichtet. Herodes' Parteigänger wurden hingegen mit Ehrenstellen reich belohnt.

Mittlerweile war im nahen Ägypten der größte Gönner des Königs, Marcus Antonius, ganz dem Einfluss Kleopatras erlegen, der letzten und berühmtesten Ptolemäerin. Die stolze Königin, zu der schon Iulius Caesar ein höchst brisantes Liebesverhältnis unterhalten hatte, gedachte, mit Hilfe des mächtigen Römers das gewaltige Pharaonenreich wiederzuerrichten und dem alten Land am Nil seine frühere Bedeutung zurückzugeben. Sie drang deshalb in Antonius, ihr Judäa und das Nabatäerreich zu übereignen. Und er „war bereits von seiner Leidenschaft für Kleopatra völlig eingenommen und ganz der Sklave seiner Sinnlichkeit geworden"[1]. In ihrer maßlosen Habgier arbeitete die durchtriebene Frau insgeheim daran, die Könige der beiden Länder, Herodes und Malichos, aus dem Weg zu räumen, den König der Juden möglicherweise auch aus gekränkter Eitelkeit, da er ihren früheren Anträgen widerstanden hatte.

Mochte sich Marcus Antonius auch nicht soweit vergessen, edle Männer und bedeutende Herrscher zu ermorden, löste er doch die engen freundschaftlichen Beziehungen zu Herodes und schenkte der ägyptischen Königin fast das ganze Küstengebiet des Herodesreiches mit Ausnahme von Askalon, das eine freie Stadt blieb. Nach Ansicht einiger Historiker erhielt die ägyptische Königin sogar Gaza. „Die Überführung der wichtigen Hafenstadt in den Besitz der Kleopatra war ein schwerer Schlag für die Einnahmen des Herodes, da Gaza einer der größten Ausfuhrhäfen für die Waren der Nabatäer nach Übersee war und Herodes sich von ihm große Gewinne erhoffen konnte infolge der hohen Zölle, die von den Luxuswaren Südarabiens, die dorthin gelangten, erhoben wurden."² Später bekam Kleopatra auch noch den ausgedehnten Palmenwald des Königs bei Jericho, sodass dieser für die Nutzung seines einstigen Eigentums Pacht zahlen musste. Darauf verzichten wollte er dennoch nicht. Nach den Berichten der Alten wuchsen dort die besten Dattelpalmen, daneben Balsamsträucher – der berühmte Balsam von Gilead, „der für medizinische Zwecke und als Parfüm zu hohen Preisen verkauft wurde".³

Auf dem Rückweg von einem Feldzug gegen die Parther, auf den Kleopatra ihren Geliebten begleitet hatte, erschien sie selbst vor Herodes, um ihre neuen Besitzungen in Augenschein zu nehmen. Ihre Feindseligkeit konnte der König nur mit großen Geschenken besänftigen. Um den ungebetenen Gast möglichst rasch wieder loszuwerden, begleitete er Kleopatra selbst unter allen möglichen Ehrenbezeugungen bis zur ägyptischen Grenze nach Pelusion.

Ein paar Jahre durfte sich nun das kleine, von zahllosen Kriegen immer wieder heimgesuchte jüdische Reich eines bescheidenen Friedens erfreuen. Als jedoch 32 v. Chr. der römische Bürgerkrieg zwischen Octavian und Marcus Antonius ausbrach, schlugen die Wellen der Weltpolitik bis an die Ostküste des Mittelmeeres. Nur Herodes' politischem Geschick war es zu verdanken, dass sein Reich trotz aller Zugeständnisse an Rom noch für eine Weile ein weitgehend autonomes Staatsgebilde blieb.

Zunächst bot er, die Verhältnisse nicht richtig einschätzend, Marcus Antonius in dessen Kampf gegen Octavian Waffenhilfe an. Aber Kleopatra verstand es, den ihr ergebenen Mann arglistig von der Waffengemeinschaft mit dem früheren Freund abzuhalten. Herodes erhielt auf ihren Vorschlag hin von Antonius den Auftrag, gegen die Nabatäer zu Felde zu ziehen. Sie hoffte, im Falle seines Sieges das wertvollere Nabatäa, im Falle einer Niederlage wenigstens Judäa in die Hand zu bekommen.

Anfangs hatte der König der Juden das Kriegsglück auf seiner Seite. Doch endete das zweifelhafte Unternehmen in einer schweren Niederlage bei Kanatha (über dessen Lage sich die Gelehrten bis heute nicht einig geworden sind. Nach herrschender Meinung handelt es sich um eine Stadt am Westhang des Hauran-Gebirges⁴). In den folgenden Monaten vermied Herodes deshalb offene Feldschlachten, ließ jedoch den Gegner durch häufige Raubzüge in dessen Land für den Sieg bitter büßen.

Es war noch nichts endgültig entschieden, als die ganze Gegend ein anderes schweres Unglück traf: Zu Beginn des Frühjahrs 31 v. Chr.

suchte ein Erdbeben Judäa heim, das etwa 30 000 Opfer forderte. Wie durch ein Wunder war Herodes' Heer unversehrt geblieben, da es unter freiem Himmel lagerte. Den arabischen Nabatäern schien die Gelegenheit günstig, die Feindseligkeiten wieder aufzunehmen. Sie glaubten, in einem menschenleeren Land leichtes Spiel zu haben, brachten die Gesandten des Herodes, die ein Friedensangebot unterbreiten sollten, um und rückten bis an den Jordan vor. Dort stellte sich ihnen Herodes bei Philadelphia und fügte ihnen eine vernichtende Niederlage zu. Bald darauf wurde auch Antonius von Octavian in der berühmten Seeschlacht von Actium geschlagen. Die Zukunft von Herodes' Herrschaft stand damit wieder in den Sternen.

Noch hielt der siegreiche Octavian seinen Gegner Antonius nicht für überwunden, solange diesem Herodes die Treue hielt. Also befahl er den König der Juden zu sich. Aus Furcht, Octavian könnte die Hasmonäerdynastie wieder einsetzen, ließ Herodes den betagten Hyrkan II., der, krank vor Heimweh, aus der Gefangenschaft zurückgekehrt war, töten, brachte seine eigene Familie in Sicherheit und machte sich bangen Herzens nach Rhodos auf, um dort Octavian zu treffen. Diesem legte er mit wohlgesetzten Worten seine Krone zu Füßen, sprach von Freundschaft und Treue zu dem Besiegten und empfahl sein weiteres Schicksal in Octavians Hand. Der nunmehr unangefochtene Führer Roms, der keinen von Antonius' Anhängern geschont hatte, erkannte in dem unerschrockenen Mann einen nützlichen Vasallen. Als Herodes auch noch im Sommer 30 v. Chr. Octavian bei seinem Feldzug gegen Antonius und Kleopatra unterstützte, indem er für die geregelte Verpflegung des Heeres sorgte, war jedes Misstrauen geschwunden.

Nach dem Freitod von Antonius und Kleopatra belohnte der nunmehrige römische Alleinherrscher den König der Juden mit beträchtlichen Gebietserweiterungen. Vor allem gab er ihm das Gebiet von Gaza und die Tiefebene von Jericho zurück, die ihm von Antonius weggenommen worden waren. Schließlich hatte sein Reich fast wieder die gleiche Ausdehnung wie das der Hasmonäer auf dem Gipfel ihrer Macht.

Wenn Herodes auch von den Römern nichts mehr zu befürchten hatte, konnte er sich seiner Stellung doch nicht unbeschwert erfreuen. Sein äußeres Glück wurde nämlich durch tragische Familienereignisse überschattet. Bald nachdem er zur Regierung gelangt war, hatte er seiner Frau Doris, die er noch als Privatmann geheiratet hatte, den Scheidebrief geschickt und Mariamne, die Enkelin Hyrkans II., geehelicht, die er

Das Reich des Herodes

leidenschaftlich liebte. Doch von Anfang an wurde das Verhältnis der beiden Ehegatten zur Quelle häuslicher Zwietracht. Auf Wunsch seiner Frau und um deren Söhne willen wies er seinen Erstgeborenen, Antipater, aus der Stadt, die dieser nur noch an Feiertagen betreten durfte.

Mariamne gebar dem König fünf Kinder, zwei Töchter und drei Söhne, deren jüngster jedoch in Rom verstarb, wo er sich zu Studienzwecken aufhielt. Die beiden anderen erhielten, im Purpur geboren, eine königliche Ausbildung. Doch „so groß wie seine Liebe zu Mariamne, so groß war ihr Hass auf ihn"[5], ihren Ehemann, der ihren Großvater auf dem Gewissen und nicht einmal ihren Bruder Aristobul geschont hatte. Ihn hatte er als gerade Siebzehnjährigen mit dem Amt des Hohepriesters betraut. Als er jedoch feststellte, welch großer Beliebtheit sich der Jüngling beim Volk erfreute, wuchs in ihm die Eifersucht. Er schickte den Hasmonäerspross deshalb nach Jericho und ließ ihn dort heimtückisch ermorden.

Mariamne, die um die leidenschaftliche Liebe ihres Gatten zu ihr wusste, wurde nicht müde, ihm diese Verbrechen vorzuwerfen. In ihrem Schmerz überhäufte sie auch seine Mutter und seine Schwester mit Vorwürfen und Schmähungen. Doch während der König zu allem schwieg, wurden Schwiegermutter und Schwägerin wütend. Um Herodes gegen seine Frau aufzuhetzen und sie aus dem Wege zu räumen, bezichtigten sie diese des Ehebruchs. Sie wussten, dass sie Herodes damit an seiner empfindlichsten Stelle trafen. Die Treulose habe, so behaupteten sie, ihr Bild in übermäßiger Sinnlichkeit nach Ägypten zu Antonius geschickt, wo doch jeder wisse, welch ein Wüstling dieser Römer sei. Die Neuigkeit traf Herodes wie ein Blitz. Er fürchtete aber nicht nur, die geliebte Frau zu verlieren, sondern bangte auch, wenn er an Kleopatras Grausamkeit dachte, um sein eigenes Leben. Als er im Jahr 35 v. Chr. zu Antonius und Kleopatra reiste, gab er deshalb Befehl, Mariamne zu töten, falls ihm etwas zustieße. Er konnte den Gedanken nicht ertragen, seine geliebte Frau könnte einem anderen zufallen, wenn er vom Hof der ehrgeizigen Königin nicht zurückkehrte.

Der Streit zwischen den Eheleuten schwelte weiter, bis Herodes in den ständigen Vorwürfen seiner Frau nicht mehr nur eine persönliche Reaktion auf den Verlust naher Angehöriger sah. Der ganze Hass des von ihm gestürzten Hasmonäergeschlechts schlug ihm aus ihrem Mund entgegen. Bevor er sich zu der für ihn alles entscheidenden Unterredung mit Octavian aufmachte, vertraute er deshalb Joseph, dem Mann seiner Schwester Salome, seine Gattin an und befahl wiederum, sie zu töten, falls der Römer ihn ums Leben brächte. Diesmal war der Geheimbefehl zur Tötung Mariamnes nicht nur seiner Eifersucht entsprungen. Er hatte auch ein dynastisches Motiv. Seine Stellung als König war nach Octavians Sieg so unsicher wie nie, und es galt, mit allen Mitteln zu verhindern, dass die ihm verhassten Hasmonäer seine Söhne ausschalteten und selbst wieder auf den Thron gelangten.

Joseph war, wie der König wusste, ein zuverlässiger und loyaler Mann. Offensichtlich war er aber nicht mit übermäßiger Intelligenz begabt. Um Mariamne die Liebe seines Herrn zu beweisen, der nicht einmal im Tode von ihr getrennt sein wollte, erzählte er ihr, was ihm aufgetragen worden war. Mariamne wiederum empfing ihren heimgekehrten Gatten mit den heftigsten Vorwürfen, er habe sie für den Fall seines eigenen Todes ebenfalls töten lassen wollen.

Da geriet der König außer sich vor Wut. Seiner Sinne nicht mehr mächtig, stieß er hervor, der getreue Joseph würde niemals eine geheime Anweisung verraten haben, wenn sie ihn nicht verführt hätte. In dieser Meinung wurde er von Salome bestärkt, die die Gelegenheit gekommen sah, sich der verhassten Schwägerin zu entledigen. Ohne zu zögern gab der König Befehl, Mariamne und Joseph auf der Stelle hinzurichten (29 v. Chr.).

Auch das Verhältnis zu seinen Kindern stand unter keinem glücklichen Stern. Der Hass Mariamnes schien sich auf deren Söhne, Alexander und Aristobul, übertragen zu haben, wenn sie seiner Verbrechen gedachten, zu denen noch die Ermordung der geliebten Mutter gekommen war. Sie betrachteten ihren Vater als Feind.

Als sie ins heiratsfähige Alter gekommen waren, wurde Aristobul mit seiner Cousine, der Tochter Salomes, die seine Mutter auf dem Gewissen hatte, vermählt. Alexander bekam die Tochter des Kappadokierkönigs Archelaus zur Frau. Besonders ihm, Alexander, sagte man nach, er rüste, auf die Hilfe seines einflussreichen Schwiegervaters vertrauend, zur Flucht nach Rom, um seinen Vater bei Octavian anzuklagen. Derartige Gerüchte verfehlten, ständig wiederholt, ihre Wirkung auf den König nicht. Um eine Schutzwehr gegen diese Söhne zu haben, nahm er seinen Erstgeborenen Antipater wieder auf und begann, ihn auf alle erdenkliche Weise den Halbbrüdern vorzuziehen.

Offenbar verstand es Antipater – in den Augen von Mariamnes Söhnen als Kind einer Bürgerlichen nicht mehr als ein Bastard –, seinen Vater einzuwickeln. In dessen Testament wurde er bereits als Thronfolger geführt und mit königlichem Gepränge zu Octavian Augustus (27 v. Chr. war Octavian vom römischen Senat der Ehrenname „Augustus" verliehen worden) nach Rom geschickt. Schließlich war es ihm sogar gelungen, seine verstoßene Mutter Doris ins königliche Ehebett zurückzubringen. So soll sich der König bereits mit dem Gedanken getragen haben, die Söhne Mariamnes ebenfalls hinrichten zu lassen.

Herodes brachte Alexander selbst nach Rom, wo er ihn vor Augustus beschuldigte, ihm mit Gift nach dem Leben getrachtet zu haben. Der Angeklagte sah endlich die Gelegenheit gekommen, seinem Schmerz gewissermaßen an höchster Stelle Luft zu machen. Mit der ihm eigenen Beredsamkeit beschwerte er sich über Antipaters Arglist und die ihm und seinem Bruder widerfahrene Zurücksetzung. Doch möge sie der Vater, da er nun einmal ihre Vernichtung beschlossen habe, auch töten. Seine Worte rührten alle Anwesenden zu Tränen und bewegten auch Augustus, der die Anklage verwarf und Vater und Sohn versöhnt nach Hause entließ.

Zunächst gab sich Herodes tatsächlich den Anschein, als hege er gegen Alexander keinen Groll mehr. Er versammelte in Jerusalem das Volk, stellte ihm seine drei Söhne vor und dankte Gott, dass Rom wieder einmal einen Familienzwist in Judäa beigelegt habe. „Indem ich in meinem eigenen Interesse und in seinem Sinne zu handeln suche, ernenne ich diese meine drei Söhne zu Königen und bitte Gott und euch, diesem Beschluss zuzustimmen. Bei dem einen lässt sein Alter, bei den anderen ihre edle Abkunft den Anspruch auf die Thronfolge gerechtfertigt erscheinen, und das Königreich ist groß genug, dass es noch für mehrere zureichen würde ..."[6] Nach dieser Ansprache umarmte er seine Söhne und entließ das Volk.

Unter den Seinen aber gärte weiterhin die Zwietracht, und der Argwohn, den sie gegeneinander hegten, war schlimmer als je zuvor. Während aber der verschlagene Antipater seine Gedanken für sich behielt und seinen Hass geschickt zu verbergen verstand, trugen seine Brüder Alexander und Aristobul ihr Herz auf der Zunge. Doch jedes ihrer Worte wurde auf die Goldwaage gelegt und Antipater von Spitzeln hinterbracht, der auch die harmlosesten Äußerungen aufzubauschen und vor seinem Vater als Verrat zu deuten verstand. Er erreichte schließlich, dass Herodes den Söhnen Mariamnes seine Liebe entzog und sich ganz seinem Erstgeborenen zuwandte. Mit ihm zogen sich auch die Höflinge, teils freiwillig, teils auf Befehl von den beiden Prinzen zurück. Doris, die am Hofe wieder zu Ehren gekommen war, tat das Ihre, den zurückgewonnenen Einfluss gegen die Stiefsöhne zu verwenden, deren Mutter wegen sie dereinst gedemütigt und verjagt worden war.

Von all den Intrigen ahnten die arglosen Jünglinge nichts. Erst mit der

Zeit, als ihr Vater ihnen gegenüber immer kälter und aufbrausender wurde, begriffen sie, was geschehen war.

Auch Alexanders Frau, die Tochter des Königs von Kappadokien, hatte sich mittlerweile im Königshaus viele Feinde gemacht. Gern prahlte sie mit ihren vornehmen Ahnen und spielte sich als Gebieterin aller am Hofe befindlichen Frauen auf. Vor allem schmähte sie häufig Herodes' Schwester Salome wegen deren niederer Abkunft und auch die königlichen Gemahlinnen. Sie behauptete, der König habe sie alle nur wegen ihrer Schönheit, nicht um ihres Adels willen geheiratet. Herodes, so Flavius Josephus, „hatte eine ganze Anzahl Frauen, weil den Juden nach ihrem Gesetz Vielweiberei gestattet ist und auch, weil er Vergnügen daran fand"[7].

Auch Salomes Schwiegersohn Aristobul zog sich viel Feindschaft zu. Beständig warf er seiner Gattin vor, dass er sich mit einer Frau bürgerlichen Standes habe begnügen müssen, während sein Bruder Alexander mit einer Prinzessin vermählt worden sei. Wären er und sein Bruder erst einmal Könige, wollten sie die Mütter ihrer Brüder als Sklavinnen an den Webstuhl schicken und die Brüder selbst zu Dorfschreibern machen, wofür sie ja vortrefflich ausgebildet seien. Und immer, wenn der König einer seiner später geehelichten Frauen eines von Mariamnes Kleidern schenkte, drohten sie, sie würden ihnen statt der königlichen Gewänder bald Lumpen zum Anziehen geben.

Die Verleumdungen besonders gegen Alexander hatten Herodes schließlich derart in Furcht versetzt, dass er ihn in Fesseln legen und die wenigen den Prinzen verbliebenen Freunde foltern ließ. Die meisten von ihnen starben schweigend. Wer jedoch die Pein nicht mehr ertrug, sagte wunschgemäß aus, Alexander und Aristobul trachteten dem König nach dem Leben. Sie würden nur auf eine günstige Gelegenheit warten, ihn zu ermorden und sich dann in den Schutz Roms zu begeben. Nur allzu gern schenkte der König solchen in Todesangst abgelegten Geständnissen Glauben und beruhigte so sein Gewissen, dass die Einkerkerung seines Sohnes gerechtfertigt sei.

Antipater sah sich am Ziel seiner Wünsche angekommen, als sein Vater auf neuerliche Anschuldigungen hin, diesmal von seiner Schwester Salome vorgebracht, auch den anderen Sohn verhaften ließ und die Brüder voneinander trennte. Dann schickte der König eine Abordnung nach Rom zu Augustus, der über das weitere Schicksal der Prinzen entscheiden sollte.

Wenn der römische Princeps auch Mitleid mit den jungen Leuten empfand, wollte er doch dem Vater die Gewalt über seine Kinder nicht nehmen. Er empfahl deshalb, eine Art Familienrat, zu dem sich die Befehlshaber der Provinz gesellen sollten, einzuberufen und die Verschwörung zu untersuchen. Sollte sich die Schuld der jungen Männer herausstellen, so verdienten sie den Tod. Wenn nicht, sei eine mildere Strafe angebracht.

Diesem Vorschlag kam Herodes nach und berief den Gerichtshof nach Berytos (Beirut), wie es der römische Kaiser angeordnet hatte. Er vermied jedoch, seine Söhne den Richtern vorzuführen, denn er befürchtete, ihr bloßer Anblick könnte diese zu Mitleid rühren und zudem Alexanders Redegabe die meisten beeindrucken. In aufbrausenden Worten, als wären die Angeklagten selbst anwesend, überredete er schließlich die Richter, die Todesstrafe zu verhängen. Und doch glaubte letztlich niemand, der König werde die Grausamkeit so weit treiben, das Urteil tatsächlich zu vollstrecken.

Es fanden sich auch Fürsprecher für die Gefangenen, unter ihnen ein alter Soldat namens Tiron, der die beiden Prinzen aufrichtig liebte. Aufgeregt lief er umher und bedauerte, dass das Recht mit Füßen getreten werde. Herodes möge bedenken, wem er glaube und wem er besser misstraue. Auch warnte er den König vor dem Hass der Soldaten, denen die Prinzen nicht gleichgültig seien. Der Mann wurde sofort festgenommen und gefoltert, bis er die Namen seiner Gesinnungsgenossen preisgab. Dann stellte der König alle Beschuldigten vor die Volksversammlung, erhob Anklage und hetzte das Volk dermaßen auf, dass es Tiron und die mit ihm angeklagten Offiziere durch Steinwürfe und Stockschläge tötete. Seine Söhne aber ließ er erdrosseln (7 v. Chr.). Die Leichen wurden nach Alexandrion gebracht und neben den sterblichen Überresten ihres Großvaters mütterlicherseits beigesetzt.

Doch sollte auch Antipater, der eigentliche Urheber der Tragödie, fortan keine ruhige Minute mehr haben. Vom Volk gehasst, sah er mit Sorge die Nachkommen seiner Widersacher heranwachsen. Um die feindlichen Beziehungen unter den ihm verbliebenen Kindern und deren Nachkommen zu entspannen, ordnete Herodes als Familienoberhaupt verschiedene Verlobungen an, sodass Antipater seine Bemühungen zusätzlich bedroht sah. War die von seinem Vater den Waisen erwiesene Erhebung nicht gleichbedeutend mit seinem eigenen Sturz? Er dachte an das Mitleid des Volkes mit „den verlassenen Kindern" und an das ehrenvolle Andenken, das man den ermordeten Prinzen allenthalben entgegenbrachte, und gelangte zu dem Entschluss, dass die verordneten Verlobungen um jeden Preis rückgängig zu machen waren.

Er wandte sich deshalb unmittelbar an seinen Vater, der zunächst in heftigen Zorn geriet, bald aber wieder den Schmeicheleien seines Erstgeborenen erlag. Herodes schickte ihn sogar, mit glänzendem Gefolge und reichlichen Geldmitteln versehen, nach Rom, damit er dort Augustus sein Testament überbringe, in welchem Antipater als künftiger König der Juden benannt war.

Mittlerweile hatte sich Herodes auch mit seinem Bruder, Pheroras, der gemeinsam mit Antipater gegen Mariamnes Söhne intrigiert hatte, überworfen und ihn vom Hofe verwiesen. Gekränkt hatte sich dieser daraufhin in seine Tetrarchie im jüdischen Transjordanien begeben und geschworen, zu Herodes' Lebzeiten nie mehr in den Königspalast zurückzukehren; er hielt den Eid, selbst als sein Bruder krank wurde, sein Ende nahen glaubte und Pheroras zu sich bat. Als jedoch jener erkrankte, eilte der König zu ihm ins Exil, um ihn zu pflegen. Aber er bemühte sich umsonst. Der Kranke starb nach wenigen Tagen, und man munkelte, Herodes habe sich seiner durch Gift entledigt.

Dieser Todesfall leitete schließlich auch Antipaters Untergang ein. Freigelassene des Verstorbenen sprachen nämlich beim König vor und unterbreiteten ihm einen schlimmen Verdacht: Sein Bruder sei, so sagten sie, tatsächlich durch Gift ums Leben gekommen. Die eigene Gattin habe es ihm auftragen lassen, woraufhin er sogleich erkrankt sei. Auch Herodes' Frau Doris hätte dabei ihre Hände im Spiel gehabt.

Übereinstimmend gestanden unter der Folter die Sklavinnen aus dem Hause des Bruders, dass dort geheime Zusammenkünfte stattgefunden hätten, bei denen es um die Beseitigung des Königs gegangen sei. Wiederholt hätte man geäußert, ein Mann, der bedenkenlos Frau und Kinder dem Henker überantwortet habe, werde auch nicht davor zurückschrecken, sie alle zu vernichten. Niemand sei mehr vor diesem Ungeheuer sicher.

Antipater habe sich zudem bei seiner Mutter beschwert, er werde schon grau, während sein Vater von Tag zu Tag jünger aussähe. Schließlich werde er sterben, ehe er recht zur Herrschaft gelangt sei. Doch selbst wenn er doch noch in den Besitz des Thrones käme, werde er sich dessen nur für kurze Zeit erfreuen können. Denn schon wüchsen die Köpfe der Hydra, Alexanders und Aristobuls Erben, nach.

Auch Antipaters gleichnamiger Verwalter wusste beim peinlichen Verhör von einem geplanten Anschlag auf den König zu berichten. Er gab an, sein Herr habe sich aus Ägypten ein tödliches Gift bringen lassen, das er Pheroras' Frau zur Aufbewahrung übergeben habe. Ein anderer Freigelassener bestätigte, dass sich Antipater zur Sicherheit ein weiteres tödliches Mittel beschafft habe, falls das erste nicht wirken sollte. Auch Pläne zum Sturz seiner Brüder Archelaus und Philippus habe der designierte Nachfolger bereits ersonnen.

Nachdem die Aussagen durch weitere Zeugen bekräftigt worden waren, brannte Herodes darauf, den Ränkestifter in seine Gewalt zu bekommen. Doch ergoss sich sein Zorn zuerst über Doris. Er nahm ihr allen Schmuck, den er ihr früher geschenkt hatte, und verstieß sie zum zweiten Mal. Antipater befand sich gerade auf der Heimreise von Rom, als ihn Briefe seines Vaters erreichten, die ihn zur Eile drängten. Sie waren in überaus freundlichem Ton gehalten. Er möge sich beeilen, bat der Vater, denn nur seine Anwesenheit werde die Vorwürfe, die gegen seine Mutter erhoben würden, entkräften.

Antipater ahnte aber, dass seine umstürzlerischen Pläne entdeckt und dem Vater hinterbracht worden waren. Er beratschlagte sich deshalb mit seinen Freunden. Die Besonnenen mahnten zur Vorsicht. Die meisten rieten ihm jedoch, möglichst rasch vor Herodes zu treten und sich ihm in die Arme zu werfen.

Von einem bösen Dämon getrieben, gab Antipater ihrem Rat nach. Als er jedoch in Judäa ankam, fand er sich einsam und verlassen. Ein Jeder ging ihm aus dem Wege, keiner wagte es, das Wort an ihn zu richten. Die Menschen hassten ihn. Viele fürchteten sich aber auch vor dem Zorn des Königs. Da wusste der Heimkehrer, was ihn zu Hause erwartete.

All seine Dreistigkeit zusammennehmend, näherte er sich dem Vater, um ihn zu umarmen. „Herodes aber streckte die Hände vor, wandte den Kopf weg und rief: ‚Nur ein Vatermörder kann sich erfrechen, mich umarmen zu wollen, wenn er solche Schuld auf sich geladen hat! Zum Henker mit dir, Nichtswürdiger, und rühre mich nicht an, bis du dich von der Schuld gereinigt hast ...'"[8]

Es traf sich, dass Publius Quintilius Varus, der später wegen der vernichtenden Niederlage seiner Truppen gegen die Cherusker im Teutoburger Wald eine traurige Berühmtheit erlangen sollte, als Statthalter in Syrien weilte und sich gerade an Herodes' Hof befand. Er saß, gemeinsam mit dem König, über Antipater zu Gericht. Während der Verhandlung wurden alle Unschuldsbeteuerungen des Angeklagten widerlegt. Niemand ließ sich von den Tränen und Liebesschwüren des verräterischen Sohnes rühren. Antipater sollte für alle Verbrechen, die er an seinem Vater begangen hatte, büßen. Der König ordnete auch eine Gesandtschaft nach Rom ab, um Augustus von dem Unglück, das sein Haus wieder einmal getroffen hatte, zu benachrichtigen. Sein Testament änderte er dahingehend, dass er Herodes Antipas, den Sohn einer weiteren Gemahlin namens Malthake, als Thronerben einsetzte. Dem römischen Kaiser vermachte er 1000, dessen Gattin, Freunden und Freigelassenen je 500 Talente.

Herodes war jetzt 70 Jahre alt, und das Unglück mit seinen Ehefrauen und Kindern hatte nicht nur sein Gemüt verdüstert, sondern ihn auch krank gemacht, sodass er sich des Lebens nicht einmal mehr an schmerzfreien Tagen erfreuen konnte. Am meisten bedrückte ihn, dass Antipater noch lebte.

Zur Linderung seiner Leiden und weil er trotz allem zäh am Leben hing und auf Besserung hoffte, ließ sich Herodes über den Jordan bringen, um dort die warmen Quellen von Kallirhoe aufzusuchen.

Aber sein Zustand verschlechterte sich noch, und er ahnte, dass seine Tage gezählt waren. Doch kaum einer seiner Landsleute würde ihn betrauern, denn er galt als grausam, und man verübelte ihm auch seine Treue zu Rom. Als wollte er dem Tod selbst noch drohen, verfiel er deshalb auf eine ruchlose Idee. Er ließ die angesehensten Männer von ganz Judäa im Hippodrom einschließen und befahl seiner Schwester, sie gleich nach seinem Tod niedermachen zu lassen. Er wollte vermeiden, dass das Reich sein Ableben wie ein Freudenfest feierte.

Inzwischen trafen Gesandte von Augustus ein, die das Todesurteil gegen Antipater bestätigten. Doch wenn der Vater, ließ dieser wissen, dem Tod die Verbannung vorzöge, habe er, Caesar, nichts einzuwenden. Da schickte Herodes Leibwächter, um den Gefangenen zu töten.

Fünf Tage später starb auch er (Ende März oder Anfang April 4 v. Chr.). Seitdem ihn die Römer zum König gemacht hatten, waren 37 Jahre vergangen.

Um die Ehre des Bruders zu retten, ließ Salome die vornehmen Gefangenen frei und gab vor, Herodes habe sich anders besonnen. Ein Jeder möge unbehelligt in seine Heimat zurückkehren. Dann erst trat sie vor Soldaten und Volk, um den Tod des Königs öffentlich bekannt zu geben.

*"... longe clarissima urbium orientis,
non Iudaeae modo ..."*
(Plinius, n. h. 5,14,70)

Herodes, der Bauherr

Erneuerung des Tempels in Jerusalem – Ausbau der Festung Antonia –
Tempelbau in Samaria – Gründung der Hafenstadt Caesarea –
Ausbau der Festung Masada

Wenn Plinius in seiner berühmten Naturgeschichte behauptet, Jerusalem sei die bei weitem berühmteste Stadt des Ostens, nicht nur Judäas, gewesen, lag dies sicherlich auch daran, dass Herodes in der Hauptstadt seines Reiches eine bislang unbekannte und kaum für möglich gehaltene Bautätigkeit entfaltet hatte. Schon die meisten seiner Vorgänger hatten sich bemüht, die von zahlreichen Kriegen und natürlichen Zerstörungen heimgesuchte Stadt immer wieder aufzubauen und neu zu befestigen. Doch gab erst er ihr jenes unverwechselbare Gepräge, das sie gleichberechtigt in die Metropolen der alten Welt einreihte. Theater, Amphitheater und Hippodrom, dazu die Einrichtung von Spielen zu Ehren des Augustus, der im fernen Rom herrschte: Das alles sollte Jerusalem auch kulturell an die bedeutenden Städte anschließen, blieb den Juden aber fremd und war kaum geeignet, den König bei seinen alten Traditionen verpflichteten Untertanen beliebter zu machen, im Gegenteil. Die Einführung hellenistisch-römischen Kulturguts und entsprechende Formen der Repräsentation im jüdischen Reich wiesen den unbeliebten Monarchen, der sich rühmte, dem römischen Kaiser Augustus neben dessen Feldherrn und Schwiegersohn Marcus Vipsanius Agrippa und dem Agrippa nach Augustus der liebste Freund zu sein, als Sklaven der Römer aus und stärkten den schlimmen Verdacht, der König habe nichts anderes im Sinn, als sein Volk an die Interessen Roms zu verraten.

Daran änderte sich auch nicht viel, als er im achtzehnten Jahr seiner Regierung (20/19 v. Chr.) den Tempel umbauen ließ,[1] den Tempelbezirk auf die doppelte Fläche erweiterte und mit einer festen Mauer umgab. Man glaubt Flavius Josephus gern, dass dies mit unermesslichen Kosten und unübertrefflichem Prachtaufwand geschah.[2]

Außer der Beschreibung des Flavius Josephus in seinem „Jüdischen Krieg" gibt es keine verlässliche Überlieferung vom Aussehen des Heiligtums, das man sich nicht als einzelnen Bau, sondern als Gesamtkunstwerk vorzustellen hat. Fest steht, dass der König beabsichtigte, den *Tempel Salomos* als Prunkanlage fertigzustellen, als das schönste und größte Heiligtum, das je ein Herrscher dem Gott seiner Untertanen gestiftet hatte. Aber selbst diesem großartigen Projekt standen die Juden misstrauisch gegenüber und befürchteten, der König werde die Reste des alten Jahwe-Tempels abreißen, ohne über die Mittel für den Bau eines neuen zu verfügen. Sie verlangten deshalb, er solle zunächst alles Baumaterial für die neue Anlage bereitstellen und ausschließlich Priester das heilige Haus errichten lassen.

Bereitwillig ging der König auf alle Forderungen ein und ließ nabatäische Architekten kommen, die das grandiose Werk planten. Im Jahr 19 v. Chr. begannen etwa 1000 Priester, die eilig zu Steinmetzen und Zimmerleuten ausgebildet worden waren, mit den Bauarbeiten, wobei die Maße des Salomo-Tempels beibehalten werden mussten. Das umliegende Gelände wurde jedoch durch Abtragungen und Aufschüttungen nahezu verdoppelt, sodass eine 140 000 Quadratmeter große trapezförmige Plattform entstand, von der sich dem Besucher ein grandioser Überblick über ganz Jerusalem bot.

Der eigentliche Tempelbau konnte bereits eineinhalb Jahre nach Baubeginn in Anwesenheit des Königs eingeweiht werden, wozu Herodes für das erste Opfer 300 Rinder stiftete.

Schon dieser eine Bau war prächtiger als alles, was man bisher in Judäa gesehen hatte. Die alten Fundamente waren durch neue ersetzt worden. Die Mauern prangten in festem weißem Marmor und waren schon aus der Ferne zu sehen. Dasjenige Tor, das unmittelbar in das Heiligtum führte, war „wie das Innere des Heiligtums selbst mit bunten Vorhängen geschmückt, in welche purpurne Blumen und Säulen eingewebt waren. Über denselben breitete sich unterhalb der Mauerkrönung ein goldener Weinstock aus, und es war überhaupt ein solch reicher Aufwand an kostbarem Material gemacht worden, dass der Anblick des überaus gewaltigen und kunstvollen Bauwerks wahres Staunen erregte"[3].

Weitere acht Jahre waren erforderlich, um Höfe, Hallen und die gewaltigen Umfassungsmauern zu errichten. Fertig gestellt war der eindrucksvolle Tempelbezirk erst kurz vor Ausbruch des jüdisch-römischen Krieges im Jahr 64 n. Chr.

Wie eine Festung war der ummauerte Tempelberg angelegt. Entlang der 1550 Meter langen Mauer, die sich in acht Toren öffnete, führten prächtige zweischiffige Säulenhallen, die aus Marmor von reinstem Weiß bestanden und mit Zedernholz getäfelt waren.

Besonders kostbar war die Südhalle an der Stelle des einstigen Salomo-Palastes, die so genannte „Königliche Halle", ausgestattet. Sie besaß 162 Säulen mit korinthischen Kapitellen, die das reich geschnitzte und bemalte Zedernholzdach trugen. Die hohen Säulen bildeten vier Reihen und begrenzten den „Vorhof der Heiden", dessen Fußboden ein farbiges Mosaikpflaster schmückte. „Ging man über diesen Platz, so kam man an ein den zweiten Tempelhof umschließendes, drei Ellen hohes Steingitter von sehr gefälliger Arbeit. An ihm waren in gleichen Abständen Säulen angebracht, die das Reinheitsgebot in griechischer und römischer Sprache verkündeten ..."[4] „Kein Fremder", stand darauf geschrieben, „darf die um das Heiligtum gezogene Schranke und Umfriedung überschreiten. Wer darin ergriffen wird, ist selbst schuld, weil darauf der Tod folgt."[5]

Von Süden und von Norden her führte je ein Tor in den „Vorhof der Frauen", denen das Durchschreiten der anderen Durchgänge versagt war. Von dort gelangte man über 15 halbkreisförmige Stufen durch das Nikanor-Tor in den „Vorhof der Männer". Die beiden Türflügel, 25 Meter hoch und 10 Meter breit, waren mit Gold und mit Silber belegt. Das Außentor des eigentlichen Heiligtums war sogar aus korinthischer Bronze gefertigt und übertraf die vergoldeten und versilberten Tore noch erheblich an Wert. „Der Vorhof der Priester mit dem Brandopferaltar lag offen auf einer niedrigen Terrasse. Der Altar ... war aus unbehauenen Steinen geschichtet, etwa 15 × 18 m messend und 7 m hoch."[6]

Über zwölf Stufen gelangte man zum eigentlichen Tempelhaus, das inmitten des geweihten Heiligtums stand und an Größe und Ausstattung alle anderen Bauwerke des Bezirks übertraf. Seine Fassade war 50 Meter breit und 50 Meter hoch. Der offene Eingang maß 35 Meter in der Höhe und 12 Meter in der Breite. Er hatte keine Türen, denn „er sollte ein Sinnbild des unabsehbaren offenen Himmels sein. Seine Vorderseite war überall vergoldet, ... Auch um die innere Seite des Tores strahlte alles von Gold". Über ihm befanden sich goldene Weinreben, von denen mannshohe Trauben herabhingen. Davor wallte ein Vorhang zu Boden, der wunderschön gewebt und „aus Hyazinth, Byssus, Scharlach und Purpur bestickt war ... Die beziehungsreiche Mischung der Stoffe stellte ein Bild des Weltalls dar. Scharlach sollte das Feuer, Byssus die Erde, Hyazinth die Luft, Purpur das Meer andeuten ... Die Stickerei zeigte den Anblick des ganzen Himmels mit Ausnahme der Bilder des Tierkreises ..."[7]

Durch diesen Eingang erreichte man den unteren Teil des Tempelgebäudes, der weltberühmte Kunstwerke enthielt: den siebenarmigen goldenen Leuchter (*Menora*), der die sieben Planeten symbolisierte; die zwölf Brote auf dem Tisch standen für den Tierkreis und das Jahr; das Rauchfass, das mit verschiedenen Arten Räucherwerk aus dem Meer, der unbewohnten Wüste und der bewohnten Erde gefüllt war, zeigte an, dass alles von Gott kommt und ihm eigen ist. Hinter einem weiteren Vorhang lag schließlich der innerste Raum des Tempels, den niemand betreten oder auch nur ansehen durfte, das Allerheiligste, ein quadratischer Raum von 10 Metern Seitenlänge. Es war leer. Nur ein kleiner Stein bezeichnete die Stelle, wo einst im Tempel Salomos die Bundeslade gestanden hatte.

„Der äußere Anblick des Tempels bot alles, was Auge und Herz entzücken konnte. Auf allen Seiten mit schweren goldenen Platten bekleidet, schimmerte er bei Sonnenaufgang im hellsten Glanz und blendete das Auge wie Sonnenstrahlen. Fremde, die nach Jerusalem pilgerten, erschien er von fern wie ein schneebedeckter Hügel; denn wo er nicht vergoldet war, leuchtete er in blendendem Weiß. Seine Spitze starrte von scharfen goldenen Spießen, damit er nicht von Vögeln, die sich auf ihm niederließen, verunreinigt würde ..."[8] Die detaillierte Überlieferung des Flavius Josephus kann als zuverlässig gelten, da er als Priester Zutritt zum Heiligtum hatte.

Das bekannteste und noch erhaltene Teilstück der Mauer, mit der Herodes das Plateau des Tempelberges einfassen ließ, ist die so genannte „Klagemauer", als einziges Relikt des antiken Gotteshauses heute das größte Heiligtum der Juden. Ihr seltsamer Name wird fälschlich den vor ihr oft laut vorgetragenen Gebeten zugeschrieben. Worauf der Begriff in Wirklichkeit zurückgeht, wird an späterer Stelle noch ausführlich zu klären sein. Noch immer haben dort Männer und Frauen getrennte Bereiche, um ihre Bitten vorzubringen und in die Ritzen kleine Zettel mit ihren Anliegen und Wünschen zu stecken.

Interessant ist die Bemerkung von Flavius Josephus, Herodes habe auch einen Geheimgang nebst einem Turm anlegen lassen, der von der Burg „Antonia" zum östlichen Tempeltor führte. Er wollte sich bei etwa anstehenden Volksaufständen oder sonstigen Gefahren in Sicherheit bringen. Übrigens ging die Sage, selbst der Himmel sei dem gigantischen Bauvorhaben gewogen gewesen. Es hätte nämlich während der gesamten Bauzeit nur nachts geregnet, sodass die Bauarbeiten zügig voranschreiten konnten.

Im Zusammenhang mit dem Tempel ist Herodes' Verhältnis zu Marcus Vipsanius Agrippa bemerkenswert, dem Schwiegersohn des Kaisers und nächst diesem mächtigsten Mann des römischen Imperiums. Der neun Jahre ältere Judenkönig lud den römischen Feldherrn ein, sein Land zu besuchen. Die Reiseleitung übernahm er selbst. Er führte den hohen Gast durch die neu gegründete Stadt Samaria-Sebaste, durch Caesarea, wo später der Landpfleger Pontius Pilatus residierte, und einige andere neu befestigte Städte, die dem beliebten Römer festliche Empfänge bereiteten. Höhepunkt und Abschluss dieser Rundreise war der Besuch Jerusalems im Jahr 14 v. Chr.

Schon der Einzug in die Hauptstadt des Judenreiches war ein gesellschaftliches Ereignis ohnegleichen. Die Bewohner Jerusalems hatten ihre Festgewänder angelegt. Die Schriftgelehrten, Hohepriester und Priester hatten sich versammelt, um den Römer zu begrüßen. Der eher bescheidene Agrippa war von der ihm entgegengebrachten Huldigung tief berührt. Schon lange hatte er sich mit dem strengen Eingottglauben der Juden beschäftigt, der seiner Neigung für Ordnung und Recht so sehr entgegenkam. Ob er ihn letztlich zu überzeugen vermochte, ist ungewiss. Auf jeden Fall übergab er dem gerade fertig gestellten Tempel ein kostbares Weihegeschenk und nahm, nicht gerade zur Freude seines kaiserlichen Freundes und Schwiegervaters zu Hause in Rom, an einer großen liturgischen Zeremonie teil, bei der er 100 Stiere opferte.

Mit einer gewissen Missbilligung begegnete Augustus der Judenfreundlichkeit seines Verwandten. Er selbst verachtete alle fremden Religionsbräuche und hatte sich nur in die Mysterien von Eleusis, den alten Fruchtbarkeitskult zu Ehren der Göttin Demeter, einweihen lassen. Seinen Enkel Gaius Caesar, Agrippas Sohn, der bei einem offiziellen Staatsbesuch im Vorderen Orient das Opfern in Jerusalem mied, lobte er dafür ausdrücklich: „... *laudavit Gaium, quod Iudaeam praetervehens apud Hierosolyma non supplicasset* ... – er lobte Gaius dafür, dass er während der Reise durch Judäa in Jerusalem nicht geopfert hatte ..."[9] An dieser Einstellung gegenüber den Juden ist deutlich zu erkennen, wie verschieden der Kaiser und sein präsumtiver Nachfolger Agrippa waren.

Dieser wurde von Herodes für sein Wohlwollen auf höchste Weise geehrt. Da es den Juden von alters her verboten war, Abbildungen von Menschen zu schaffen, ließ er Agrippas Namen auf ein Tor des neu erbauten Tempels schreiben. Er nannte seinen Enkel nach dem römischen Freund, und der Name wurde von da an im Königsgeschlecht der Herodäer weitervererbt.

Der Abschied des Feldherrn glich einem Triumphzug. Es gab von der königlichen Familie großartige Geschenke, nicht nur für Agrippa selbst, auch für seine Gefolgsleute. Tausende begeisterter Juden begleiteten den Römerzug bis ans Meer, streuten Blumen, winkten mit Palmwedeln und riefen Hosianna.

Nicht nur der Tempel, auch die *Jerusalemer Burg* passte Herodes den Bedürfnissen eines neuen Selbstverständnisses und dem Geschmack der Zeit an. Auch an ihr, der „Antonia", die an den Tempelbezirk grenzte und auf allen Seiten von abschüssigen Felsen umgeben war, demonstrierte der König seine Liebe zum Prunk. Von außen her eine uneinnehmbare Festung, bot das Innere alle Bequemlichkeiten eines prächtigen Palastes. Es gab Höfe und Hallen, Bäder und Treppenanlagen. Riesige Festsäle wechselten mit verschwenderisch ausgestatteten Schlafgemächern. Überall glänzten Gold und Silber. „Schattige Bogengänge öffneten sich zu üppigen Gärten, in denen man sich zwischen unzähligen Bronzestatuen, künstlichen Teichen und Wasserläufen aufs angenehmste ergehen konnte ..."[10] In den Unterkünften der Wachmannschaften lag stets auch eine römische Abteilung, der, bewaffnet in den Hallen verteilt, die Aufgabe zukam, besonders an Festtagen den König vor möglicher Gewalt seiner eigenen Untertanen zu schützen. So bildeten Tempel und Burg, gut befestigt, gesichert und überwacht, eine Stadt in der Stadt, an deren Eroberung sich noch mancher Feind die Zähne ausbeißen sollte.

Herodes' Ehrgeiz beschränkte sich nicht auf die Verschönerung Jerusalems. Bereits im Jahr 27 v. Chr. hatte er begonnen, das gerade einen Tagesmarsch entfernte *Samaria*, die einstige Hauptstadt des Nordreichs Israel, wieder aufzubauen und zu erweitern. Es wurde mit einer 3,5 Kilometer langen Ringmauer umgeben. Wo einst der Königspalast gestanden hatte, wurde über den Ruinen ein mächtiger Tempel mit korinthischen Säulen errichtet. Die vierzehn Stufen, die zu seinem Eingang führten, sind erhalten geblieben. Die Stadt wurde in *„Sebaste"* umbenannt, das griechische Wort für Augustus, dem sie geweiht war. Der Torso einer Statue des ersten römischen Kaisers, vor den Tempelstufen aufgestellt, hat die Zeiten überdauert. Samaria-Sebaste war eine heidnische Stadt und, wie Flavius Josephus bezeugt, eine ausgezeichnete Festung.

Großartiger noch war die Gründung einer neuen Hafenstadt, die Herodes, ebenfalls zu Ehren des römischen Kaisers, *„Caesarea"* nannte, auch wenn der heute öde, mit Ruinen übersäte Küstenstrich auf halbem Wege zwischen Haifa und Tel Aviv die einstige Pracht kaum noch ahnen lässt. Caesarea Maritima war der erste wirkliche Seehafen des jüdischen Reiches. Mehr als hundert überwölbte Speicherhallen nahmen die verschiedenen Handelsgüter auf, die hier geladen und gelöscht wurden. Das eigentliche Hafenbecken wurde von einer halbrunden Steinmauer umfasst, die mit einem Wehrgang und Türmen befestigt war. Zwei Gruppen von je drei überlebensgroßen Standbildern – wen sie darstellten, vermochte die Wissenschaft noch nicht zu klären – flankierten die Einfahrt. Die schönste und prächtigste römische Stadt im Heiligen Land war schachbrettartig angelegt. Am Schnittpunkt der beiden Hauptverkehrsstraßen lag das Forum mit einem Tempel für Augustus und die Göttin Roma. Von dort führte eine mit Kolonnaden geschmückte Straße in das Theater, das man heute wieder zu Aufführungen benutzt. Ein Aquädukt brachte Trinkwasser von den Ausläufern des Karmelgebirges in die antike Stadt. Das ausgeklügelte Kanalnetz, das sich unter den Trümmern fand, nutzte Tidenhub und Küstenströmung.

Bereits im 2. Jahrhundert hatte Caesarea 40 000 Einwohner, eine für die Antike sehr große Ansiedlung, die ab 6 n. Chr. als Hauptstadt der römischen Provinz Iudaea Amtssitz der Statthalter wurde. Als solcher residierte hier auch Pontius Pilatus von 26 bis 36 n. Chr. In Caesarea entwickelte sich eine der ersten christlichen Gemeinden. In den 50er Jahren des 1. Jahrhunderts wurde Paulus zwei Jahre lang in der Stadt festgehalten, ehe man ihn zur Aburteilung nach Rom brachte. Er war der Beleidigung der Jerusalemer Priesterschaft angeklagt worden, unterstand als römischer Bürger aber nicht der jüdischen Gerichtsbarkeit.

Als einer der Ausgangspunkte für den Aufstand der Juden gegen Rom sollte die Stadt einst eine traurige Berühmtheit erlangen. Doch davon wird an anderer Stelle noch ausführlich zu berichten sein.

Eine weitere eindrucksvolle Anlage kündet bis heute vom Ruhm des romfreundlichen Herrschers Herodes und wurde zum Symbol der Freiheit Israels schlechthin: „Einen Felsen von bedeutendem Umfang und beachtlicher Höhe umgaben auf allen Seiten unabsehbar tiefe, abschüssige und für Menschen und Tiere unzugängliche Schluchten, und nur an zwei Stellen gestattet der Fels einen schwierigen Zugang von unten her."[11] Das steinige Hochplateau, das das Westufer des Toten Meeres 440 Meter hoch überragt, ein Bergstock von 600 Metern Länge und 230 Metern Breite, heißt *Masada* und besaß eine einzigartige natürliche Verteidigungsanlage, die Herodes zu einer fast uneinnehmbaren Festung ausbauen ließ. Lange vor ihm hatte sie dem Makkabäer und Hohepriester Jonathan als Zufluchtsstätte gedient, doch erst Herodes gestaltete den Berg zwischen den Jahren 36 und 30 v. Chr. zu jener gewaltigen Zitadelle aus, die nicht nur zahlreiche Ausgräber immer wieder in Erstaunen versetzte, sondern auch den bislang angezweifelten Berichten des Flavius Josephus eine neue Glaubwürdigkeit verlieh. Folgen wir dem antiken Historiker, so wollte der wegen seiner Grausamkeit verhasste König vor zwei Gefahren sicher sein: Zum einen vor dem Zorn seines Volkes, falls dieses ihn vertreiben und die früheren rechtmäßigen Könige aus der Hasmonäerdynastie wieder einsetzen wollte. Zum anderen vor der womöglich noch größeren Bedrohung, die von der ägyptischen Königin ausging. Kleopatra hatte es sich in den Kopf gesetzt, ihren Geliebten Marcus Antonius zu veranlassen, Herodes zu entmachten und sich selbst die Krone des Judenreiches aufs Haupt zu setzen.

Die seit mehr als hundert Jahren durchgeführten Grabungen, eine Zeitlang unter der Leitung des berühmten Generals, Politikers und Archäologen Yigael Yadin, brachten zutage, dass es sich bei Masada um keine gewöhnliche Wüstenfestung gehandelt haben kann. Es war vielmehr ein weitläufiger, mit unvorstellbarem Luxus und allen erdenklichen Annehmlichkeiten ausgestatteter Palast, der eines Königs würdig war. Niemand ahnte, dass das überbaute Felsmassiv einmal als letzte jüdische Bastion im Freiheitskampf gegen die römische Eroberungsmacht in die Geschichte eingehen sollte.

Etwa 1000 Arbeitssklaven legten unter unmenschlichen Bedingungen in schwindelerregender Höhe auf gewaltigen Stützmauern künstliche Plattformen an, die sie terrassenförmig der natürlichen Form des Geländes anpassten. Die an ein Schiff mit nordwärts gerichtetem Bug erinnernde Hochebene war insgesamt von einer Kasemattenmauer umgeben. Die Gebäude lagen überwiegend im nördlichen Bereich. Die etwas tiefer gelegene Südseite blieb zum größten Teil unbebaut und wurde zumindest zu Herodes' Zeiten landwirtschaftlich genutzt.

Auf drei Ebenen verteilte sich der königliche „hängende Palast", dessen nördlicher Teil ausschließlich dem Herrscher zu Wohn- und Vergnügungszwecken diente. Ein halbkreisförmiger Bogengang bot eine atemberaubende Aussicht auf das Tote Meer, an klaren Wintertagen sogar bis zur Oase von Jericho. Von außen nicht sichtbare Treppen verbanden die einzelnen Palastbereiche untereinander. Selbst im Inneren seiner Privatgemächer wollte der stets misstrauische König seine Wege vor neugierigen Blicken verborgen halten. Auf der Oberseite der Terrasse führten einige Stufen zu dem kleinen, aber aufs kostbarste ausgestatteten Privatbad des Herrschers.

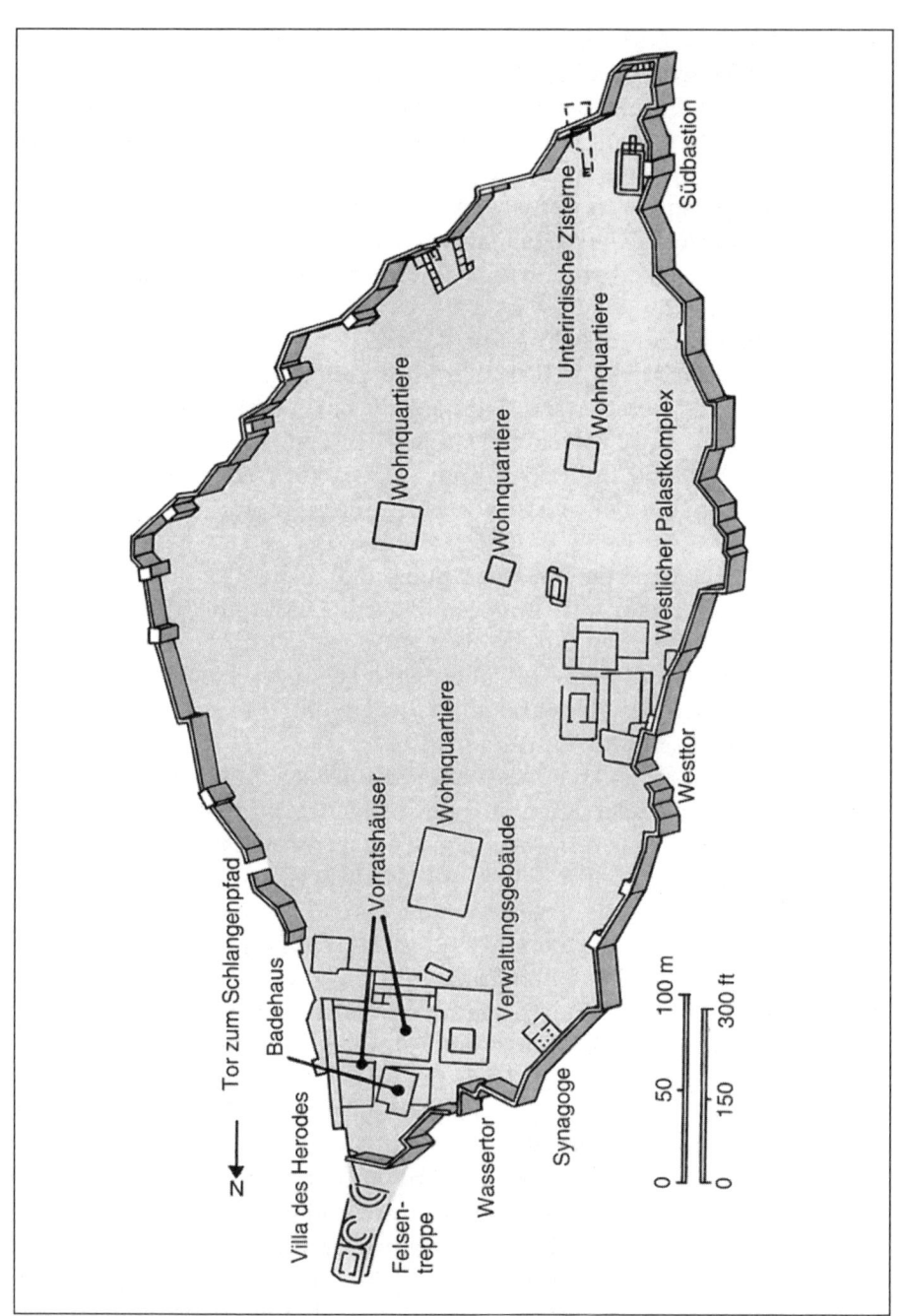

Plan der herodianischen Bauten in Masada

Der zweite Palastkomplex, an der Westseite der Mauer gelegen, war für zeremonielle Anlässe und für die Verwaltungsarbeit bestimmt, umfasste jedoch auch Lagerräume. Er war über einer Grundfläche von mindestens 4000 Quadratmetern errichtet und damit der repräsentativste Bau Masadas. Der Haupteingang lag im Norden. Der im Süden gelegene königliche Trakt gruppierte sich um einen quadratischen Säulenhof. Östlich dieses Hofes gruben Archäologen einen prächtigen Empfangsraum mit den ältesten Mosaiken aus, die bislang in Israel gefunden wurden. An der Südseite führte ein von Säulen gesäumter Eingang zu einer Halle, von der aus man den Thronsaal betrat. Neben dem Westpalast hatte Herodes ein großes Schwimmbad anlegen lassen, das mit breiten Stufen und kostbaren Fliesen ausgestattet war. Auch die Thermen, ein Badehaus nach römischem Vorbild, waren luxuriös geschmückt: Die Wände waren mit Fresken bemalt, die Fußböden mit farbigen Fliesen belegt. Den Boden des Vorhofs bedeckten schwarze, weiße und rote Mosaiken.

Besondere Beachtung schenkten die Archäologen den Vorratslagern. Hunderte von Tongefäßen enthielten die Reste unterschiedlichster Nahrungsmittel. Vor allem Haltbares wie Wein, Öl, Nüsse, Salz, Datteln und getrocknete Früchte wurden gefunden. Aber auch Zinn und andere Metalle hatte man gelagert. Damit bestätigte sich der Bericht des Flavius Josephus, dass die Bewohner Masadas während der römischen Belagerung 72/73 n. Chr. noch lange mit ihren Vorräten ausgekommen wären.

Auf geradezu geniale Weise hatten die alten Baumeister des Königs die Wasserversorgung der Wüstenfestung gelöst. Weit über das Nötige hinaus konnte sie die Bedürfnisse des von Luxus und Wohlleben verwöhnten Hofes befriedigen. Am östlichen Felshang befinden sich zwei Reihen eigenartiger, in den Fels getriebener Löcher. Es sind die Öffnungen für eine ganze Anzahl von Zisternen, die untereinander verbunden waren und je 4000 Kubikmeter Wasser fassten. Um sie zu füllen, machten sich die Bewohner Masadas die Sturzbäche zunutze, die sich zwei- oder dreimal im Jahr von benachbarten Hochebenen aus auf Masada ergossen. Von Dämmen eingefaßte Kanäle leiteten das Regenwasser in die äußeren Zisternen. Von dort wurde es von Lasttieren und Wasserträgern in drei weitere riesige Becken gebracht, die sich im Inneren der Anlage befanden. „Die Wasserreserven von Masada beliefen sich auf über eine halbe Million Kubikmeter und übertrafen so noch das Reservoir auf dem Tempelplatz von Jerusalem."[12]

Als Herodes der Große jenes imposante Bauwerk als erstes bedeutendes seiner Regierungszeit in Auftrag gab, ahnte er nicht, dass sich gerade dort nur hundert Jahre später eine der größten Tragödien in der Geschichte seines Volkes abspielen sollte, die das Ende Judäas besiegelte.

Doch von der Eroberung Masadas 73 n. Chr. durch Silva, den römischen Feldherrn, jetzt schon zu berichten, hieße, der Zeit voraneilen.

Jesus von Nazareth

Nicht historisch im eigentlichen Sinn und zudem widersprüchlich sind die Quellen, die auf die Existenz jenes Mannes hinweisen, dessen revolutionäre Lehre die Welt von Grund auf verändern sollte: Jesus, der Sohn des Zimmermanns aus Nazareth. Die Evangelien des Matthäus, Markus, Lukas und Johannes sind überwältigende Zeugnisse des Glaubens, aber keine Biografien im modernen Sinn und damit nur von begrenztem historischem Wert. Sie beginnen alle mit der Taufe Jesu im Jordan durch seinen Vetter Johannes, und nur die Berichte von Matthäus und Johannes enthalten auch Einzelheiten von Geburt und Kindheit dessen, der als „Erlöser der Welt" ins Bewusstsein eines Großteils der Menschheit einging.

Historisch kaum fassbar, wurde Jesus nur von einem seriösen römischen Geschichtsschreiber – und dies eher beiläufig – erwähnt. In seinen Annalen schreibt Tacitus im Zusammenhang mit der ersten Christenverfolgung unter Kaiser Nero in Rom: „... Derjenige, von welchem dieser Name ausgegangen, Christus, war unter des Tiberius Regierung vom Procurator Pontius Pilatus hingerichtet worden..."[1] Immerhin aber haben auch andere Quellen diesem Jesus eine gewisse Beachtung geschenkt, nicht ahnend, dass er eine zum Judentum konkurrierende Religion ins Leben rufen sollte. So ist etwa bei Flavius Josephus in seinen „Jüdischen Altertümern" nachzulesen: „... Um diese Zeit lebte Jesus, ein weiser Mensch, wenn man ihn überhaupt einen Menschen nennen darf. Er war nämlich der Vollbringer ganz unglaublicher Taten und der Lehrer aller Menschen, die mit Freuden die Wahrheit aufnahmen. So zog er viele Juden und auch viele Heiden an sich. Er war der Christus. Und obgleich ihn Pilatus auf Betreiben der Vornehmsten unseres Volkes zum Kreuzestod verurteilte, wurden doch seine früheren Anhänger ihm nicht untreu. Denn er erschien ihnen am dritten Tage wieder lebend, wie gottgesandte Propheten dies und tausend andere wunderbare Dinge von ihm angekündigt hatten. Und noch bis auf den heutigen Tag besteht das Volk der Christen, die sich nach ihm nennen, fort ..."[2] – Ein verlässlicher Beleg dafür, dass zumindest das Andenken an den ungewöhnlichen Menschen, der zu seinen Lebzeiten so viel Unruhe gestiftet und die Gemüter so heftig erregt hatte, auch Jahrzehnte nach seinem erschütternden Tod in seiner Heimat noch äußerst lebendig war? Oder ist, wie es die strenge Wissenschaft behauptet, dieses so genannte *Testimonium Flavianum* über Jesus nicht authentisch, sondern ein späterer Einschub aus christlicher Sicht? Wie auch immer. Es muss sich, als der jüdische Geschichtsschreiber seinen Bericht verfasste, bereits eine ansehnliche christliche Gemeinde gebildet haben. Schon unter Kaiser Claudius sind für die Jahre 41 und 49 n. Chr. Unruhen innerhalb der Judenschaft der Stadt Rom belegt, die durch christliche Mission zum Ausbruch kamen und die das kaiserliche Einschreiten erforderten.[3]

Der Evangelist Matthäus datierte Jesu Geburt vor Herodes' Tod: „... Als Jesus zur Zeit des Königs Herodes in Bethlehem in Judäa geboren worden war ..."[4] – also vor das Jahr 4 v. Chr., in dem der König der Juden bekanntlich starb. Der ebenfalls überlieferte berüchtigte Kindermord zu Bethlehem, von Herodes angeblich angeordnet, weil ihm die Ankunft des größten aller Könige vorausgesagt worden war, würde dabei zum Bild des sogar gegenüber den eigenen Söhnen stets misstrauischen Herrschers gut passen. Historisch belegt ist er aber nicht.

Lukas hingegen behauptet, dass Jesus geboren wurde, als Kaiser Augustus eine Volkszählung anordnete. „Damals", so weiß er zu berichten, „war Quirinius Statthalter von Syrien."[5] Auch über diese Zeitangabe streiten bis heute die Gelehrten. Nach der römischen Geschichtsschreibung, von Flavius Josephus bestätigt, wurde Quirinius im Jahr 6 n. Chr. als Statthalter nach Syrien entsandt. Gleichzeitig wurde ein gewisser Coponius, ein Mann ritterlichen Standes, mit der Wahrnehmung der römischen Interessen in Judäa betraut. Beide Vertreter der römischen Weltmacht führten tatsächlich eine Volkszählung durch, verbunden mit einer Vermögensschätzung, was zu erheblichen Spannungen zwischen Juden und Rom führte. Denn Unzufriedene stachelten die Bevölkerung zum Widerstand an. Die Schätzung, so verbreiteten sie, bringe nichts „als offenbare Knechtschaft mit sich, und so forderten sie das gesamte Volk auf, seine Freiheit zu schützen"[6].

Nur die Vermittlung des besonnenen Hohepriesters Joazar, sich der römischen Übermacht zu beugen, verhinderte vorerst das Schlimmste. Es kam dennoch zu öffentlichem Aufruhr und Blutvergießen. „Judas und Sadduk nämlich, die eine vierte Philosophenschule gegründet und bereits zahlreiche Anhänger um sich gesammelt hatten, brachten nicht nur augenblicklich den Staat in grenzenlose Verwirrung, sondern säten auch für die Zukunft durch Lehren, die bis dahin kein Mensch je gehört hatte, all das Unheil, das gar bald anfing, Wurzel zu treiben ..."[7] Es war der Beginn eines über mehr als vier Generationen währenden, für Judäa äußerst verlustreichen Konflikts, an dessen Ende nahezu alle Juden aus ihrer Heimat vertrieben oder getötet und der eigenständige Judenstaat für mehr als achtzehn Jahrhunderte von den Landkarten gestrichen werden sollten.

In diesem Jahr 6 der neuen Zeitrechnung, an die damals freilich noch niemand dachte, müsste Jesus demnach mindestens zehn Jahre alt gewesen sein. Es gibt allerdings auch einige Wissenschaftler, die vermuten, Quirinius sei bereits in den Jahren 10 bis 7 v. Chr. schon einmal Statthalter in Syrien gewesen ...

Ein drittes ungewöhnliches Ereignis wird oft mit Jesu Geburt in Zusammenhang gebracht: In alten chinesischen Quellen ist für das Jahr 12 v. Chr. das Erscheinen eines Kometen und für 5 v. Chr. eine Sterneruption vermerkt. Waren sie die Himmelszeichen, denen die drei Weisen aus dem Morgenland neugierig folgten? Zu Beginn des 17. Jahrhunderts erinnerte sich der Astronom Johannes Kepler einer alten hebräischen Überlieferung, nach der mit der Ankunft des Messias zu rechnen sei, wenn sich die beiden Planeten Saturn und Jupiter einander so näherten, dass sie wie ein einziges Gestirn wirkten. Kepler berechnete, dass eine solche kosmische Konstellation 7 v. Chr. dreimal stattgefunden hatte, nämlich am 29. Mai, am 29. September und am 4. Dezember. Hatten die Könige aus dem Osten eine dieser Konjunktionen beobachtet und waren ihr über die Karawanenstraße bis Jerusalem nachgegangen? Ausgehend von Keplers Hypothese wäre es denkbar, dass Jesus im Spätherbst des Jahres 7 v. Chr. das Licht der Welt erblickte. Das genaue Datum wird wohl nie mehr festzustellen sein. Tatsache ist, dass Weihnachten, das Fest der Geburt des Herrn, erst ab dem 4. Jahrhundert in der heute noch üblichen Form gefeiert wurde und ein heidnisches Fest ablöste. Und unsere Zeitrechnung, die die Jahre vom offenbar falsch berechneten Geburtsjahr von Jesus Christus an zählt, ist gar erst ab dem 6. Jahrhundert gebräuchlich.

Nach der christlichen Überlieferung ging Josef von Nazareth aus dem Stamme David mit seiner hochschwangeren Frau Maria wegen der angeordneten Volkszählung in das Dorf seiner Geburt, nach Bethlehem, dem „Haus des Brots". Dessen Herbergen waren stets mit vielen Menschen belegt, die dem nur wenige Kilometer entfernten Jerusalem zustrebten oder von dort kamen. Wie die Weihnachtsgeschichte berichtet, war das Dorf in jenen Tagen wegen der Volkszählung hoffnungslos überfüllt. Bereits im 2. Jahrhundert war in christlichen Schriften von der „Höhle" die Rede, in der Maria ihr Kind zur Welt brachte. Es handelte sich wohl um einen jener Unterstände, die Mensch und Vieh bei schlechter Witterung oder gegen die nächtliche Kälte Schutz boten. Im 4. Jahrhundert errichtete Kaiser Constantin, der sich als erster römischer Kaiser zum Christentum bekannte und sich auf dem Sterbebett, wie es damals durchaus üblich war, taufen ließ, über dem Ort eine Kirche, die nach weiteren zwei Jahrhunderten von Kaiser Justinian (527–565) erweitert wurde. Sie ist eine der ältesten und eindrucksvollsten Kirchen der Christenheit.

Der neugeborene Knabe erhielt den Namen Jesus, hebräisch Josua, was soviel wie „Gott rettet" bedeutet. Hirten eilten herbei, wie Lukas berichtet, um das Kind zu bestaunen. Und als es seine Eltern in den Tempel von Jerusalem brachten, wie es das jüdische Gesetz für jeden männlichen Erstgeborenen vorschrieb, um dort ein Dankopfer zu bringen, priesen zwei fromme alte Männer den Herrn und dankten ihm für das Kind.

Die Überlieferung in den vier Evangelien stimmt, wie bereits erwähnt, in vielen Punkten nicht überein. Matthäus erwähnt den Besuch der drei Weisen, die sich bei Herodes nach dem neugeborenen König der Juden erkundigten. Um einen möglichen Rivalen unschädlich zu machen, habe dieser daraufhin die Tötung aller Knaben bis zum Alter von zwei Jahren in und um Bethlehem befohlen. Josef, durch einen Traum gewarnt, entkam mit seiner Familie nach Ägypten. Nach Herodes' Tod kehrte er auf göttliche Weisung in das Land seiner Väter zurück und ließ sich wieder in Nazareth nieder.

Malerisch liegt diese Stadt mit ihren heute über 57 000 Einwohnern am Nordrand der Jesreel-Ebene in einem Seitental der Berge Galiläas. Sie ist die größte arabische Ansiedlung innerhalb der Staatsgrenzen Israels. Seit dem 8. Jahrhundert vor Christus besiedelt, ist dort seit dem 2. vorchristlichen Jahrhundert eine jüdische Gemeinde sicher belegt. In ihr wuchs das Kind Jesus unter den Nachfolgern des Herodes in unvergleichlicher Idylle auf. Vom antiken Dorf ist leider nichts erhalten geblieben, denn fanatische Moslems zerstörten im frühen Mittelalter die jüdische Siedlung. Wegen der dichten Bebauung können die Archäologen keine Ausgrabungen vornehmen. Umso mehr ist man auf die Worte Jesu angewiesen, in denen sich die Schönheit seiner Heimat widerspiegelt: Die Lilien auf den Feldern, die reiche Frucht, die die Erde trägt. Große Herden und riesige Netze, die im entfernten See Genezareth ausgelegt werden, um sich mit Fischen aller Art zu füllen. – Noch heute ist der durchschnittliche jährliche Niederschlag so hoch, dass auf den Hügeln der Umgebung Zitrusfrüchte und Olivenbäume gedeihen.

Klein war in jener Zeit das jüdische Dorf inmitten des überwiegend von Heiden bewohnten Galiläa. Mittelpunkt der Gemeinde war die Synagoge, wo sicherlich auch Jesus den spannenden Geschichten über die großen Glaubenshelden seines Volkes lauschte. Als er zwölf Jahre alt war, nahmen ihn seine Eltern mit zum Paschafest nach Jerusalem, wie es dem Brauch entsprach. Dort ließ er sich im weißgoldenen Tempel nieder, während Josef und Maria etwa eine Tagesentfernung weiterreisten. Als sie ihn vermissten, kehrten sie um und fanden ihn inmitten einer Schar von Lehrern, denen er zuhörte und Fragen stellte. Jedermann wunderte sich über das Verständnis des unmündigen Knaben, das weit über das vieler Erwachsener hinausging. Auf die Vorwürfe seiner besorgten Eltern antwortete er mit jenem berühmt gewordenen Satz: „Wusstet ihr nicht, dass ich in dem sein muss, was meines Vaters ist?"[8] Doch dann kehrte er widerspruchslos mit ihnen nach Nazareth zurück, und man hörte bis zu seiner Taufe im Jordan durch seinen Vetter Johannes nichts mehr von ihm.

Es ist nicht bekannt, wann jenes Ereignis stattfand, das den Zimmermannssohn aus Nazareth wieder in den Mittelpunkt der öffentlichen Aufmerksamkeit rückte. Einige Forscher gehen vom Jahr 26 aus, in dem Pontius Pilatus, der im Leben des aufrührerischen Juden noch eine entscheidende Rolle spielen sollte, als Statthalter von Judäa nach Caesarea kam. Auch an welcher Stelle des Jordans Jesus getauft wurde, konnte bislang nicht ermittelt werden. – Nach der Zeremonie begab sich der Täufling in die Wüste, wohl in die kahlen Berge oberhalb Jerichos, wo er nach christlichem Glauben vom Teufel versucht wurde.

Inzwischen hatte sich Herodes Antipas, einer der Söhne und Nachfolger Herodes des Großen, mit Herodias vermählt, die zuvor bereits mit einem seiner Brüder verheiratet gewesen war und von diesem eine Tochter, Salome, hatte. Johannes der Täufer hatte diese Verbindung, die nach den strengen jüdischen Gesetzen verboten war, aufs Schärfste verurteilt und war dafür in die Festung Machaerus östlich des Toten Meeres gebracht worden. Mehr als von seiner Gattin scheint Herodes Antipas von der Stieftochter angetan gewesen zu sein, zumindest, was deren künstlerische Begabung betraf. Salome tanzte für ihn während eines Festmahls, und er war davon so entzückt, dass er versprach, ihr jeden Wunsch zu erfüllen. Nach Beratung mit ihrer Mutter verlangte die junge Frau, wofür auch immer, das Haupt des Täufers.[9] Historisch erwiesen ist nur, dass Antipas den unbequemen Bußprediger verhaften und, da das Volk diesen als Propheten verehrte, erst nach anfänglichem Zögern hinrichten ließ.

Mit der Festnahme seines Verwandten brach auch für Jesus ein neuer Lebensabschnitt an. Er begann, öffentlich zu lehren. Da man ihn aus der Synagoge seiner Heimatstadt vertrieb, verlegte er seine Prediger- und Lehrtätigkeit an die Ufer des Sees Genezareth, wo er alsbald eine Schar von ständigen Begleitern, Jünger genannt, um sich sammelte, allen voran Simon Petrus und dessen Bruder Andreas. Nach der biblischen Überlieferung vollbrachte er eine Reihe von Wundern. Wenn auch die Evangelien nur einen allgemeinen Eindruck von seinen Auftritten vermitteln, so kann sein Betätigungsfeld doch nicht allzu weit gereicht haben. Es beschränkte sich wohl auf den See und angrenzende Gebiete. Er lehrte in den Synagogen vieler Dörfer und Städte, und die Leute der Umgebung strömten ihm in Scharen zu. Aber er sandte auch seine Jünger, mittlerweile zwölf an der Zahl, aus, um zu predigen, die Menschen zur Besinnung zu rufen und ihnen die Ankunft des Gottesreichs anzukündigen. Stets kehrten sie jedoch an den See Genezareth zurück.

Das Gesetz schrieb jedem männlichen erwachsenen Juden vor, dreimal jährlich zu Ehren Jahwes Feste zu feiern: Das Paschafest, das erste der Wallfahrts- und Erntedankfeste im Jahresablauf, das zudem an den Auszug der Kinder Israels aus Ägypten erinnerte und später im christlichen Brauchtum von Ostern abgelöst wurde, das Pfingstfest, eine eintägige Erntedankfeier, die man fünfzig Tage nach Pascha beging, und das Laubhüttenfest im Herbst, mit dem man für die gute Ernte von Obst und Oliven dankte und der Wanderung der Vorfahren durch die Wüste gedachte. Zu diesen Feierlichkeiten hatten sich die Juden im Tempel von Jerusalem einzufinden, eine religiöse Verpflichtung, der jedoch nur die Einwohner Jerusalems nachkommen konnten. Für die Gläubigen in der Diaspora und jene, die nicht in Jerusalem wohnten, war deshalb mindestens eine große Pilgerreise dorthin der Traum ihres Lebens und dabei doch ein gefährliches Unterfangen. Denn die Wege waren unsicher. Überall lauerten Straßenräuber. Lebensmittel und Wasser waren knapp.

Das Johannesevangelium berichtet, dass auch Jesus während der Zeit seines Wirkens mindestens fünfmal nach Jerusalem kam, zuletzt im (fälschlich) als sein Todesjahr berechneten Jahr 33 n. Chr. Er ritt auf einem Esel den Ölberg hinab ins Kidrontal und von dort hinauf nach Jerusalem. Seinen Weg säumten Gläubige, die ihre Kleider ausgebreitet hatten, Palmwedel schwenkten und Hosianna riefen. Viele priesen auch die Ankunft dessen, „der kommt im Namen des Herrn". So gestaltete sich sein Einzug tatsächlich wie der eines Königs.

Angeblich weinte Jesus, als er die Stadt vor sich liegen sah: „Hättest doch auch du [Jerusalem] an diesem Tag erkannt, was der Frieden bringt. Es wird eine Zeit kommen, in der deine Feinde ... dich ... von allen Seiten bedrängen. Sie werden dich und deine Kinder zerschmettern und keinen Stein auf dem anderen lassen; denn du hast die Zeit der Gnade nicht erkannt."[10] Möglicherweise hat hier der Evangelist Lukas Jesus eine Prophezeiung in den Mund gelegt, nachdem sich die Voraussage mit der Zerstörung der Stadt durch die Römer im Jahr 70 n. Chr. tatsächlich erfüllt hatte.

Prächtig lag einstweilen Jerusalem auf den Höhen über dem Kidrontal, so wie es Herodes gebaut und seinen Nachfolgern hinterlassen hatte. Doch Jesus mochte ahnen, dass ihm kein freundlicher Empfang zuteil werden würde. Dazu bedurfte es keiner großen Sehergabe. Längst war er wegen seiner allgemeinen Beliebtheit beim Volk den Priestern und Schriftgelehrten verdächtig geworden, hatte der Zulauf Begeisterter den Neid der etablierten religiösen Würdenträger entfacht. Auch diesmal begab er sich in den Tempel, verjagte Geldwechsler und Taubenzüchter, lehrte und beantwortete Fragen, die man an ihn herantrug. Ob es erlaubt sei, wollten etwa Pharisäer und Herodianer wissen, den Römern Steuern zu zahlen. „Gebt dem Kaiser, was des Kaisers ist, und Gott, was Gottes ist."[11] Einer der Schriftgelehrten fragte nach dem höchsten Gebot: Das bedeutendste und wichtigste sei, wurde er beschieden, Gott von ganzem Herzen zu lieben. „Ein zweites aber steht diesem gleich: Du sollst deinen Nächsten lieben wie dich selbst."[12]

Im nahen Bethanien wurde Jesus von einer Frau mit kostbarem Nardenöl gesalbt. So hielt man es, wie Markus bemerkte, mit den Toten vor dem Begräbnis, aber auch mit den Königen, die in ihr Amt eingeführt wurden.

Es war bereits Donnerstag geworden, und in der Stadt arbeitete man fieberhaft an den Vorbereitungen für das bevorstehende Paschafest. Auch Jesus war mit seinen Jüngern nach Jerusalem zurückgekehrt, um dort das traditionelle Paschamahl einzunehmen. „Bei den Juden war die gemeinsam eingenommene Mahlzeit eine beliebte und mit bestimmten Riten verbundene Gepflogenheit, die nach der Überlieferung von einer Danksagung begleitet wurde. Das griechische Wort dafür ist Eucharistie ..."[13] Danach ging man, wie gewohnt, zum Ölberg. Dort zog sich Jesus in den Garten Gethsemane zurück, um aus dem Gebet Kraft zu schöpfen. Den Jüngern aber befahl er zu wachen. Als er zu ihnen zurückkam, fand er sie jedoch schlafend. Also fuhr er fort zu beten. Noch während er redete und die anderen schliefen, näherte sich der Verräter Judas mit mehreren Tempelwachen, begrüßte ihn als Herrn und Meister nach morgenländischer Art mit einem Kuss und gab damit den Wachen zu verstehen, dass dies der Mann sei, den sie ergreifen müssten.

Allabendlich hatte Jesus Jerusalem verlassen, um sich der Festnahme solange als möglich zu entziehen. Judas aber hatte den Gefolgsleuten der Priesterschaft den Aufenthaltsort des Gesuchten verraten.

Man brachte den Gefangenen zum Haus des Hohepriesters Kaiphas, wo ihn einflussreiche religiöse Würdenträger verhörten. Dann, kurz nach Tagesanbruch, als der römische Statthalter mit seinen Amtshandlungen begann, erhoben sie Anklage gegen den Mann aus Nazareth.

Leider ist nicht bekannt, wo das Verhör stattfand oder wo sich der Palast des Statthalters befand. Residierte Pontius Pilatus in der Burg Antonia, an der sich heute die erste Kreuzwegstation der Via Dolorosa befindet? Oder hatte er mit dem alten Hasmonäerpalast Vorlieb genommen, der kaum weiter vom Tempel entfernt stand?

Es folgte das wohl berühmteste Gerichtsverfahren, von dem die Überlieferung zu berichten weiß, wenn von einem solchen überhaupt die Rede sein kann. Die unterschiedlichsten Vorwürfe, darin stimmen alle Quellen überein, wurden von den jüdischen Behörden gegen Jesus erhoben, die „dann den römischen Gouverneur (Präfekten) von Judäa, Pontius Pilatus, überredet und genötigt haben, ihn zu verurteilen und hinrichten zu lassen. Es handelte sich also um zwei Verfahren, ein jüdisches und ein römisches"[14].

Der Hohe Rat oder Sanhedrin, einst eine mächtige Institution, war von den römischen Besatzern teilweise in seine alten Rechte wieder eingesetzt worden, wenn auch nur, um den römischen Statthalter zu beraten und zu unterstützen. Im Tempelbezirk übte er die Gerichtsbarkeit aus und sorgte dafür, dass die jüdischen Gesetze eingehalten wurden.

Die Weltmacht Rom hatte sich fremden Glaubenskulten gegenüber stets tolerant gezeigt, solange diese Ruhe und Ordnung einhielten und den Bestand des Reiches nicht störten. Vorsitzender des Sanhedrin war damals der Hohepriester Kaiphas, dem sein Schwiegervater Annas, ehemals selbst Hohepriester und noch immer von weit reichendem Einfluss, zur Hand ging. Zusammen mit anderen Mitgliedern des Hohen Rats waren sie entschlossen, dem Wirken des Mannes ein Ende zu setzen, der ihre Autorität so schwer untergraben und das Volk auf seine Seite gezogen hatte. Sie stützten ihre Anklage im Wesentlichen auf zwei Punkte. Zum einen habe Jesus geäußert, den Tempel einreißen zu können – nach den strengen Grundsätzen der jüdischen Religion nicht nur ein eklatanter Verstoß gegen die bestehende Ordnung, sondern sogar ein Sakrileg. Es war, was Jesus sicherlich wusste, eine in der gespannten politischen Atmosphäre gefährliche Drohung, die, wie auch immer sie gemeint gewesen sein mochte, tiefe Verunsicherung hervorrufen musste. Doch hätte sich der Vertreter der römischen Staatsmacht kaum entschlossen, einen Mann, der zu dem Vorwurf beharrlich schwieg, wegen einer offensichtlich prahlerischen Aussage zum Tode zu verurteilen. Konnte doch der Tempel auch nur symbolisch als vergängliches Menschenwerk gemeint gewesen sein! Der andere Vorwurf wog im leicht entflammbaren Osten um einiges schwerer: Der da vor ihm stand, behauptete, der Messias und Gottes Sohn zu sein. Als er gefragt wurde, ob er diese Titel tatsächlich für sich beanspruche, schwieg er nicht länger, sondern gab eine knappe und absichtlich ausweichende Antwort: „Du bist es, der das sagt."[15] Es war für die, die ihm übel wollten, nicht allzu schwer, ihm diese zweideutige Äußerung als belastendes Schuldeingeständnis auszulegen und den Römern die angeblich hochverräterischen Absichten des Angeklagten darzulegen. Im Grunde ging den römischen Statthalter der Gott der Juden nichts an. Wenn aber einer behauptete, der Sohn dieses Gottes zu sein, bedeutete das nichts anderes, als dass er nach dem Königsthron strebte, denn die Juden differenzierten nicht zwischen Religion und Staat.

Für sie war Jesu Anspruch, die Sünden zu vergeben, der Sohn ihres Gottes zu sein und dessen Reich heraufzuführen, ein bewusster Verstoß gegen den sakrosankten jüdischen Monotheismus und der Missbrauch des Namens des Allerhöchsten eine unentschuldbare Blasphemie. Nach dem 3. Buch Mose stand auf Gotteslästerung die Todesstrafe.

Zahlreiche Wissenschaftler sind davon überzeugt, dass es zu jener Zeit dem Sanhedrin verwehrt war, Todesurteile zu vollstrecken. Auch nach Johannes hatten ihm die Römer nur begrenzte Vollmachten in der Rechtsprechung eingeräumt, die jedenfalls die Hinrichtung eines Delinquenten nicht deckten.[16] Eine Meinung, die allerdings nicht ungeteilte Zustimmung fand. Selbst wenn sie nicht den Tatsachen entsprochen haben sollte, wollte der Hohe Rat in diesem Fall für die Vollstreckung des Todesurteils nicht die Verantwortung übernehmen. Möglicherweise fürchtete er die Rache des Volkes, bei dem Jesus in so hohem Ansehen stand. Man beschloss also, den Angeklagten dem römischen Statthalter zu übergeben.

Es war nicht leicht, den kritischen Pilatus davon zu überzeugen, dass jener unscheinbare Mann eine Gefahr für das mächtige Rom darstellen sollte. Was ging es ihn an, wenn sich jener als Gottessohn aufspielte? Verrückte brachte die Zeit genügend hervor. Was interessierten Rom die ständigen religiösen Querelen dieses aufmüpfigen Volkes?

Gefährlicher freilich sah die Sache aus, wenn er sich als Messias bezeichnete, der nach den alten Weissagungen auch König der Juden war. Dann stellte seine Behauptung immerhin eine Anstiftung zur Auflehnung dar, denn Judäa war längst römische Provinz.

Wohl hat der Präfekt versucht, die ihm lästige und nicht ganz geheuere Angelegenheit an den Sanhedrin zurückzugeben oder den Gefangenen freizulassen. Aber er stieß auf den heftigen Widerstand der verantwortlichen Religionsführer. Sie drohten, beim Kaiser Beschwerde darüber zu führen, dass er einen Mann freigelassen hätte, der beabsichtigt hatte, sich zum König der Juden zu machen. Diesem Druck gab Pilatus schließlich nach und begründete seinen Entschluss damit, dass Jesus durch seine Weigerung, den Anspruch auf die jüdische Königswürde zu bestreiten, hochverräterische Absichten bekundet habe. Deshalb verurteilte er ihn zum Tod, und zwar zu der für Nichtrömer üblichen Todesart der Kreuzigung.

Der Streit, ob es die Römer oder die Juden waren, die Jesus dem Tod auslieferten, ist so alt wie die Geschichte des Messias selbst. Im Grunde spielte die Frage keine Rolle. Trotz aller Spannungen waren die jüdischen Behörden und an ihrer Spitze der Hohepriester und der Sanhedrin auf eine reibungslose Zusammenarbeit mit der römischen Besatzungsmacht angewiesen.

Entscheidend ist, dass mit jener Kreuzigung sowohl für Rom als auch für Judäa ein neuer Abschnitt der Geschichte angebrochen war: Die Konfrontation des durch einen strengen Eingottglauben ausgezeichneten Volkes mit der römischen Weltmacht war in ihre entscheidende Phase getreten. Nach etwas mehr als einer Generation sollte es die jüdische Nation als politisches Gebilde nicht mehr geben. Aber auch das mächtige Rom hatte den Höhepunkt seines Glanzes überschritten.

Teilung des Herodesreiches

Streit um das Erbe – Archelaus, Philippus und Herodes Antipas:
Herrscher von Roms Gnaden – Judäa verliert seine Selbstständigkeit

Trotz aller negativen Eigenschaften seines Charakters kann Herodes als Herrscher von Format betrachtet werden, der versuchte, Juden und Nichtjuden gleichermaßen ein glanzvoller und gerechter König zu sein. Wie keiner seiner Vorgänger hatte er für wirtschaftlichen Fortschritt gesorgt und eine Bautätigkeit entfaltet, wie sie Judäa seit den Tagen des weisen Salomo nicht mehr erlebt hatte.

Zumindest war es ihm gelungen, den Schein zu wahren. Judäas Grenzen reichten weiter als zur glücklichsten Zeit der Hasmonäerregierung. Seine Städte prangten in allem, was griechische Baukunst an Schönheit zu bieten hatte. Nur wer genauer hinsah, bemerkte, dass diese eher den Ruhm der römischen Machthaber und der mit diesen befreundeten Herodesfamilie mehrt als dem Volk zustatten kam. Und wenn Handel und Verkehr blühten, so erhöhten sie nicht unbedingt das Vermögen der geschundenen Nation.

Der Kultus blieb unter Herodes unangetastet; er gewann sogar an Umfang und Glanz, wenn sich auch der König das Recht herausnahm, die Hohepriester beliebig ein- und abzusetzen, und diese zum Heile derer beteten und opferten, die sie im Grunde ihres Herzens verabscheuten.

„Sobald der Tod seinen Händen die Zügel entrissen hatte, trat eine Zerfahrenheit in dem öffentlichen Leben ein, welche der Vorbote neuer und anhaltender Unglückstage war. Der äußerlich zusammengehaltene Staatsbau löste sich alsbald auf, stürzte zusammen und begrub unter seinen Trümmern alles, was noch an Freiheit und Nationalität in Judäa geblieben war."[1] Mit diesem Geständnis der Verzweiflung charakterisiert der Historiker Heinrich Graetz den Beginn der Wirren, die das Reich nach dem Ableben des letzten jüdischen Großkönigs erschütterten. Missgunst, Argwohn und Neid, die schon Herodes' Herrschaft so unglückselig überschattet hatten, waren auch mit seinem Tod nicht erloschen. Im Gegenteil.

Von den zahlreichen Söhnen, die er neben mehreren Töchtern von zehn Frauen hatte, waren noch sechs am Leben, die er in seinem Testament zum Teil begünstigt, zum Teil übergangen hatte.

Die Eröffnung des königlichen letzten Willens, von vielen mit Spannung erwartet und von Ptolemaios vorgenommen, dem Bruder des berühmten Historikers, Philosophen und Ratgebers des Herodes, Nikolaos von Damaskus, machte noch einmal deutlich, wie selbstsüchtig Herodes zu handeln imstande gewesen war. Wenig scheint ihm am Schicksal seines Reiches gelegen zu haben, denn er zerstückelte das Land und belehnte mit den Bruchteilen drei seiner Söhne, die von verschiedenen Müttern stammten. Vielleicht hoffte er aber auch nur (wie Jahrhunderte später Kaiser Constantin), seine Erben würden sich mit der Teilung zufrieden geben und davon absehen, einander das Leben schwer zu machen. Archelaus erhielt Judäa, Idumäa und Samaria; Herodes Antipas hinterließ er Galiläa und Peräa, Philippus wurde mit den Landesteilen nördlich des Sees Genezareth und jenseits des Jordans bedacht. Die anderen gingen leer aus. Nur Salome, der ihm stets treu ergebenen Schwester, hatte er noch die Einkünfte einiger Städte, darunter Jamnia und Aschdod, vermacht.

Die letztwillige Verfügung des Königs war indes nur als Wunsch abgefasst. Die endgültige Entscheidung über das Schicksal des Landes sollte Kaiser Augustus im fernen Rom treffen. Mochte er, der Herr über die Welt, das Testament bestätigen oder anderweitig über das Judenreich und die königlichen Erben bestimmen!

Trotz dieser politischen Zersplitterung garantierte Roms Oberhoheit die Einheit des Landes, vermochte aber seine innere Stabilität nicht zu gewährleisten. Dem Zwist der Nachfolger war dadurch erst recht Vorschub geleistet. Die Söhne, die, ohne Zuneigung erzogen, auch „nicht durch das Band geschwisterlicher Liebe untereinander vereinigt"[2] waren, stritten um das Erbe. Jeder neidete dem anderen seinen Anteil. Vor allem Herodes Antipas gönnte Archelaus weder die größeren Landesteile noch den Königstitel, denn ein früheres Testament seines Vaters hatte ihn zum Alleinerben bestimmt. Auch Salome, die durch Herodes reich gewordene Schwester, mischte sich ein und trachtete danach, ihrem Neffen Archelaus das Erbe streitig zu machen. Da die Durchsetzung von Herodes' letztem Willen von einer höheren Gewalt abhing, versuchte ein jeder, die Gunst des Volkes zu gewinnen, um für sich bei Augustus einen besonderen Fürsprecher zu erhalten. Vor allem Archelaus versprach den fordernden Massen das Blaue vom Himmel, obwohl nicht weniger verlangt wurde, als dass ein neues, volkstümliches Regierungssystem eingeführt und die herodianische Tyrannei als solche öffentlich gebrandmarkt würde.

Am Paschafest nach dem Tod des Königs kochte die Volkswut über.

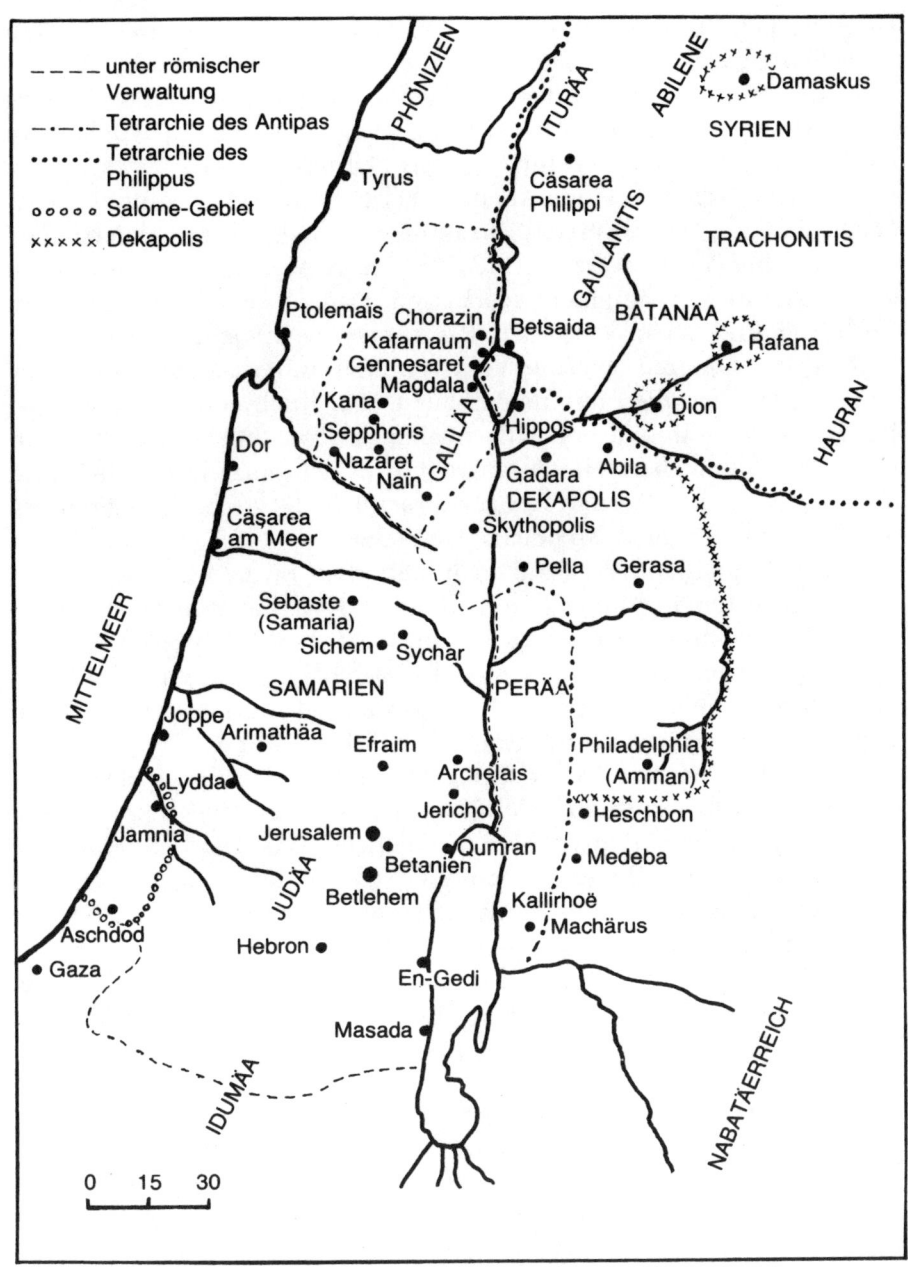

Teilung des Herodesreiches

Noch zu Lebzeiten des bereits auf den Tod erkrankten Herodes hatten zwei Schriftgelehrte, die dem radikalen Flügel der Pharisäerpartei angehörten, den goldenen Adler, das Symbol Roms, vom Tempeleingang entfernt und waren dafür bei lebendigem Leibe verbrannt worden. An dieses Ereignis erinnerten nun strenge Pharisäer, die das Volk aufstachelten. Da Archelaus einen Aufstand befürchten musste, sandte er eine Schar Soldaten, die die ersten Zusammenrottungen auseinandertreiben sollten. Aber sie wurden von der wütenden Menge mit Steinwürfen empfangen und in die Flucht geschlagen. Danach schien der Volkszorn besänftigt, und es wurde mit dem Paschaopfer begonnen. Archelaus aber ließ das betende und opfernde Volk von allen in Jerusalem verfügbaren Fußtruppen überfallen und niederhauen. Wer flüchtete, wurde von der Reiterei eingeholt und ebenfalls niedergemacht. 3000 Menschen verloren dabei ihr Leben. Herolde machten in der ganzen Stadt bekannt, dass die Feier des Paschafestes für dieses Jahr (4 v. Chr.) verboten sei. So unrühmlich begann Archelaus' Herrschaft.

Obwohl sich seine Verwandten in ähnlicher Situation kaum anders verhalten hätten, beeilten sie sich, ihn beim Kaiser anzuklagen und ihm dort die Thronfolge streitig zu machen. Zu diesem Zweck reiste die ganze Sippe nach Rom. Indessen glich Judäa bald einem großen Kampfplatz. Denn in mehreren Landesteilen traten Volksführer auf, die Thron und Herrschaft für sich beanspruchten. „Das Blut der erschlagenen Kämpfer, das Geschrei der wehrlos Erwürgten, der Rauch der eingeäscherten Städte erfüllten jedes Herz mit Grauen und schienen den Untergang Judäas herbeizuführen."[3] Nicht ohne Grund bezeichnet die Chronik das erste Jahr nach Herodes' Tod als die „Kriegsepoche des Varus". Denn er, Quintilius Varus, bekannt durch seine spätere Niederlage gegen die Germanen, war inzwischen Statthalter von Syrien geworden und auf Archelaus' Bitte in Jerusalem geblieben, um während der Abwesenheit des Fürsten dort jede Unzufriedenheit schon im Keim zu ersticken. Eine Aufgabe, die dem geschickten Feldherrn nicht schwer fiel.

Die den Herodianern feindlichen Patrioten handelten weder nach einem Plan noch verfügten sie über Waffen, die den römischen gleichwertig waren, sodass sie mühelos überwunden werden konnten. Dann ließ Varus einige Truppen zurück, um erneuten Unruhen zu begegnen, und begab sich auf seinen Posten nach Antiochia.

Kaum war er abgezogen, loderte die Revolte von neuem auf, diesmal nicht ohne Schuld von Augustus' Schatzmeister Sabinus, der vom Kaiser gesandt worden war, den Nachlass des Verstorbenen und vermutlich auch den Tempelschatz zu beschlagnahmen, als wäre Rom rechtmäßiger Erbe des Königs geworden. Da sich die von Archelaus bestellten Hüter weigerten, das beschlagnahmte Gut freiwillig herauszugeben, zettelte Sabinus einen Aufstand an, um einen Grund zum Einschreiten zu haben.

Pascha war längst vergangen, und mit Riesenschritten rückte das Erntedankfest des Jahres 4 v. Chr. heran, das wiederum eine gewaltige Volksmenge aus allen Landesteilen nach Jerusalem zog. Viele kamen schon mit der Absicht, gegen die verhassten Herodianer und die noch verhassteren Römer aufzubegehren. Wie zu erwarten gewesen war, kam es zu blutigen Ausschreitungen. Es gelang einigen Führern der Juden, Tempelberg und Hippodrom zu besetzen und die Römer im Palast des Herodes in der Oberstadt einzuschließen. Sabinus, der sich auf der Höhe eines Turmes in Sicherheit gebracht hatte, entsandte Eilboten an Varus, der Verstärkung schicken sollte, und glaubte sich schon verloren. Vermutlich wären die Juden, die von der Tempelmauer Steine und Geschosse auf die Römer schleuderten, Sieger geblieben, hätte sich Sabinus nicht einer der ältesten Kriegstaktiken erinnert. Er ließ auf die Dächer der umliegenden Säulengänge brennbare Stoffe werfen, und im Nu stand das ganze Lager der Angreifer in Flammen. Viele der Kämpfenden hatten keine Zeit mehr, sich zu retten; sie kamen qualvoll im Feuer um, fielen durch die Schwerter der Römer oder legten in ihrer Verzweiflung selbst Hand an sich. Sobald der Tempel von seinen Verteidigern verlassen worden war, stürzten sich die Feinde gierig in die Vorhöfe, raubten, was das Heiligtum an Wertvollem aufzubieten hatte – allein Sabinus soll sich 400 Talente angeeignet haben –, und verwüsteten die Tempelhallen. Die Zerstörung und Schändung ihres nationalen Symbols, das erst zehn Jahre zuvor so prächtig fertig gestellt worden war, entfachten Wut und Mut erneut und trieben den Unzufriedenen auch die meisten jener herodianischen Truppen zu, die bislang treu zu Rom gehalten hatten. Erneut wurde der königliche Palast belagert; man traf Vorbereitungen, Tore und Türme zu zerstören. Nur Sabinus hoffte weiter, mit den von Varus gesandten Truppen Herr über die Aufständischen zu werden.

Zum Glück für Rom scheiterten diese wie in der Vergangenheit so oft an ihrer eigenen Uneinigkeit. Zu viele Abenteurer versuchten selbstsüchtig, Ruhm und Ehre und ohne große Mühe ein ansehnliches Vermögen zu erlangen. Ein einziger der Anführer hatte ein festes Ziel vor Augen und ließ sich vom Hass gegen das herodianische Haus und von der Liebe zu seiner Nation leiten. Er hieß Judas und war ein Sohn jenes Ezekia, dessen Hinrichtung Herodes vor Jahrzehnten mit einem Schlag berüchtigt und vielen verhasst gemacht hatte. Der Mann aus Galiläa rief eine Bewegung ins Leben, die Rom noch das Fürchten lehren und ihm nach Meinung vieler Wissenschaftler sogar mehr zu schaffen machen sollte als die widerspenstigen Germanen. Es waren die Zeloten, die mit Feuereifer und glühendem Römerhass die Gemüter ihrer Landsleute entzündeten.

Varus sah sich genötigt, den bedrängten römischen Truppen zu Hilfe zu eilen. Seine Angst muss groß gewesen sein, denn er entsandte nicht nur die gesamte römische Truppenmacht, die ihm zur Verfügung stand, sondern rief auch die Hilfstruppen der benachbarten kleinen Fürsten zu den Waffen. Besonders für Aretas IV. (9 v.–39 n. Chr.), den von Herodes einst besiegten Nabatäerkönig, eine willkommene Gelegenheit, Rache zu nehmen. Plünderungen und Brände brachen den Römern den Weg nach Jerusalem frei, wo sich ihnen die Belagerer, von der römischen Übermacht erschreckt, ohne nennenswerten Widerstand ergaben. 2000 von ihnen wurden gefangen genommen und ans Kreuz geschlagen. Damit endete der Aufstand, der ganz Judäa in eine noch schimpflichere Abhängigkeit von der Weltmacht brachte.

Unterdessen gelangte Augustus durch die kriecherische Haltung der jüdischen Bittsteller und ihre gegenseitigen Anschuldigungen zu der Überzeugung, dass keiner von ihnen eines Thrones würdig war. Er hatte noch keine Entscheidung getroffen, als sich eine weitere jüdische Gesandtschaft, die aus den 50 angesehensten Männern des Landes bestand und von Varus ermutigt worden war, vor ihm einfand, um über die Herodianer Klage zu führen und ihn zu bitten, der jüdischen Nation Freiheit in ihren inneren Angelegenheiten zu gewähren, Judäa im Übrigen aber mit Syrien zu verbinden und zur römischen Provinz zu machen. Augustus hörte sie an, konnte sich aber nicht entschließen, ihrem Ansinnen stattzugeben. Denn er sah sich den Wünschen des großen Römerfreundes Herodes verpflichtet. So bestätigte er weitgehend dessen Testament, bewilligte Archelaus jedoch nicht den Königstitel, den er ihm erst nach Ablauf einer Bewährungszeit in Aussicht stellte. Nur als Volksfürst oder Ethnarch durfte der Königssohn in sein Land zurückkehren. Für das Vermögen von Kaiser und Reich spielte es keine Rolle, ob Judäa als Ethnarchie oder als Provinz von Rom abhängig war. Immerhin war er durch die Ernennung ranghöher als seine Brüder, die sich mit dem Tetrachen-Titel begnügen mussten, aber die Vorenthaltung der Königswürde bedeutete einen schweren Prestigeverlust, der ihn missmutig und unzufrieden machte.

Unbedeutend und glanzlos verlief seine Regierungszeit, die kein Jahrzehnt währte. Er versuchte mit untauglichen Mitteln, das unzufriedene Volk zu versöhnen, das ihm die Verantwortung für die Schändung und Zerstörung des Tempels anlastete. Der öffentlichen Meinung nachgebend, setzte er in neun Jahren drei Hohepriester ab und ein. Das Empfinden der Frommen verletzte er durch die Heirat mit seiner Schwägerin Glaphyra, der Witwe seines von Herodes hingerichteten Halbbruders Alexander, was nach jüdischem Recht und Gesetz verboten war, denn Glaphyra hatte von ihrem ersten Mann Kinder. Sie starb jedoch bald, und man sagte, ihr schlechtes Gewissen hätte in einem Traum zu ihr gesprochen, in dem Alexander sie zurückforderte.

Es gibt indes keine Hinweise darauf, dass Archelaus ein gewohnheitsmäßiger Gesetzesbrecher war. In manchen Dingen scheint er sogar so sorgfältig wie sein Vater gewesen zu sein. So fanden sich keine jüdischen Münzen seiner Zeit, die sein Porträt oder das des römischen Kaisers trugen. Augustus entthronte ihn dennoch, nachdem er von seinen Landsleuten der Tyrannei und Grausamkeit angeklagt worden war – er hatte angeblich gegen die von Rom verordnete Mäßigung beim Regieren verstoßen –, und schickte ihn im Jahr 6 der neuen Zeitrechnung nach Vienna/Gallien in die Verbannung, wo er nach einigen Jahren starb. Die Landesteile Judäa und Samaria wurden dem Römischen Reich zugeschlagen. Die Fürstentümer des Herodes Antipas und des Philippus blieben noch eine Weile unangetastet. Nur Salomes Städte gingen in das Privatvermögen der römischen Kaiserfamilie über. Sie hatte diese testamentarisch Kaiserin Livia Drusilla, der Gattin des Augustus, vermacht.

Damit aber hatte die Geschichte Judäas als eigenständiger Staat einen unwürdigen Abschluss gefunden.

Antipas und Philippus hatten von Anfang an als Nachfolger ihres Vaters eine bessere Ausgangsposition gehabt als Archelaus, Philippus vor allem, in dessen Herrschaftsgebiet vorwiegend Nichtjuden lebten, sodass er die Politik der Hellenisierung fortsetzen konnte. Tatsächlich scheint er ein fähiger Regent gewesen zu sein, denn der Historiker Flavius Josephus fand nur lobende Worte für ihn. Freilich mag er durch das Schicksal seines Bruders Archelaus, das den endgültigen Verlust Judäas zur Folge gehabt hatte, gewarnt gewesen sein.

Schwieriger gestaltete sich Antipas' Regierung, in dessen Landesteilen immerhin viele Juden lebten. Beiden Miterben kam jedoch zugute, dass die Hauptstadt ihrer Reiche nicht das von Traditionen belastete und deshalb hoch explosive Jerusalem war. Philippus erweiterte seine Hauptstadt Panion, verlieh ihr Stadtrechte und nannte sie fortan Caesarea Philippi. Auch befestigte er das Dorf Bethsaida am Nordufer des

Sees Genezareth und gab ihm den Namen Julias zu Ehren der Tochter des Augustus. (Dies muss noch vor dem Jahr 2 v. Chr. geschehen sein, denn damals fiel die Kaisertochter bei ihrem Vater in Ungnade und wurde auf die Insel Pandateria verbannt.)

Antipas drückte seine Dankbarkeit und Treue zu Augustus auf ähnliche Weise aus. Er baute Sepphoris, die Hauptstadt Galiläas, wieder auf und benannte sie zu Ehren des Kaisers in Autokratis um. Daneben befestigte er Betharamphta in Peräa. Beide Städte waren während der Kämpfe 4 v. Chr. schwer beschädigt worden; Betharamphta, die starke Festung gegen die Nabatäer, erhielt seinen neuen Namen nach der Gattin des Kaisers, hieß zunächst Livias, und, nachdem diese testamentarisch in das Geschlecht der Julier aufgenommen worden war, Julias. Sich selbst baute Antipas eine neue prächtige Hauptstadt, die erst 18 n. Chr. fertig gestellt und nach Augustus' Nachfolger Tiberias genannt wurde. Ihr Palast besaß ein goldenes Dach und war kostbar ausgestattet. (Ein Teil ihrer Einwohner waren Juden, obwohl die Stadt als unrein galt. Denn man hatte beim Bau ihres Stadions alte Gräber freigelegt und den Ort damit entweiht.)

So versuchte Antipas, seinem Bruder in Ehrenbezeugungen für Rom nicht nachzustehen. Und die Bemühungen der Brüder hatten Erfolg. Welche Fehler und Ungereimtheiten Augustus in beider Regierung auch vermutete, er ließ ihnen ihre Tetrarchien, und sein Nachfolger Tiberius respektierte diesen Entschluss. Philippus herrschte in maßvoller und gutmütiger Weise bis zu seinem Tod 34 n. Chr., zuletzt an der Seite seiner Gemahlin Salome, jener Frau, die für Herodes Antipas einst getanzt und dafür den Kopf Johannes des Täufers gefordert hatte. Philippus wurde in Bethsaida/Julias beigesetzt. Den Antipas setzte Caligula, der in Rom Tiberius auf den Thron gefolgt war, 39 n. Chr. ab. Gleich seinem Bruder Archelaus wurde auch er nach Gallien verbannt.

Doch kehren wir noch einmal ins Jahr 6 der neuen Zeitrechnung zurück!

Provincia Iudaea (6 n. Chr.)

Volkszählung in Judäa – Caesarea wird Residenz des kaiserlichen Präfekten – Verwaltung der Provinz

„Judäa war also, nachdem es seit hundertfünfzig Jahren unter eigenen Fürsten eine wirkliche oder scheinbare Unabhängigkeit behauptet hatte, vollständig unter römische Botmäßigkeit gebracht und mit der Statthalterschaft von Syrien vereinigt ..."[1] Und mit Ausnahme weniger Jahre sollte sich an diesen Verhältnissen auch nicht viel ändern, ein Zustand, der vorauszusehen war.

Schon im sich neigenden letzten Jahrhundert vor Beginn der christlichen Zeitrechnung hatte sich der Einfluss Roms in dem Teil der Welt, den das Volk der Juden seit jeher als ureigenes und von Gott verheißenes Territorium, als Land der Väter, betrachtete, fast unmerklich, aber desto stetiger vermehrt. Kaum eine andere Nation des weltumspannenden Imperiums hatte es dabei den Eroberern so leicht gemacht. Von rivalisierenden und unvorsichtigen Machthabern als Schlichter, Schiedsrichter, Mahner und Berater in ihr Land gerufen, hatten sich die Römer dort bald heimisch gefühlt und das kleine Reich beinahe stillschweigend dem eigenen gewaltigen einverleibt.

Seit jenem verhängnisvollen Jahr 63 v. Chr., da Pompeius Magnus als erster „Ungläubiger" durch sein neugieriges Eindringen in den Tempel das Allerheiligste geschändet hatte, mussten die Juden der übermächtigen Schutzmacht Steuern zahlen, und spätestens damals mag mancher geahnt haben, dass die Selbstständigkeit des mit großen Opfern erkämpften Judenstaats Geschichte war.

Zunächst verlangte Rom Abgaben in nur bescheidener Höhe auf die Erträge der Landwirtschaft, die unter Cäsar noch einmal definiert und neu festgesetzt wurden. Die Juden bezahlten Grundsteuer, *tributum soli* genannt, die weiterhin zu entrichten war, nachdem Judäa Provinzstatus erhalten hatte. Dazu kam eine Kopf- oder Personensteuer, *tributum capitis*. Auch indirekte Abgaben allgemeiner Art fielen an, die *vectigalia*, die die anderen Völker innerhalb des Reichsverbands ebenfalls zu entrichten hatten. Die Tributpflicht war einer der Faktoren, die zur Trübung des Verhältnisses zu den Römern entscheidend beitrugen.

Um Vermögen und Bevölkerungszahl zu erfassen, befahl Kaiser

Augustus dem P. Sulpicius Quirinius, Statthalter von Syrien, in dessen Schatten die für Rom eher unbedeutende neue Provinz lag, dort die Provinzialverwaltung einzuführen und die bekannte Volkszählung zu veranlassen. Jeder Jude hatte sich zur Registrierung in den Ort seiner Geburt zu begeben. Nicht wenige betrachteten diesen Verwaltungsakt als beispiellose Willkür und Demütigung eines bislang verhältnismäßig freien Volkes, rebellierten dagegen und vergaßen, dass sie selbst es gewesen waren, die die Römer gerufen und ihnen vorgeschlagen hatten, Judäa zur römischen Provinz zu machen, und dass eine Volkszählung die übliche Folge eines Statuswechsels war. Ihr Widerstand war allerdings nicht so ernsthaft, als dass ihn Rom nicht bald unterdrücken konnte.

Die Auswirkungen des Aufruhrs sollten sich dafür umso verhängnisvoller erweisen. Denn es bildete sich jene bereits im vorhergehenden Kapitel genannte nationaljüdische Bewegung der Zeloten, die sich in den folgenden Jahren zu einer beispiellos radikalen Sekte entwickelte. Ihr Gründer und geistiger Führer war Judas aus Galiläa, der mit ihr den drei bereits bestehenden jüdischen philosophischen Richtungen der Essener, Sadduzäer und Pharisäer eine vierte hinzufügte, die allerdings den Lehren der Pharisäer sehr nahe stand. Sie hatte sich nur zusätzlich die Leidenschaft zur Freiheit auf ihre Fahnen geschrieben und lehnte jede Art von Unterordnung kategorisch ab. Mit Gott als ihrem einzig anerkannten Führer waren ihre Anhänger bereit, zu töten oder sich töten zu lassen. Wie gefährlich gerade diese religiös motivierten Fanatiker waren, kann auch den Römern kaum verborgen geblieben sein. Nach Flavius Josephus' Einschätzung trugen sie nicht wenig zu den Aufständen der Jahre 66 bis 70 n. Chr. bei, die für ihr ganzes Volk den Beginn des Untergangs einläuten sollten.[2]

Durch seinen lebendigen und detaillierten Bericht über die Geschichte seines Volkes und dessen großen Krieg gegen Rom stehen uns ungewöhnlich viele Informationen zur Verfügung, die allerdings einseitig sind. Denn leider fehlt ihnen auf römischer Seite die Entsprechung – was nicht verwunderlich ist. Die Ereignisse in jenem entlegenen Teil der Welt, der allenfalls als Verbindungsglied zwischen Ägypten und Syrien und als Bollwerk gegen Nabatäer und Parther eine – wenn auch nicht zu unterschätzende – Rolle spielte, waren für die Weltmacht zu unbedeutend, als dass sie römischen Geschichtsschreibern zufolge einen Platz in den Annalen verdienten. Das änderte sich freilich schlagartig, als Aufstände in Judäa den gesamten Osten zu entflammen drohten und das Eingreifen von mehreren Legionen und zwei künftigen Kaisern erforderten.

Unter Augustus hatte Judäa den Status einer kaiserlichen Provinz. Sie wurde wie das benachbarte Ägypten von einem Präfekten aus dem Ritterstand regiert. Er verfügte über kaum mehr als eine Handvoll Hilfstruppen, die für die innere Ordnung verantwortlich waren. Die Oberaufsicht oblag dem römischen Statthalter von Syrien, der weit reichende Befugnisse besaß. An ihn konnten sich sogar die Juden über den Kopf des Präfekten hinweg wenden, wenn sie mit seiner Regierung unzufrieden waren. Andererseits hatte der syrische Statthalter das Recht, in Judäas innere Angelegenheiten mit oder ohne besondere Anweisung aus Rom einzugreifen.

Der Präfekt oder Procurator, wie er in einigen Quellen ebenfalls genannt wird, residierte im von Herodes neu gegründeten Caesarea, das nicht nur wegen seiner Lage am Meer römischen Vorstellungen von Lebensqualität eher entsprach als die staubige und heiße Hauptstadt Jerusalem im Landesinneren. Von hier aus fuhren Schiffe unmittelbar nach Rom, sodass eine für damalige Verhältnisse rasche Verbindung mit dem Zentrum der Macht jederzeit möglich war. Herodes hatte vorausschauend die Stadt ganz im griechisch-römischen Stil erbaut. Hier konnten die Repräsentanten Roms nach ihren Bräuchen leben, ohne den Unmut der strenggläubigen jüdischen Bevölkerung befürchten zu müssen. Und die hier fernab vom Brennpunkt Jerusalem stationierten Truppen erinnerten die Einheimischen dort nicht ständig an die Präsenz der Besatzungsmacht.

Andererseits war die Hauptstadt leicht zu erreichen. Besonders zu den hohen jüdischen Festen begab sich der Präfekt dorthin und ließ sich im neuen Palast des Herodes am nordwestlichen Stadtrand nieder. Befanden sich gleichzeitig Mitglieder der königlichen Familie in der Stadt, was beispielsweise am Paschafest bei der Kreuzigung von Jesus Christus geschah, als Antipas in Jerusalem weilte, mussten sie mit dem alten Hasmonäerpalast im Zentrum der Oberstadt Vorlieb nehmen.

Die jüdischen Bewohner der neuen Provinz genossen das Privileg religiöser Freiheit und waren wegen ihres strengen Eingottglaubens von der Teilnahme am Kaiserkult, die anderswo als unverzichtbares Bekenntnis der Loyalität zu Rom von jedem Einzelnen gefordert wurde, ausgenommen. Das sonst übliche Opfer für den Kaiser als personifiziertem Stellvertreter der erhabenen Roma hatten sie ihrem Gott darzubringen und dabei für das Wohlergehen der römischen Majestät zu bitten. Die Unantastbarkeit ihres Heiligtums blieb auch unter den Römern gewährleistet. Selbst ein römischer Bürger musste mit der Todesstrafe rechnen, wenn er es wagte, die inneren Höfe des Jerusalemer Tempels durch sein

Betreten zu verunreinigen. Der Personenkultfeindlichkeit der Strenggläubigen kam man insofern entgegen, als die in der Provinz geprägten Münzen nicht das Konterfei des Kaisers trugen, sondern wie früher mit Abbildungen lebloser Dinge geschmückt waren.

Im Allgemeinen übte der Präfekt größte Zurückhaltung aus, sodass sich nach Flavius Josephus' (freilich von Rom geprägter) Meinung an der Verfassung kaum etwas geändert hatte und die Hohepriester auch weiterhin die Führungsrolle in Judäa spielten. In der Tat waren der römischen Oberhoheit lediglich die Ordnungsgewalt und die Kapitalgerichtsbarkeit vorbehalten. Ihre inneren Angelegenheiten regelten die Juden in ruhigen Zeiten durch den vom Hohepriester präsidierten Sanhedrin selbst. Die höchsten jüdischen Würdenträger stammten nach wie vor aus der sadduzäischen Oberschicht, konnten aber jetzt von den Römern beliebig ein- und abgesetzt werden, sodass stets nur diesen genehme und loyale Männer mit dem verantwortungsvollen Amt betraut wurden. Die Abhängigkeit der Hohepriester vom römischen Wohlwollen manifestierte sich nicht zuletzt darin, dass der Präfekt deren symbolträchtige Amtsgewänder in einem Saal der Burg Antonia unter Verschluss hielt, um eventuellen Unabhängigkeitsbestrebungen vorzubeugen. Nur unmittelbar vor den großen Festtagen gab er sie heraus. So war die höchste jüdische Autorität dem ständigen Druck der Besatzer ausgesetzt, was sich freilich auch in anderen Bereichen bemerkbar machte.

Im Einklang mit der römischen Übung, in unterworfenen Gebieten so viel Selbstverwaltung zu gewährleisten, wie es ohne Gefahr für Rom und den Bestand seines Reiches möglich war, blieben die meisten jüdischen Gesetze erhalten. Der Sanhedrin behielt seine bisherigen Aufgaben, die sich allerdings auf innerjüdische Angelegenheiten beschränkten. Es waren vornehmlich Meinungsverschiedenheiten in Glaubensfragen, in die sich Rom nicht einmischen mochte, da sie für das Weltreich ohne Belang waren und ohnehin ein jeder nach seiner Fasson selig werden durfte, solange er nur den römischen Frieden und die öffentliche Ordnung nicht störte. Nur die Entscheidung über Leben und Tod, selbst wenn sie Juden betraf, hatte sich Rom vorbehalten, zumindest sofern es galt, Verstöße politischer Art zu ahnden. Es konnte allerdings nie eindeutig geklärt werden, ob die Kapitalgerichtsbarkeit bei religiösen Vergehen beim Sanhedrin geblieben war. Betrachtet man den Prozess, der Jesus Christus gemacht wurde, entsteht der Eindruck, dass die römischen Führer einen Mann zum Tode zu verurteilen hatten, war er von den jüdischen Instanzen erst einmal für schuldig befunden worden.

Andererseits hatte nach der – historisch freilich nicht belegbaren – Überlieferung Pontius Pilatus den Juden vorgeschlagen, Jesus selbst zu verurteilen. Das lässt den Schluss zu, dass sie durchaus berechtigt waren, Angeklagte, die gegen ihre strengen Glaubensregeln verstoßen hatten, in eigener Verantwortung abzuurteilen bis hin zur Todesstrafe, die ja bekanntlich auf Gotteslästerung stand.

Was von den Gesetzen römischen Vorstellungen angepasst wurde, schmerzte umso mehr und machte den Verlust der Eigenständigkeit erst recht bewusst. Öffentliche Urkunden, selbst die „Scheidebriefe" in Ehesachen, wurden nun nach den Regierungsjahren der Kaiser ausgestellt, während man sie bisher nach den Jahren der jüdischen Regenten gezählt hatte. Auch das war an sich nicht mehr als die logische Folge des Statuswechsels. Aber besonders die Zeloten reagierten darauf empfindlich und warfen den gemäßigten Pharisäern Lauheit in religiösen Dingen vor. „Wie dürfe man die Schändung begehen", fragten sie, „in der Formel des Scheidebriefs ‚nach dem Gesetz Mose und Israels' Mose neben den Namen des heidnischen Herrschers zu reihen und solchergestalt den geheiligten Namen des größten Propheten auf gleiche Stufe mit dem des Herrschers setzen?"[3]

Die traditionsreichen Feste, an denen sich das ganze Judenvolk in Bewegung befand, gaben Rom stets Anlass zu den größten Sorgen, besonders in Jerusalem. Denn zu diesen auch national höchst bedeutsamen Ereignissen strömten unabsehbare Menschenmassen in die Stadt; sie waren leicht in religiös-politische Erregung zu versetzen, vor allem am Paschafest. Dann wurde „die Befreiung aus der ägyptischen Knechtschaft ... als Typos für die erhoffte endzeitliche Erlösung angesehen, und so war eine demagogische Aktualisierung jederzeit möglich ..."[4] Deshalb schickten die Römer zu diesen Anlässen stets zusätzliche Truppenkontingente in die Heilige Stadt, was häufig erst recht zu Auseinandersetzungen führte. Besonnene Juden rieten vernünftigerweise zur Mäßigung, fanatische gerieten schon beim Anblick der verhassten heidnischen Soldaten in Rage und heizten die ohnehin explosive Stimmung weiter an.

Die jüdische „Autonomie" litt also offensichtlich unter dem Druck der fremden Militärmacht. Verschärft wurde die Ablehnung noch dadurch, dass das Münzrecht beim Präfekten lag und die Steuereintreibung durch Steuerpächter erfolgte, die in römischen Diensten standen. So verhasst war schließlich das Abgabensystem, dass ein jeder, der sich als Handlanger Roms, als Steuerpächter oder Zöllner, anstellen ließ, gesellschaftlich gebrandmarkt war, sodass sich zuletzt nur noch solche dazu hergaben, die ohnehin nichts mehr zu verlieren hatten, weil sie für ihren unsittlichen oder leichtsinnigen Lebenswandel bekannt waren.

Die Sachwalter Roms standen in der neu gewonnenen Provinz einem bislang unbekannten Phänomen gegenüber. Einerseits waren sie gehalten, die den Juden gewährte Glaubensfreiheit zu schützen, um Unzufriedenheit vorzubeugen. Zum anderen sahen sie sich mit radikalnationalistischen Kräften konfrontiert. In einzigartiger Weise waren bei diesem Volk Politik und Religion aufs Engste verknüpft, und beide Bewegungen, die Gemäßigten wie die Radikalen, verfolgten hartnäckig das Ziel eines unabhängigen Gottesstaats.

Angesichts der sich abzeichnenden Probleme blieb Quirinius, ehe er die neue Provinz der Obhut des kaiserlichen Präfekten überließ, nichts anderes übrig, als sich zu einem Kompromiss herabzulassen. Er ersetzte den Hohepriester Joazar durch einen Mann eher unbedeutender Herkunft, der Annas hieß. Die Wahl eines *homo novus* sollte, zumindest für dessen Familie, weit reichende Folgen haben. Sie stieg zu einer der bedeutendsten in der Hohepriesterschaft auf. Alle fünf Söhne des von Rom Erhobenen, ein Schwiegersohn und wohl auch einer seiner Enkel sollten das Amt in der Folgezeit bekleiden.

Flavius Josephus gibt als Grund für die Absetzung Joazars dessen Unbeliebtheit beim Volk an. Er hatte angeblich angesichts der römischen Übermacht seine Landsleute während der verhassten Volkszählung zur Mäßigung aufgerufen und auch sonst mit der römischen Verwaltung vernünftig zusammengearbeitet. Vermutlich hatte die extrem nationalistisch gesinnte Partei deshalb einen Wechsel in der Person des höchsten Amtsträgers verlangt, und der Statthalter von Syrien war diesem Ansinnen nachgekommen, um den ohnehin labilen Frieden nicht unnütz zu gefährden. Vielleicht hoffte er auch, alle politisch-religiösen Kräfte im Land zufrieden zu stellen, wenn er einen Mann berief, der bislang noch in keiner Richtung in Erscheinung getreten war.

Gemäßigte Juden und Römer hätten einen *modus vivendi* finden können, der das Land so weit als möglich in das Römische Reich integriert und dabei den Bestand des Judentums garantiert hätte. Die radikalen Strömungen innerhalb Judäas schufen indes Probleme, die für Rom nicht zu lösen waren. Die Geschichte der folgenden sechzig Jahre ist die Geschichte von Aktion und Reaktion, von gegenseitiger Provokation und Gewalt. Es war abzusehen, dass sich diese Spannungen in einer gewaltigen Explosion entladen würden. Wann diese käme, war nur eine Frage der Zeit.

Die Juden in der Diaspora

Babylonien und Mesopotamien – Ägypten und die Cyrenaica –
Östlicher Mittelmeerraum – Die Juden genießen den Schutz Roms –
Aufstände in Kleinasien

Ehe wir in der Betrachtung und Untersuchung der Verhältnisse in Judäa fortfahren, erscheint es angebracht, einen kurzen Blick auf die Juden in den Gemeinden der Diaspora zu werfen, die viel früher als ihre Glaubensbrüder in den jüdischen Stammlanden in die Einflusssphäre Roms gelangten.

Die ständigen Auseinandersetzungen und der Verlust des letzten Restes von Selbstständigkeit veranlassten nach Herodes' Tod vor allem die Ruheliebenden, dem Land der Väter den Rücken zu kehren und in friedlicheren Gegenden der zivilisierten Welt Zuflucht zu suchen. Die meisten begaben sich in die Nachbarländer, nach Syrien und Kleinasien, einige aber auch bis an den Euphrat und darüber hinaus, wo sie hofften, den Lohn ihrer Arbeit ungestört genießen zu dürfen. So bedrohlich war schließlich das Ausmaß der Abwanderung, dass man die Entvölkerung Judäas befürchtete.

Einflussreiche Vertreter des Judentums hofften, dieser Bewegung Einhalt zu gebieten, indem sie die Auswanderer mit „Unreinheit" schreckten: Wer auch nur einen Fuß ins Ausland gesetzt hatte, so verkündeten sie, sollte als levitisch unrein gelten, das heißt, künftig vom Besuch des Tempels und der Darbringung eines Opfers ausgeschlossen sein.

Kaum vermag ein Nichtjude nachzuvollziehen, was dieser Ausschluss für einen Juden bedeutete, zumal in jener Zeit, in der der Glaube die entscheidende Rolle im Leben spielte. Dennoch ließen nur wenige von ihrem Vorhaben ab, auch wenn Angst und Verzweiflung übergroß gewesen sein müssen. Aber die fremden Länder, in denen es tüchtige Glaubensgenossen zu Vermögen und Ansehen gebracht hatten, übten eine geradezu magische Anziehungskraft aus. Und von Meinungsverschiedenheiten, blutigen Ausschreitungen oder Verfolgungen außerhalb Judäas hatte man seltener als von solchen in der Heimat gehört.

Seit Jahrhunderten lebten Juden in anderen Teilen der Welt mit den Einheimischen in meist friedlicher Koexistenz, gingen ihren Geschäften nach und bemühten sich, ihren Besitz zu mehren. Fernab des Tempels ehrten sie Jahwe auf ihre Art. Schon 587 v. Chr. hatte Babylons Nebukadnezar II. jüdische Gefangene hinter den Euphrat verschleppt. Als der Perserkönig Kyros ihnen fünfzig Jahre später die Freiheit schenkte und ihnen die Rückkehr nach Israel gestattete, zogen es viele vor, in dem fernen Land zu bleiben, das ihnen längst zur Heimat geworden war. Die Juden in Babylonien und Mesopotamien stellten noch während der römischen Herrschaftszeit eine der größten und bedeutendsten Gemeinden der Diaspora dar.

Bereits vor der Babylonischen Gefangenschaft waren viele Juden aus Furcht vor den Soldaten Nebukadnezars nach Ägypten geflohen. Zwei Generationen später, als der Perser Kambyses II. im Jahr 525 v. Chr. das Land annektiert hatte, wanderten weitere Juden nach Ägypten aus. In Scharen strömten sie dann nach der Gründung der Stadt Alexandria herbei, die ihnen hervorragende wirtschaftliche Aussichten versprach. Weitere Immigranten trafen im Land am Nil während des Makkabäeraufstands ein. Ägypten erwies sich schließlich auch für Gegner der Hasmonäer als sicheres Asyl. Papyri und Inschriften belegen, dass jüdische Siedlungen im ganzen Land zu finden waren. Unter den letzten Ptolemäern soll es dort etwa eine Million Menschen jüdischen Bekenntnisses gegeben haben. Auch die Cyrenaica war ein begehrtes Auswanderungsziel.

Der ägyptische König Ptolemaios I. sandte im 3. vorchristlichen Jahrhundert jüdische Siedler nach Cyrene und in andere libysche Städte. In den letzten Jahrzehnten vor Beginn der neuen Zeitrechnung stellten sie gerade in Cyrene dem griechischen Geografen Strabo zufolge eine der vier Bevölkerungsklassen dar, in die er die Bewohnerschaft einteilte: „In der Stadt der Cyrenäer gab es vier Klassen, Bürger, Ackerbauern, Mietwohner und Juden. Die Letzteren sind schon fast in jeder Stadt des Erdkreises verbreitet, und man kann nicht leicht einen Ort in der Welt finden, der dieses Volk nicht beherbergte und nicht in seiner Gewalt wäre ..." Interessant ist auch seine Feststellung, dass man dem jüdischen Teil der Einwohnerschaft Alexandrias eigene Wohnbezirke zuwies: „... ein großer Teil von Alexandria ist diesem Volk besonders eingeräumt. Sie haben auch ihren eigenen Vorsteher, der ihre Gemeindeangelegenheiten leitet, Recht spricht und ihre Verträge bekräftigt, als wenn er der wirkliche Beherrscher des Staates wäre."[1] Möglicherweise übertreibt der griechische Gelehrte ein wenig die Vorrechte, die die Juden Ägyptens zu seiner Zeit genossen. Es ist zwar wissenschaftlich gesichert, dass ihnen anfangs das „Delta" zugewiesen war, einer jener fünf Bezirke, in die die Stadt eingeteilt war. Nach dem ständigen Anwachsen der jüdischen Gemeinde unter den späten Ptolemäerherrschern erhielten sie zu Beginn der Römerherrschaft einen weiteren Stadtteil. Die Grenzen waren allerdings durchlässig. Juden fanden sich auch in anderen Gegenden der Stadt. Und in den Judenvierteln lebten Griechen und Ägypter.

Unter dem Seleukidenherrscher Antiochos dem Großen (223–187 v. Chr.) waren 2000 jüdische Familien von Babylonien nach Phrygien und Lydien umgesiedelt worden, damit sie als königstreue Besatzung die dortige aufständische Bevölkerung kontrollierten. Die ihnen dafür gewährten Privilegien waren verlockend: Steuerfreiheit für zehn Jahre und das Recht, nach ihren alten Gesetzen zu leben.

Auch Antiochia in Syrien und zahlreiche andere Küstenstädte verfügten über lebhafte jüdische Gemeinden. In Ephesus hatten Juden ebenso eine neue Heimat gefunden wie an vielen anderen Orten der ehemals griechischen Welt. Man fand sie schließlich auf den wichtigsten Inseln des östlichen Mittelmeeres, auf Zypern, Rhodos, Kreta, Delos und Kos. Selbst auf dem griechischen Festland und in Mazedonien gab es jüdische Gruppen.

Die Ausbreitung nach Westen erfolgte wesentlich langsamer. Rom ausgenommen, das infolge seiner besonderen Anziehungskraft vermutlich eine der größten jüdischen Gemeinden außerhalb Palästinas aufwies, scheint Italien für die Menschen aus dem Vorderen Orient nicht allzu attraktiv gewesen zu sein. Unter Augustus ist eine kleine jüdische Siedlung in Puteoli am Golf von Neapel belegt. Einige Verwegene mögen sich sogar bis Spanien durchgeschlagen haben. Denn der Apostel Paulus (Anf. 1. Jh.–ca. 67 n. Chr.), der auf seinen Missionsreisen in erster Linie Juden ansprach, hoffte, auch dieses Land besuchen zu können.[2]

Was immer Juden zur Auswanderung getrieben haben mag – Unzufriedenheit mit den Regierenden, die Hoffnung auf persönliche Vorteile, Furcht vor Hunger und Armut, Flucht oder Vertreibung –, es gab zuletzt zumindest im Osten kaum eine Stadt, in der sie sich nicht auf Dauer eingerichtet hatten. Erstaunlich genug, dass es ihrer Minderheit gelang, inmitten des fremden und oft feindlichen Umfelds über Generationen ihre religiöse Identität zu wahren und allen Reizen der Assimilation mit Ausnahme der sprachlichen zu widerstehen. Zwangsläufig erlernten sie im östlichen Mittelmeerraum das Griechische, und ihre Schriften wurden während der hellenistischen Epoche in diese Sprache übersetzt. Ansonsten aber schotteten sie sich streng ab. „Sie verstanden sich von vornherein als so etwas wie Kolonisten und blieben religiös-national weiterhin nach Jerusalem orientiert, sodass eine Assimilation an die einheimische Bevölkerung ... nur bedingt in Frage kam."³ Wo immer sie sich auch niedergelassen hatten: Sie entrichteten die jährliche Tempelsteuer und ließen sie nach Jerusalem bringen.

Ihr unverrückbarer Glaube an ihre Auserwähltheit und den einen Gott, das Warten auf den Messias, ihre sonderbaren Bräuche und ihre Bilderfeindlichkeit machten sie zunächst nur verdächtig und unbeliebt, später verhasst. Der Jude wurde zur witzigen Gestalt, ein beargwöhnter, ein wenig naiver Sonderling inmitten seiner weltoffenen Umgebung mit all ihren Verlockungen. Man verachtete ihn wegen seiner Abneigung gegen Schweinefleisch und hielt seine Sitten, etwa das strenge Sabbatgebot und das Brandopfer, für barbarisch. Der Jude galt als altmodisch, eigensinnig, engstirnig und stur.

Als Rom die griechischen Städte des östlichen Mittelmeerraums seiner Herrschaft unterwarf, übernahm es auch die jüdischen Gemeinden mit eben diesen Siedlungen und damit auch die Spannungen zwischen Nichtjuden und Juden. Und als endlich Judäa zur römischen Provinz wurde, mochte die Weltmacht ahnen, was auf sie zukam.

Früher als in den jüdischen Stammlanden waren also die auswärtigen Juden mit Rom in Berührung gekommen. Im ägyptischen Alexandria war viele Jahre vor Pompeius' Einmarsch in Jerusalem (63 v. Chr.) die Stimmung gegen dort ansässige Juden umgeschlagen, sodass in einigen wissenschaftlichen Arbeiten von einem beginnenden Antisemitismus die Rede ist, ausgelöst durch wirtschaftliche Eifersüchteleien und die kulturelle Unabhängigkeit der Juden. Ursache der Spannungen dürfte daneben der überdurchschnittliche Wohlstand gewesen sein, zu dem der jüdische Teil der Bevölkerung auf Grund seiner Tüchtigkeit gelangt war. Auch die zahlreichen Privilegien, die den Juden von der jeweiligen Staatsführung, oft gegen besondere „Schutzgelder", gewährt wurden, haben sicherlich ihren Teil zur allgemeinen Unzufriedenheit beigetragen.

Angeblich hat Sulla 87 oder 86 v. Chr. seinen Feldherrn Lucullus beauftragt, gegen aufständische Juden in Cyrene vorzugehen. Dort mag es tatsächlich Unruhen gegeben haben, besonders seit der Vertreibung des judenfreundlichen ägyptischen Königs Ptolemaios X. Alexander (107–88 v. Chr.). Durch „gewisse jüdische Hilfeleistungen" war er seinen nichtjüdischen Untertanen, so wird berichtet, verhasst. Doch die Ressentiments und wohl auch Übergriffe richteten sich nicht nur gegen das Staatsoberhaupt. Die jüdischen Bewohner von Ägypten und der Cyrenaica hatten während seiner Regierungszeit unter ihren Mitbürgern viel zu leiden. Das änderte sich auch nicht, als der König für den Fall, dass ihm etwas zustieße, sein Reich testamentarisch den Römern vermachte. Als ihn Rom 87 v. Chr. beerbte, gelangten auch die in seinem Reich lebenden Juden „endgültig in den Verantwortungsbereich der Römer und bildeten immer dann eine römerfreundliche Opposition gegen die Griechen, wenn es mit diesen Konflikte gab"[4].

Als Pompeius schließlich infolge des letzten Mithridatischen Krieges (66 v. Chr.) die Neuordnung Kleinasiens und Syriens vornahm, wurde die Judengemeinde von Antiochia, die damals neben der von Alexandria zweitgrößte jüdische Diaspora, ebenfalls in den unmittelbaren römischen Herrschaftsbereich einbezogen. Mit ihr gelangten die jüdischen Militärsiedlungen von Lydien und Phrygien unter die Oberhoheit Roms.

Auf erstaunliche Weise kam man auch in der Römerzeit der jüdischen Minderheit entgegen, die zu keinem Ausgleich, ja nicht einmal zum kleinsten Kompromiss bereit war. Über die sonstige Übung der religiösen Toleranz hinaus, die sich nur dann gegen eine Weltanschauung wandte, wenn diese die öffentliche Ordnung gefährdete, gewährte Rom ihr nicht nur Freiheit in allen Glaubensdingen, sondern sicherte diese noch durch Dekrete, die die Juden unter den besonderen Schutz der Staatsführung stellten. Wahrscheinlich war man sich der Folgen bewusst, die eine Politik der gewaltsamen Unterdrückung nach sich gezogen hätte; vielleicht bewunderte man aber auch insgeheim ein Volk, dessen Ordnungsliebe, Tüchtigkeit, Glaubensstärke und Sittenstrenge an den eigenen, längst abhanden gekommenen *mos maiorum*, die alte Vätersitte, erinnerten.

Für die Gemeinden der Diaspora entwickelte sich die nächste Synagoge zum Sitz des Glaubens und war doch allenfalls nur von regionaler Bedeutung. Mittelpunkt und einigendes Band des Judentums aller Länder blieb der Tempel von Jerusalem, wo immer man auch lebte. Mit Freuden zahlte man deshalb die geforderten Steuern, mit denen die Priester unterstützt und der Kult aufrechterhalten werden sollten. Von der späten hellenistischen Epoche an betrug die Tempelsteuer jährlich einen halben Schekel, was zwei Denare in römischer Währung oder zwei griechischen Drachmen entsprach. Steuerpflichtig waren alle Männer im Alter zwischen zwanzig und fünfzig Jahren, auch befreite Sklaven und Priester. Freiwillige Spenden waren darüber hinaus stets willkommen. Die Tempelsteuer wurde eingesammelt und einmal im Jahr nach Jerusalem abgeführt, was nicht immer reibungslos ablief.

Zu einer nicht mehr genau bekannten Zeit, wahrscheinlich aber gleich zu Beginn des letzten Jahrhunderts der vorchristlichen Zeitrechnung, hatte in Rom ein Senatsbeschluss verboten, Gold- und Silberwaren über die Grenzen des Imperiums in fremde Länder zu schaffen, und das Verbot mehrmals wiederholt. Nur die Juden in den Provinzen und in Rom selbst waren davon ausgenommen, nachdem sie bei der Staatsführung vorstellig geworden waren. Sie sollten weiterhin in der Lage sein, ihrer Steuerpflicht gegenüber ihrem nationalen Heiligtum nachzukommen. Mit der Gesetzgebung zur Sicherung der jüdischen Religionsfreiheit setzte Cäsar diese judenfreundliche Politik fort. Gegen ihren Geist verstieß aber L. Valerius Flaccus, der 62 v. Chr. die Statthalterschaft im westlichen Kleinasien übernahm. Er beschlagnahmte die gesammelte Judensteuer von vier Städten durch einen eigenen Erlass. Zurück in Rom, wurde ihm 59 v. Chr. der Prozess gemacht, in dem Cicero die Verteidigung übernahm. Der Anklage widersprach der berühmte Redner im Grunde nicht. Aber Flaccus habe, so versuchte er das gesetzwidrige Verhalten seines Freundes zu rechtfertigen, schließlich nicht aus Eigennutz gehandelt, sondern das beschlagnahmte Gut dem römischen Staatsschatz einverleibt. Schon zu Zeiten seines, Ciceros, Konsulats (63 v. Chr.) sei der Export von Gold ins Ausland schwer verurteilt worden: „*Cum aurum Iudaeorum nomine quotannis ex Italia et ex omnibus nostris provinciis Hierosolyma exportari soleret, Flaccus sanxit edicto ne ex Asia exportari liceret ... Exportari aurum oportere cum saepe antea senatus tum me consule gravissime iudicavit ...*" – „Weil man das Gold im Namen der Juden alljährlich aus Italien und aus allen unseren Provinzen nach Jerusalem zu schaffen pflegte, bestimmte Flaccus durch einen Erlass, dass es nicht aus (der Provinz) Asien ausgeführt werden dürfe ... Schon früher, als ich Konsul war, hatte der Senat die Ausfuhr von Gold oft aufs Schärfste verurteilt ..."[5] Im Übrigen seien die Juden ohnehin nur lästige Leute, deren Überheblichkeit man mit allen Mitteln begegnen müsse. „Der Prozess war eine Dutzendaffäre abseits der großen Politik ... Im Mittelteil ließ Cicero seinem Witz die Zügel schießen, sodass die Richter viel zu lachen hatten und den durchaus nicht unschuldigen Angeklagten freisprachen."[6]

Trotz des Freispruchs: Flaccus hatte gegen geltendes Recht verstoßen, denn die Ausnahmeregelung für die Juden war noch in Kraft. Es gibt indes keinerlei Hinweis darauf, dass seine Nachfolger im Amt diesem unrühmlichen Beispiel gefolgt wären. Von römischer Seite aus sollte es über Generationen wegen der Tempelsteuer keine Meinungsverschiedenheiten mehr geben. Wenn weiterer Ärger drohte, ging er nicht von den römischen Amtsträgern, sondern von den einheimischen Führern der östlichen Provinzen aus. So blieb Ciceros Freund für fast ein Jahrhundert der Einzige, der versuchte, das jüdische Privileg auszuhebeln.

Auch andere Zugeständnisse wurden den Juden in allen Teilen des Imperiums gemacht. So erfuhren diejenigen, die in den Provinzen Asiens lebten, eine weitere Bevorzugung, als es galt, ein Problem zu lösen, das dort während des Bürgerkriegs aufgetaucht war.

Zu allen Zeiten hatte sich die Teilnahme von Juden am Militärdienst als nahezu undurchführbar erwiesen, zum einen wegen der strengen Riten, die ihr Glaube jedem Einzelnen abverlangte und die eine reibungslose Einbindung in Truppenverbände verhinderten. Zum anderen wegen des Verbots, am Sabbat irgendwelche Pflichten zu erfüllen.

L. Cornelius Lentulus Crus, einer der beiden Konsuln des Jahres 49 v. Chr., erließ deshalb ein Edikt, das diejenigen Juden von der Teilnahme am Kriegsdienst befreite, die römische Bürger waren und den jüdischen Kult beachteten und ausübten. Was zunächst nur für die jüdischen Bewohner von Ephesus gelten sollte, wurde bald auf alle in Asien wohnenden Juden ausgedehnt.[7]

Auch P. Cornelius Dolabella, der nach Cäsars Tod 43 v. Chr. als Statthalter nach Syrien kam, hielt an diesem Grundsatz fest. Eher unerheblich für die große römische Politik, war die Fortführung des Toleranzgedankens für die Juden von erheblicher Bedeutung, eine noble Geste der Verantwortlichen Roms, die diesen das Wohlwollen der einflussreichen jüdischen Gemeinden Kleinasiens sicherte.

Für alle Wohltaten und Gunstbeweise hatten die Juden nicht zuletzt Gaius Iulius Caesar zu danken, der allenthalben für sie eingetreten war, wenn sie in der Ausübung ihrer Religion behindert wurden. So verteidigte er sie beispielsweise gegen den Magistrat, den Senat und das Volk von Paros, wo man den jüdischen Mitbürgern verwehrt hatte, ihre althergebrachten Bräuche auszuüben und ihren Gottesdienst zu feiern. „Es hat mein Missfallen erregt", ermahnte er die Verantwortlichen der Insel energisch, „dass ihr solche Bestimmungen gegen unsere Freunde und Bundesgenossen erlasst und ihnen verbietet, nach ihren Gesetzen zu leben ..." Er verwies darauf, dass ihnen das nicht einmal in Rom untersagt würde, obwohl es eine Verordnung gäbe, die dort alle Zusammenkünfte ahnde. „Ebenso gestatte auch ich", fuhr er fort, „obgleich ich alle sonstigen Versammlungen verbiete, den Juden allein, sich nach den Sitten und Gebräuchen ihrer Väter zu versammeln und dabei zu verbleiben. Es ist daher erforderlich, dass ihr alle gegen unsere Freunde und Bundesgenossen erlassenen Verordnungen wegen ihrer Verdienste um uns und ihrer Treue sogleich aufhebt ..."[8]

Die Grundsätze der Judenpolitik, die Cäsar festlegte und sein Nachfolger festigte, ließen antijüdische Handlungen zu Gesetzesverstößen werden, die entsprechend zu ahnden waren. Doch zu keiner Zeit haben auch noch so hervorragende Gesetze die Herzen der Menschen zu verändern vermocht. Der Antisemitismus lebte fort, wenn auch nicht in Rom selbst unter den Augen der wachsamen Obrigkeit. In der zweiten Hälfte der augusteischen Ära riefen Juden in Kleinasien und Cyrene den Kaiser und mehrere römische Beamte an, ihre Rechte vor Übergriffen der örtlichen Verwaltungsträger zu schützen.

Doch schon bevor Cäsar seine Gesetze der Öffentlichkeit vorgestellt hatte, hatte Rom einen Vorgeschmack jener Art Ärger bekommen, der später besonders in Kleinasien alltäglich werden sollte. Im Jahre 49 v. Chr. wurde der Vertretung der römischen Staatsmacht von einem Streit berichtet, der in Sardes für Unruhe sorgte. Dort befand sich eine der größten und bedeutendsten jüdischen Gemeinden Kleinasiens. Wie bei der von Ephesus handelte es sich dabei nicht nur um eine Glaubens- und Lebensgemeinschaft, sondern seit frühen hellenistischen Zeiten auch um eine politische Gemeinde (*politeuma*), die das Verwaltungsrecht ihres Bezirks und die Gerichtsbarkeit über ihre Mitglieder besaß und von der griechischen Bürgerschaft und deren Verwaltungseinrichtungen unabhängig war. Als nun griechische Behörden versuchten, diese Rechte zu beschneiden, wandten sich die bedrängten Juden an den Propraetor L. Antonius, der den „Magistrat, den Senat und das Volk der Sardianer" anwies, die alten jüdischen Rechte zu achten.[9]

Als sich Marcus Vipsanius Agrippa, der Schwiegersohn des Augustus, im Jahr 14 v. Chr. auf der bereits erwähnten Reise durch den östlichen Mittelmeerraum befand und sich mit seinem Freund Herodes traf, wurde ihm ein Streit zwischen den griechischen Behörden und den jüdischen Gemeinden einiger westkleinasiatischer Küstenstädte gemeldet, damit er ihn schlichte. Die Juden rechneten damit, dass die Anwesenheit ihres Königs und dessen Freundschaft mit dem präsumtiven Nachfolger des römischen Kaisers ihrer Sache nützen könnte, und sie täuschten sich nicht. Sie beklagten sich, dass ihre Religionsausübung gestört werde; vor allem würden sie daran gehindert, ihren Gesetzen zu folgen, namentlich der vorgeschriebenen Sabbatruhe. Die Griechen hätten ihre Tempelsteuer gestohlen, und man hätte sie trotz des Verbots aus Rom gezwungen, am Kriegsdienst teilzunehmen, öffentliche Pflichten, die ihrem Glauben widersprachen, zu übernehmen und dafür ihr Geld auszugeben. Agrippa war bereit, sie anzuhören und setzte sich mit den Vornehmsten seines Gefolges und dem anwesenden Herodes zu Gericht. Zum Sachwalter und Sprecher der Juden war Herodes' Freund Nikolaos von Damaskus bestimmt worden, der in wohlgesetzten Worten die Beschwerden vortrug und auf die Beleidigung hinwies, die auch Rom zugefügte würde, da man seine Bestimmungen so offensichtlich missachtete.

Die Rede verfehlte ihre Wirkung nicht. Die Griechen wagten nicht zu widersprechen, zumal sie die Verfehlungen nicht leugnen konnten, hielten aber dagegen, dass die Juden schließlich griechisches Gebiet bewohnten und selbst vor keinem Unrecht zurückschreckten. Die Beschwerdeführer bemerkten, sie seien in diesem Land geboren, und dadurch, dass sie ihre Gebote in Ehren hielten, werde keinem Griechen Leid zugefügt.

Agrippa erklärte sich um der freundschaftlichen Gesinnung des Herodes willen bereit, alle jüdischen Forderungen als gerecht anzuerkennen, sofern sie nicht gegen römische Interessen verstießen, und bestimmte, dass niemand den Klägern bei der Befolgung ihrer Gesetze etwas in den Weg legen dürfe.[10]

Ein ständiger Unruheherd war auch die Cyrenaica, wo sich, wie bereits erwähnt, eine große jüdische Ansiedlung befand. In der Stadt Berenice ist für die augusteische Zeit eine politische jüdische Gemeinde belegt, die in ihrer Größe der der Hauptstadt Rom kaum nachstand. Augustus setzte den Statthalter dieser Provinz brieflich von dem den Juden gewährten Sonderrecht auf freie Religionsausübung in Kenntnis. Ob er damit auf eine Beschwerde reagierte oder es sich nur um einen der üblichen Briefe an einen Provinzgouverneur handelte, ist nicht bekannt. Bald aber hatten die Juden tatsächlich Grund, bei Agrippa wegen Unterdrückungen durch Behörden der Stadt Cyrene vorstellig zu werden: Es ging wieder einmal darum, dass man sie an der Zahlung der nach Jerusalem geschuldeten Tempelsteuer hinderte.

Nach Agrippas Tod (12 v. Chr.) kam in diesem Teil der römischen Welt erneut Ärger auf. Gesandtschaften wandten sich daraufhin unmittelbar an Augustus, der die Provinzgouverneure noch einmal anwies, für die Wahrung der jüdischen Sonderrechte zu sorgen. Dennoch hörte zumindest in den Städten Kleinasiens der Druck auf die Juden nicht auf, sodass sich der Prokonsul Iullus Antonius gezwungen sah, die Behörden von Ephesus in scharfem Ton an die Erlasse des Kaisers und seines Freundes Agrippa zu erinnern. Es scheint, als hätten die Griechen versucht, durch ständige Schikanen ihrer judenfeindlichen Gesinnung Luft zu machen.

Als Augustus jedoch anordnete, seine Edikte aus dem Jahr 2 oder 3 der neuen Zeitrechnung auf einer Säule im Tempel für den Kaiserkult in

Ancyra anzubringen, wurde den Griechen allmählich bewusst, wie ernst es der römischen Staatsführung mit der Privilegierung ihrer jüdischen Mitbürger war, und dass jede Provokation von Rom nur umso mehr mit einer Stärkung der jüdischen Sonderrechte beantwortet wurde.

Die jüdische Gemeinde in Rom

Anzahl der Juden – Wohngebiete – Synagogen – Judenfreundliche
Politik Cäsars und Augustus'

Lange bevor Gnaeus Pompeius, der noch zu seinen Lebzeiten vom dankbaren Rom den Beinamen „der Große" erhielt, die heiligste und geheimnisvollste Stätte des Judentums betreten hatte, muss es in Rom selbst schon eine größere jüdische Gemeinde gegeben haben. Für das Jahr 139 v. Chr. ist unter dem *praetor peregrinus* Cn. Cornelius Scipio Hispanus eine Vertreibung Fremdgläubiger belegt, unter denen sich angeblich neben Chaldäern und Sabazius-Anhängern auch Juden befanden. Der Grund dafür war wohl die Angst vor einer verbotenen Missionierung: „*... ne quis introduceret novas religiones*" – „auf dass niemand neue Glaubenslehren einführe". Diesen Satz legen viele Wissenschaftler dahingehend aus, es habe sich nicht um eine Vertreibung, sondern lediglich „um das Verbot gehandelt, offiziell nicht genehmigte Kulte öffentlich auszuüben"[1].

Dass sich auch schon vor dem Jahr 139 v. Chr. jüdische Händler und Kaufleute in Rom niedergelassen hatten, ist mehr als wahrscheinlich, da die aufstrebende Weltstadt ehrgeizigen Menschen aller Nationen gute Aussichten auf Wohlstand und gesellschaftlichen Aufstieg bot. Auf jeden Fall muss sich der Erlass des römischen „Ausländerbeauftragten" an längerfristig in Rom ansässige Juden gerichtet haben.

Nach dieser Vertreibung oder Ausweisung, von der der römische Schriftsteller Valerius Maximus berichtet,[2] hört man lange nichts mehr von Juden in Rom, bis nach der Rückkehr des Pompeius aus Jerusalem ihre Zahl, wie namhafte Wissenschaftler behaupten, sprunghaft anstieg. Andererseits ist bei Flavius Josephus, der hier sicherlich zuverlässigsten antiken Quelle, im Zusammenhang mit dem „Feldzug" des Pompeius nach Jerusalem (63 v. Chr.) von einer größeren Anzahl jüdischer Kriegsgefangener nicht die Rede – was bei näherer Betrachtung kaum verwundert. Da er nicht als Eroberer aufgetreten ist, sondern, worauf bereits hingewiesen wurde, von rivalisierenden Einheimischen um Parteinahme für eine innerjüdische Gruppierung gebeten worden war, dürfte Pompeius aus diesem Abenteuer auch kaum Sklaven mitgeführt haben. Arbeiten, die von einem starken Anstieg der stadtrömischen Juden als Folge seines Unternehmens berichten, verdienen daher in diesem Punkt wenig Glauben. Im Gefolge des Heimkehrers befand sich als „Kriegsbeute" in erster Linie die Familie des Aristobul, denn Pompeius hatte gehofft, mit der Entfernung des gefährlichen Aufwieglers vom Brennpunkt der Ereignisse dem Land den erhofften Frieden zu verschaffen.

Wenn schon nicht nach 63 v. Chr. sprunghaft, so mag die Zahl der stadtrömischen Juden jedoch – von der Öffentlichkeit unbeachtet – bereits in den verhältnismäßig ruhigen Jahren nach 139 v. Chr. langsam, aber stetig gestiegen sein.

Ciceros im vorhergehenden Kapitel erwähnte Verteidigungsrede zu Gunsten des Flaccus lässt 59 v. Chr. auf eine größere jüdische Ansiedlung in der Stadt schließen. Möglicherweise sind auch 53 v. Chr. jüdische Sklaven nach Rom gelangt, nachdem Cassius Longinus auf seinem Zug gegen die Parther eine Revolte in Judäa blutig niedergeschlagen hatte – selbst wenn damals die meisten Gefangenen wohl in den Osten verkauft worden sein dürften. 37 v. Chr. endlich schwappte nach dem Fall Jerusalems eine weitere Welle von Kriegsgefangenen in den Westen des Imperiums. Bei ihnen handelte es sich überwiegend um Bewohner der Stadt selbst oder Judäas, die alle der strengen Glaubensrichtung angehörten.

Wenn die Zahl der in Rom lebenden Juden auch nicht genau bestimmt werden kann, so schätzt man sie für das Jahr 4 v. Chr., als König Herodes starb, auf immerhin mehr als 8000 – eine Gemeinde von beachtlicher Größe, die durchaus einen potenziellen Unruheherd darstellen konnte.

Viele jüdische Sklaven, die nach Rom verkauft worden waren, wurden von ihren Herren bald freigelassen, weil sich herausgestellt hatte, dass sie wegen ihrer Religion, ihren den Römern fremden Bräuchen und ihres strengen Sabbatgebots mehr Ärger verursachten als sie ihren Besitzern als Arbeitskräfte wert waren. Zwar hatte dies nur selten die unmittelbare Anerkennung als römischer Vollbürger zur Folge, aber sie eröffnete den früheren Sklaven doch die Möglichkeit, irgendwann das volle Bürgerrecht zu erlangen.

Einige Freigelassene kehrten in ihre Heimat zurück. Die meisten aber blieben in Rom, lebten jenseits des Flusses und begruben dort auch ihre Toten. Philo von Alexandria (um 30 v. – 40 n. Chr.), der die jüdische Gemeinde Roms unter Augustus beschrieb, bemerkte, dass das weite Gelände jenseits des Tibers (Transtiberim; heute Trastevere) Juden gehört hätte und von ihnen bewohnt worden sei. Die älteste und bedeutendste jüdische Katakombe, an der Via Portuense in Trastevere gelegen, besitzt eine Reihe von Tonziegeln mit Stempeln, die vom letzten vorchristlichen Jahrhundert bis zur Regierung Diocletians reichen, als der Judenstaat in Palästina schon lange nicht mehr bestand.

Schon vor der Zeitenwende siedelten Juden auch in der Subura, auf dem Marsfeld und an der Porta Capena. Die von ihnen bevorzugten Wohngebiete weisen sie gesellschaftlich und wirtschaftlich eher den niederen Klassen des städtischen Gemeinwesens zu. Transtiberim etwa ist als Wohnstätte der Unfreien bekannt. Und in der Subura, der leicht schmuddeligen Unterstadt, lebte das einfache römische Volk. Eine einzige Familie von Stand hatte dort ihren angestammten Wohnsitz: Die Julier, die keinen Geringeren als Gaius Iulius Caesar hervorbrachten, der sich jedoch für seine suburbane Herkunft zeitlebens schämte. Die Juden im alten Rom, so wenigstens scheint es, wurden nicht um ihren Reichtum beneidet, sondern wegen ihrer Armut verachtet. So wurde der jüdische Bettler eine in der römischen Literatur vertraute Gestalt.

Nicht nur die Wohngebiete der Juden, auch das billige Material ihrer Grabmäler, die grobe Ausführung und die ungewöhnlichen Inschriften zeugen vom Mangel an Mitteln und Bildung derer, die sie schufen. Ein Großteil der Gedenksprüche ist in griechischer Sprache abgefasst, ein Teil in Latein. Nur wenige erscheinen im hebräischen oder aramäischen Mutteridiom. Dies deutet darauf hin, dass die Juden in Rom zumindest im sprachlichen Bereich angepasst waren.

Mittelpunkt jüdischen Lebens war wie anderswo die Synagoge, ein Begriff, der nicht nur für das Gebets- und Gotteshaus stand, sondern in erster Linie die Gemeinschaft eines abgegrenzten Bezirks umfasste. Große Gemeinden waren in mehrere Synagogen aufgeteilt. In den Gotteshäusern wurde die Tempelsteuer gesammelt und aufbewahrt. Man traf sich dort am Sabbat zum Gottesdienst und zur Auslegung der Schriften. Angeschlossen waren Schulen, die die Gläubigen in der Heiligen Schrift unterwiesen. Zur Zeit von Iulius Caesar wurden die Synagogen wie andere Versammlungsorte *collegia* genannt. Doch die jüdischen unterschieden sich von den anderen erheblich. Ihre Aufgaben waren zahlreich und verantwortungsvoll. Sie hielten nicht nur Zusammenkünfte ab, sondern bestimmten das Leben ihrer Mitglieder, indem sie sich in allen Bereichen, nicht nur in den religiösen, um sie kümmerten. Der Jude fühlte sich in seiner Synagoge aufgehoben.

Die Synagogen einer Stadt, obwohl weitgehend voneinander unabhängig, waren keine streng abgeschlossenen Bezirke, sondern bildeten die jüdische Gemeinde, die sich ihrerseits wieder als Teil der über die Welt verstreuten Judenschaft und, zumindest moralisch und geistig, als dem religiösen Mittelpunkt Jerusalem zugehörig begriff. Mitglied in dieser Gemeinschaft war man kraft Geburt; die Mitgliedschaft war auf Juden beschränkt.

Als Cäsar wie mancher seiner Vorgänger Zusammenschlüsse Gleichgesinnter mit Ausnahme der alteingesessenen im Römischen Reich verbot[3], nahm er ausdrücklich auch für Rom diejenigen seiner jüdischen Zeitgenossen davon aus. Er gewährte ihnen Versammlungsfreiheit, das Recht des gemeinsamen Mahls und das Recht auf Einhaltung des Sabbatgebots und aller religiösen Feste und Riten. Auch allen anderen Geboten ihres Gesetzes sollten sie ungehindert nachgehen, dazu Gotteshäuser nach Bedarf errichten dürfen. Das Gemeindeeigentum wurde geschützt, der Diebstahl von Tempelgeld oder Schriftrollen einer Synagoge als Schwerstverbrechen ausgelegt und mit Vermögensbeschlagnahme zu Gunsten des römischen Fiskus bestraft. Die Geldboten, die mit der Tempelsteuer nach Jerusalem geschickt wurden, sollten unbehelligt reisen dürfen.

In erster Linie kam Cäsar in seiner Gesetzgebung den Juden der Diaspora so weit entgegen, weil er sich dankbar der Hilfe erinnerte, die ihm Antipater während seines „Ausflugs" nach Alexandria geleistet hatte, daneben wegen seiner freundschaftlichen Beziehungen zu Hyrkan II. Möglicherweise aber wollte er sich auch bewusst von Pompeius abheben, seinem größten innenpolitischen Widersacher, der als Tempelschänder ins Bewusstsein der jüdischen Nation eingegangen war. Darüber hinaus muss er davon überzeugt gewesen sein, dass die Gemeinden der Diaspora politisch unverdächtig waren und das Vertrauen der Staatsführung verdienten. Seine Erlasse und Entscheidungen, seine Anordnungen und Wünsche hielten nur fest, was bislang ungeschriebenes Gesetz gewesen war, nämlich dass die Juden Freiheit in Glaubensdingen genossen und der Judaismus zur *religio licita* wurde, ein Rang, den er über drei Jahrhunderte innehaben sollte, mit Ausnahme einer kurzen Einschränkung in hadrianischer Zeit.

Kein Wunder, dass sich die Juden gerade diesem Römer ganz besonders verbunden fühlten! „Während der allgemeinen Staatstrauer", bemerkt der Kaiserbiograf Sueton zu den Leichenfeierlichkeiten, die zu Ehren Cäsars nach den Iden des März auf dem Forum stattfanden, „begingen die einzelnen ausländischen Kolonien in Rom Trauerfeiern nach ihrem eigenen Ritus, vor allem die Juden, die sogar einige Nächte hintereinander die Grabstätte besuchten ..."[4]

In den Stürmen der Bürgerkriege, die Rom und sein Weltreich nach Cäsars Ermordung 44 v. Chr. bis auf die Grundfesten erschütterten, fielen seine Erlasse vorübergehend in Vergessenheit, sodass sich Augustus, der sich ganz der Politik seines Vorgängers verschrieben hatte, zu ihrer Erneuerung veranlasst sah. Auch er löste alle Vereinigungen mit Ausnahme der alten, gesetzmäßigen auf.[5] „In Erinnerung", ließ er seine Untertanen wissen, „dass das Volk der Juden nicht bloß jetzt, sondern auch schon früher zu den Zeiten meines Adoptivvaters Cäsar ... sich dem römischen Volke treu und ergeben bewiesen, hat es mir ... gefallen zu verordnen, dass die Juden bei ihren Einrichtungen und dem Gesetze ihrer Väter zu belassen sind, ... dass ferner ihre Tempelgelder nicht angetastet werden dürfen, sondern dass es ihnen freistehen soll, dieselben nach Jerusalem zu schicken und den dortigen Tempelschatzmeistern abzuliefern, und endlich, dass sie am Sabbat ... nicht mehr zu Bürgerschaftsleistungen gezwungen werden können. Wird jemand bei der Entwendung ihrer heiligen Bücher oder Gelder aus dem Sabbathause oder dem Hause ihrer Vorsteher betroffen, so soll er wie ein Tempelräuber behandelt und seine Besitzungen als Eigentum des römischen Volkes erklärt werden ... Zuwiderhandlungen gegen dieses Edikt sollen mit schwerer Strafe belegt werden ..."[6] Tatkräftig wurde der erste römische Kaiser in dieser Politik von seinem Freund, Ratgeber und selbstlosen Helfer, Marcus Vipsanius Agrippa, unterstützt.[7]

Die Geschichtswissenschaft stützt sich nicht allein auf diese Aussagen des Flavius Josephus. Augustus wusste, schrieb auch Philo, der Philosoph und Literat jüdischer Abstammung aus Alexandria, „dass (die Juden) Synagogen unterhielten und sich darin trafen, besonders am Sabbat, wenn sie in ihren Glaubensdingen unterwiesen wurden. Er wusste auch, dass sie Geld sammelten und mit Boten an den Tempel von Jerusalem schickten ... Aber dennoch vertrieb er sie nicht aus Rom und nahm ihnen auch nicht das römische Bürgerrecht, weil sie ja nur ihrer jüdischen Nationalität gedachten. So führte er hinsichtlich der Synagogen keine Veränderungen ein, und er hinderte sie nicht daran, sich zu treffen, um das Gesetz auszulegen ..." Im Gegenteil: „Bei der monatlichen Verteilung (der öffentlichen Fürsorge) in Rom, wenn alle Leute Geschenke oder Nahrung erhalten, beraubte er die Juden nicht ihres Anteils, sondern, wenn die Verteilung auf einen Sabbat fiel, wies er die Verteiler an, den Anteil der Juden ... bis zum nächsten Tag aufzuheben."[8] Diese Anordnung dürfte indes in der Praxis keine allzu große Rolle gespielt haben, da nur römische Bürger Anspruch auf die kostenlosen Getreidezuwendungen hatten und Juden, die das römische Bürgerrecht besaßen, sicherlich nicht zahlreich waren, zumal dieses Privileg in der beginnenden Kaiserzeit noch äußerst sparsam verliehen wurde.

Eine der wichtigsten Entscheidungen zu Gunsten der jüdischen

Reichsbewohner war zweifellos die Befreiung vom Kaiserkult, der jetzt überall eingeführt wurde. Sie war Ausfluss des von der Staatsführung garantierten Rechts auf freie Religionsausübung, denn der Zwang zur öffentlichen Verehrung einer weiteren Gottheit hätte beim strengen jüdischen Monotheismus dieses Recht zunichte gemacht.

In augusteischer Zeit wurden die verschiedenen Synagogen in Rom offensichtlich zum ersten Mal auch mit Namen versehen. Ungefähr ein Dutzend sind auf den Grabplatten in den Katakomben überliefert; einige gehören sicherlich zu Gründungen in nachaugusteischer Zeit, als die Zahl der Juden in Rom stetig anstieg. Eine Synagoge ist nach dem ersten römischen Kaiser benannt, ein eindeutiger Hinweis darauf, wie dankbar man ihm für die gewährte Religionsfreiheit war. Eine andere trug den Namen des Marcus Vipsanius Agrippa in Erinnerung seiner Verdienste um die Juden in der Diaspora. Die Synagoge der Herodianer gedachte des Königs, der bei den jüdischen Gemeinden außerhalb Judäas mehr Achtung als bei seinen heimischen Untertanen genoss.

Insgesamt stellt sich die jüdische Gemeinde von Rom am Ende von Augustus' Regierungszeit als große, gut verwaltete Einheit dar, die sich mit ihrem Los durchaus zufrieden zeigte. Als nach Herodes' Tod 4 v. Chr. eine Abordnung von Palästina beim Kaiser eintraf, um ihn zu bitten, die Herrschaft auch über ihr Land zu übernehmen, waren es die Juden von Rom, die diesen Antrag begeistert unterstützten und so zum Ausdruck brachten, dass sie sich unter Roms strenger und gerechter Hand geborgen fühlten.

Provincia Iudaea bis 41 n. Chr.

Juden und Samaritaner – Der Präfekt Pontius Pilatus (26–36 n. Chr.) – Geringschätzung der jüdischen Religion durch Kaiser Gaius (Caligula)

In Flavius Josephus' detailliertem Bericht über die Zustände in seiner Heimat vor dem großen Aufstand der Jahre 66 bis 70 finden sich kaum Hinweise auf jene Römer, die sein Land vor Pontius Pilatus regierten. Einige Namen nur werden erwähnt, die ansonsten in den Annalen Roms keine Rolle spielen, so etwa Coponius, M. Ambivius oder Annius Rufus, der „Landpfleger" (so werden die dem syrischen Statthalter verantwortlichen Prokuratoren Judäas oft genannt) in Judäa war, als Augustus starb. Er wurde wohl von dessen Nachfolger Tiberius (14–37 n. Chr.) noch bis zum nächsten Sommer im Amt belassen, da, als der Thronwechsel erfolgte, die Jahreszeit bereits zu weit fortgeschritten war, als dass ein neuer Bevollmächtigter Roms noch hätte in den Osten reisen können.

Die spärlichen Angaben für diese Zeit lassen den Schluss zu, dass die ersten Dekaden der Geschichte der neuen Provinz verhältnismäßig ruhig verliefen. Es ist nur von einem Zwischenfall die Rede, in den die Römer allerdings nicht verwickelt waren, da er innerjüdische Angelegenheiten betraf: Es ging um die alte Feindschaft zwischen Juden und Samaritanern, von der schon im Alten Testament die Rede ist.

Zur Zeit des Landpflegers Coponius, hält Flavius Josephus fest, ereignete sich folgender Vorfall: „An dem Feste, welches wir Pascha nennen, pflegten die Priester gleich nach Mitternacht die Tore des Tempels zu öffnen. Kaum war das diesmal geschehen, als einige Samaritaner, die heimlich nach Jerusalem gekommen waren, menschliche Gebeine in den Hallen und im ganzen Tempel verstreuten ..."[1] Kein Wort darüber, wie und ob überhaupt die römische Obrigkeit auf diesen Frevel reagierte. Der Geschichtsschreiber bemerkt nur, der Tempel habe daraufhin geschlossen und künftig noch schärfer bewacht werden müssen. Coponius aber sei bald danach nach Rom zurückgekehrt.

Für die neuzeitliche Geschichtsforschung liegt das Motiv für die Tat ebenfalls im Dunkeln, auch wenn sie sich um Erklärungsversuche bemüht. Hyrkan I. hatte 128 v. Chr. das Nationalheiligtum Samarias, den aus der Zeit Alexanders des Großen stammenden Tempel am Berg Garizim, zerstört, der nie wieder aufgebaut worden war. Möglicherweise sahen die Samaritaner in den Römern die Befreier vom jüdischen Joch. Sie hatten sich nicht nur bei den Aufständen nach Herodes' Tod zurückgehalten, sondern auch 6 n. Chr. für die unmittelbare Verwaltung Judäas durch Rom plädiert. Vielleicht hofften sie, im Schutz der Weltmacht ihr Heiligtum wiederherstellen zu können. Wenn Rom ihren Feinden so großzügig das Recht auf freie Religionsausübung gewährte, bestand dann nicht Aussicht, dass man ihnen das gleiche Recht zubilligen würde? Es wäre denkbar, dass die Samaritaner sich mit der spektakulären Aktion nicht nur an den Juden rächen, sondern vor allem auf ihre Lage aufmerksam machen wollten.

Der Landpfleger Annius Rufus wurde von Valerius Gratus abgelöst, der von Kaiser Tiberius (14–37 n. Chr.) in sein Amt berufen wurde und dieses mehr als zehn Jahre innehaben sollte. Doch auch von ihm weiß Flavius Josephus nichts anderes zu berichten, als dass er nacheinander drei Hohepriester einsetzte und ihres Amts wieder enthob, bis er mit der vierten Wahl offensichtlich zufrieden war. Es handelt sich um jenen berüchtigten Kaiphas, der die Kreuzigung Jesu zu verantworten hatte und bis 37 n. Chr. seine Aufgaben behielt. Weshalb der Vertreter Roms den raschen Wechsel der Inhaber des noch immer einflussreichen und mit großem Ansehen verbundenen Amtes für nötig hielt, ist nicht bekannt. Vielleicht hatte er nach einem besonders romtreuen Kandidaten Ausschau gehalten. Denn wieder einmal wuchs die Unzufriedenheit in der neuen Provinz. Man beklagte sich vor allem über die Höhe der Steuerlasten.

Als Germanicus, der Neffe des Kaisers Tiberius, als offizieller Vertreter der römischen Staatsführung im Jahr 17 den Osten des Imperiums bereiste, suchte eine jüdische Delegation bei ihm um Herabsetzung der Abgaben nach. Es ging vornehmlich um das verhasste *tributum capitis*, die Kopfsteuer, deren Erhebung den Juden wohl besonders entwürdigend erschien.[2]

Flavius Josephus' Freude an der Überlieferung von Einzelheiten setzt erst mit der Ankunft des Präfekten Pontius Pilatus (26–36 n. Chr.) wieder ein. Philo beschreibt ihn als Mann von tyrannischer und grausamer Wesensart.[3] Auch Flavius Josephus billigt ihm kaum positive Eigenschaften zu. Zumindest habe er sich ziemlich undiplomatisch verhalten und wenig Einfühlungsvermögen für die Empfindlichkeit der ihm anvertrauten Menschen gezeigt. Während seine Vorgänger um des Friedens willen jegliche Provokation vermieden und die jüdischen Gesetze weitgehend geachtet hatten, verstieß Pilatus schon gegen das fromme Volksempfinden, als er seine Truppen aus Caesarea ins Winterquartier nach Jerusalem verlegte und das Bild des Kaisers auf den Feldzeichen in die Stadt tragen und dort aufstellen ließ.

Scharen aufgebrachter Menschen zogen daraufhin nach Caesarea und beschworen ihn, die Abbildungen zu entfernen. Doch davon wollte Pilatus nichts wissen, weil er darin eine Beleidigung des Kaisers sah. Da die Demonstranten ihre Bitten wiederholten und keine Ruhe gaben, ließ er am siebten Tag der „Belagerung" seiner Residenz die Abordnung von Bewaffneten umzingeln. Er drohte, jeden niederhauen zu lassen, der nicht friedlich nach Hause ginge. Doch die Juden „warfen sich zu Boden, entblößten ihren Hals und erklärten, sie werden lieber sterben als etwas geschehen lassen, was der weisen Vorschrift ihrer Gesetze widersprach ..."[4] So viel Mut beeindruckte schließlich auch den unsensiblen Römer, und er befahl, die Bilder nach Caesarea zurückzubringen.

Verhasster noch machte ihn dem Volk ein anderer Verstoß gegen das jüdische Recht. Er beabsichtigte, das Wasser einer ungefähr 36 Kilometer von Jerusalem entfernten Quelle in die Stadt zu leiten, um deren Wasserversorgung zu sichern. Für den Bau der Wasserleitung sollten Tempelgelder verwendet werden. Das war auch vom römischen Standpunkt aus ein großes Unrecht, denn Rom selbst hatte die Tempelsteuer per Gesetz für unantastbar erklärt. Erneut trieb die Beleidigung ihrer Religion die Juden auf die Straße. Tausende rotteten sich zusammen, weit mehr, als in Caesarea ihrem Unmut Luft gemacht hatten, und als Pilatus das nächste Mal in Jerusalem erschien, forderten sie mit lautstarken Schmähungen und Beschimpfungen, das Tempelgeld zurückzugeben.

Pilatus hatte die Revolte vorausgesehen und Soldaten in jüdischer Tracht unter den Menschenmassen verteilt, die unter ihren Gewändern Schlagstöcke verborgen hielten und den Auftrag hatten, auf ein verabredetes Zeichen hin die Menge auseinanderzutreiben, nötigenfalls mit Gewalt. Mit größerem Ungestüm als man ihnen befohlen hatte, fielen die Bewaffneten über die wehrlosen Aufständischen her. Viele kamen dabei ums Leben, wurden erschlagen oder niedergetrampelt, als die Menge in Panik geriet. Die Unzufriedenheit mit Pilatus steigerte sich danach noch, während er seinerseits den Protesten mit immer größerer Ungeduld begegnete.

Über Pilatus' provokative Haltung im hoch explosiven Stammland des jüdischen Volkes ist viel gerätselt worden, zumal er wusste, dass er mit seiner Politik auch gegen geltendes römisches Recht verstieß. Möglicherweise fühlte er sich durch Seianus bestärkt, den ehrgeizigen

Emporkömmling, der in Rom das Ruder der Herrschaft an sich gerissen und ein Schreckensregiment errichtet hatte, nachdem Kaiser Tiberius selbst für die letzten elf Jahre seiner Regierungszeit nach Capri entschwunden war. Seianus waren die Juden schon wegen ihrer Bilderfeindlichkeit verhasst. Er war ein Mann, der sich allzu gerne in Standbildern und goldenen Konterfeis verewigt sah.[5] Eine Zeit lang hatte es tatsächlich so ausgesehen, als würde er, wenn auch selbst ernannt, der künftige Herrscher Roms. Da konnte es nicht schaden, ihm in vorauseilendem Gehorsam gefällig zu sein.

Was immer sich Pilatus auch zuschulden kommen ließ und wie wenig Fingerspitzengefühl er auch zeigte, von einem unmittelbaren Angriff auf den Tempel und damit auf die jüdische Religion wissen die alten Quellen nichts. Da er jedoch keine Gelegenheit versäumte, die Juden zu beleidigen, befahl er, am Palast des Herodes, seiner Residenz in Jerusalem, vergoldete Schilder mit Inschriften anzubringen, die das Gebäude, für jedermann sichtlich, als ihm und dem Kaiser geweiht auswiesen. Es ist nicht sicher, ob er auf Abbildungen verzichtet hatte, um den voraussehbaren Konflikt nicht auf die Spitze zu treiben, oder ob die Inschriften doch mit Bildern geschmückt waren.

Jedenfalls fühlten sich die Juden vor den Kopf gestoßen, aber eingedenk der schlechten Erfahrungen, die sie während der letzten Massendemonstration gemacht hatten, sandten sie nur einige Mitglieder der Königsfamilie der Herodäer und des Sanhedrin zu Pilatus mit der Bitte, die Schilder wieder zu entfernen, da sie gegen ihr frommes Volksempfinden verstießen. Sollte ihn der Kaiser ermächtigt haben, die Symbole der römischen Herrschaft und des Kaiserkults anzubringen, so möge er seine Befugnis nachweisen. Weigerte er sich, müsse man sich unmittelbar an Rom wenden.

Das brachte den Statthalter in eine verzwickte Lage. Entfernte er die Schilder, gab er zu, sie eigenmächtig angebracht zu haben. Wandte sich die Gesandtschaft an den Kaiser, konnte sie seiner Verwaltungsarbeit insgesamt ein so ungünstiges Zeugnis ausstellen, dass es sogar seine Entlassung hätte bedeuten können. Um sich nicht bloßzustellen, nahm er schließlich eine mögliche Beschwerde in Kauf.

Tatsächlich schickten die jüdischen Behörden einen Beschwerdebrief an Tiberius, der mit einem scharfen Verweis an Pilatus antwortete und befahl, die Schilder unverzüglich nach Caesarea, die römische Residenz, zu schaffen und dort am Tempel für den Kaiserkult anzubringen.

Es ist wissenschaftlich nicht gesichert, weshalb die Juden so heftig reagierten, selbst wenn es sich nur um Inschriften und nicht um bildhafte Darstellungen gehandelt hätte, was kaum gegen ihr religiöses Empfinden verstoßen haben kann. Vielleicht sahen sie in den Weihinschriften den Beginn eines verbotenen Götzenkults und befürchteten, das kleinste Entgegenkommen werde weiteren Versuchen Tür und Tor öffnen und ihren religiösen Frieden zuletzt doch empfindlich stören. Dass die Juden unmittelbar den Kaiser anriefen, ist ein Indiz dafür, dass Seianus schon tot war. Tiberius' Antwort stärkte jedenfalls ihre Stellung gegenüber dem Statthalter beträchtlich, dessen Tage im Osten aber ohnehin gezählt waren. Die Episode macht zugleich deutlich, dass, anders als im konservativen Jerusalem, der Kaiserkult im weltoffenen Caesarea längst etabliert und für dessen Bewohner nichts Ungewöhnliches war.

Als Pilatus begriffen hatte, wie kläglich er mit seinem Bemühen, den Kaiser und Rom in Jerusalem zu ehren, gescheitert war, griff er die Idee in seiner Residenzstadt Caesarea auf und ließ dort für Tiberius ein Bauwerk errichten, woran niemand Anstoß nahm. Ob es sich um ein Heiligtum oder ein profanes Gebäude handelte, ist nicht bekannt. Wie sein Vorgänger Augustus lehnte auch Tiberius ab, dass man ihn wie einen Gott verehrte. Dennoch konnte er dies nicht immer verhindern, besonders im Osten des Reiches, wo die kultische Verehrung des Herrschers schon zu Lebzeiten eine lange Tradition hatte.

Pilatus' Statthalterschaft endete kurz vor Tiberius' Tod als Folge eines Vorfalls, den er, Ironie des Schicksals, diesmal nicht einmal zu verantworten hatte. Ein Samaritaner hatte seine Glaubensgenossen aufgerufen, mit ihm den Berg Garizim zu besteigen, den ihnen heiligen Ort, wo er ihnen Gefäße zu zeigen versprach, die angeblich Moses dort vergraben hatte, als sein Volk in Kanaan siedelte. Viele folgten dem Ruf, bewaffneten sich und machten sich auf den Weg. Der gewaltige Zug schwoll unterwegs immer stärker an. Pilatus, der einen neuerlichen Aufstand befürchtete, wollte den Pilgern zuvorkommen und schnitt ihnen mit Reiterei und Fußvolk den Weg ab. Seine Streitmacht metzelte die Anführer nieder und schlug das Volk in die Flucht. Die vornehmsten und einflussreichsten Gefangenen wurden hingerichtet.

Der hohe Rat der Samaritaner klagte Pilatus daraufhin bei Vitellius, dem Statthalter von Syrien, an, dem die „Landpfleger" Judäas noch immer unterstellt waren. Man habe sich nicht gegen Rom empören, sondern nur vor Pilatus' Ungerechtigkeiten und seiner tyrannischen Regierung schützen wollen, argumentierte er. Vitellius ersetzte daraufhin den unbeliebten Pilatus durch einen mit ihm befreundeten Mann namens Marcellus, der ansonsten nicht in Erscheinung tritt. Pilatus aber sollte sich in Rom wegen der gegen ihn erhobenen Anschuldigungen verantworten. (Als er dort eintraf, war Tiberius schon tot.)

Vitellius selbst begab sich nach Judäa, um vor Ort nach dem Rechten zu sehen. Man feierte gerade das Paschafest, als er in Jerusalem einzog, und die Juden bereiteten ihm einen triumphalen Empfang. Er war davon so beeindruckt, dass er der Stadt mit Billigung des Kaisers die Steuer auf die Feldfrüchte für alle Zeit erließ und auch das Gewand des Hohepriesters herausgab, das die Besatzer an sich genommen hatten, als Judäa römische Provinz geworden war. Die Juden sollten es künftig selbst aufbewahren. Er ersetzte den von Pilatus bestellten Hohepriester Kaiphas durch Jonathan, den Sohn des früheren Amtsinhabers Annas, und kehrte zufrieden nach Antiochia zurück.

„... *sub Tiberio quies* ...", beurteilte Tacitus die Lage Judäas in seinen Historien[6], unter Tiberius sei es ruhig gewesen, eine Auffassung, die die Juden sicherlich nicht teilten, die aber aus römischer Sicht verständlich war. Denn noch immer hatten die Ereignisse am Rande der „zivilisierten" Welt für die stadtrömischen Geschichtsschreiber allenfalls lokale Bedeutung, die in der rombezogenen historischen Tradition nicht zählte.

Auffälliger hätte der Gegensatz zwischen Pilatus' rücksichtslosem, ja rüdem Handeln und der Behutsamkeit, die Vitellius im Umgang mit seinen jüdischen Untertanen an den Tag legte, kaum sein können. Immer und überall blieb er sich seiner großen Verantwortung bewusst und kam ihren Wünschen entgegen, sofern diese mit seinen Pflichten als Römer zu vereinbaren waren. Dennoch täte man Pilatus Unrecht, ihn nur als einen egozentrischen und grausamen Machtmenschen abzustempeln. Gerade sein Versuch, Jesus vor den Nachstellungen seiner ihm feindlich gesonnenen Glaubensbrüder zu retten, bescheinigt ihm neben Sensibilität auch einen ausgeprägten Sinn für Gerechtigkeit gegenüber einem Mann, an dem er keine Schuld erkannte. Dass er sich zuletzt gegen ihn entschied oder entscheiden musste, bleibt die große Tragik seines Lebens und hat sein Bild zumindest im Andenken der christlichen Welt für alle Zeiten getrübt.

Vitellius' Nachfolger in Syrien, P. Petronius, verfolgte eine ähnlich judenfreundliche Politik wie sein Vorgänger. Wenn wir Philo glauben dürfen, hatte er sich auf seine neue Aufgabe gründlich vorbereitet und sich mit jüdischem Gedankengut eingehend befasst.[7]

Mittlerweile hatte im fernen Rom Tiberius' Neffe Gaius Caesar, besser bekannt (und berüchtigt) als „Caligula", den Thron bestiegen.

Er schickte einen gewissen Marullus als Statthalter nach Judäa, einen Mann, der ansonsten unbekannt ist, vermutlich aber bis zum Tod des neuen Kaisers im Jahr 41 n. Chr. im Amt blieb, obwohl er im Zusammenhang mit den tragischen Ereignissen in der Provinz im letzten Lebensjahr des Gaius nicht erwähnt wird. Einige Wissenschaftler vermuten, Marullus und der von Vitellius geschickte Marcellus seien ein und dieselbe Person, der neue Kaiser habe Marcellus' Berufung nur bestätigt.

Caligula, dessen Herrschaft nach den Erfahrungen mit dem düster-stolzen Tiberius zunächst zu den größten Hoffnungen berechtigt hatte, verfiel bald dem gefürchteten Caesarenwahn. Er wurde so übermütig, „dass er sich nicht nur selbst für einen Gott hielt und von anderen so genannt zu werden verlangte, sondern auch sein Vaterland der edelsten Männer beraubte ..."[8], beginnt Flavius Josephus seinen wenig schmeichelhaften Bericht über Grausamkeiten, die dieser Kaiser in Judäa zu verantworten hatte. Im Großen und Ganzen bestätigt Philo die Ereignisse, wenn auch mit zeitlich unterschiedlichem Ablauf. Da er, anders als Flavius Josephus, Zeitgenosse des Geschehens war, ist seiner Version der Vorzug zu geben.

Während des Winters 39/40, so steht bei ihm geschrieben, brachen in Jamnia Unruhen aus, dem Teil Palästinas, den Rom von Herodes' Schwester Salome geerbt hatte. Die griechische Minderheit hatte dort einen Altar für den Kaiserkult errichtet, den der jüdische Teil der Einwohnerschaft zerstörte, weil er gegen ihr Gesetz verstieß. Der Vorfall wurde dem Kaiser gemeldet, der, längst von der eigenen Göttlichkeit überzeugt, entschied, für diese Beleidigung den Jerusalemer Tempel in ein Heiligtum für den Kaiserkult zu verwandeln. Auch eine kolossale Figur seiner selbst in der Gestalt des Jupiter, des höchsten römischen Staatsgottes, sollte dort aufgestellt werden. Er befahl deshalb Petronius, dem Statthalter von Syrien, das von ihm in Auftrag gegebene Standbild mit zwei der ihm zugeteilten Legionen nach Jerusalem zu begleiten und jeglichen jüdischen Widerstand gegen seine Aufstellung im Tempel mit Gewalt zu brechen.

Da das Eintreffen der Bildsäule auf sich warten ließ, gewann Petronius, den der Befehl in eine schwierige Lage gebracht hatte, Zeit. Er wusste, dass die Ausführung des unseligen Plans großes Blutvergießen nach sich ziehen musste, und bat die jüdischen Führer zu sich. Hoffte er doch, sie überreden zu können, die Aufstellung des Götzenbildes zu dulden, in ihrem eigenen und im Interesse des Volkes und Roms. Die Antwort konnte ihn kaum überraschen: Lieber wolle man sterben, als ein solches Unrecht zulassen. Also brach Petronius nach Jerusalem auf, wie ihm geheißen worden war, um den Auftrag auszuführen.

Aber er kam nur bis Ptolemais an der Grenze zu Galiläa, wo sich ihm eine gewaltige Menge aufgebrachter Juden entgegenstellte. Ihre Beharrlichkeit und die wiederholten Drohungen, sie wollten nötigenfalls für die Verteidigung der Ehre ihres Heiligtums sterben, überzeugten Petronius schließlich von ihrer Entschlossenheit. Es würde einen gewaltigen Aufruhr geben, wenn man ihnen Gaius' Pläne aufzwänge. Eine direkte Eingabe beim Kaiser schien ihm zwecklos. Sie hätte, wie er vermutete, dessen Unnachgiebigkeit nur noch gestärkt. Also spielte er auf Zeit und begab sich nach Tiberias, wohin er viele Juden, vor allem die angesehenen, berief. Ihnen hielt er die Macht der Römer und die Drohungen des Kaisers vor Augen. Er versuchte, ihnen begreiflich zu machen, wie unvernünftig ihr Benehmen war. Alle unterworfenen Völkerschaften hätten schließlich Standbilder des Kaisers aufgestellt, und wenn sie sich als Einzige sträubten, so sei das nichts anderes als Empörung und eine große Beleidigung Roms.

Doch die Juden beriefen sich auf ihr Gesetz, das ihnen nicht einmal das Bild Gottes, geschweige das eines Sterblichen aufzustellen gestattete. Petronius entgegnete, dass auch er das Gesetz seines Herrn erfüllen müsse und nicht er es sei, der nun mit ihnen Krieg führe, sondern der Kaiser. Da erhob sich ein lautes Geschrei und das Volk versicherte noch einmal, dass es bereit sei, mit Frauen und Kindern für das Gesetz zu sterben. Wer das Standbild aufstellen wolle, müsse zuerst das ganze Volk der Juden opfern.

Die unerschütterliche Frömmigkeit erweckte Mitleid bei Petronius. Auch war er jetzt mehr denn je davon überzeugt, dass ein Aufstand drohe. Diese Befürchtung teilte er Gaius mit und bat ihn, von dem Vorhaben abzusehen. Gaius aber ärgerte sich über einen Mann, der es wagte, jüdische Argumente vor ihm, dem römischen Kaiser, zu verteidigen, und obendrein noch die Frechheit besaß, ihm Ratschläge zu erteilen. Aber er besänftigte seinen Zorn, wohl wissend, wie gefährlich es sein konnte, einen Provinzgouverneur, dem mehrere Legionen den Rücken stärkten, allzu sehr zu reizen.

So befahl er nur, den Auftrag unverzüglich auszuführen. (Nach Flavius Josephus' Bericht sollte der ungehorsame Statthalter als Warnung für andere sich selbst den Tod geben.) Aber wieder fand Petronius einen Vorwand, die Sache aufzuschieben, bis endlich die erlösende Nachricht von der Sinnesänderung des Kaisers kam.

Sie war das Verdienst Agrippas I., von dem im nächsten Kapitel ausführlich die Rede sein soll. Im Spätsommer 40 besuchte er seinen Freund Gaius in Rom, ohne von den Vorgängen in seiner jüdischen Heimat vor seiner Abreise erfahren zu haben. Vom Kaiser selbst hörte er die Neuigkeit, die ihn in einen solchen Schrecken versetzte, dass ihn augenblicklich der Schlag traf. Auf dem Wege der Genesung schrieb er Gaius einen langen, sorgsam überdachten Brief und beschwor ihn, die von seinen Vorgängern und deren Verwaltern verfolgte weise Politik der Mäßigung und Toleranz fortzuführen und die Unverletzlichkeit des Tempels zu achten. Der Rat des Freundes bewirkte mehr als die Verzweiflung der Massen. Gaius stimmte schließlich zu und schrieb Petronius, er möge das Projekt aufgeben, den Juden aber ans Herz legen, sich künftig ruhig zu verhalten.

Sechs Monate lang hatte der Statthalter von Syrien mit seinen jüdischen Untertanen gebangt. Jetzt kehrte er in grenzenloser Erleichterung mit seinen Truppen nach Antiochia zurück. Nur die Juden blieben verständlicherweise misstrauisch. Nach allem, was man von diesem Kaiser hörte, war auf sein Wort wenig Verlass.

Tatsächlich soll er nach Philos Meinung noch einmal mit dem Gedanken gespielt haben, eine Statue seiner Person auf eine geplante Reise durch den Osten mitzunehmen und ihre Aufstellung in Jerusalem persönlich zu überwachen, ohne die Juden vorher zu fragen.[9] Doch seine Mörder verhinderten zu Judäas und Jerusalems Glück, dass es so weit kam.

Agrippa I., König der Juden (41–44 n. Chr.)

Philippus und Herodes Antipas – Der kometenhafte Aufstieg Agrippas – Antijüdische Ausschreitungen in Alexandria – Flaccus heizt die judenfeindliche Stimmung an – Agrippa I., König der Provinz Judäa

Die Schändung des jüdischen Nationalheiligtums durch den römischen Kaiser Gaius hätte womöglich die Juden aus allen Teilen der Welt vereint und einen Aufstand heraufbeschworen, der wohl nicht nur das Imperium bis auf seine Grundfesten erschüttert hätte, sondern auch in seinen sonstigen Auswirkungen seit der Gründung Roms ohne vergleichbare Vorbilder gewesen wäre. Zu wenig wurde deshalb von der Geschichtswissenschaft jener Mann gewürdigt, dem es gelungen war, die Katastrophe wenn nicht abzuwenden, so doch noch fast drei Jahrzehnte aufzuschieben.

Von den Nachfolgern, die im Jahre 4 vor Beginn der christlichen Zeitrechnung das Reich ihres Vaters Herodes unter sich aufgeteilt hatten, herrschte Philippus am erfolgreichsten, was jedoch nicht nur an der Beschaffenheit des von ihm ererbten Reichsteils lag. Seine Untertanen waren zufrieden und genossen die Früchte seiner maßvollen Regierungsarbeit. Nur Lobenswertes weiß der antike Geschichtsschreiber von ihm zu berichten: Dass er Städte gründete, sein Land hervorragend verwaltete und nie ins Ausland reiste, dafür aber umso mehr in seinem Herrschaftsgebiet nach dem Rechten sah. Ein gerechter Richter sei er gewesen, der sich bald allgemeiner Wertschätzung erfreute.

Anders als seine Brüder konnte er seinem Reich den Stempel des Fortschritts aufdrücken, ohne bei seinen Untertanen Anstoß zu erregen. Er gab seiner Hauptstadt Caesarea Philippi ein modernes hellenistisches Gesicht und ließ Münzen prägen, die das Porträt des Kaisers trugen.

Auch sein Privatleben blieb nach unserer Kenntnis von Skandalen frei. In den alten Quellen ist eine einzige Heirat bezeugt – mit der bereits erwähnten Salome, der Enkelin seines Halbbruders Aristobul. Die Hochzeit muss, zumindest für ihn, in schon fortgeschrittenem Alter stattgefunden haben. Vielleicht blieb die Ehe deshalb kinderlos.

Als Philippus 34 n. Chr. nach mehr als 37-jähriger Herrschaft starb, schien Kaiser Tiberius dessen Tetrarchie für eine unmittelbare römische

Verwaltung mit dem Status einer Provinz noch nicht reif zu sein. (Tatsächlich sollte sie sich noch bis zum Ende des Jahrhunderts eine gewisse Unabhängigkeit bewahren.) So kam sie zunächst unter die bewährte Aufsicht des Statthalters von Syrien. Wahrscheinlich trug sich Tiberius mit dem Gedanken, sie dem Herrschaftsbereich des Herodes Antipas zuzuschlagen, der damals in Rom noch in hohen Gunsten stand. Aber Tiberius starb (oder wurde ermordet), bevor er eine endgültige Entscheidung getroffen hatte. Dann bestieg Gaius (Caligula) den Thron und stellte Philippus' Reich Agrippa, dem Sohn des von Herodes hingerichteten Aristobul, zur Verfügung, der zu seinen intimsten Freunden gehörte.

Herodes Antipas war als Herrscher nicht weniger fähig als sein Bruder Philippus. Auch seine Beziehungen zu seinen Untertanen waren harmonischer Natur. Von inneren Unruhen, die den von ihm beherrschten Teil der Welt während seiner Regierungszeit erschüttert hätten, ist nichts bekannt. Es war sein übertriebener Ehrgeiz, jedem und vor allem Rom zu gefallen, der ihn in die Einsamkeit und schließlich ins Exil trieb, was sein Neffe Agrippa geschickt zu seinem eigenen Vorteil nutzte.

Herodes Antipas hatte Tiberias erbauen lassen, eine der wenigen Städte, die nach dem regierenden römischen Kaiser benannt wurden, wenn ihr Gründer sie auch ausdrücklich als vorwiegend jüdische, nicht griechische Siedlung ausgab. Die Stadt wurde als prächtige Neugründung an den berühmten Thermalquellen am Westufer des Sees Genezareth angelegt. Flavius Josephus beschreibt ihre Einwohnerschaft als buntes Völkergemisch. Sie bestand zum Teil aus galiläischen Juden, zum Teil aus Siedlern unterschiedlichster Herkunft; selbst Sklaven sollen unter ihnen gewesen sein, die von Herodes Antipas allerdings freigelassen und mit Haus und Hof bedacht wurden, wenn sie sich verpflichteten, dort auf Dauer zu siedeln. Über Teilen eines alten Friedhofs errichtet, die bei der Anlage der Stadt zerstört worden waren, galt der Ort, wie bereits erwähnt, allen Gläubigen als unrein. Aber einige wohlhabende Juden störten sich nicht daran und bildeten in der weitgehend autonomen Gemeinde die herrschende Klasse, die den Magistrat, den Rat der 600 und die Mitglieder der Volksversammlung stellte. Anders jedoch als in Städten typisch hellenistischer Prägung fehlte ihr die Recht sprechende Gewalt.

Der Tetrarch brach mit der Tradition, wenn er seinen jüdischen Untertanen (oder doch einem Teil von ihnen) weitgehende Selbstständigkeit zugestand, ein Wagnis, das sein Vater niemals eingegangen wäre.

Man dankte ihm sein Vertrauen, indem man über manches hinwegsah, was gegen jüdische Vätersitte verstieß.

Er selbst wahrte zumindest den Schein, frommer Jude zu sein, und blieb mit Jerusalem in Verbindung, wo er bei den Festlichkeiten stets zugegen war. Der einzige Protest, der ihm feindlich entgegenschlug, war der Johannes des Täufers, der sich im Jahr 28 der neuen Zeitrechnung über Herodes Antipas' zweite Ehe erregte, die gegen das Gesetz verstieß. Doch nicht in erster Linie die Kritik, sondern persönliche Ressentiments gegen den beliebten Prediger, dem die Menschen in Scharen zuliefen, und die Angst vor öffentlichem Aufruhr mögen Herodes Antipas bewogen haben, Johannes als gefährlichen Volksverhetzer einzukerkern.

Der Tetrarch war zunächst mit einer Tochter des Nabatäerkönigs Aretas IV. verheiratet gewesen, eine damals übliche Verbindung im Sinne der Staatsräson. Als er jedoch Mitte der 20er-Jahre auf einer Reise nach Rom seinen Halbbruder Herodes, einen Sohn Mariamnes II., besuchte, verliebte er sich heftig in dessen Gattin Herodias, die mit ihnen beiden verwandt war. Die ehrgeizige Frau zögerte nicht, das einfache Leben an der Seite ihres unbedeutenden Gatten für die Stellung als Gemahlin eines Tetrarchen aufzugeben, auch wenn es gegen Recht und Sitte verstieß.

Obwohl zu jener Zeit für einen Mann die Polygamie nicht ungewöhnlich und nicht verboten war, verlangte Herodias, dass Herodes Antipas die nabatäische Königstochter nach Hause schickte. Kaum hatte diese von den Plänen ihres Gatten erfahren, floh sie zu ihrem Vater Aretas, der von nun an nur noch einer Gelegenheit entgegenfieberte, sich für die erlittene Schmach zu rächen. Er musste sich noch bis zum Jahr 36 gedulden.

Wie kaum einer seiner Zeitgenossen stand Herodes Antipas bei Kaiser Tiberius in hoher Gunst, nicht zuletzt, weil er seine Hauptstadt nach ihm benannt hatte. Wäre der Menschenverächter auf dem römischen Thron von den Fähigkeiten des Tetrarchen nicht so überzeugt gewesen, hätte er ihm kaum die Verantwortung als Vermittler im armenisch-parthischen Konflikt übertragen, der nach eineinhalb Jahrzehnten wieder ausgebrochen war. Tatsächlich fand man mit dem „König der Könige", wie sich der parthische Herrscher überheblich nannte, einen Kompromiss, den Herodes Antipas, stolz auf seinen diplomatischen Erfolg, sogleich nach Rom meldete. Er hatte dabei über den Kopf des Statthalters von Syrien, Vitellius, hinweg gehandelt, der wütend war, weil er dem Kaiser selbst Bericht erstatten wollte.

König David (um 1005–965 v. Chr.) lässt die Bundeslade nach Jerusalem in seine Residenz überführen. – Aus: Niederrheinische Historienbibel, um 1430 (Staatsbibliothek zu Berlin, Handschriftenabtlg. Ms germ fol 516, Blatt 129 r)

Antiochos IV. Epiphanes (175–164 v. Chr.) zog sich wegen seiner gewaltsamen Hellenisierungspolitik (er selbst sah sich als Verkörperung des Zeus) den Zorn der Juden zu. Als er auch noch den Jerusalemer Tempel plünderte und entweihte und den Juden die Ausübung ihrer Religion verbot, löste dies den Aufstand der Makkabäer aus. – Zeitgenöss. Münzbildnis

Judas, genannt der „Makkabäer", was so viel wie „Hammer" bedeutet", leitete 166–161 v. Chr. den Aufstand gegen die seleukidische Oberherrschaft. – Aus: Niederrheinische Historienbibel, um 1430. (Staatsbibliothek zu Berlin, Handschriftenabtlg. Ms germ fol 516, Blatt 228 r)

Ausgrabungen auf dem Berg Garizim b. Sichem: 332 v. Chr. hatten die Samaritaner auf dem Berg Garizim ein eigenes Heiligtum errichtet. 128 v. Chr. wurde der Tempel durch den Hasmonäer Johannes Hyrkan I. vollkommen zerstört.

Gnaeus Pompeius Magnus (106–48 v. Chr.), römischer Feldherr und Politiker, eroberte 63 v. Chr. Jerusalem und drang in das Allerheiligste des Tempels ein. Judäa geriet durch seinen Sieg ganz in den Einfluss Roms. – Zeitgenöss. Münzbildnis.

Cäsar (um 100–44 v. Chr.), stattete Judäa mit zahlreichen Privilegien aus, nachdem ihn Antipater, der Vater des späteren Königs Herodes, bei seinen Kämpfen in Ägypten mit 3000 Soldaten unterstützt hatte. (Neapel, Museo Nazionale Archeologico)

Modell des zweiten Jerusalemer Tempels, der unter König Herodes (37–4 v. Chr.) begonnen wurde. – Rekonstruktion von Michael Avi-Jonah, 1966.

Jerusalem: Teil der westlichen Mauer der Tempelplattform, heutige Klagemauer. Die großen Steinblöcke stammen aus herodianischer Zeit.

Zu den ehrgeizigsten Bauprojekten des Königs Herodes gehörte die Stadt Caesarea Maritima, in der er u. a. ein Doppeläquadukt errichten ließ, das Wasser aus dem etwa 20 km entfernten Karmelgebirge hierher führte.

In Caesarea Maritima residierte später auch der römische Prokurator Pontius Pilatus (26–36 n. Chr.). Zeugnis davon legt eine Inschrift ab, die 1962 von Archäologen im Theater gefunden wurde. Genannt werden darin der Name Pilatus und das von ihm zu Ehren des Kaisers Tiberius errichtete „Tiberieum".

Nach dem Tod von Herodes teilte Kaiser Augustus (27 v.–14 n. Chr.) das Reich unter dessen drei Söhne auf. Nachdem diese sich bald als unfähig erwiesen, unterstellte Augustus 6 n. Chr. die ehemalige Tetrarchie Judäa unter direkte römische Verwaltung. – Statue des Kaisers, sog. „Augustus von Primaporta". (Rom, Vatikanische Museen)

Auf dem Schauplatz des 1. Jüdischen Krieges (66–70 n. Chr.) erreichte Titus Flavius Vespasianus die Nachricht seiner Kaiserproklamation (69 n. Chr.). – Münzprägung nach 70 n. Chr. (Jerusalem, Israel-Museum)

Rückseite der Münze: Trauernde Judäa unter einer Palme und ein Gefangener. Die Umschrift verkündet die Unterwerfung Judäas: *IUDAEA CAPTA*. (Jerusalem, Israel-Museum)

Nachdem Vespasian zum Kaiser ernannt worden war, beauftragte er seinen Sohn Titus, den jüdischen Aufstand endgültig niederzuschlagen. 70 n. Chr. eroberte er Jerusalem und zerstörte den Tempel. (Enbach, Schloß 645, inv. 87/7–VIII 58)

Ziegelstempel mit der Prägung LEGIO DECIMA FRETENSIS, gefunden in Jerusalem. Mit Hilfe dieser Legion war Titus der Sieg über die aufständischen Juden gelungen.

Der Titusbogen, als Triumphbogen 81 n. Chr. an der höchsten Stelle der Via Sacra in Rom errichtet, erinnert an den Sieg des nachmaligen Kaisers Titus. Es heisst, kein frommer Jude sei je unter diesem Bogen hindurchgegangen.

Das Amphitheatrum Flavium in Rom, besser als Colosseum bekannt, wurde aus der Beute des 1. Jüdischen Krieges finanziert.

Ein Relief an der Südseite des Titusbogens in Rom zeigt die siegreichen römischen Soldaten, die die Schätze aus dem Jerusalemer Tempel, darunter den siebenarmigen Leuchter, wegschleppen.

Fragment des „Jüdischen Krieges" von Flavius Josephus (um 38–100 n. Chr.), des bedeutendsten jüdischen Historikers der Antike. Der Papyrus stammt aus der Zeit Ende des 3. Jahrhunderts. (Wien, Österreichische Nationalbibliothek)

Kaiser Hadrian (117–138 n. Chr.) war derjenige Römer, der „alle Macht Israels in seinem grimmigen Zorn" zerbrach. (Rom, Vatikanische Museen)

Kaiser Hadrian, der große „Erneuerer" des Erdkreises, ließ die während der jüdischen Aufstände in der Diaspora 115–117 n. Chr. zerstörten Bäder im Apollo-Heiligtum von Cyrene wieder aufbauen. Darauf weist eine dort gefundene Inschrift hin: IMP(ERATOR) CAESAR DIVI TRAIANI / PARTHICI FIL(IUS) DIVI NERVAE NEPOS / TRAIANUS HADRIANUS AUG(USTUS) PONTIF(EX) / MAX(IMUS) TRIB(UNICIA) POTEST(ATE) III CO(N)S(UL) III BALINEUM / CUM PORTICIBUS ET SPHAERISTERIS / CETERISQUE ADIACENTIBUS QUAE / TUMULTU IUDAICO DIRUTA ET EXUSTA / ERANT CIVITATI CYRENENSIUM RESTITUI / IUSSIT (L'Année Épigraphique 1928, 2.)

Die jüdische Münze aus der Zeit des Bar Kochba-Aufstands 132–135 n. Chr. spiegelt die Sehnsucht der Juden nach dem Wiederaufbau des Tempels und nationaler Restitution unter dem „Sohn des Sterns" wider.

Die Höhlen bei Qumran am Toten Meer dienten jüdischen Freiheitskämpfern zur Zeit des Bar Kochba-Aufstands als Zufluchtstätten.

Zu den größten Touristenattraktionen im Staat Israel zählt das auf einem Felsen westlich des Toten Meeres gelegene Masada, das von König Herodes zu einer nahezu uneinnehmbaren Festung ausgebaut wurde. In Masada verschanzten sich nach dem Fall Jerusalems 70 n. Chr. etwa 1000 Aufständische. Drei Jahre lang brauchten die Römer, um die Festung zu erobern.

Samaria, einst Hauptstadt des Königreichs Israel unter den Omriden, wurde von König Herodes zu Ehren des Kaisers Augustus in Sebaste umbenannt und großzügig ausgebaut. Aus dieser Zeit stammen auch die Überreste des Forums.

Die Beschäftigung mit Dingen, die ihn im Grunde nichts angingen, bekam dem Tetrarchen schlecht. Die lange Abwesenheit von seinem Reich gab dem Nabatäerkönig Aretas Gelegenheit, endlich seine aufgeschobene Rache zu nehmen. Ein Vorwand für militärische Schritte war schnell gefunden: Es ging um Grenzstreitigkeiten im Süden Peräas. Beide Fürsten hetzten ihre Truppen gegeneinander, ohne selbst an den bewaffneten Auseinandersetzungen teilzunehmen. „Gleich beim ersten Zusammenstoß ward des Herodes (Antipas) ganzes Heer aufgerieben ... Herodes gab davon sogleich dem Tiberius briefliche Nachricht, der nun, entrüstet über des Aretas Beginnen, dem Vitellius befahl, den Araber mit Krieg zu überziehen."[1] Tatsächlich hatte jener als Klientelkönig kein Recht, aus eigener Machtfülle einen bewaffneten Konflikt zu beginnen. Zur Strafexpedition kam es allerdings nicht mehr. Tiberius' Tod im Frühjahr 37 verhinderte sie, und Herodes Antipas' Wunsch, den früheren Schwiegervater gedemütigt zu sehen, kehrte sich gegen ihn selbst.

Agrippa, der Neffe von Philippus und Herodes Antipas, war bereits im Jahr vor Tiberius' Tod nach Rom gereist, „um mit dem Caesar Verhandlungen anzuknüpfen, sobald sich ihm dazu Gelegenheit bieten würde"[2]. Er war ein schillernder Charakter, der in Rom erzogen worden und mit Tiberius' Sohn Drusus aufgewachsen war. Jüdische Geschichtsschreiber schildern den jungen Mann als „Römerknecht"[3], der sein Vermögen und das mütterliche Erbteil verschleudert habe, um sich die Gunst der Herrschenden zu erkaufen. Als er 23 n. Chr. nach Drusus' Tod Rom verlassen und nach Judäa zurückkehren musste, zog er sich, der gewohnt war, auf großem Fuß zu leben und mit Caesarensöhnen zu verkehren, völlig verarmt nach Idumäa zurück. Seine Verzweiflung muss groß gewesen sein, denn er trug sich mit dem Gedanken, Selbstmord zu verüben, um diesem unwürdigen Leben ein Ende zu bereiten. Seine Gattin Cypros allerdings verwandte sich hochherzig für ihn und erreichte, dass ihm Herodes Antipas in Tiberias das lukrative Amt des Marktaufsehers übertrug. Aber er überwarf sich mit dem Onkel, der ihm seine Abhängigkeit vorhielt. Auch beim syrischen Statthalter L. Pomponius Flaccus hatte er kein Glück. So suchte er Zuflucht bei Alexander Lysimachos, dem reichsten und angesehensten Juden der alexandrinischen Gemeinde, der ihn vor dem Schuldturm bewahrte und ihn mit den nötigen Mitteln für eine Reise nach Rom versah.

Aber auch dort hatte der Leichtfuß manches Abenteuer zu bestehen. Zunächst von Tiberius als Freund seines Sohnes herzlich empfangen, fiel er in Ungnade, als der sparsame Herrscher erfuhr, welche Summen der Gast dem kaiserlichen Schatz schuldete. Diesmal half ihm die jüngere Antonia, die sich Agrippas Mutter Berenike, ihrer Freundin, dankbar erinnerte, aus der Verlegenheit. Durch ihre Vermittlung wurde er bald Freund und enger Vertrauter des Gaius Caesar (Caligula), Antonias Enkel, der heimlich schon als aufgehender Stern am römischen Staatshimmel gefeiert wurde.

Unvorsichtigerweise machte Agrippa seinem neuen Freund gegenüber eine Äußerung, die ihn beinahe den Kopf gekostet hätte: „Wenn doch Tiberius bald aus dem Leben schiede und einem Würdigeren das Reich überließe!" Der unfromme Wunsch wurde dem Kaiser hinterbracht, der Agrippa sogleich gefangen nehmen ließ. Sechs Monate verbrachte er nun in Kerkerhaft, bis mit Gaius' Thronbesteigung 37 n. Chr. auch sein Glücksstern aufging.

Der neue Kaiser schenkte ihm für die seinetwegen erlittenen Qualen eine goldene Kette statt der eisernen, die man ihm im Gefängnis angelegt hatte, setzte ihm das Diadem auf und überließ ihm Philippus' an Rom anheimgefallene Tetrarchie als Königtum. Ein ganzes Jahr lang musste Agrippa jedoch noch, von Gaius auf jede erdenkliche Art verwöhnt, an dessen Hof ausharren, ehe man ihm im Sommer 38 n. Chr. gestattete, in sein Heimatland zurückzureisen.

Er, der seine Heimat bettelarm und vom Unglück verfolgt verlassen hatte, kehrte also als strahlender König und Günstling des Kaisers heim. Das unverhoffte Glück erregte besonders den Neid seiner Schwester Herodias, die ihren Gatten Herodes Antipas bestürmte, ebenfalls nach Rom zu gehen und den jungen Kaiser um ein Königtum zu bitten. Wenn es einem Niemand in den Schoß gefallen war, wie viel mehr durfte dann ein tüchtiger jüdischer Tetrarch auf eine solche Erhöhung hoffen!

Ob Agrippa befürchtete, Herodes Antipas könnte die kaiserliche Gunst ebenso zuteil werden wie ihm selbst, oder ob er sich für die ihm vom Onkel widerfahrene Schmach rächen wollte: Er verleumdete den Bittsteller erfolgreich bei Gaius. Herodes Antipas sei unter der Herrschaft des Kaisers Tiberius zumindest ein Sympathisant von Seianus' Putschversuch gewesen. Im Übrigen gedenke er, Rom an die Parther zu verraten. Verständlicherweise interessierte den Kaiser die Verschwörung des Seianus, die bereits einige Jahre zurücklag und mit dem Tod des Umstürzlers geahndet war, wenig. Umso bedrohlicher erschien ihm der Vorwurf, der undankbare Tetrarch wolle mit dem Großkönig gemeinsame Sache machen und versammle bereits seine Truppen. Kurz entschlossen verbannte er ihn deshalb nach Gallien. Herodias bot er um der

Freundschaft zu ihrem Bruder willen die Rückkehr nach Palästina an. Aber die stolze Frau, die ihren Mann in diese missliche Lage gebracht hatte, wies die Hand zurück, die ihr der Kaiser reichte, und begleitete ihren Gatten ins Exil. „Dass ich ... von deiner Gnade Gebrauch mache", erwiderte sie auf das freundliche Angebot, „daran hindert mich die Liebe zu meinem Gatten, den ich billigerweise im Unglück nicht verlassen kann, nachdem ich sein Glück geteilt habe."[4] Herodes Antipas' Tetrarchie wurde dem Königreich des Agrippa zugeschlagen, der infolge des Zuwachses nun „ein nicht unbeträchtliches Gebiet besaß".[5]

Die (zunächst noch) judenfreundliche Politik des Gaius, die aus dem verarmten Agrippa einen angesehenen und stolzen Fürsten gemacht hatte und sich, wie man erwartete, auch auf dessen Glaubensgenossen positiv auswirken würde, brachte jedoch den schon lange latent schwelenden Antisemitismus der alexandrinischen Griechen zum Ausbruch. Überall auf der zivilisierten Welt waren Juden anzutreffen, und es gab keinen Ort, wo sie nicht heimliche oder öffentlich bekennende Gegner gehabt hätten. So sehr man dieses Volk wegen seiner absonderlichen Bräuche auch verachtete, so sehr beneidete und fürchtete man es wegen der ihm staatlicherseits gewährten Privilegien. War es nicht denkbar, dass es einmal tatsächlich zur Herrschaft gelangte und dann alle anderen Völker seinen Gesetzen unterwürfe? Doch hatte die feindselige Gesinnung nirgends einen solchen Grad angenommen wie in der umtriebigen Hauptstadt Ägyptens, Alexandria, wo sich ein Großteil der Bevölkerung dem Müßiggang hingab, philosophische Andacht hielt und auf den Wohlstand der arbeitsamen jüdischen Zeitgenossen mit einem misstrauischen und einem missgünstigen Auge herabsah. Griechische Philosophen und Schriftsteller hatten durch ihre Schmähschriften nicht wenig zu dieser antijüdischen Stimmung beigetragen. Nur Strabo, einer der angesehensten von ihnen, Geograf, Geschichtsschreiber und Reiseschriftsteller, hat sich lobend über das Judentum geäußert, dessen Wurzeln er allerdings in Ägypten vermutete. Er verteidigte den strengen Monotheismus und die bildlose Verehrung der Gottheit gegen die Vielgötterei der Ägypter und den Vergleich der Götter mit den Menschen bei den Griechen: „Wie vermöchte einer, der Verstand hat, sich erdreisten, irgendein menschliches Abbild des göttlichen Wesens zu erdichten."[6] Dem Nationalheiligtum in Jerusalem zollte er Hochachtung. Hätte auch das Volk um seinetwillen von Gewaltherrschern manches erdulden müssen, habe es doch nie aufgehört, den Tempel als Sitz Gottes und Mittelpunkt seines Glaubens zu achten.

Aber auch Lob aus noch so berufenem Munde vermochte die Alexandriner nicht zu belehren. Unter Augustus und Tiberius hatten sie still gehalten, weil deren Statthalter Ruhestörungen schon im Keim zu ersticken pflegten. Flaccus hingegen, unter Gaius dort kaiserlicher Präfekt, war als Freund des Tiberius dem argwöhnischen neuen Caesar ohnehin verdächtig. Wie wohlwollend würde er Beschwerden über den Provinzstatthalter sein kaiserliches Ohr neigen! Derart eingeschüchtert, drückte Flaccus nur allzu bereitwillig beide Augen zu, wenn der alexandrinische Pöbel gegen Juden gewalttätig wurde.

Als Agrippa im Sommer 38 von Rom in seine Heimat reiste, kam er auch in Alexandria vorbei, dessen jüdische Bewohner seine Rangerhöhung mit provozierendem Jubel feierten. Mit einem lachenden Auge verfolgte der willenlos gewordene Statthalter, der sich durch Agrippas kometenhaften Aufstieg selbst zurückgesetzt sah, wie sich in seiner Hauptstadt die Judenhasser zusammenrotteten. Zunächst ließen sie ihrer Spottlust freien Lauf. Die Menge setzte einem dahergelaufenen Narren eine Krone aus Papyrus auf, kleidete ihn in einen Mantel aus Binsengeflecht und gab ihm als Zepter eine Peitsche in die Hand. Dann feierte man ihn mit unterwürfigen Gesten als König.

Aber es blieb nicht bei verbalen und gewaltlosen Beleidigungen. Aufgehetzte Griechen stürmten die Synagogen und stellten dort Kaiserbilder auf, angeblich, um Gaius zu ehren. Unrühmlich hielt Flaccus seine schützende Hand über die Ausschreitungen. Mehr noch. Er kroch aus seiner nur duldenden Rolle und entzog den jüdischen Bewohnern Alexandrias ihr über Jahrhunderte mehr oder weniger unangefochten ausgeübtes Bürgerrecht – ein schwerer Schlag für die stolzen Mitglieder der Gemeinde, die zum Ruhm ihrer Stadt als Sitz von Wissenschaft, Kunst und Kultur, von Handel und Gewerbe ebenso viel geleistet hatte wie die griechische. Die Juden wurden im Stadtteil um den Hafen zusammengetrieben, ihre verlassenen Häuser geplündert und zerstört. Der blutgierige Pöbel belagerte das Hafenviertel, um keinen herauszulassen, denn man beabsichtigte, die Eingeschlossenen auszuhungern. Wagte jemand dennoch auszubrechen, wurde er aufs Schwerste misshandelt, gefoltert, bei lebendigem Leibe verbrannt oder ans Kreuz geschlagen. Flaccus selbst ließ 38 Mitglieder des Hohen Rats verhaften und im Theater öffentlich geißeln, bis einige von ihnen tot zusammenbrachen. Damit verstieß er aber gegen geltendes Recht, das die Juden vor entwürdigenden Strafen schützte.

Dennoch musste das jüdische Volk das Leiden über einen Monat lang ertragen, ehe es am Laubhüttenfest die erlösende Nachricht erreichte, der Kaiser habe den Präfekten abgesetzt und zur Verantwortung nach Rom befohlen. Dort wurde ihm, wenn auch nicht seiner Verfehlungen gegen die Juden wegen, sondern weil er als Freund des Tiberius dem Kaiser verhasst war, der Prozess gemacht. Das Urteil lautete auf Verbannung. Später wurde Flaccus hingerichtet.

Seinem Nachfolger im Amt, einem gewissen Bassus, gelang es, die Ordnung einigermaßen wiederherzustellen, wenn auch die Volkswut noch keineswegs verraucht war. Besonders die Gleichberechtigung, die Flaccus den Juden rechtswidrig entzogen hatte und Bassus ihnen wieder zu gewähren gedachte, erregte heftig die Gemüter. Der Wortführer der Griechen wies nach, dass die Juden einst als Gefangene in die Stadt gekommen waren und man ihnen die schäbigsten Viertel zugewiesen hatte. Nicht ohne Grund seien bedeutende Ptolemäerherrscher wie Ptolemaios Physkon oder Kleopatra so judenfeindlich gewesen. Schließlich wurde auch wieder versucht, Kaiserbilder in den Synagogen aufzustellen.

Gaius, der verpflichtet gewesen wäre, den Streit zu schlichten, war sich selbst zu sehr Partei, um gerecht handeln zu können. Er hasste die Juden, die ihm als Einzige im Reich die Verehrung als Gottheit verweigerten und einen Namenlosen anbeteten, und er hasste sie umso mehr, als er ihrem König Agrippa und damit auch ihnen so großes Wohlwollen entgegengebracht hatte. Die Gesandten der alexandrinischen Judenschaft empfing er mit solchen Schmähreden, dass sich der jüdische Geschichtsschreiber scheute, seine Worte niederzuschreiben. Ungnädig entließ er sie, und Philo, der besonnene Literat und Philosoph, mahnte seine Mitreisenden, Gaius jetzt nicht weiter zu reizen, sondern ihre gerechte Sache Gottes Gnade anheimzustellen. Die Gesandtschaft befand sich noch in Rom, als sie die niederschmetternde Nachricht erreichte, Gaius beabsichtige nun, das jüdische Nationalheiligtum zu entweihen.

Es war im Sommer des Jahres 40 n. Chr., als Agrippa seinem schwierigen Freund wieder einen Besuch abstattete. Anlässlich dieses Aufenthalts hörte er auch von Gaius' Plänen, im Tempel von Jerusalem kaiserliche Standbilder aufzustellen. Er stimmte den Kaiser um und wollte noch den Winter über in Rom bleiben, zumal die Seefahrt wegen der fortgeschrittenen Jahreszeit schon ruhte. Er ahnte nicht, dass ihm das Schicksal noch eine wichtige Rolle bereit hielt.

Am 24. Januar 41 n. Chr. fiel sein kaiserlicher Freund einer Palastrevolte zum Opfer, und Gaius' Onkel Claudius wurde, eher zufällig, in einem theatralischen Akt von der Prätorianergarde auf den Thron gehoben. Es war Agrippa, der den widerstrebenden Feigling überredete, die

Wahl der Palastwache anzunehmen, und den Senat davon überzeugte, sie anzuerkennen. Claudius, der, nach heutiger Kenntnis wahrscheinlich zu Unrecht, als debil galt – selbst seine Mutter war davon überzeugt, die Natur habe ihn nur begonnen, nicht vollendet –, zeigte sich schließlich dankbar. Er bestätigte Agrippas Königtum über die Landesteile, die Gaius ihm unterstellt hatte, fügte noch die Provinz Judäa hinzu und ehrte ihn mit einem offiziellen Bündnis. Von da an herrschte Agrippa I. über ein Königreich, das größer als das seines Großvaters war, und nannte sich „großer König, Freund des Kaisers und Freund Roms".[7]

Wahrscheinlich aber war es nicht nur Dankbarkeit, die Claudius zu solchem Wohlverhalten veranlasste. Längst hatte sich in Palästina die Lage nach Gaius' plumpem Konfrontationsversuch noch nicht entspannt. Der Rückfall Jerusalems an einen jüdischen Prinzen konnte Aggressionen abbauen und die Ruhe wiederherstellen helfen.

Eine Politik der Besänftigung der erhitzten Gemüter verfolgte der neue Kaiser im Übrigen auch im aufgeputschten Alexandria. Dort entschied er zugunsten der Juden, die bereits, von Gaius enttäuscht, zur Selbsthilfe und den Waffen gegriffen hatten, um Leid und Schmach zu beenden. Claudius erließ ein Edikt, das die Gleichstellung der alexandrinischen Judengemeinde bestätigte.

Agrippa I. herrschte nun auch über die geistig-religiöse Hauptstadt des Judentums. Daneben residierte er in der griechisch-syrischen Metropole Caesarea. Mit seinem neuen Status war er offensichtlich so zufrieden, dass er für eine weitere Reise nach Rom keine Veranlassung sah. Seine Großmutter väterlicherseits stammte aus der Hasmonäerdynastie, sodass er als deren Spross vom Volk eher angenommen wurde als jene seiner Vorgänger, in deren Adern ausschließlich das Blut der Herodesfamilie geflossen war. In der Umgangssprache wurde er dennoch „Herodes" genannt, niemals aber bei Flavius Josephus, bei Philo oder in offiziellen Dokumenten. Als „König Agrippa" erscheint er auf Münzen und als „Iulius Agrippa" in einer Inschrift, die zu Ehren einer seiner Töchter verfasst wurde.

Agrippas behutsamer und respektvoller Umgang mit dem Judentum ließ seine Popularität rasch anwachsen. Unter Juden gab er sich als Jude. Als er 41 n. Chr. nach seiner Rückkehr aus Rom im Tempel von Jerusalem opferte, brachte er dankbar die goldene Kette dar, die ihm Gaius einige Jahre zuvor geschenkt hatte. Als Herrscher über Judäa oblag ihm auch die Ernennung der Hohepriester. Es gehörte zu seinen ersten Amtshandlungen, Theophilus, den Sohn des Annas, der von Rom in sein Amt berufen worden war, abzusetzen. An seine Stelle trat Simon Cantheras. Doch lässt der häufige Wechsel an der Spitze der religiösen Führung bis zu Agrippas Tod auf nicht eingestandene Missverständnisse zwischen dem König und den geistlichen Würdenträgern schließen.

Nach außen hin hatte sich Agrippa stets als treuer Vasall der Herrschenden in Rom erwiesen, und doch waren seine Beziehungen zum römischen Kaiser nicht immer ungetrübt geblieben. So sehr dieser dem Jugendfreund auch vertraute, so sehr beargwöhnten seine Untergebenen jeden Schritt des ihnen missliebigen Günstlings, der wie kein anderer erhoben worden war. Und sie beobachteten ihn nicht ohne Grund. Zwar liebäugelte der weltliche Herr Judäas mit Rom, doch war er in Wirklichkeit darauf bedacht, sein Land möglichst unabhängig zu machen, ja so zu befestigen, dass es einer Konfrontation mit der Weltmacht gewachsen wäre. Wer vermochte schon des Schicksals verschlungene Pfade zu entwirren, wer gar die Zukunft vorauszusehen? Die Laune eines Herrschers war, wie sich soeben bei Gaius gezeigt hatte, unberechenbar. Der eine mochte dem jüdischen Volk günstig gesonnen sein, ein anderer seine Vernichtung betreiben. Deshalb sollte Jerusalem ein Bollwerk werden, an dem sich alle auswärtigen Feinde die Zähne ausbeißen mussten.

Agrippa hatte es verstanden, von Claudius, dessen Ratgeber er mit Geschenken bestochen hatte, die Erlaubnis zu erwirken, Bezetha, die nördlich der Festung Antonia auf einem Hügel gelegene Vorstadt, zu befestigen. Wem sie in die Hände fiel, der konnte auch dem nahen Jerusalem gefährlich werden. Mit rasanter Geschwindigkeit waren die Bauarbeiten vorangegangen, und als die mächtigen Mauern eine gewisse Höhe erreicht hatten, wurde das Werk in feierlicher Prozession eingeweiht, wobei Chöre in Psalmen die Erhebung des Volkes aus seiner Niedrigkeit besangen.

Argwöhnisch verfolgte C. Vibius Marsus, der damalige Statthalter von Syrien, das Geschehen und durchschaute Agrippas Plan. Er berichtete besorgt nach Rom, was der jüdische König mit der Befestigung in Wahrheit im Schilde führte, und warnte vor den Gefahren, die von diesem Vorhaben ausgingen. Auf sein Drängen hin befahl der Kaiser, den Weiterbau der Mauern einzustellen.

Agrippa blieb nichts anderes übrig als zu gehorchen, aber er gab seine Absicht, Roms Macht in seinem Reich zu schwächen, nicht auf. Ihm gelang, was viele seiner Vorgänger vergeblich versucht hatten: Die Fürsten der Nachbarländer an einen Tisch zu bringen. Unter dem Vorwand, sich harmlosen Vergnügungen hingeben zu wollen, lud er alle, die mit ihm befreundet waren, nach Tiberias ein. In Wirklichkeit freilich suchte er Verbündete für den Kampf gegen Rom.

Es ist erstaunlich, wie viele Herrscher seiner Einladung folgten, Männer, die alle ihre Stellung römischen Gnaden verdankten. Wer konnte voraussehen, ob sie diese behielten, wenn Roms Stimmung sich ins Gegenteil verkehrte? C. Vibius Marsus, der ob dieser Eintracht befreundeter Fürsten Verdacht schöpfte, verhinderte jedoch, dass man zu konkreten Ergebnissen kam. Überraschend erschien er in Tiberias, löste die verdächtige Versammlung auf und schickte die Herrscher in ihre Stammlande zurück.

Dennoch: Agrippas Haltung gegenüber dem Judentum war zwiespältig. Zwar hatte sich in Agrippa ein tief greifender Wandel vollzogen. Die jüngsten Ereignisse in Rom, die einen übermütigen, dem Wahnsinn verfallenen Jüngling gestürzt und einen vermeintlichen Schwächling emporgehoben hatten, sowie die Rolle, die er dabei zu spielen genötigt war, hatten einen nachhaltigen Eindruck bei ihm hinterlassen. Aus dem leichtfertigen Höfling und Schuldenmacher war ein reifer, sich seiner Verantwortung bewusster Mann geworden und ein gewissenhafter Fürst. Im Grunde seines Herzens aber war der König immer „Römer" geblieben, der Stadt und den Idealen verbunden, in denen er aufgewachsen war und die glücklichsten Tage seines Lebens verbracht hatte. Er brach mit der Tradition des großen Herodes und ließ Münzen mit bildlichen Darstellungen prägen, mit seinem eigenen Porträt oder dem Kopf des Claudius. Seine Töchter wurden in Sebaste und Caesarea auf Bildsäulen verewigt. Und die dramatischen Ereignisse, die 44 n. Chr. sein Sterben begleiteten, offenbaren, wie gerne auch er sich als hellenistischer König behandelt sah, dem göttliche Ehren zuteil wurden.

Es war Frühling, als er einer Veranstaltung zu Ehren des Kaisers Claudius vorsaß und seine Schmeichler ihn als Fleisch gewordenes göttliches Wesen feierten, was er sich gern gefallen ließ. Indessen wandte er seinen Blick nach oben und sah über seinem Haupt einen Uhu sitzen, den Unglücksboten, der ihm seinen nahen Tod anzeigte. Das Fest war noch nicht vorüber, da wurde er von heftigen Leibschmerzen befallen. „Seht", wandte er sich an seine Freunde, „euer Gott muss jetzt das Leben lassen ... Unsterblich nanntet ihr mich, und doch streckt der Tod schon seine Arme nach mir aus. Aber ich muss mein Geschick tragen, wie Gott es will ..."[8] Draußen aber begann das Volk zu klagen und flehte zu Jahwe, er möge den König retten. Doch der Herr erwies sich als nicht so gnädig. Mit Agrippa aber „ging der letzte Stern Judäas unter"[9].

Es konnte nie geklärt werden, was den beliebten Herrscher so jäh aus einem arbeitsreichen Leben riss. Wenn nicht Gift im Spiel gewesen war, könnte ihn eine heute eher harmlose, damals aber absolut tödliche Appendicitis hingestreckt haben. Jedenfalls tauchten nach seinem Tod die wildesten Gerüchte auf. Viele Juden sahen darin Gottes gerechte Strafe für eine Überheblichkeit, die sich gegen göttliche Ehren nicht verwahrt hatte. Die Christen meinten, er habe den Tod für eine an ihnen kürzlich verübte Verfolgung verdient. Undankbar zeigten sich auch die Syrer und Griechen beim plötzlichem Tod ihres Gönners. Sie, die von ihm die größten Wohltaten empfangen hatten, übertrafen sich in Schmähreden gegen den Verstorbenen und opferten Charon, dem Fährmann, der den König über den Styx geholt hatte. Die Bildnisse von Agrippas Töchtern wurden in geschlossenem Zug in Bordelle gebracht, dort aufgestellt und verspottet.

Erzürnt über die Schmach, die seinem toten Freund widerfahren war, trug sich Kaiser Claudius mit dem Gedanken, Agrippas namensgleichen 17-jährigen Sohn, der sich zu Ausbildungszwecken in Rom aufhielt, als Nachfolger seines Vaters in seine Heimat zu schicken. Doch rieten ihm seine Günstlinge, die Freigelassenen Narcissus und Pallas, die großen Einfluss auf ihn ausübten, davon ab. Der unerfahrene Jüngling, so argumentierten sie, sei nicht imstande, ein so schwieriges Land zu regieren, das die Kraft eines reifen Mannes erforderte. Claudius ließ sich überzeugen und erklärte Judäa erneut zur römischen Provinz, ein Status, in dem das Reich bis zum Ausbruch des großen Krieges unter Nero bleiben sollte.

Judenvertreibungen in Rom

Die römischen Kaiser Tiberius, Claudius und Nero – Ankunft christlicher Missionare in Rom

Von den Gemeinden der Diaspora dürfte unter Tiberius' Regierung (14–37 n. Chr.) diejenige Roms am meisten gelitten haben. Dies lag nicht nur am Kaiser selbst, der, wie bereits erwähnt, die letzten Jahre seiner Herrschaft im selbst gewählten Exil auf Capri verbracht und Rom für Jahre der Tyrannei des machtgierigen Seianus ausgesetzt hatte.

Nirgendwo findet sich in den alten Quellen der kleinste Hinweis darauf, dass Tiberius oder sein Stellvertreter je versucht hätten, die Bemühungen Cäsars und Augustus um Toleranz und Frieden gegenüber dem Judentum fortzusetzen. Unter Tiberius ist eine Vertreibung von Angehörigen der jüdischen Gemeinde aus Rom erwähnt. 4000 Juden im kriegsfähigen Alter wurden in die Militärlisten eingetragen und nach Sardinien geschickt, „um dort den Räubereien Einhalt zu tun, und hätte sie", bemerkt Tacitus zynisch, „das ungesunde Klima aufgerieben, ein unbedeutender Verlust; die Übrigen sollten Italien räumen, sofern sie nicht vor bestimmter Frist die unheiligen Gebräuche abgelegt hätten..."[1] Wer zum Kriegsdienst nicht taugte, wurde also der Stadt verwiesen, „wobei auf Nichtbeachtung dieses Befehls lebenslängliche Sklaverei als Strafe stand"[2].

Keiner der römischen Autoren nennt für die harte Maßnahme des Kaisers einen Grund. Nur Flavius Josephus gibt an: Ein Mann jüdischer Abstammung, ein „nichtswürdiger und gottloser Mensch", sei damals in Rom aufgetaucht, da er in seiner Heimat einer Gesetzesübertretung angeklagt war und befürchten musste, bestraft zu werden. Er nun gab sich als Erklärer des mosaischen Gesetzes aus und fand drei Verbündete, die ihm in allem ähnlich waren. Den vier Männern gelang es, eine vornehme Römerin namens Fulvia, die gerade zum jüdischen Glauben konvertiert war, zu überreden, dem Tempel nach Jerusalem Gold und Purpur zu stiften. Sie boten sich als Übermittler der Schätze an, behielten diese jedoch für sich, um sie zu verprassen, wie sie es von Anfang an vorgehabt hatten. Fulvia meldete den Vorfall ihrem Gatten Sentius Saturninus, einem Freund des Kaisers, der seinerseits Tiberius davon unterrichtete. Aushebung und Vertreibung seien dann die römische Reaktion gewesen: „So kam es", weiß Flavius Josephus weiter zu berichten, „dass die Juden um der Ruchlosigkeit jener vier Menschen willen aus Rom vertrieben wurden"[3].

Dies kann jedoch nicht die ganze Wahrheit sein. Auch Tiberius hätte kaum wegen der Verfehlungen von vier Leuten Tausende derart hart bestraft. Die Geschichte der Fulvia stellt wahrscheinlich nur den Höhepunkt einer Reihe nicht überlieferter Vergehen dar, die die Geduld der Staatsführung schließlich erschöpften. Dabei müssen die römischen Ressentiments wohl in der jüdischen Religion, nicht in rassistischen Ideologien gesucht werden, zumal der Zorn des Kaisers gleichzeitig auch Anhänger des Isis-Kults traf.

Noch etwas mag ausschlaggebend gewesen sein: Schon seit langem vermochte die althergebrachte römische Staatsreligion die geistigen und emotionalen Bedürfnisse der Menschen nicht mehr zu befriedigen. Viele wandten sich deshalb verstärkt philosophischen Strömungen oder den Mysterienkulten des Ostens zu. Manche fühlten sich auch von den hohen moralischen Ansprüchen und dem strengen Eingottglauben des Judentums angezogen. Doch gelang es nur wenigen, als vollwertiges Mitglied in die jüdische Gemeinschaft aufgenommen zu werden. Die meisten blieben Sympathisanten, die jedoch die strengen Gebote achteten und sich wohl selbst auch als Juden betrachteten.

Solange sich nur Angehörige der unteren Klassen, denen die meisten Juden Roms zuzurechnen waren, zum Glaubenswechsel entschlossen, sahen die Behörden großzügig darüber hinweg. Als jedoch die Zahl der Konvertiten in den gehobenen Gesellschaftsschichten zunahm, fühlte sich der tradierten römischen Werten anhängende Kaiser zum Eingreifen verpflichtet. Die Annahme des jüdischen Glaubens wurde in seinen Augen ein verwerflicher, da unrömischer Akt, ein Verrat am Römertum, der dem Ansehen des Imperiums schadete. Wer gewährleistete, dass nicht auch andere hoch gestellte Römer, die Fulvias Beispiel gefolgt wären, vor ähnlichem Betrug geschützt waren? Man tat gut daran, die Juden daran zu hindern, in Rom weiterhin ihr Unwesen zu treiben, indem man sie in sichere Entfernung wies.

Doch trafen Ausweisung und Verpflichtung zum Militärdienst nur Fremde (*peregrini*). Juden, die das römische Bürgerrecht besaßen, konnten nur rekrutiert oder vertrieben werden, wenn sie gegen römische Gesetzte verstoßen hatten. So verblieb trotz der 4000 ausgehobenen Soldaten der Hauptstadt eine zumindest kleine jüdische Gemeinde.

Der kaiserliche Erlass fiel in das Jahr 19 der neuen Zeitrechnung und damit in die Anfangsjahre von Tiberius' Regierungszeit, als Seianus noch keinen Einfluss auf politische Entscheidungen hatte. Er war deshalb allein vom Kaiser, dem Senat und den amtierenden Konsuln zu verantworten.

In den überlieferten Berichten befindet sich kein Hinweis darauf, wie lange die jüdischen Soldaten im unwirtlichen Sardinien ausharren mussten und bis wann der Ausweisungsbefehl aufrechterhalten blieb. Schon 41 n. Chr., als Gaius ermordet wurde, befanden sich erneut zahlreiche Juden in Rom. Folgt man dem griechisch-römischen Geschichtsschreiber Dio Cassius, der um 200 n. Chr. lebte und schrieb und sein Wissen freilich nur aus anderen und älteren Quellen bezogen haben kann, war ihre Gemeinde wieder so stark, dass ihre erneute Vertreibung größte Verwirrung verursacht hätte. Angeblich habe sich Kaiser Claudius, so der Historiker, deshalb damit begnügt, sie mit einem Versammlungsverbot zu belegen[4], was selbstredend ein „wesentliches Hindernis zum Leben nach Vätersitte darstellte"[5]. Zumindest zeitweise wurden die Synagogen als traditionelle Versammlungsstätten geschlossen.

Wenn sich Claudius, anders als Tiberius mehr als zwanzig Jahre zuvor, zu der weniger harten Maßnahme dieses Verbots entschloss, mag er damit seinem Freund Agrippa entgegengekommen sein, dem er für die Hilfe bei der Thronerhebung zu Dank verpflichtet war und der sicherlich einen besänftigenden Einfluss auf ihn ausgeübt hat. Später erst, im Jahr 49, als der Freund längst tot war, vertrieb er die, „die unter ihrem Anführer Chrestos beständig Unruhe stifteten", wie wiederum Sueton, der Sekretär Kaiser Hadrians und einer der bis heute meist gelesenen Kaiserbiografen des Altertums, überliefert.[6] Ob „Chrestos" ein Aufwiegler war oder der Name möglicherweise mit „Christos" verwechselt wurde, ist nicht bekannt. Letzteres ließe einen christlichen Hintergrund für die Provokationen vermuten.[7]

Auch der Kirchenhistoriker Orosius, der das Werk Suetons studiert hatte, vertraute dem Bericht: *„Claudius Iudaeos ... expulit* – Claudius hat die Juden vertrieben." Es sei jedoch nie geklärt worden, ob sich sein Erlass nur gegen revoltierende Juden gerichtet oder auch Menschen christlichen Glaubens erreicht habe.[8] Möglicherweise hatten tatsächlich christliche Religionseiferer die öffentliche Ruhe gestört, wobei man zu jener Zeit (und noch lange danach) die Christen für eine besonders militante jüdische Sekte hielt, die ihren Glauben mit Feuer und Schwert zu verbreiten suchte.

Nur Tacitus, einer der zuverlässigsten antiken Autoren, der dem Geschehen näher als viele andere war, hielt die Vorkommnisse der Jahre 41 und 49 für zu unbedeutend, als dass sie einen Platz in seinen Annalen hätten beanspruchen können. Er erwähnt Christen erstmals im Zusammenhang mit dem großen Brand unter Kaiser Nero im Jahr 64, als es offenbar in den Augen einer besorgten Staatsführung tatsächlich ein todeswürdiges Verbrechen geworden war, den Lehren des Nazareners anzuhängen.

Nach Auswertung aller Quellen aber könnte es durchaus möglich sein, dass die Ankunft christlicher Missionare in Rom Ende der 40er-Jahre den Kaiser in Angst und Schrecken versetzte. Zweifellos hatte sich im Mittelpunkt der antiken Welt eine starke christliche Gemeinde etabliert, lange bevor Paulus dort ankam (58 n. Chr.). Ihre verbalen Angriffe gegen die Anhänger des jüdischen Glaubens riefen sicherlich die gleichen Erwiderungen hervor wie die des Paulus in den jüdischen Gemeinden Kleinasiens und Griechenlands, sodass Rede und Gegenrede in der Tat eine Bedrohung der öffentlichen Ordnung dargestellt haben mochten.

Die von Claudius verfügten Maßnahmen sollten also den Frieden in der Hauptstadt bewahren, jedoch keine Veränderung in der bisherigen Judenpolitik einleiten. Vor allem blieben jenen, die sich in Recht und Ordnung fügten, ihre Privilegien erhalten. Der Ausweisungsbefehl hatte zudem nicht lange Bestand. Schon nach wenigen Jahren kehrten viele, die Rom verlassen hatten, wieder dorthin zurück.

Es ist nicht bekannt, wann sich die römischen Behörden der Tatsache bewusst wurden, dass das Christentum eine Religion war, die sich nicht nur vom Judentum unterschied, sondern diesem überdies feindlich gegenüberstand. Doch scheint sich ab dem Aufstand unter Bar Kochba (132–135 n. Chr.), von dem später noch ausführlich die Rede sein soll, und den unter Kaiser Hadrian (117–138 n. Chr.) beginnenden Apologien christlicher Glaubenseiferer allmählich das sich vom Judentum unterscheidende Bild des Christentums ausgeprägt zu haben.[9]

Die erste Verfolgung unter Kaiser Nero (54–68 n. Chr.) richtete sich nur gegen die Christen in Rom. Juden waren zu keiner Zeit in Gefahr, was durch Flavius Josephus' Schweigen bewiesen ist. Wären auch seine Landsleute und Glaubensbrüder bedroht gewesen, hätte er sich nicht gescheut, dies für eine kritische Nachwelt festzuhalten, zumal er keine Veranlassung hatte, den zu seiner Zeit schon verhassten Nero zu schonen.

Nur Tacitus gibt einen erschütternden Bericht von den Ereignissen des Jahres 64 in der Hauptstadt, wobei er die Ansicht vertritt, Nero habe die „wegen ihrer Schandtaten dem Volk verhassten Christianer" nicht nur als Sündenböcke für ein Verbrechen vorgeschoben, das er selbst begangen hatte: den Brand Roms. Auch ihr Christsein sei ihm zuwider gewesen. Doch empfindet der Historiker für die Opfer kein Mitleid. Als „verderblichen Aberglauben" und „Unwesen" bezeichnet er ihre Weltanschauung. Dass sie sich auch in Rom breit machen konnten, ist für ihn bezeichnend, da dort „von allen Seiten alle nur denkbaren Gräuel und Abscheulichkeiten zusammenströmen und Anklang finden ..." Bei ihrem Tod, schreibt er, „ward auch noch Spott mit ihnen getrieben, dass sie, mit Häuten wilder Tiere bedeckt, durch Zerfleischen durch Hunde oder an Kreuze geheftet oder in Feuerbränden ihren Tod fanden, und wenn sich der Tag geneigt, zur nächtlichen Erleuchtung verbrannt wurden. Seinen Park hatte Nero zu diesem Schauspiel geöffnet ..."[10]

Mochten christliche Autoren wie Tertullian (um 160–220 n. Chr.) oder Eusebius (um 263–339 n. Chr.) die Verfolgung nur Neros Grausamkeit zuschreiben, so geben frühere Autoren eine andere Version. Melito, Bischof von Sardes, der um die Mitte des 2. Jahrhunderts lebte, berichtet, Nero sei von den Verleumdungen schlechter Menschen überzeugt worden. Und Clemens von Rom, der in den Jahren unmittelbar nach den Ereignissen schrieb, machte Eifersucht und Neid für die Verfolgungen verantwortlich. Die Einzigen jedoch, die damals die Christen beneiden konnten, waren die Juden, die ihre eigene Religion durch den überraschenden Erfolg des neuen Glaubens bedroht sahen.

Wenn Tacitus' Hinweis zutrifft, dass die Christen nicht nur als Brandstifter, sondern auch als Christen bestraft wurden, dann könnte es sich bei Neros Strafaktion nicht um einen einer kaiserlichen Laune entsprungenen Angriff, sondern um den von langer Hand von Juden vorbereiteten Versuch handeln, sich der Macht Roms in ihrem Kampf mit einer Sekte zu bedienen, die sie wie keine zuvor fürchteten und hassten. Und es ist denkbar, dass Nero in seinen die Christen betreffenden Entscheidungen von seiner Gattin Poppaea Sabina, der er nachweislich verfallen war, beeinflusst wurde. Sie galt als große Sympathisantin des Judentums.

Zumindest was die staatlicherseits gewährten Privilegien betraf, bestand für das Judentum vorerst kein Grund zur Sorge. Die öffentliche Toleranz, ja Bevorzugung, die man ihm entgegenbrachte, wurde Christen in den ersten drei Jahrhunderten der neuen Zeitrechnung nicht zuteil. Im Gegenteil. Der Eifer, mit dem ihre Anhänger die neue Lehre verbreiteten, machte sie den Behörden verdächtig. Neros gewaltsames Eingreifen war nur der Beginn einer Reihe blutigster und alle Vorstellungen übertreffender Verfolgungen, mit denen die Weltmacht Rom das Christentum auszumerzen trachtete.

Judäa gerät zunehmend außer Kontrolle

Die romfeindlichen Kräfte nehmen zu – Auseinandersetzungen zwischen Juden und Samaritanern – Konflikte zwischen Juden und Griechen – Der Tyrann Gessius Florus – Blutbad in Jersualem

Die Provinz, die Kaiser Claudius mit einem Handstreich geschaffen hatte, umfasste neben Judäa auch Galiläa, Peräa, Idumäa und Samaria und war damit größer als diejenige, die Rom vor Agrippas Krönung besessen hatte. Sie blieb einem Präfekten unterstellt, der wie früher dem Statthalter von Syrien unmittelbar verantwortlich war. Die in der *Provincia Iudaea* liegenden Truppen wurden erstaunlicherweise nicht verstärkt.

Die Geschichte Judäas der Jahre 44 bis 66 n. Chr. ist die Geschichte von Rechtsbruch und Niedergang. Fanatische Aufrührer, die sich unter Agrippa I. noch weitgehend zurückgehalten hatten, meldeten sich wieder zu Wort. Der Verlust der ehemals nahezu eigenständigen Monarchie ermutigte sie, erneut Unruhe zu stiften und gegen die römische Besatzung aufzubegehren. Dazu kamen auf Seiten der Römer Provinzialverwalter, die für ihr Amt wenig Verantwortungsbewusstsein und kein Fingerspitzengefühl zeigten.

Nur den ersten beiden Vertretern der römischen Staatsmacht, die auf Agrippa folgten, gelang es, Ruhe und Ordnung einigermaßen aufrechtzuerhalten, doch auch das nur zeitweise und auf wenige Orte beschränkt. Der steigenden Unzufriedenheit zeigten sich die Römer immer weniger gewachsen. Jeder neue Aufstand übertraf den vorhergehenden an Provokation und Gewalttätigkeit. In den späten fünfziger Jahren schließlich war die Lage völlig außer Kontrolle geraten. Selbst ernannte Heilsbringer und falsche Propheten traten auf, von denen sich viele als der lang ersehnte Messias ausgaben und mit ihren leeren Versprechungen gewaltige Menschenmassen anzogen. Von Zeichen und Wundern kündeten sie und von der Befreiung aus jahrzehntelanger Unterdrückung. Damit aber heizten sie die ohnehin gereizte Stimmung noch weiter an. Wie die anderen Aufwiegler waren auch sie überzeugte Gottesanhänger, die ebenfalls das Ziel politischer Unabhängigkeit verfolgten, aber mit den weitaus gefährlicheren Mitteln geistiger Infiltration.

In seinem *„Bellum Iudaicum"*, jenem detaillierten Bericht über die Ereignisse in Judäa zu jener Zeit bis zur Beendigung des großen Krieges unter Titus, schreibt Flavius Josephus, Kaiser Claudius habe zunächst Cuspius Fadus als Prokurator nach Judäa gesandt und nach ihm Tiberius Alexander, „unter denen das Volk sich ruhig verhielt, weil sie seine heimischen Bräuche unangetastet ließen ..."[1] Seine weit ausführlichere Darstellung in den „Jüdischen Altertümern" gibt indes ein weniger rosiges Bild. Besonders unter Cuspius Fadus sei es zu gewaltsamen Ausschreitungen gekommen, an denen dieser nicht ganz schuldlos gewesen sei.

Nach Agrippas Tod war Cuspius Fadus von Kaiser Claudius angewiesen worden, alle Soldaten, die sich an der Verunglimpfung von Agrippas Andenken beteiligt hatten, nach Pontus am Schwarzen Meer zu versetzen. Doch sah man nach inständigem Bitten der Betroffenen von der harten Bestrafung ab. Sie, mehr denn je von Judenhass getrieben, blieben also in Judäa, was wiederum zur Verbitterung der Einheimischen beitrug. Es bildeten sich jüdische Widerstandsgruppen, die der heidnischen Bevölkerung schwer zusetzten.

Gnade kannte Fadus indes diesmal nicht. Er ließ die Anführer der jüdischen Freischaren hinrichten oder verbannen, und er versuchte, die Gewänder des Hohepriesters wie früher in der Burg Antonia zu verwahren. Diese Absicht empörte wie kaum etwas anderes die edlen jüdischen Familien, vor allem Agrippas Bruder Herodes (II.), dem Kaiser Claudius im Jahr 41 die Reste des alten Ituräerstaates als Königreich *Chalcis ad Libanum* verliehen hatte und der sich wie kaum ein anderer um die Erhaltung der jüdischen Privilegien sorgte. Die Aufregung darüber nahm schließlich solche Ausmaße an, dass neben Fadus auch der syrische Statthalter Gaius Cassius Longinus, Nachfolger des Vibius Marsus, im Frühjahr 45 n. Chr. in Jerusalem erschien.

Herodes II. bat indes, nichts zu überstürzen, sondern die Sache dem Kaiser in Rom vorzutragen und sich seiner Entscheidung zu beugen. Tatsächlich verlieh Claudius Herodes das Recht, die heiligen Gewänder zu verwahren und darüber hinaus auch die Hohepriester selbst zu bestimmen. Zumindest für die inneren Angelegenheiten seines Landes konnte Herodes damit in einem gewissen Sinn als Nachfolger seines Bruders Agrippa angesehen werden. Auf die politischen Entscheidungen hatte er allerdings nach wie vor keinen Einfluss.

Unter Tiberius Alexander aber habe es dann tatsächlich eine verhältnismäßig ruhige Epoche gegeben, die letzten beschaulichen Jahre vor den erschütternden Unruhen, denen der große Krieg mit der Zerstörung Jerusalems 70 n. Chr. ein Ende setzen sollte. Dass noch einmal ein paar friedliche Jahre genossen werden konnten, war sicherlich auch ein Verdienst dieses Mannes, der nicht nur als umsichtiger Verwalter geschildert wird – er sollte noch für manche Überraschung gut sein und seine Laufbahn im Jahr 66 als Präfekt von Ägypten krönen –, sondern selbst von Geburt Jude war, ein Neffe des berühmten Philosophen Philo von Alexandria.

Seine Familie hatte zu Agrippa I. ein freundschaftliches Verhältnis unterhalten, und es kann nicht ausgeschlossen werden, dass der König selbst den begabten jungen Mann dem Kaiser für die öffentliche Ämterlaufbahn vorgeschlagen hatte.

Mochte Tiberius Alexander seinem Glauben auch abgeschworen haben, so war er doch in einem Familienverband aufgewachsen, in dem die alten Bräuche noch in Ehren gehalten wurden. Seine genauen Kenntnisse der jüdischen Gesetze und Gewohnheiten ermöglichten es ihm, Konfrontationen vorzubeugen, indem er sein Amt äußerst behutsam ausübte und die ihm verliehene Macht nicht missbrauchte.

Bis in die späten fünfziger Jahre bemühten sich auch die Hohepriester um ein gutes Verhältnis zu Rom. Das ist kaum verwunderlich, denn nur solche wurden für dieses Amt benannt, deren Loyalität zur Besatzungsmacht man sich sicher sein konnte. So stellten sie oft wertvolle Vermittler zwischen ihrem Volk und den Römern dar. Sie konnten, anders als die Könige, nicht als eigentliche Romfreunde betrachtet werden, sondern schätzten nur die Lage ihres Volkes gegenüber den Besatzern realistisch ein. Doch in den Jahren, die der großen Revolte vorhergingen und in denen die Situation auf beiden Seiten aufs Äußerste gespannt war, begannen auch sie, die Römer zu bekämpfen und ihren Einfluss der wachsenden Anarchie zuzuwenden.

Als Fadus in die Provinz gekommen war, musste er feststellen, dass während der herrenlosen Zeit, den wenigen Wochen nach Agrippas' Tod, dort an zwei Grenzen Streitigkeiten ausgebrochen waren. Die einen zwischen Juden in Peräa und der Stadt Philadelphia, die wohl schon unter Agrippa gedroht hatten, von ihm aber unterdrückt worden waren. Fadus ließ drei der jüdischen Anführer gefangen setzen, einen von ihnen hinrichten und die beiden anderen des Landes verweisen.

Zu Unruhen war es auch in Idumäa gekommen, doch weniger aus Protest gegen Rom. Scharen von Räuberbanden plünderten nicht nur den Landstrich aus, sondern trugen ihre Verwüstungen über die südliche Landesgrenze ins Reich der Nabatäer. Wieder ließ Fadus die Rädelsführer ergreifen und ans Kreuz schlagen. „Nicht lange danach wurde auch der Räuberhauptmann Tholomaeus, der den Idumäern und Arabern beträchtlichen Schaden zugefügt hatte, gefesselt ihm vorgeführt und mit dem Tode bestraft".[2] Doch gelang es erst Tiberius Alexander, das Werk des Vorgängers zu vollenden und das Räuberunwesen auszurotten.

Noch unter Fadus' Regentschaft traten falsche Propheten und Pseudo-Erlöser auf. Ein gewisser Theudas sammelte Anhänger im Jordantal und versprach ihnen, nach Moses' Vorbild die Fluten des Flusses zu teilen und ihnen einen bequemen Durchgang zu ermöglichen. Viele ließen sich täuschen und liefen geradewegs in ihr Unglück. Mochte das Treiben eines religiösen Spinners für Rom auch keine unmittelbare Gefahr darstellen, so befürchtete der Statthalter doch, die Menschenansammlung könnte erneut Unruhe stiften. Daher sandte er eine Reiterabteilung gegen sie aus, „die unversehens über sie herfiel, viele von ihnen tötete und andere in Gewahrsam brachte. Theudas selbst geriet ebenfalls in Gefangenschaft, worauf er enthauptet und sein Kopf nach Jerusalem gebracht wurde ..."[3]

Die bereits erwähnte Ernennung des Agrippabruders Herodes II. zum Wächter über die heiligen Gewänder und die Erlaubnis, die Hohepriester selbst auszuwählen, beinhalteten zugleich das Recht, die Tempelangelegenheiten zu überwachen. Von da an bis zum Ausbruch des Krieges oblag die Wahl des höchsten jüdischen Würdenträgers Prinzen aus dem herodianischen Königshaus. Doch konnte Herodes II. sich dieser Gunst nicht lange erfreuen. Er starb im Jahr 48, kurz nachdem er Ananias als zweiten Hohepriester seiner Amtszeit berufen hatte, einen weithin bekannten Mann, der später die Empörung gegen Rom wesentlich beeinflussen sollte. Chalcis, das Herrschaftsgebiet des Verstorbenen, wurde für kurze Zeit dem Statthalter von Syrien unterstellt, bis es Kaiser Claudius als Königreich dem Sohn Agrippas, der als Agrippa II. in die Geschichte einging, in der zweiten Hälfte des Jahres 49 übertrug.

M. Iulius Agrippa, mittlerweile 21 Jahre alt, hatte seine Ausbildung am Kaiserhof in Rom abgeschlossen und konnte wie sein Vater als treuer Römerfreund betrachtet werden. Er erbte das Recht, die Hohepriester zu ernennen, und das Aufsichtsrecht über den Tempelbezirk.

Tiberius Alexanders Statthalterschaft wurde von einer schweren Hungersnot überschattet. Rom war offensichtlich nicht in der Lage, ihrer Herr zu werden. Doch waren kurz zuvor Helena, die Königin von Adiabene, einem Grenzland zwischen dem Römischen und dem Partherreich, und ihr Sohn Izates zum Judentum übergetreten. „Als nun des Königs Mutter Helena sah", berichtet der jüdische Geschichtsschreiber Flavius Josephus, „dass ihr Sohn glücklich und durch Gottes Fügung auch im Ausland überall hoch angesehen war, regte sich in ihr das Verlangen, nach Jerusalem zu pilgern, um den von aller Welt gerühmten Tempel Gottes zu verehren und Dankopfer darzubringen ..."[4] Es scheint fast, als habe die himmlische Vorsehung die Königin geschickt, die in Jerusalem herzlich empfangen wurde. Denn als sie feststellte, dass viele Bewohner aus Mangel an Nahrungsmitteln umkamen, ließ sie aus Alexandria und Zypern ganze Schiffsladungen von Getreide und Feigen herbeischaffen und verteilte sie unter die Notleidenden. Izates stellte den Vornehmen der Stadt große Geldsummen zur Verfügung. Auch sie halfen, viele vor dem Hungertod zu bewahren.

Mit Tiberius Alexanders Abzug endete auch die kurze Periode von relativem Wohlstand, Frieden und Glück, und die jüdische Provinz versank im Chaos. Unter seinem Nachfolger Ventidius Cumanus, der die Geschicke Judäas von 48 bis 52 n. Chr. leitete, ergriff der Aufruhr von der ganzen Provinz Besitz und nahm ein solches Ausmaß an, dass es keinem der folgenden Statthalter mehr gelang, ihn niederzuwerfen oder auch nur einzudämmen.

Zu ersten Gewalttätigkeiten kam es in Jerusalem. Während des Paschafestes 48 n. Chr., als ein Teil der Besatzung der Burg Antonia wie üblich in Wehr und Waffen die Säulenhallen des Tempelareals besetzte, um etwa ausbrechende Ruhestörungen schon im Keim zu ersticken, entblößte einer der Soldaten im Angesicht des Volkes seine Schamteile. Die Menge geriet hierüber in heftige Aufregung und schrie, nicht ihr habe man Schmach angetan, sondern Gott selbst gelästert.

Auch Cumanus war erzürnt über die provozierende Verhöhnung, bat aber die aufgebrachten Juden, sich zu beruhigen und das Fest nicht noch mehr zu stören. Seine Mahnungen blieben jedoch unbeachtet. Man forderte vielmehr lautstark die Bestrafung des Beleidigers. Schon begannen einige, die in den Säulenhallen umzingelten Soldaten mit Steinen zu bewerfen, sodass sich der Statthalter gezwungen sah, den Eingeschlossenen Verstärkung zu schicken. Der Anblick so vieler Bewaffneter aber versetzte die Menge in Panik. Viele ergriffen die Flucht durch die engen Gassen und wurden von Nachfolgenden zu Tode getrampelt. Flavius Josephus zufolge sollen 20 000 Menschen umgekommen sein.[5]

Cumanus hatte sich indes nichts vorzuwerfen. Der Einsatz von Soldaten als Vorsichtsmaßnahme bei Menschenaufläufen entsprach der gängigen Praxis, sodass auch der jüdische Geschichtsschreiber die ganze Verantwortung für die Eskalation der Gewalt dem Mann anlastete, der sie durch sein unverschämtes Betragen heraufbeschworen hatte.

Dennoch: In den Augen der Juden war der Präfekt für seine Leute verantwortlich, und der Vorfall war nicht dazu geeignet, die Beziehungen zu seinen Untertanen zu verbessern. Im Gegenteil: Das sinnlose Blutvergießen stärkte die Stellung romfeindlicher Kräfte, die bald wieder auf sich aufmerksam machten. Doch war es nur der Auftakt zu einer Kette von schweren Schicksalsschlägen, die nun auf Judäa herniederprasselten.

Kaum hatten sich die Gemüter etwas beruhigt, da überfielen einige Unruhestifter auf offener Landstraße, nur knapp zwanzig Kilometer von der Hauptstadt entfernt, einen kaiserlichen Boten, dem sie alles raubten, was er bei sich trug. Um dieses Verbrechen zu bestrafen, schickte Cumanus Soldaten mit dem Auftrag, die Dörfer in der Umgebung des Unglücksorts, die er für Zufluchtsstätten gewalttätiger Unzufriedener hielt, zu plündern und ihm die Vornehmsten vorzuführen, damit er sie zur Verantwortung ziehe.

Möglicherweise hätte diese lokal begrenzte Strafexpedition kein weiteres Aufsehen erregt. Doch fiel einem der Männer die Gesetzesrolle einer Synagoge in die Hände. Er zerriss sie und warf sie vor den Bewohnern des Dorfes unter den mannigfaltigsten Verhöhnungen und Schmähungen ins Feuer. Sobald der Vorfall bekannt geworden war, rotteten sich viele Juden zusammen, zogen nach Caesarea, wo Cumanus residierte, und baten, der Präfekt möge doch ihrem Gott, dem Schmach angetan worden sei, Genugtuung verschaffen. Daraufhin ließ dieser, einen abermaligen Aufstand befürchtend, den Soldaten mit dem Beil hinrichten. (In den Augen frommer Juden war das Verbrennen des geschriebenen Namens Jahwes ein schreckliches Sakrileg, sodass sie Schriftrollen, die durch jahrelange Benutzung unbrauchbar geworden waren, in einem besonderen Magazin der Synagoge verwahrten.) Für eine Weile wenigstens hatte Cumanus den Frieden gerettet.

Doch brach schon 51 n. Chr. die alte Feindschaft zwischen Juden und Samaritanern wieder aus. Galiläische Pilger, die zu den Festen nach Jerusalem zogen, pflegten ihren Weg durch Samaria zu nehmen. Da geschah es, dass ein Pilgerzug von den Bewohnern eines Dorfes überfallen wurde und viele der Reisenden umkamen. Die angesehensten Galiläer forderten nun von Cumanus, den Tod ihrer Landsleute zu rächen. Doch er, der sich der drohenden Gefahr offensichtlich nicht bewusst war, ließ sich von den Samaritanern bestechen und beachtete die Klagen der Galiläer nicht. Verbittert riefen diese nun das ganze jüdische Volk zu den Waffen, obwohl der Sanhedrin zur Mäßigung mahnte und anbot, erneut beim Statthalter vorstellig zu werden. Eleazar, ein Räuber übelster Sorte, der sich schon seit Jahren im Gebirge herumtrieb, eilte den Aufständischen zu Hilfe. Gemeinsam äscherten sie eine Reihe von Dörfern in Samaria ein. Cumanus stellte sich mit einem großen Aufgebot Soldaten und den bewaffneten Samaritanern den Juden entgegen, machte viele von ihnen nieder und ließ eine noch größere Anzahl gefangen nehmen. Wer davonkam und das Massaker überlebte, bemerkte bald, dass weiterer Widerstand dem Land eher schadete als nützte. Angehörige der führenden Schicht Jerusalems beschworen zudem die aufrührerische Menge, die Waffen niederzulegen. Sie befürchteten die Zerstörung ihrer Vaterstadt und die Einäscherung des Tempels. Die Banditen zogen sich daraufhin wieder in ihre Schlupflöcher in den Bergen zurück, aber ganz Judäa blieb von da an Schauplatz räuberischer Streifzüge.[6]

Indessen klagten die „Häupter der Samaritaner"[7] vor dem syrischen Statthalter Ummidius Quadratus die Plünderung und Brandschatzung ihrer Dörfer an. Ihre Beschwerde richtete sich weniger gegen das ihnen widerfahrene Unrecht als vielmehr dagegen, dass sie sich von den Römern missachtet fühlten. Die Juden hätten Selbstjustiz geübt, als ob es eine römische Obrigkeit nicht gäbe. Diese jedoch beschuldigten die Beschwerdeführer der Urheberschaft des Aufstands, denn sie hätten Cumanus bestochen und ihn damit veranlasst, bei den antijüdischen Ausschreitungen ein Auge zuzudrücken. Quadratus entließ die Gesandtschaft mit dem Versprechen, genaue Untersuchungen über die Vorfälle anzustellen und bei seinem nächsten Besuch in Jerusalem ein Urteil zu fällen. Als er jedoch bald darauf nach Samaria kam, erklärte er, dass die Samaritaner für die Unruhen verantwortlich seien. Dennoch ließ er, wohl in der Hoffnung, damit allen Seiten gerecht zu werden, die von Cumanus gefangen genommenen Juden ans Kreuz schlagen.

Kurze Zeit später erfuhr er, dass ein vornehmer Jude namens Dortus und drei andere Männer versucht hatten, das Volk zum Abfall von Rom zu verleiten. Er ließ sie kurzerhand hinrichten. Den ebenfalls der Verschwörung verdächtigen Hohepriester Ananias schickte er als Gefangenen nach Rom, wo er sich vor Kaiser Claudius verantworten sollte. Auch Cumanus und die Vornehmsten der Samaritaner und Juden wurden angewiesen, ihren Streit in Rom vor dem Richterstuhl des Kaisers auszutragen und sich dessen Entscheidung zu beugen. Er selbst begab sich nach Jerusalem, da Judäa jetzt führungslos war, fand das Volk friedlich beim Paschafest versammelt (52 n. Chr.) und kehrte beruhigt nach Syrien zurück. Er war fest davon überzeugt, dass weitere Unruhen nicht zu erwarten wären.

Die Entscheidung des Kaisers zeigt, wie hilflos er oft fremdem Einfluss ausgesetzt war. Seine Freigelassenen, denen er meist blind vertraute, und der Kronrat (*consilium*) verwandten sich für Cumanus und die Samaritaner. Wahrscheinlich hätten sie Recht bekommen, wäre Claudius nicht seiner Gattin Agrippina hörig gewesen. Sie hatte der jüngere Agrippa, der sich gerade in Rom aufhielt und die üble Lage seiner Glaubensbrüder gewahrte, beschworen, die Sache der Juden vor ihrem Mann zu vertreten. So erkannte schließlich auch Claudius in den Samaritanern die Urheber des Unheils, ließ einige der Gefangenen hinrichten und schickte Cumanus in die Verbannung.[8]

Zum neuen Landpfleger Judäas wurde im Jahr 53 Antonius Felix ernannt. Er war der Bruder des kaiserlichen Freigelassenen Pallas, der unter Kaiser Claudius am Hof eine einflussreiche Stellung besaß, nicht zuletzt als – wohl einziger – Vertrauter der Kaisergattin Agrippina. Pallas war als besonnener Mann bekannt und geschätzt. Felix indes erwies sich nicht als die glücklichste Wahl. Denn er war, wie Tacitus bemerkt, keineswegs ein seinem Bruder vergleichbar sich mäßigender Charakter, sondern hielt angeblich jede Übeltat für erlaubt.[9] Anders als Tacitus beschreibt ihn Flavius Josephus als Mann, den man sich eher als unfähig, denn als dumm und gewalttätig vorzustellen habe.

Zunehmend gerieten unter seiner Führung die Verhältnisse in Judäa außer Kontrolle, wobei Juden nicht nur die römische Besatzungsmacht, sondern sich auch gegenseitig attackierten. Dennoch sollte Felix eine verhältnismäßig lange Amtszeit beschieden sein. Als Kaiser Claudius 54 n. Chr. starb, bestätigte sein Adoptivsohn und Nachfolger Nero, der Sohn der mächtigen Agrippina, die Übertragung des Amtes, obwohl er Felix' Bruder Pallas wegen dessen guter Beziehung zu seiner Mutter hasste. Der neue Landpfleger Judäas behielt seine Stellung sogar, nachdem Pallas' bei Kaiser Nero endgültig in Ungnade gefallen war.

Ein einziger bewusster Verstoß gegen das jüdische Gesetz ist von Felix bekannt, als er im zweiten Jahr seiner Regentschaft Drusilla, die Schwester Agrippas II., damals siebzehn Jahre alt, ihrem Gatten wegnahm und sie zu seiner Frau machte, da er von ihrer Schönheit berauscht war. Der Bruder selbst hatte die junge Frau Azizus, dem König von Emesa, ein Jahr zuvor zur Ehe gegeben, da dieser bereit gewesen war, zum Judentum zu konvertieren und sich beschneiden zu lassen. Sehr vorsichtig ging deshalb der verliebte Landpfleger zu Werke. Er schickte Drusilla einen mit ihm befreundeten Juden, dessen Überzeugungskunst es anscheinend nicht allzu schwer fiel, sie zu überreden, ihren Gatten im Stich zu lassen und sich mit dem Römer zu vermählen, der ihr ausrichten ließ, er werde sie, falls sie ihn nicht verschmähe, sehr glücklich machen. Die junge Frau war offensichtlich froh, ihrem jüdischen Familienclan zu entkommen, besonders ihrer neidischen Schwester Berenike, von der sie um ihrer Schönheit willen manches auszustehen hatte. Sie gebar ihrem neuen Gatten einen Stammhalter, den sie Agrippa nannte. Beide, Mutter und Sohn, kamen beim Ausbruch des Vesuvs 79 n. Chr. ums Leben.[10]

Es ist nicht bekannt, dass die Juden gegen die Verbindung öffentlich protestiert hätten, die augenscheinlich auf Felix' Verwaltungsarbeit einen mäßigenden Einfluss ausübte, da ihn seine Frau mit den jüdischen Gebräuchen vertraut machte. Dennoch: Kaum war er abberufen worden, da begannen sich seine einstigen Untertanen über das Unrecht zu beklagen, das er ihnen zugefügt habe. Eine jüdische Abordnung aus Caesarea, die Felix noch selbst ausgesandt hatte, traf, zusammen mit Repräsentanten der griechischen Bürgerschaft Caesareas, in Rom ein, um vor Kaiser Nero einen Streit offen zu legen, zu dessen Schlichtung der Landpfleger Judäas nicht befugt war. Juden und Griechen machten sich gegenseitig das Stadtrecht streitig. Darüber war es zu schweren Auseinandersetzungen gekommen.

Nero war vom Wahrheitsgehalt der Anschuldigungen gegen Felix offensichtlich nicht überzeugt. Widersprüchliches berichten hierzu die alten Quellen. Flavius Josephus meint, der Einfluss seines Bruders bei Hofe habe Felix' Kopf gerettet.[11] Bei Tacitus jedoch ist Pallas' Sturz für das Jahr 55 vermerkt[12], als sich Felix noch seiner angesehenen Stellung erfreute. Nach herrschender Meinung wurde er erst 58 oder 59 abgelöst. Da aber war von dem einst mächtigen Freigelassenen am Kaiserhof schon lange nicht mehr die Rede.

Nero jedenfalls hörte sich die Sache an und entschied aus Sympathie zu Gunsten der Griechen. Diese Entscheidung gilt als Anlass für den Krieg, der dann im zwölften Jahr der neronischen Herrschaft über Judäa hereinbrach.[13]

Unter Führung des Hohepriesters Ismael traf zu jener Zeit eine weitere jüdische Gesandtschaft in Rom ein. Sie hatte das Anliegen, eine zum Schutz vor Einsicht in das Tempelinnere erbaute Mauer stehen lassen zu dürfen. Nero entsprach dieser Bitte seiner Frau Poppaea Sabina zuliebe, die, wie bereits erwähnt, angeblich eine „Gottesfürchtige", zumindest aber eine Sympathisantin des Judentums war.

Porcius Festus folgte Felix in Judäa nach. Festus starb 62 n. Chr. während seiner Amtszeit, wahrscheinlich im Bewusstsein, gescheitert zu sein. Denn seinen Friedensbemühungen war kein anhaltender Erfolg beschieden. Unter Lucceius Albinus (62–64 n. Chr.) war das wenige, das Festus erreicht hatte, wieder vertan. Flavius Josephus bedenkt diesen Mann mit vernichtender Kritik. „… Keine Schändlichkeit gab es, die er nicht verübt hätte …"[14] Nicht genug, dass er die öffentlichen Kassen bestahl, viele Privatleute ihres Vermögens beraubte und das ganze Volk mit Abgaben belastete – er gab auch die, die von ihrer Obrigkeit oder den früheren Prokuratoren eingekerkert worden waren, ihren Verwandten gegen Zahlung von Lösegeld frei.

Kein Wunder, dass dadurch die Umstürzler in Jerusalem wieder neuen Auftrieb erhielten. Diejenigen, die über die nötigen Mittel verfügten, brachten den Römer durch Bestechung auf ihre Seite, sodass sie unbehelligt den Aufruhr schüren konnten. Die wenigen Rechtschaffenen und Besonnenen, die geplündert und unterdrückt wurden oder bislang davongekommen waren, wagten nicht, sich zu beschweren, um verschont oder nicht erneut heimgesucht zu werden. Dennoch soll Albinus im Vergleich zu seinem Nachfolger Gessius Florus (64–66 n. Chr.), der seine Berufung der innigen Freundschaft seiner Frau zu Poppaea Sabina, der Gattin Kaiser Neors, verdankte, ein Muster an Tugend gewesen sein. Denn wenn jener seine Verbrechen im Verborgenen verübte, „trug Gessius seine Frevel prahlerisch zur Schau … In seiner Grausamkeit kannte er kein Mitleid, in seiner Ruchlosigkeit keine Scham, und nie hat jemand so wie er die Wahrheit in Lüge verkehrt oder schlauere Mittel ersonnen, um verbrecherische Absichten zu erreichen …"[15] Der jüdische Geschichtsschreiber Flavius Josephus konkretisiert seine Vorwürfe: An der Habe Einzelner sich zu bereichern schien Gessius nicht der Mühe wert. Ganze Städte und Gemeinwesen habe er ausgeraubt und zugrunde gerichtet. Schließlich seien viele Menschen in andere Provinzen geflohen und ganze Landstriche entvölkert worden.

Niemand wagte, Gesandte zum Statthalter von Syrien, Cestius Gallus, zu schicken, um Florus anzuklagen. Als Gallus jedoch zum Fest der ungesäuerten Brote nach Jerusalem kam, versammelten sich angeblich nicht weniger als drei Millionen Juden, die den Landpfleger als Geißel Gottes bezeichneten und den Statthalter Syriens baten, sich des jüdischen Volkes zu erbarmen. Gessius Florus, der sich die Anklage selbst angehört hatte, quittierte die Anschuldigungen mit höhnischem Lachen, aber auch Gallus nahm die Beschwerden nicht ernst. Er beschwichtigte die Menge und versprach, Florus milder zu stimmen. Dann kehrte er nach Antiochia zurück.

Gessius Florus, unmäßiger denn je, versuchte nun, die Juden in einen

Krieg zu verwickeln, um die Aufmerksamkeit von seinen Schandtaten abzulenken. Solange nämlich Frieden herrschte, musste er ständig darauf gefasst sein, dass man ihn beim Kaiser verklagte. Von Tag zu Tag drangsalierte er deshalb das Volk mehr, um ihm die römische Herrschaft möglichst verhasst zu machen.

„... Florus war es, der uns so weit brachte, dass wir den Krieg mit den Römern aufnahmen ...", stellt Flavius Josephus fest.[16] Und Tacitus bemerkt: „Dennoch hielt sich die Geduld der Judäer bis auf den Procurator Gessius Florus; unter ihm brach der Krieg aus."[17] Mit dem Wort Geduld (*patientia*) bestätigt der Geschichtsschreiber, dass die Behandlung Judäas zu jener Zeit kein rühmliches Beispiel römischer Provinzialverwaltung war und die römischen Sachwalter nichts unterließen, die Juden gegen die Besatzungsmacht aufzubringen. Eine Aussage, die dadurch an Bedeutung gewinnt, dass sie von einem Römer stammt.

Inzwischen waren die Griechen Caesareas triumphierend aus Rom mit der Urkunde heimgekehrt, die sie als Herren der Stadt anerkannte, und das Unglück nahm seinen Lauf. Die jüdischen Einwohner besaßen eine Synagoge, die auf dem Grundstück eines Griechen errichtet worden war. Wiederholt hatten sie versucht, den Platz zu kaufen, und einen Preis dafür geboten, der den tatsächlichen Wert weit übertraf. Der Eigentümer kümmerte sich aber nicht darum, sondern begann, um die Synagoge herum Werkstätten zu errichten, die den Eingang zum Gotteshaus erheblich behinderten. Die Wohlhabenden der jüdischen Gemeinde sahen daraufhin keinen anderen Ausweg, als dem Landpfleger Florus acht Talente anzubieten, eine hohe Summe, wenn er den Weiterbau untersagte. Florus stimmte zu. Kaum hatte er jedoch das Geld in den Händen, da reiste er nach Sebaste ab und überließ die Streithähne sich selbst. Es war, als hätte er den Juden die Erlaubnis, zu den Waffen zu greifen, für einen billigen Preis verkauft.

Am folgenden Sabbat hatten sich die Juden vorschriftsmäßig in der Synagoge versammelt. Da stellte ein händelsüchtiger Bürger der Stadt vor den Eingang einen umgekehrten Topf und opferte Vögel. Dies aber verhöhnte die mosaischen Gesetze und verunreinigte den Ort. Es dauerte nicht lange, bis sich die erhitzten Gemüter auf beiden Seiten in einem Handgemenge abzukühlen versuchten. Der römische Reiterkommandant Iucundus erhielt den Auftrag, die Ruhe wiederherzustellen, konnte aber in der aufgeheizten Atmosphäre nichts ausrichten. So zogen sich die besonnenen Juden mit den Gesetzesbüchern nach Nabata zurück. Eine Abordnung der Vornehmen begab sich indes nach Sebaste, um Florus um Beistand zu bitten. Der aber warf den Gesandten vor, die

Gesetzesbücher verschleppt zu haben, und ließ sie ins Gefängnis werfen.

Mit Empörung hörten die Bewohner Jerusalems von den Vorfällen in Caesarea, hielten sich aber einstweilen zurück. Als Florus jedoch im Frühjahr 66 anordnete, dem Tempelschatz 17 Talente zu entnehmen, angeblich, um sie dem Kaiser nach Rom zu schicken, strömte das aufgebrachte Volk laut schreiend zum Tempel, rief den Namen des Kaisers an und flehte, Judäa von der Tyrannei dieses „Landpflegers" zu befreien. Unter heftigen Schmähungen sammelte man zudem Almosen für „den armen, unglücklichen Florus".[18]

Es wäre dessen Pflicht gewesen, nach Caesarea zu eilen und dort die Ursache der Streitigkeiten zu beseitigen, wofür er schließlich von den Juden bezahlt worden war. Stattdessen aber machte er sich mit Reiterei und Fußvolk von Sebaste aus auf den Weg nach Jerusalem „in der Voraussicht, er werde Gelegenheit finden, seine Habgier und seinen Blutdurst zu befriedigen ..."[19] Vielleicht wäre bei einem einsichtsvolleren und verantwortungsbewussteren Provinzverwalter noch vieles zu retten gewesen.

Abgesandte der Juden, den Zorn der Römer befürchtend, gingen den anrückenden Soldaten mit Beifall entgegen und trafen auch Anstalten, den Landpfleger selbst ehrenvoll zu empfangen. Der aber schickte einen Centurio mit 50 Reitern voraus, die den Gesandten auszurichten hatten, sie mögen sich nach Hause scheren. Man bräuchte keine freundliche Gesinnung gegen den zu heucheln, den man gerade noch geschmäht habe. Echte Männer scheuten sich nicht, ihre Freiheitsliebe mit freimütigen Worten und Waffen in der Hand zu beweisen.

Am nächsten Morgen verlangte er vom vornehmsten Teil der Bürgerschaft, ihm diejenigen auszuliefern, die ihn beschimpft hatten, und drohte, sie selbst zu bestrafen, wenn sie sich weigerten. Man wies ihn darauf hin, dass das Volk sich beruhigt habe, und bat ihn, den Juden den Frieden und den Römern die Stadt zu erhalten und um der vielen Unschuldigen willen den wenigen Schuldigen zu vergeben. Doch dieses Ansinnen entfachte erst recht seinen Zorn, und er befahl seinen Truppen, den oberen Markt zu plündern und jeden, der sich ihnen in den Weg stellte, zu töten. So kam es zu einem gewaltigen Blutbad, denn die Soldaten stürmten beutegierig jedes beliebige Haus und töteten seine Bewohner. Die Fliehenden, die sich in den engen Gassen drängten, wurden erschlagen. Selbst Bürger, die sich ruhig verhalten hatten, wurden vor Florus geschleppt, der sie geißeln und kreuzigen ließ, wobei er nicht einmal Männer von ritterlichem Stand verschonte, die zwar von Geburt

Juden waren, aber diese römische Würde bekleideten. 3600 Menschen sollen an diesem Tag in Jerusalem ihr Leben verloren haben.[20]

Berenike, die Schwester des Römerfreundes Agrippa II., hielt sich in Erfüllung eines Gelübdes gerade in Jerusalem auf. Besorgt um ihre Glaubensgenossen, versuchte sie, ihren Einfluss auf Florus geltend zu machen. Barfuß erschien sie als Bittstellerin vor seinem Richterstuhl, wurde aber nicht nur unehrerbietig behandelt, sondern geriet sogar in Lebensgefahr. Es gelang ihr jedoch, in ihren Palast zu fliehen, wo sie aus Furcht vor einem Überfall die ganze Nacht im Schutz ihrer Wache verbrachte.

Der nächste Morgen bot den Überlebenden ein grauenhaftes Bild. Wütend beklagten sie die Ermordeten und stießen gegen Florus heftige Flüche und Verwünschungen aus. Die Edlen und die Hohepriester aber zerrissen ihre Gewänder und warfen sich dem aufgebrachten Volk zu Füßen: Man möge sich zurückhalten und den Römer nicht noch mehr reizen, damit er nicht Grund habe, ihnen allen noch weitere Grausamkeiten zuzufügen. Und tatsächlich gelang es ihnen, die Menge vorübergehend zu beruhigen.

Auftakt zum Krieg

Agrippa II. – Kampf der Sicarier gegen Rom – Gessius Florus proviziert erneut die Juden – Sieg der Rebellen über die Römer

Auch in anderen Bereichen trieb in jenen Tagen in Judäa alles auf eine Katastrophe zu. Die Sittenverderbnis der aristokratischen Familien hatte ein solches Ausmaß angenommen, dass ihr vergiftender Einfluss auf die unteren Stände nicht ausbleiben konnte.

Agrippa II. (49–um 94 n. Chr.), am Hof zu Rom erzogen, hatte dort die durch scheußliche Intrigen und Laster verpestete Luft eingesogen und setzte als gelehriger Schüler seine Erfahrungen nun in die Praxis um.

Man flüsterte, „dass dieser Spross des hasmonäischen und herodianischen Hauses mit seiner nur um ein Jahr jüngeren, wegen ihrer Schönheit berühmten Schwester Berenike in Blutschande lebte, nachdem sie nach dem Tode ihres Gatten Herodes II. Witwe geworden war ..."[1] und ihr Bruder dessen Königreich Chalcis geerbt hatte. Wahrscheinlich hatte das Gerücht einen Grund, denn Agrippa war bestrebt, es verstummen zu machen. Er verlobte Berenike mit dem König von Kilikien, Polemon, der mehr noch als von ihrer Schönheit von ihrem Reichtum angelockt wurde. Aber bald verließ sie ihn wieder und setzte ihr leichtsinniges Leben fort.

Nicht nur Agrippas Privatleben, sondern auch die Ernennung der Hohepriester brachte ihm den Tadel der Geschichtsschreibung ein. Für die Wahl eines Kandidaten war nun nicht mehr dessen sittliche und religiöse Würdigkeit ausschlaggebend. Vielmehr scheint derjenige den Vorzug erhalten zu haben, der andere in Kriecherei und Verleugnung des Nationalgefühls übertraf und das höchste Bestechungsgeld zahlte. Bald teilten sich nur noch eine Handvoll Familien den Anspruch auf das verantwortungsvolle Amt. Aber selbst unter ihnen herrschten Eifersucht, Zwietracht und Neid, die sich oft genug in gewaltsamen Auseinandersetzungen entluden.

Jeder der Würdenträger versuchte nur noch, die einflussreiche Stellung zum eigenen Vorteil auszubeuten und seine Verwandtschaft zu einträglichen Tempeldiensten zu befördern. Noch Jahrhunderte danach erzählte man, in jener finsteren Zeit hätten die Gnadenzeichen im Tempel aufgehört.

Doch nicht nur in der führenden Schicht, auch beim einfachen Volk wuchs die Zerrüttung. Der gefürchteten Bewegung der Zeloten liefen immer mehr Anhänger zu. Sie hausten in Grotten und Bergesklüften und verunsicherten von ihren Verstecken aus die Umgebung, um ihren Freiheitsdrang zu befriedigen und ihren Lebensunterhalt zu sichern. Sie hatten Rom Tod und Verderben geschworen, dehnten aber ihren Hass auch auf jene aus, die mit der Besatzungsmacht sympathisierten. Viele der Vornehmen gehörten deshalb zu ihren bevorzugten Opfern.

Die besonders fanatische Zelotengruppe der Sicarier machte die Vernichtung ihrer Feinde zum Handwerk. Man benannte sie nach dem kurzen Dolch, *sica*, den sie unter den Gewändern verborgen trugen und mit dem sie andere öffentlich überfielen oder meuchlings ermordeten. Mordtaten wurden so häufig, dass „die Gesetzeslehrer das Sühneopfer für unschuldig vergossenes Blut abschafften, es hätten deren zu viele für die gefallenen Menschenopfer gebracht werden müssen ..."[2]

Als diese unselige Entwicklung ihren Höhepunkt erreicht hatte, setzte Agrippa II. noch vor Ankunft des Präfekten Albinus (62–64 n. Chr.) Ananos, einen jungen Mann von unbeherrschter Wesensart, zum Hohepriester ein. Er gehörte der Sekte der Sadduzäer an, die lange im Verborgenen gewirkt hatte und für ihre Härte und Unnachgiebigkeit bekannt war. Um seine Hartherzigkeit zu befriedigen, versammelte er den Hohen Rat und zerrte einige Männer, darunter Jacobus, den Bruder des Jesus von Nazareth, vor Gericht. Er klagte sie der Gesetzesübertretung an, erwirkte ihre Verurteilung und ließ sie steinigen. Dieses willkürliche Vorgehen aber empörte selbst die Strenggläubigen, und sie sandten eine Abordnung an den König mit der Bitte, Ananos anzuweisen, künftig seine Befugnisse nicht mehr zu überschreiten. Agrippa setzte daraufhin den grausamen Mann nach nur dreimonatiger Amtszeit wieder ab.

Ruhe aber gab es weder unter dem neuen Amtsträger, einem Mann namens Jesus, und selbst dann nicht, als der Statthalter Albinus in Judäa eingetroffen war. Räuberbanden verunsicherten Jerusalem und verwüsteten sein Umland. Da der Hohepriester und einer seiner Vorgänger, Ananias, der beim Volk in hohem Ansehen stand, mit den Banditen oft gemeinsame Sache machten, war ihnen schwer beizukommen.

Agrippa II. schien das alles nicht wirklich anzufechten. Er baute Caesarea Philippi aus und nannte es zu Ehren des Kaisers in Neronias um. In Berytos (heute Beirut) errichtete er ein Theater, um dort alljährlich Schauspiele aufführen zu lassen, wobei das Volk nach stadtrömischem Vorbild mit Getreide und Öl beschenkt werden sollte. Er schmückte die

Stadt mit Kopien von Statuen und Bildwerken der namhaftesten Künstler und schickte sich an, ihr den Glanz einer Regierungsmetropole zu verleihen. Verständlicherweise löste diese Absicht bei den Bewohnern Neronias größten Unmut aus. Der König gäbe, sagten sie, einer fremden Stadt, was er ihnen nähme.

In jenen Tagen kam es auch in Jerusalem über einen Führungswechsel im Hohepriesteramt zu heftigem Streit. Beide, Amtsvorgänger und Nachfolger, sammelten Scharen von Parteigängern um sich, die sich nicht nur gegenseitig in gröbster Weise beschimpften und schmähten, sondern auch Unbeteiligte ausplünderten und terrorisierten. „Von dieser Zeit an", so Flavius Josephus, „kam unsere Stadt aus den Drangsalen nicht mehr heraus, und alle Verhältnisse trieben dem Untergang zu."[3]

64 n. Chr. sollte es noch schlimmer kommen. Der Bau des Herodestempels war vollendet, und 1800 Handwerker verloren Arbeit und Brot. Da die Stadtoberhäupter den Müßiggang so vieler Bauarbeiter und die Not ihrer Familien fürchteten, baten sie Agrippa II. um die Erlaubnis, die östliche Tempelhalle wiederherstellen zu dürfen. Der Aufbau des gewaltigen Säulengangs, der sich längs eines Abgrunds hingezogen und auf weitläufigen und sehr hohen Mauern geruht hatte, hätte vielen der beschäftigungslos gewordenen Menschen ihren Lebensunterhalt wieder gesichert. Allein, der König scheute Zeit und Kosten, die solch ein Vorhaben verschlingen mochte, und gestattete nur, die Stadt mit weißem Marmor zu pflastern. Zum Hohepriester ernannte er nun „Matthias, den Sohn des Theophilus, unter dem der Krieg zwischen Römern und Juden zum Ausbruch kam".[4]

Vielleicht hätten die Vertreter der römischen Besatzungsmacht noch manches abwenden können. Aber auch Gessius Florus hatte kein Interesse daran, den von den jüdischen Würdenträgern erwirkten Waffenstillstand zu achten. Das Erlöschen des Aufstands kam ihm im Gegenteil sehr ungelegen, galt es doch, wie gesagt, von seinen eigenen Verfehlungen abzulenken. Also sann er nach neuen Mitteln, die Unzufriedenheit wieder anzufachen, um einen Grund zum Eingreifen zu haben. Er befahl die Hohepriester und die vornehmsten Bürger Jerusalems zu sich und verkündete ihnen, er ließe sich von der friedlichen Absicht der Juden nur überzeugen, wenn sie den von Caesarea anrückenden Soldaten, zwei weiteren von ihm in Marsch gesetzten Kohorten, grüßend entgegenzögen. Er wusste, dass dies nach allem, was geschehen war, eine unerträgliche Zumutung bedeutete, und dass der kleinste Funke genügen würde, den Aufruhr erneut zu entfachen. Aber er wollte ganz sicher sein. So wies er insgeheim die Offiziere an, die

Begrüßung der Einheimischen nicht zu erwidern und beim geringsten Murren rücksichtslos von den Waffen Gebrauch zu machen.

Nur mit größter Mühe waren die Bewohner Jerusalems, denen so großes Leid zugefügt worden war, davon zu überzeugen, dass es ihnen zum Besten gereiche, den anrückenden Truppen der Römer die übliche Begrüßung nicht zu verweigern. In festlichem Schmuck zogen sie also den Ankommenden entgegen. Als jedoch die Freundlichkeit, die sie sich mühsam abrangen, keinen Widerhall fand, begannen Zweifler tatsächlich, sich über Florus zu beklagen. Das war für die Soldaten das Zeichen zum Losschlagen.

Schnell hatten die feindlichen Krieger die Juden umzingelt, „schlugen mit Knüppeln auf sie ein, und wer flüchtete, wurde von den Reitern verfolgt und von den Hufen der Pferde zertreten. Viele erlagen den Schlägen der Römer, noch mehr wurden von den eigenen Landsleuten zu Tode gedrückt. Furchtbar war das Gedränge an den Toren. Jeder suchte vor dem anderen hereinzukommen, wodurch allen die Flucht erschwert wurde und die, die zu Boden stürzten, grauenvoll umkamen. Erstickt und von der Menge zertreten, wurden sie so unkenntlich, dass niemand mehr die Seinigen erkannte und zu beerdigen vermochte ..."[5]

Die Soldaten verfolgten, unablässig auf alle und alles einschlagend, die Fliehenden bis ins Stadtinnere und versuchten, das Volk in die Vorstadt Bezetha abzudrängen, um sich selbst des Tempels und der Burgfeste zu bemächtigen. Dorthin strebte auch Florus mit seinen Truppen. Doch plötzlich besann sich die Menge und begann, von den Dächern herab den Römern mit Wurfgeschossen schwer zuzusetzen. Da sich diese gegen die sich stauenden Menschenmassen zu schwach fühlten, zogen sie sich in den Palast zurück. Doch die Furcht um den Tempel war bei den Juden nicht gebannt. Sie eilten hinauf zur Festung und rissen die Säulenhallen nieder, die Burg und Heiligtum verbanden. Tatsächlich schien Florus einsichtig. Er befahl die Hohepriester und den Rat zu sich und bot ihnen an, die Stadt zu verlassen, jedoch zu ihrem Schutz eine Besatzung bereitzustellen. Man einigte sich auf eine einzige Kohorte, jedoch nicht die, die das Blutbad ausgelöst hatte.

Nicht müde des intriganten Spiels, berichtete der Interessenvertreter Roms wahrheitswidrig dem Statthalter von Syrien, die Juden hätten den Abfall von Rom geprobt. Gleichzeitig erreichten diesen aber auch Briefe führender Persönlichkeiten Jerusalems, die sich über die Brutalität des „Landpflegers" beschwerten. Cestius wollte jedoch nichts entscheiden, bevor er die Sache nicht selbst untersucht und sich ein eigenes Bild gemacht hatte. Er sandte also einen seiner Vertrauten, der Stimmung und Loyalität der Juden überprüfen und ihm Bericht erstatten sollte. In Jamnia, einer küstennahen Stadt, traf dieser mit Agrippa II. zusammen, und dorthin kamen auch die Vornehmen Jerusalems, um dem König ihre Aufwartung zu machen. Nachdem sie ihm gehuldigt hatten, schilderten sie das Unglück und die Grausamkeit des Florus.

Agrippa geriet über die Römer in heftigen Zorn, aber er hielt sich in berechnender Klugheit zurück und beschuldigte seine Landsleute, das ihnen von Rom zugefügte Leid durch ihr Verhalten selbst verschuldet zu haben. Es kam ihm vor allem darauf an, sie von Rachegedanken abzulenken und noch größeres Unheil zu verhüten. Als gebildete und um ihren Besitz fürchtende Männer erkannten sie wohl, wie gut seine Vorwürfe gemeint waren.

Inzwischen hatte sich aber auch das Volk von Jerusalem aufgemacht, um Agrippa und den Abgesandten des syrischen Statthalters willkommen zu heißen. Voran zogen unter lautem Klagegeschrei die Frauen der Ermordeten. Als sie den König erblickten, stimmte die ganze Menge in das Jammern ein und beklagte die Misshandlungen, die ihr Florus zugefügt hatte. In der Stadt zeigten sie ihnen den verödeten Marktplatz und die gebrandschatzten Häuser. Bald war der Vertraute des Statthalters von der friedlichen Gesinnung der Bürger Jerusalems überzeugt. Er ließ das Volk beim Tempel zusammenrufen, lobte es für seine Treue zu Rom, erwies dem Tempel die Ehre, soweit ihm das als Ausländer und Fremdgläubigem gestattet war, und kehrte zu seinem Auftraggeber zurück.

Die Juden aber waren mit dem Ergebnis dieses Besuches nicht zufrieden. Sie baten Agrippa, Florus auch bei Kaiser Nero durch eine Gesandtschaft zu verklagen. Schweigen, so mutmaßten sie, könnte sie in den Verdacht des Abfalls von Rom bringen.

In geschickter Rede, die alle Register von Gefühl und Vernunft zog, drängte der König die aufwallende Volksleidenschaft zurück und erreichte, dass sich die Menschen bereit erklärten, die zerstörten Hallen wieder aufzubauen und dem Kaiser die rückständigen Abgaben zu entrichten. „Florus gehört die Burg nicht", gab er ihnen zu bedenken, „und ebenso wenig ist er es, dem ihr das Geld entrichten sollt."[6] Als er seine Glaubensbrüder jedoch bat, auch Florus solange zu gehorchen, bis der Kaiser einen anderen Prokurator gesandt habe, empörten sich seine Zuhörer, beschimpften den König und ließen ihn aus der Stadt weisen, wobei radikale Aufrührer sogar Steine nach ihm warfen.

Agrippa erkannte, dass nichts mehr zu retten war. Zu groß war die Zahl derer, die um jeden Preis den Krieg mit Rom wollten. Voll Unwillen über die ihm zugefügten Beleidigungen zog er sich in sein Königreich zurück und überließ Judäa dem Unverstand weniger Hitzköpfe und der Zerstörungswut des mächtigen Rom.

Bald griff eine Rotte Aufständischer die von den Römern inzwischen besetzte Festung Masada an, machte die Besatzung nieder und stationierte dort ihre eigenen Leute. Eleazar, der Sohn des Hohepriesters Ananias, ein verwegener junger Mann, der damals die Tempelwache befehligte, forderte zudem die Priester auf, keine Opfer mehr von Nichtjuden anzunehmen. So wurden die seit Augustus üblichen Tagesgaben von je zwei Schafen und einem Ochsen für das Wohlergehen des römischen Kaisers zurückgewiesen. Flavius Josephus sieht das als eigentlichen Anfang des Krieges.[7]

Vergeblich flehten Israels einflussreiche Männer, die Beziehungen zu Rom dadurch nicht noch weiter zu belasten. Sie riefen das Volk zu einer Versammlung an das im Inneren des Tempelbezirks „gegen Sonnenaufgang"[8] gelegene Bronzetor und hielten ihm vor, wie tollkühn es sei, an Abfall von Rom zu denken und das Vaterland in einen Krieg zu stürzen, der für die Juden nur tödlich sein könne. Doch niemand ließ sich überzeugen. Da suchten sie selbst bei Florus und Agrippa nach, Truppen gegen Jerusalem zu schicken, um den Aufstand zu dämpfen, ehe es zu spät war.

Für Florus konnte es keine angenehmere Nachricht geben. Er ging auf die Bitte der jüdischen Gesandten nicht ein und entließ sie ohne Antwort. Agrippa hingegen, der sich von einem Aufstand keinen Vorteil versprach, sandte ihnen 3000 Reiter zu Hilfe. Zusammen mit dem friedfertigen Teil der Bevölkerung besetzten sie die obere Stadt. Die Unterstadt befand sich in den Händen der Empörer. Sieben Tage lang floss auf beiden Seiten viel Blut, aber keine der Parteien war bereit, auch nur einen Fingerbreit von ihrer Stellung zu weichen.

Am achten Tag aber gelang es den Sicariern, die Königlichen aus der Oberstadt zu vertreiben und diese selbst zu besetzen. Sie steckten das Haus des Hohepriesters sowie die Paläste Agrippas und Berenikes in Brand und legten Feuer ans Archiv, um die dort lagernden Schuldurkunden zu vernichten und damit die Eintreibung der Außenstände unmöglich zu machen. Das brachte ihnen beim gemeinen Volk große Sympathien ein. Dann belagerten sie den ehemaligen Palast Herodes' des Großen, in den sich die königlichen Reiter mit den Stadtoberhäuptern und Teilen der römischen Besatzung zurückgezogen hatten. Überdies griffen sie die Burg Antonia an, belagerten sie zwei Tage lang, überwältigten schließlich die Besatzung und steckten die Festung in Brand.

Ein gewisser Menahem, der Sohn eines streitbaren Schriftgelehrten und selbst Gesetzeskundiger, mischte sich zu allem Unglück in die Auseinandersetzungen ein, stürmte das Zeughaus des Herodes in Masada und bewaffnete seine Gefolgschaft, unter der sich viele gefährliche Räuber befanden. Mit dieser Horde als Leibwache kehrte er wie ein König nach Jerusalem zurück, stellte sich an die Spitze der Rebellen und übernahm die Belagerung. Nach zähem Ringen gestatteten er und die Häupter des Aufstands den eingeschlossenen Königlichen und Einheimischen freien Abzug. Die im Stich gelassenen Römer flohen zu den Festungstürmen, die Herodes errichtet hatte, und überließen das verlassene Lager Menahems Leuten, die es plünderten und in Brand steckten.

In den nächsten Tagen fiel auch der Hohepriester Ananias, der sich in den Wasserkanälen des Königspalastes verborgen hatte, den Aufständischen in die Hände und wurde von ihnen umgebracht. Die Beseitigung des vermeintlich einzigen Nebenbuhlers um die Macht trieb Menahem nun zu unsinniger Grausamkeit an. Er wurde, so Flavius Josephus, ein für alle unerträglicher Tyrann. Selbst Eleazar war empört. Als sich sein Gegner, angetan mit königlichen Gewändern und von seinen fanatischen Anhängern begleitet, in den Tempel zur Andacht begeben hatte, drangen er und seine Leute, unterstützt von einer Menge Volk, auf sie ein. Wer ihnen nicht entkam, hatte sein Leben auf der Stelle verwirkt; die Fliehenden wurden erschlagen; die Versteckten spürte man auf. Feige hatte sich auch Menahem verkrochen. Aber er wurde ebenfalls entdeckt und, ebenso wie seine Befehlshaber, unter schrecklichen Foltern ums Leben gebracht.

Das Volk hatte in der Hoffnung mitgewirkt, den Aufstand damit zu beenden. Doch die Rädelsführer des Aufruhrs schürten die Unruhen weiter und setzten die Belagerung fort, bis Metilius, der römische Befehlshaber, um freien Abzug bat, der unter der Bedingung der Waffenübergabe zugesichert wurde. Kaum hatten sich die Römer jedoch ihrer Waffen entledigt, da wurden sie von den Aufständischen angegriffen und bis auf Metilius grausam ermordet. Ihn schonte man, weil er versprach, zum Judentum zu konvertieren und sich beschneiden zu lassen.

„Für die Römer hatte der Verlust nicht viel zu bedeuten, da sie nur wenige Mann von der ungeheuren Streitmacht einbüßten. Den Juden hingegen erschien das Gemetzel wie ein Vorspiel ihres eigenen Untergangs; denn sie erkannten, dass die Untat einen Kriegsgrund bilde, den sie nicht mehr aus der Welt schaffen konnten, und dass ihre Stadt mit einem Frevel befleckt sei, für den sie ... ein göttliches Strafgericht zu erwarten hätten ..."[9]

Es sollte nicht lange auf sich warten lassen.

Das Jahr 66 n. Chr.: Der große Krieg beginnt

Das jüdische Volk erhebt sich – Massaker in Caesarea und Alexandria – Kampf um Jerusalem – Rückzug der Römer – (Flavius) Josephus und Johannes von Gischala

Für den jüdischen Geschichtsschreiber Flavius Josephus suchte „der Krieg der Juden gegen die Römer", der so genannte erste Aufstand, an Bedeutung „unter den Kriegen nicht nur unserer Zeit, sondern auch vergangener Tage seinesgleichen". Er, „des Matthias Sohn, aus Jerusalem gebürtiger Hebräer und Priester"[1], kämpfte zu dessen Beginn selbst gegen Rom und erlebte die blutigen Auseinandersetzungen später als Augenzeuge mit. Nicht in der Stube des Gelehrten und nicht aus der Sicht eines unbeteiligten Zuschauers entstand sein umfangreiches Werk, die Geschichte des Jüdischen Krieges, die er als Chronist und Teilnehmer der Ereignisse einer interessierten Nachwelt überlieferte.

Doch war die bewaffnete Auseinandersetzung allenfalls in ihrem Endstadium ein Krieg im üblichen Sinn, denn anfangs standen die Juden der römischen Übermacht keineswegs geschlossen gegenüber. Zahlreiche Gruppierungen bekämpften sich vor allem gegenseitig, zerfielen in Gemäßigte und Radikale und später in untereinander rivalisierende Parteien. Fanatische Glaubenseiferer sehnten den angeblich seit langem verheißenen Gottesstaat herbei – unter dem Hohepriester als Stellvertreter Jahwes auf Erden – und sahen die jüdische Religion durch die dominierende Weltmacht bedroht. Ermutigt wurden sie durch jene alte Weissagung, die den gesamten Osten überzog, dass nämlich die Herrschaft eines Weltenlenkers bevorstünde, der der jüdischen Rasse entstammte und ein von Rom unabhängiges Königreich schaffen würde.

Roms Krieg gegen die Juden war ein sich lange hinziehender Konflikt, dessen Beendigung noch vom Kampf um den Caesarenthron in Rom selbst hinausgezögert wurde und aus dem schließlich die Flavier als Sieger hervorgehen sollten.

An den Tagen nach dem verhängnisvollen Gemetzel in Jerusalem bemächtigte sich der Einwohnerschaft allgemeine Trauer. Nicht ohne Grund fürchteten die Besonnenen, dass sie für einige Hitzköpfe würden bezahlen müssen, wenn nicht durch Rom, so durch ihr eigenes religiöses Gebot. Die heftigsten Auseinandersetzungen hatten nämlich ausgerechnet an einem Sabbat stattgefunden, an dem gläubigen Juden noch immer jegliche Tätigkeit untersagt war.

Doch nicht nur in Jerusalem, auch in anderen Städten und Regionen Palästinas trieben die Konfrontationen einem katastrophalen Höhepunkt zu. Am Tag des Massakers in der Hauptstadt „wurden wie durch göttliche Fügung" auch „die Juden von Caesarea von ihren Mitbürgern ermordet"[2]. In nur einer Stunde sollen der Überlieferung zufolge 20 000 Menschen gestorben sein. Kein Jude habe den Wahnsinn überlebt. Denn Florus ließ selbst den Fliehenden nachsetzen, um sie niederzumachen. Jetzt erhob sich, aufs Äußerste gereizt, das ganze jüdische Volk. Bewaffnete Abteilungen griffen syrische Städte und Dörfer an, plünderten und verwüsteten sie und töteten viele Gefangene. Juden kämpften gegen griechische Syrer, diese gingen bewaffnet gegen jüdische Mitbürger vor. Nicht einmal jene wurden geschont, die nur mit jüdischen Familien befreundet waren. Die wachsende Habsucht war zusätzlicher Antrieb, einander nach dem Leben zu trachten. Schamlos riss man das Vermögen der Ermordeten an sich, um es im eigenen Haus in Sicherheit zu bringen. Schon füllten sich die Straßen der Städte mit Leichen; hingestreckt lagen Greise, Frauen und Kinder, und, was vielleicht am schlimmsten war, auch Stammesgenossen standen sich plötzlich ohne Rücksicht auf verwandtschaftliche Bande als Feinde gegenüber.

Besonders unrühmlich hatte sich ein gewisser Simon, Sohn eines angesehenen Mannes, im Kampf gegen seine Glaubensbrüder hervorgetan. Für seine Körperkraft und Kühnheit weithin berühmt, hatte er diese Eigenschaften nur zum Nachteil seiner Landsleute eingesetzt. Schon viele Juden waren von seiner Hand gefallen, als er sich eines Tages seiner Herkunft besann. Gemeinsam mit seinen Stammesgenossen in einem Hain von Feinden umzingelt, erkannte er, dass gegen deren Übermacht nichts auszurichten war. Da bedauerte er lautstark, was er den Juden angetan hatte: „Wer so schwer gegen sein eigenes Volk frevelte, dem geschieht Recht, wenn er von Fremden treulos behandelt wird. Verflucht will ich jetzt den Tod von meiner eigenen Hand erleiden, ... und wie dieser Tod eine hinreichende Sühne meiner Untaten sein soll, so verschaffe er mir auch den Ruhm, als Mann gehandelt zu haben. Kein Feind soll sich brüsten, mich erschlagen zu haben noch über meinen Fall frohlocken ..."

Sprach's und betrachtete mitleidig seine Familie. Zuerst durchbohrte er Vater und Mutter mit dem Schwert, dann Frau und Kinder, die sich angeblich alle der Mordwaffe geradezu freudig entgegenwarfen, um den Feinden zuvorzukommen. Dann „stellte er sich auf die Leichen, hob den rechten Arm, damit der Anblick niemand entgehe, und stieß sich das Schwert bis zum Griff in den Leib ..."[3] Anerkennung und Mitleid habe Simon dafür verdient. Doch büßte er, so der Geschichtsschreiber, gerechterweise, da er fremden Menschen gefolgt war.

Nur wenige Städte hielten sich bei den allgemeinen Ausschreitungen gegen ihre jüdischen Bewohner zurück. Das weltoffene Antiochia gehörte dazu, wo der Statthalter Gallus Cestius residierte. Doch selbst im Reiche Agrippas II. wurde an den Juden Verrat geübt. Zu dessen Ehrenrettung muss gesagt werden, dass er dafür nicht unmittelbar verantwortlich war. Er war nämlich zu Gallus Cestius gereist und hatte einem von dessen Freunden die Verwaltung seines Reiches für die Zeit seiner Abwesenheit anvertraut. In maßloser Geldgier nutzte dieser die Gelegenheit aus. Männer einer jüdischen Abordnung aus Batanäa, die bei ihm für den Fall eines Aufruhrs um Truppen nachgesucht hatten, ließ er heimtückisch ermorden. Durch den Erfolg ermutigt, setzte er ähnliche Frevel gegen das jüdische Volk fort, bis Agrippa davon erfuhr. Dieser entzog dem treulosen Verwalter sofort alle Geschäftsbefugnisse, wagte aber mit Rücksicht auf den römischen Statthalter nicht, den Mann als Hochverräter hinzurichten.

In Alexandria hatte es seit den Tagen des Stadtgründers zwischen Einheimischen und Juden nie Ruhe gegeben, da er und seine Nachfolger ihnen die gleichen Rechte zugebilligt hatten, die ihre griechischen Mitbürger genossen. Aber man hatte sich doch immer wieder arrangiert. Als jedoch an so vielen Orten des Reiches Unruhen ausgebrochen waren, verschärfte sich auch hier der Konflikt. Anlass zur blutigen Konfrontation war eine Versammlung im Amphitheater; es ging um eine Abordnung, die die alexandrinischen Griechen Kaiser Nero schicken wollten. Zusammen mit ihnen hatten aber auch viele Juden Einlass ins Amphitheater gefunden. Sie wurden sogleich als Spione verschrien, und es kam zu tätlichen Auseinandersetzungen. Fast allen Juden gelang es zu fliehen. Nur drei Männer wurden von den Griechen festgehalten und fortgeschleppt. Man wollte sie bei lebendigem Leib verbrennen. Da erhoben sich alle Juden zur Rache, bewarfen die Griechen mit Steinen und rafften Fackeln zusammen. Mit ihnen bewehrt, zogen sie vor das Theater und drohten, das ganze dort versammelte Volk dem Flammentod preiszugeben.

Zumindest das konnte der Kommandant der Stadt, Tiberius Alexander, verhindern. Er ermahnte die Juden, ihre Empörung unter Kontrolle zu bringen. Aber seine Worte trafen nur auf Hohngelächter und Schmähungen. Da sandte er die beiden römischen Legionen, die vor der Stadt lagerten, gegen die Aufständischen aus. Er gestattete den Legionären nicht nur, alle Juden, die sich in Alexandria niedergelassen hatten, zu töten, sondern auch, deren Häuser zu plündern und den Besitz einzuäschern. Die Soldaten drangen also in das von den Juden bewohnte Stadtviertel (Delta) vor und schlachteten seine Einwohner ohne Ansehen von Alter und Person ab, bis der ganze Platz von Blut überschwemmt war und 50 000 Leichen umherlagen. Erst jetzt erbarmte sich der Kommandant der Bitten der wenigen Überlebenden und gab seinen Leuten das Zeichen zum Rückzug. Sie, ans Gehorchen gewöhnt, stellten das Morden auch augenblicklich ein. Doch es war beinahe unmöglich, die griechische Zivilbevölkerung von der Schändung der Leichen abzubringen.[4]

Die blutigen Unruhen, die jetzt beinahe jede Stadt ergriffen hatten, in der Juden lebten, glaubte nun auch der syrische Statthalter Cestius, verantwortlich für die gesamte Region, nicht länger hinnehmen zu dürfen. Er brach deshalb, begleitet von seinem Freund Agrippa, mit der vollzähligen XII. Legion, der Fulminata, und 2000 ausgesuchten Soldaten der übrigen Legionen, dazu sechs Kohorten Fußvolk und drei Reiterschwadronen von Antiochia nach Jerusalem auf, einer ansehnlichen Streitmacht, die unterwegs durch den Zuzug von Hilfstruppen verschiedener Könige und Städte zu einer Furcht einflößenden Armee anschwoll. Zunächst plünderte und zerstörte Cestius das Umland von Ptolemais. Dann marschierte er nach Caesarea und ordnete die Zerstörung des auf dem weiteren Weg gelegenen Joppe an, indem er einige Truppen vorausschickte. Den Befehlshaber der XII. Legion, Caesennius Gallus, sandte er zu der am stärksten befestigten Stadt Galiläas, nach Sepphoris, das, gewarnt durch das Schicksal anderer Städte, den Römern bereitwillig die Tore öffnete. Nach seinem klugen Beispiel verhielten sich auch andere Siedlungen ruhig. Räuber und Aufrührer hatten sich indes vor den Römern auf den Berg Abamon zurückgezogen, wo sie jedoch bald überwältigt werden konnten.

Mitte Oktober setzte der Statthalter seinen Marsch von Caesarea nach Jerusalem fort und schlug nordwestlich der Stadt, bei Gabao, sein Lager auf. Unterwegs hatte er das von nahezu allen Einwohnern verlassene Lydda in Brand gesteckt, wohl, um die römische Stärke zu demonstrieren. Aber seine Absicht verfehlte ihren Zweck. Die Jerusalemer waren weit davon entfernt zu kapitulieren. Sie verließen die gerade abgehaltenen Feiern des Laubhüttenfestes, zu dem eine Menge Menschen herbeigeströmt war, und griffen zu den Waffen, wobei sie auf ihre zahlenmäßige Überlegenheit vertrauten. Ihre unerwartete Gegenwehr überraschte die Römer. So groß war der Kampfeseifer der Juden, dass sie sogar ihre religiösen Pflichten vergaßen und nicht einmal den Sabbat beachteten. So gewannen sie schließlich die Oberhand. Insgesamt sollen 515 Römer, jedoch nur 22 Juden gefallen sein.[5] Danach zogen sie sich in das Stadtinnere zurück, während Simon, der Sohn des Giora, den Römern auf ihrem Rückzug in den Rücken fiel und einen großen Teil ihrer Nachhut zersprengte. In den nächsten Tagen besetzten sie die Anhöhen rund um die Stadt, ein Zeichen, dass sie nicht untätig zu bleiben gedachten.

Agrippa verfolgte das Geschehen mit großer Sorge, doch scheinen seine Befürchtungen eher den bedrängten Römern als seinen Glaubensgenossen gegolten zu haben. Er bemühte sich, zumindest einen Waffenstillstand herbeizuführen und sandte zwei seiner Leute, Borkios und Phoibos, zu den Aufständischen, denen er eine Vergebung von Seiten der Römer in Aussicht stellte, wenn sie die Waffen niederlegten. Phoibos wurde von den Empörern umgebracht, Borkios konnte sich, schwer verwundet, in Sicherheit bringen. Der gemäßigte Teil der Jerusalemer Bürgerschaft, der für ein Nachgeben eintrat, wurde mit Knüppeln und Steinen überstimmt. Der Kampf ging weiter.

Nach der bewährten römischen Strategie, sich den Streit unter Gegnern im feindlichen Lager zunutze zu machen, rückte Cestius erneut gegen Jerusalem vor, steckte die Vorstadt Bezetha in Brand und ließ gegenüber dem Königspalast das Lager errichten. Mit Leichtigkeit, mutmaßt der antike Historiograf, hätte er in diesem Augenblick die Mauern erstürmen, Jerusalem einnehmen und damit den Krieg beenden und den Juden viel Leid ersparen können.[6] Aber er gab den Ratschlägen seiner angeblich von Florus bestochenen Unterführer nach und sah von diesem Plan zunächst ab. Doch muss Cestius auch strategische Gründe für seine Zurückhaltung gehabt haben. Die Jahreszeit war fortgeschritten – es war mittlerweile fast November, zu spät für einen Feldzug, der sich hinziehen mochte, und er misstraute zudem dem Angebot der Stadtführung, ihm bei Gewähr für seine Sicherheit die Tore zu öffnen.

Unterdessen hatten in Jerusalem die Aufständischen die wenigen Bürger, die noch auf einen Ausgleich mit Rom hofften, überwältigt und sich auf den Türmen verteilt, von wo sie die Feinde beschossen. Da entschloss sich Cestius doch, die Eroberung einzuleiten, und die Römer versuchten nun von allen Seiten, die Mauern zu erklimmen. Sechs Tage lang verteidigten die Rebellen tapfer ihre Stadt, doch dann mussten sie dem feindlichen Geschosshagel weichen. Die Römer ihrerseits bildeten die berühmte „Schildkröte", von der die aufschlagenden Geschosse wirkungslos abprallten. Als die Aufständischen gewahr wurden, dass sie die Eroberung Jerusalems nicht mehr verhindern konnten, flüchteten sie Hals über Kopf aus der Stadt. Die friedliebenden Einwohner aber schickten sich an, die Tore zu öffnen und Cestius als Wohltäter willkommen zu heißen. Doch hatte sich, wie der Geschichtsschreiber bemerkt, „Gott ... wegen der Nichtswürdigen schon damals vom Heiligtum abgewandt und ließ deshalb an jenem Tag den Krieg sein Ende nicht erreichen"[7].

Wider Erwarten gab Cestius, der weder die Verzweiflung der Belagerten noch die Stimmung des Volkes zu kennen schien, sein Vorhaben auf, blies zum Rückzug und verließ unbegreiflicherweise die Stadt. Unterwegs wurde ihm von den Rebellen so schwer zugesetzt, dass sich das Schicksal, das Quintilius Varus vor mehr als einem halben Jahrhundert im nördlichen Germanien ereilt hatte, zu wiederholen schien:

Schon zu viele Tote, darunter Priscus, der Befehlshaber der VI. Legion und der Tribun Longinus, sind auf römischer Seite zu beklagen. Ein großer Teil des Gepäcks ist an die Aufständischen verloren gegangen. Mühsam schleppt sich das entmutigte Heer zu seinem früheren Lager bei Gabao zurück. Aber Cestius weiß auch dort mit den erschöpften Männern nichts anzufangen. Zwei Tage verbringt er unentschlossen, doch geschützt von den wehrhaften Mauern. Da erkennt er am dritten, dass sich die Zahl seiner Feinde sprunghaft vermehrt. Ringsum wimmelt alles von aufgebrachten Juden. Und ihm wird bewusst, dass sein Zögern ihm nur schadet und den Feinden zum Vorteil gereicht.

Aber zu schwerfällig ist der römische Tross. Um die geplante Flucht zu beschleunigen, befiehlt er, alles, was das Heer aufhalten könnte, zu vernichten. Also werden Maulesel und Lasttiere getötet und nur die geschont, die Wurfgeschosse und Kriegsgerät tragen. Sie kann man nicht in die feindlichen Hände fallen lassen. Dann zieht sich die römische Streitmacht, von den Rebellen mit Argusaugen begleitet und verfolgt, weiter zum Hauptlager Richtung Caesarea zurück.

Solange der Rückzug über offenes Feld erfolgt, werden die Römer von den Juden weniger behelligt. Sowie aber ein enger oder abschüssiger Hohlweg passiert werden muss, eilt ein Teil der Feinde voraus, um den Abziehenden den Weg zu versperren; andere treiben die Nachhut in die Schluchten hinein und überschütten das Heer von allen Seiten mit einem Hagel von Speeren und Pfeilen. Schon die Fußsoldaten geraten in Verwirrung. In noch größerer Gefahr aber schweben die Reiter; die steilen Abhänge, auf denen sich die Juden verteilt haben, sind für die Pferde unzugänglich. Auf der anderen Seite aber gähnen ihnen Felsspalten und Abgründe entgegen, in denen sie sich zu Tode stürzen können. Widerstand ist so gut wie unmöglich. Die stolzen Legionäre, die Rom eine Welt zu Füßen gelegt haben, sind wehrlose Gefangene einer Meute von Rebellen.

Stöhnen, Verzweiflungs- und Schmerzensschreie zerschneiden die Luft, gemischt mit den Schlacht- und Freudenrufen der Juden. Nur die einbrechende Dunkelheit verhindert das Schlimmste. In ihrem Schutz fliehen die Römer nach Bethoron, das auf dem Weg nach Caesarea liegt, während die Juden ringsum alle Anhöhen besetzen, um den Abzug ihrer Feinde zu überwachen. Erst als die Reste des römischen Heeres das zwischen Lydda und Caesarea gelegene Antipatris erreichen, gelingt es ihnen, die Verfolger abzuschütteln...

Der verhängnisvolle Rückzug kostete auf römischer Seite fast 6000 Menschenleben und, für Rom die größte Schmach, den Adler jener Legion, die Cestius aus Antiochia hergeführt hatte.

Die Niederlage verhinderte Friedensverhandlungen. Rom hatte vielmehr daran zu denken, die Schande wettzumachen. Man musste kein Prophet sein, um Repressalien für das nächste Frühjahr vorauszusagen. Viele Einwohner des Landes waren sich dessen bewusst. Manche bereiteten sich auf die zu erwartenden weiteren Auseinandersetzungen vor. Die Hohepriester, die beim Volk noch immer höheres Ansehen und größeren Einfluss als die Führer der Aufständischen genossen, fanden sich allmählich mit dem Konflikt ab, den sie ohnehin nicht verhindern konnten. In Jerusalem wurde ein gewisser Joseph zum Oberbefehlshaber der Stadt ernannt; geistlicher Führer wurde der Hohepriester Ananos. Erneut wurden Sanhedrin und Volksversammlung, die bereits unter den Königen bestanden hatte, aber unter der Herrschaft der Römer aufgelöst worden war, ins Leben gerufen.

Man wollte Eleazar, dem Führer der Zeloten, zunächst kein verantwortungsvolles Amt übertragen, da man sein unbeherrschtes Wesen fürchtete; bald aber ließ sich das Volk durch seine „Zauberkünste derart beeinflussen, dass es ihn als obersten Gebieter anerkannte"[8]. Er sollte sich später zu einem der erbittertsten Widerstandskämpfer gegen Rom entwickeln.

Das übrige Land wurde in sechs Distrikte eingeteilt, die jeweils einem Befehlshaber unterstellt wurden. Die Auswahl dieser Männer erfolgte nach strengen Kriterien. In Galiläa wurde ein dreißigjähriger Priester, ein Pharisäer, der die Römer kannte, aber über keinerlei Kriegserfahrung verfügte, mit der Verantwortung betraut. Es war jener Josephus – den Beinamen Flavius nahm er erst später an –, der sich dank dieses Krieges und der Aufzeichnungen darüber für Jahrhunderte einen Namen machen sollte. Bis in Einzelheiten beschreibt er die Vorbereitungen, die er selbst für die Auseinandersetzung mit Rom traf, dass er zunächst die inneren Angelegenheiten des ihm anvertrauten Landes ordnete und dann auf dessen äußere Sicherheit bedacht war, indem er Städte und Plätze befestigte und ein Heer von 60 000 Fußsoldaten, 350 Reitern und 4500 Söldnern aushob. Allein 600 Soldaten bildeten seine Leibwache.

Sie war nötig, denn es war nicht leicht, das Vertrauen der Bevölkerung zu gewinnen und sich gegen einen Gegner durchzusetzen, der ihm seine Stellung wiederholt streitig machte. Dieser kam aus Gischala, war der Sohn eines gewissen Levi, hoch angesehen, aber auch für seine Verschlagenheit und Tücke bekannt. Verständlicherweise lässt Flavius Josephus kein gutes Haar an ihm, nennt ihn ehrgeizig und hinterlistig, seine Pläne niederträchtig und schurkisch. Johannes, so sein Name, hetzte das Volk gegen Josephus auf und trachtete ihm nach dem Leben. Schon waren einige Städte ins feindliche Lager übergelaufen, aber viele Bewaffnete bekannten sich zu ihrem rechtmäßigen Führer und erklärten sich bereit, gegen den Aufwiegler zu ziehen. Doch konnte Flavius Josephus die meisten Städte wieder zum Gehorsam überreden, ohne dass es zu Blutvergießen gekommen war.

Als Johannes begriffen hatte, dass sein Umsturzversuch gescheitert war, verlegte er sich auf Intrigen. Heimlich sandte er Boten nach Jerusalem, um den Führer Galiläas wegen der Stärke seiner Truppen verdächtig zu machen. Bald würde dieser als Tyrann in die Hauptstadt einziehen, wenn man ihm nicht zuvorkäme. Tatsächlich ließ sich ein Teil der Obrigkeit blenden, schickte Johannes Geld, damit er Söldner anwerben und Flavius Josephus bekämpfen könne. Schon erwog man, den Oberbefehlshaber abzuberufen und sandte unter Führung von vier angesehenen Männern 2500 Schwerbewaffnete gegen ihn aus. Aber durch List gelang es ihm, sowohl die Anführer als auch die einflussreichsten Soldaten in seine Gewalt zu bekommen und nach Jerusalem zurückzuschicken. Johannes zog sich daraufhin nach Gischala zurück.

Wiederholt sagte sich auch die Stadt Tiberias von Flavius Josephus los, konnte zuletzt aber zur Vernunft gebracht werden, nachdem er sie seinen Anhängern zur Plünderung überlassen, die Beute jedoch bald darauf ihren Eigentümern zurückgegeben hatte. Er hatte Tiberias durch diese Maßnahme nur warnen wollen.

Leider berichtet der Geschichtsschreiber nur wenig darüber, wie sich die anderen Distriktsführer für die drohende Auseinandersetzung mit Rom rüsteten. In Jerusalem setzten der Hohepriester Ananos und führende Persönlichkeiten die Mauern instand und ließen Rüstungen und Kriegsgerät schmieden. Ananos hoffte bis zuletzt, das Vertrauen der Aufständischen gewinnen und sie von der Vergeblichkeit ihrer Empörung überzeugen zu können. Schließlich musste auch er sich der Gewalt beugen.

In diesen Tagen ließ auch Simon, der Sohn des Giora, seine künftige Tyrannei ahnen. Er versammelte eine Menge Unzufriedener um sich und unternahm Raubzüge, wobei er zahlreiche Häuser reicher Juden plünderte. Als Ananos und die Magistrate Truppen gegen ihn aussandten, floh er mit seiner Bande zu den Räubern nach Masada, wo er sich bis zum Sturz des Hohepriesters und seiner übrigen Gegner verkroch.

Inzwischen hatte sich tiefe Niedergeschlagenheit der gemäßigten Bewohner Jerusalems bemächtigt, und viele brachen, die bevorstehende Not ahnend, in lautes Klagen aus. Unheilverkündende Vorzeichen stellten sich ein und trübten zusätzlich die Stimmung. So hatte, noch ehe die Römer heranzogen, Jerusalem „das Ansehen einer dem Untergang geweihten Stadt"[9].

(Flavius) Josephus – Befehlshaber von Galiläa

Vespasian setzt sein Heer in Marsch – Belagerung der Stadt Jotapata – Gefangennahme des Josephus durch Vespasian – Die Unterwerfung Galiläas

Als sich das Jahr 66 neigte, erstattete Gallus Cestius Kaiser Nero, der sich gerade in Griechenland aufhielt, um als Wagenlenker, Zitherspieler und Sänger Beifall zu erheischen, von den schlimmen Ereignissen in Judäa Bericht. Nero versuchte, sich die Stimmung nicht verderben zu lassen und seine Bestürzung gelassen zu überspielen. Innerlich jedoch war er tief beunruhigt, schob aber die Schuld an dem Geschehen mehr der Nachlässigkeit der römischen Führer als der Tapferkeit der Feinde zu. Er überlegte, wem er den aufgebrachten Osten anvertrauen könnte, um die Juden zu bestrafen und sich der Nachbarvölker zu versichern, die vom Bazillus der Erhebung ebenfalls schon angesteckt waren. Nur Vespasian, einer seiner Gefolgsleute, der im Kriegsdienst aufgewachsen und ergraut war, schien ihm geeignet und erfahren genug, die schwierige Aufgabe zu übernehmen. Ihm sollte sein älterer Sohn Titus zur Seite stehen.

Vespasian schickte Titus nach Alexandria mit dem Auftrag, dort die XV. Legion Apollinaris, eine der beiden, die wegen ihrer Grausamkeit bei den kürzlichen Unruhen den Juden besonders verhasst waren, zu holen und dem Vater zu Hilfe zu eilen. Er selbst begab sich auf dem Landweg über den Hellespont nach Antiochia, wo ihn Agrippa mit seiner Armee schon erwartete, um ihn zu begleiten. Dann setzte er im Frühjahr 67 seine Streitmacht in Marsch, ließ aber diejenigen Truppen zurück, die unter dem inzwischen verstorbenen Gallus in die Kämpfe verwickelt gewesen waren. Zusammen mit der Legion, die sein Sohn aus Ägypten heranführte, und den zahlreichen Hilfstruppen, die ihm von allen Seiten zuflossen, verfügte Vespasian schließlich über eine Armee von 60 000 Mann, die doppelte Anzahl derer, die Gallus befehligt hatte, ein Hinweis darauf, wie gefährlich man die Lage im Osten für das Reich mittlerweile einschätzte.

Das gewaltige Heer erreichte zunächst Ptolemais, wo es „in rechter Würdigung ihres eigenen Vorteils und der Macht der Römer"[1] eine Abordnung der Stadt Sepphoris begrüßte, die Vespasian versprach, am Kampf gegen ihre Landsleute teilzunehmen. Auf ihre Bitte hin schickte ihr der römische Feldherr unter dem Oberbefehl des Tribuns Placidus eine Besatzung von Reiterei und Fußvolk, die stark genug war, Angriffen abgefallener Juden Widerstand zu leisten. Gefährlich erschien ihm nämlich gerade der Verlust dieser Stadt, der größten Galiläas, die eine natürliche Befestigung besaß und für die Überwachung des ganzen Volkes als Stützpunkt dienen konnte.

Mit der Hauptmasse seiner Streitmacht marschierte Vespasian nun bis an Galiläas Grenzen, wo er ein Lager aufschlagen ließ. Soweit es an ihm lag, sollte es zu größeren Kämpfen noch nicht kommen. Er wollte die Feinde zunächst durch die Übermacht des römischen Heeres abschrecken, ihnen aber auch noch etwas Zeit lassen, ihre Lage zu überdenken und vielleicht ihren Sinn zu ändern.

Nicht weit von Sepphoris entfernt lagerte nämlich unter dem Oberbefehl des (Flavius) Josephus eine jüdische Einheit. Als sie hörte, dass der Krieg nahte, stoben ihre Soldaten, ohne auch nur einen einzigen Römer gesehen zu haben, auseinander. Josephus verzweifelte über den Mangel an Moral und zog sich mit den wenigen, die bei ihm ausgeharrt hatten, aber gegen die römische Übermacht nichts ausrichten konnten, nach Tiberias zurück. Dort verbreitete seine Ankunft großen Schrecken. Wie stand es um die Sache der Juden, wenn schon er am Ausgang des Krieges zweifelte?

In der Tat wurde er zwischen Pflicht- und Ehrgefühl und den Eingebungen seines Verstandes hin- und hergerissen. Er erkannte wohl, dass es für seine Glaubensbrüder keine Rettung mehr gab. Jerusalem und das Reich der Väter waren für die Juden verloren. Und doch wollte er lieber einen ehrenhaften Tod erleiden als sein Vaterland verraten. In seiner seelischen Not wandte er sich an die Verantwortlichen in der Hauptstadt und bat, ihm unverzüglich mitzuteilen, ob man sich dort mit den Römern zu vergleichen gedächte. Sei man zum Krieg entschlossen, so benötige er ein Heer, das es mit dem des Gegners aufnehmen könne. (So jedenfalls seine eigene Darstellung.)

Derweilen hatte Vespasian in Erfahrung gebracht, dass sich die meisten der Aufständischen des Lagers vor Sepphoris nach Jotapata geflüchtet und dort einen festen Stützpunkt eingerichtet hatten. Also beschloss er, das Räubernest auszuräuchern und die Stadt zu zerstören. Zunächst sandte er Kundschafter und Arbeiter aus, die den Auftrag hatten, den dorthin führenden Bergweg, der für Fußtruppen beschwerlich, für Reiter sogar gänzlich unpassierbar war, zu ebnen. In nur vier Tagen hatten sie eine Straße angelegt. Als der Feldherr sich der Stadt näherte, erfuhr er von einem Überläufer, dass auch Josephus in Jotapata eingetroffen war.

Würde er es jetzt einnehmen und diesen Anführer der Juden in seine Gewalt bringen, wäre der Krieg für Rom so gut wie gewonnen.

Vespasian vernahm die Worte des Fremden wie die Kunde eines außergewöhnlichen Glücks. War es nicht eine Fügung der Götter, dass ihm ausgerechnet jener seiner Feinde in die Falle gegangen war, der im Ruf besonderer Klugheit und großen Einfallsreichtums stand? Der Offizier Placidus und der Decurio Aebutius, ein tapferer und einsichtiger Mann, erhielten sogleich Order, mit tausend Reitern die Stadt zu umzingeln, damit der jüdische Anführer nicht heimlich entweichen könne. Vespasian selbst schlug vor Jotapata die Zelte auf und begann mit der Belagerung.

„Jotapata liegt fast ganz auf einem steilen Felsen, an dessen Seiten so tiefe Schluchten abfallen, dass es den Hinabschauenden schwindelt, ehe noch sein Blick die Tiefe ermisst; nur im Norden ist die Stadt zugänglich, wo sie quer über einen sich abflachenden Bergrücken gebaut ist."[2] Hier, an der nördlichsten Stelle, begann Vespasian, einen Wall aufzuwerfen. Rings um die Stadt fuhren die 160 Wurfmaschinen auf, die das Heer besaß. Trotz der Größe, der reichlichen Erfahrung und der Ausrüstung der römischen Truppen zog sich die Belagerung, immer wieder von Ausfällen der Juden und verzweifelter Gegenwehr unterbrochen, über sieben Wochen hin. Mit Einfallsreichtum versuchte Josephus, die Belagerer ständig über die Not in der Stadt zu täuschen. Die Römer hatten erfahren, dass sich dort die Zisternen leerten und das Trinkwasser allmählich ausging. Eine Quelle gab es nicht. Auf Regen war nicht zu hoffen, denn es war Hochsommer, und es herrschte eine mörderische Hitze. Um den Römern jedoch die Hoffnung zu nehmen, die Stadt werde der Durst in die Knie zwingen, ließ der jüdische Feldherr seine Leute ihre Kleider ins Wasser tauchen und an den Brustwehren aufhängen, sodass die Mauer von Feuchtigkeit triefte. Dies war für Vespasian der Anlass, die Hoffnung aufzugeben, dass er Jotapata durch Aushungern werde bezwingen können. So setzte er den Kampf mit Waffengewalt fort.

Dennoch sah Josephus, dass sich seine Zufluchtsstätte nicht mehr lange würde halten können. Tatsächlich endete im Juli 67 der ungleiche Kampf. Die obsiegenden Römer töteten nahezu alle Männer und verkauften Frauen und Kinder in die Sklaverei. Nur wenige Erwachsene überlebten und entkamen dem schauerlichen Morden. Einer von ihnen war Josephus, dessen Schicksal sich nun entscheiden sollte.

Er war, kaum hatte er die Aussichtslosigkeit weiterer Verteidigung erkannt, „wie unter göttlichem Beistand"[3] durch die Reihen der Feinde geschlichen und in eine tiefe Zisterne gesprungen, die sich am Grund zu einer von oben nicht sichtbaren Höhle erweiterte. Dort traf er andere vornehme Männer, die sich, für ein paar Tage mit Lebensmitteln versehen, vor den Römern versteckt hielten. Auch er verbarg sich tagsüber; nachts aber stieg er hinauf, um einen Fluchtweg ausfindig zu machen, fand aber ringsum alles von Feinden bewacht. Von einer Frau, die das Versteck ebenfalls geteilt hatte, von den Römern aber gefangen genommen worden war, wurde die Gruppe verraten. Unverzüglich schickte Vespasian zwei Tribunen, die den Auftrag hatten, Josephus freies Geleit anzubieten, um ihn zum Verlassen der Höhle zu bewegen.

Dieser aber misstraute den Beteuerungen, sooft sie auch wiederholt werden mochten, und dachte daran, was er für seine Taten an Strafe zu gewärtigen hatte. Es bedurfte großer Mühe und vieler guter Worte, bis er sich überreden ließ. Auch hatte er sich nächtlicher Träume erinnert, „in denen ihm der Gott das bevorstehende Unglück der Juden und das künftige Geschick der römischen Imperatoren offenbart hatte. Josephus verstand es, Träume auszulegen und auch die Verkündigungen zu erklären, die die Gottheit zweideutig gelassen hatte, da er als Priester und Priestersohn mit den Weissagungen der heiligen Bücher wohlvertraut war ..." Seine Gabe und die Tatsache, dass er sich ihrer just in diesem Augenblick bewusst wurde, retteten ihm nun das Leben. „Weil du beschlossen hast", rief er den Gott seiner Väter an, „das Volk der Juden, das du geschaffen, zu beugen, weil alles Glück zu den Römern gewandert ist und du meine Seele erwählt hast, die Zukunft zu offenbaren, so biete ich den Römern die Hand und bleibe am Leben. Dich aber rufe ich zum Zeugen an, dass ich nicht als Verräter, sondern als dein Diener zu ihnen übergehe ..."[4] Vergeblich versuchten seine Leidensgenossen, ihn mit Wort und Schwert von seinem Vorhaben abzubringen. Schließlich kam man überein, gemeinsam zu sterben. Das Los sollte entscheiden, wer wen niederzustoßen hatte. Ein glücklicher Zufall oder göttliche Fügung wollten es, dass Josephus mit einem Gefährten am Leben blieb.

Man führte ihn gefangen zu Vespasian. Eine große Menge neugieriger Römer drängte sich heran, um den fremden Feldherrn zu sehen. Der Ruhm seiner Taten und der Wechsel seines Geschicks rührten ebenso wie seine Jugend vor allem das Mitleid des Titus, der sich bei seinem Vater für den vornehmen Häftling verwandte, um ihm das Leben zu retten. Vespasian aber befahl, den gefährlichsten der Juden in strengen Gewahrsam zu nehmen und ihn sogleich nach Rom zu Kaiser Nero zu senden, der ihn gebührend bestrafen möchte.

Entsetzt bat der jüdische Feldherr daraufhin den Oberbefehlshaber der römischen Streitmacht um ein Gespräch unter vier Augen. Als sich mit

Ausnahme von Titus und zwei engen Freunden alle entfernt hatten, wandte sich der Gefangene an Vespasian: „Wozu willst du mich Nero schicken? Werden etwa seine Nachfolger, die noch vor dir auf den Thron kommen, ihn lange behaupten? Du, Vespasian, wirst Caesar und Alleinherrscher werden, du und auch dieser, dein Sohn! ... Du wirst nicht nur mein Gebieter sein, sondern Herr über die Erde, das Meer und das ganze Menschengeschlecht ..."[5] Der eher nüchterne Soldat, der einfachen Verhältnissen entstammte, glaubte zunächst, der dafür bekannte Jude bediente sich erneut einer List, um seine Haut zu retten. Doch allmählich gewöhnte er sich an den Gedanken einer Thronbesteigung und erinnerte sich auch anderer Zeichen, die ihm die künftige Herrscherwürde angedeutet hatten. Er stellte Nachforschungen über die Glaubwürdigkeit des Hellsehers an und erfuhr, dass dieser auch andere Ereignisse, etwa den Fall Jotapatas und die eigene Gefangennahme, zuverlässig vorausgesagt hatte. Da beschenkte er ihn mit einem vornehmen Gewand und anderen kostbaren Dingen und behandelte ihn fortan freundlich, wenn er ihm auch nicht die Freiheit zurückgab ...

Bald verbreitete sich das Gerücht vom Fall Jotapatas bis Jerusalem, wo es zunächst Zweifel hervorrief, denn es gab keinen Augenzeugen des schrecklichen Geschehens. Als sich der Bericht jedoch als wahr verdichtete, wurde dem, was wirklich geschehen war, noch manches hinzugedichtet. So hieß es etwa, der Feldherr Josephus sei bei der Einnahme der Stadt ums Leben gekommen. Gerade diese Nachricht aber erfüllte die Jerusalemer mit tiefer Trauer. Fast jede Familie hatte unter den Gefallenen einen Angehörigen oder Freund zu beklagen. Um den Feldherrn aber weinte ein ganzes Volk.

Doch es dauerte nicht lange, da sickerte der wahre Sachverhalt durch. Man erfuhr nicht nur, dass der einst beliebte Hoffnungsträger lebe, sondern auch, dass er von den Römern behandelt werde, wie es ein Kriegsgefangener nicht erhoffen durfte. Da wurde der Groll der Juden gegen den Lebenden ebenso groß, wie es zuvor die Sympathie für den Totgeglaubten gewesen war: Man nannte ihn einen Feigling und einen Verräter, und in der ganzen Stadt hörte man nur unwillige und schmähende Reden über ihn. Schon über die Niederlage Jotapatas erbittert, steigerte Josephus' Glück den Zorn seiner Landsleute noch mehr, und auch ihre Wut gegen die Römer nahm immer mehr zu, weil sie in ihnen zugleich den Abtrünnigen zu bestrafen gedachten.

Bis in die Neuzeit blieb der rührige Feldherr orthodoxen Juden verhasst. Sie bezeichneten den griechisch gebildeten Priestersohn, der in mütterlicher Linie mit dem hasmonäischen Königshaus verwandt war, verächtlich als „Römling". Tatsächlich war er schon im Alter von 27 Jahren mit Rom und dessen Kultur unmittelbar in Berührung gekommen, als er sich dort für einige gefangene Pharisäer verwandte. Er war bei der judenfreundlichen Kaiserin Poppaea Sabina eingeführt worden und konnte mit ihrer Hilfe seine Landsleute retten. „Der Glanz des Neronischen Hofes, das Treiben der Weltstadt und die Riesenhaftigkeit der Staatsinstitutionen blendeten ihn" angeblich „so sehr, dass er die römische Macht für die Ewigkeit gebaut und von der göttlichen Vorsehung besonders begünstigt glaubte ..."[6] Deshalb seien ihm nach seiner Rückkehr die Verhältnisse in Judäa erbärmlich erschienen, und er habe von Anfang an vorgehabt, zu den Römern überzulaufen. Nur aus Furcht vor dem Zorn der Zeloten habe er zunächst Sympathie für die Freiheit geheuchelt, um seine Brüder hernach umso schimpflicher zu verraten. So habe er mit seinem falschen Spiel über Galiläa den Bürgerkrieg heraufbeschworen und die Patrioten empfindlich geschwächt ...

Mochte die Belagerung Jotapatas und Japhas, eines gut befestigten nahe gelegenen Dorfes, die gleichzeitig erfolgt war, auch für Rom günstig ausgegangen sein, so hatte die Entschlossenheit der Juden zum Widerstand doch gezeigt, dass es keine leichte Aufgabe sein würde, die gesamte abgefallene Provinz für Rom zurückzugewinnen.

Auch die Stadt Tiberias hatte mittlerweile die Fronten gewechselt, doch Vespasian wusste, dass das Herz vieler ihrer Bewohner noch für Rom schlug. So versammelte er im August drei Legionen im loyalen Sepphoris und marschierte auf Tiberias zu, das ihm aus Furcht vor Gewalt zögernd die Tore öffnete und ihn als Retter und Wohltäter begrüßte. Die Anführer der Rebellen entkamen indes nach Tarichaia, wo die antirömische Partei stärker als in Tiberias war. Da König Agrippa II. sich für die künftige Treue der Bewohner Tiberias verbürgte, sah Vespasian davon ab, die Stadt seinen Soldaten zur Plünderung freizugeben, obwohl er sich ärgerte, dass man sich dort nicht mehr beeilt hatte, die Römer willkommen zu heißen.

Nachdem sich Tiberias notgedrungen ergeben hatte, marschierte Vespasian weiter und schlug in der Nähe von Tarichaia ein Lager auf. Der Ort quoll von Menschen über, da sich dort im Vertrauen auf seine gute Lage und Befestigung – einerseits der See Genezareth, auf der anderen Seite ein Berg und da, wo die Natur nicht vorgesorgt hatte, von Josephus mit starken Wehrmauern umgeben – viele Aufständische versammelt hatten. Es lagen zudem Boote bereit, die im Fall einer Niederlage die Flüchtenden über das Wasser in Sicherheit bringen sollten.

Trotz aller Vorkehrungen aber konnte Tarichaia nur kurze Zeit Widerstand leisten. Vespasian erkannte, dass seine Bewohner, Untertanen Agrippas, eher unfreiwillig in den Aufstand hineingezogen worden waren. Er übergab sie, zusammen mit ihrer Stadt, dem König, der beliebig mit ihnen verfahren mochte. Die nicht ortsansässigen Unruhestifter, unter ihnen viele Wohnsitzlose und Herumstreuner, wurden erschlagen oder in die Sklaverei verkauft. Allein 6000 verschiffte man nach Griechenland, wo sie als Arbeiter an dem von Nero projektierten Kanal von Korinth eingesetzt wurden.

Nach diesen Ereignissen unterwarf sich fast ganz Galiläa der erdrückenden römischen Übermacht. Nur Gischala und ein Stützpunkt der Rebellen auf dem Berg Tabor hielten an ihrem Umsturzversuch fest.

Am Tarichaia gegenüberliegenden Seeufer lag die Festung Gamala, die zu Agrippas Königreich gehörte, von seinen Truppen jedoch lange vergeblich belagert worden war. Auch die drei Legionen der Römer brauchten fast drei Monate, um es zu erstürmen, denn seine natürliche Befestigung war stark und der Widerstand seiner Verteidiger erbittert. Leicht nahm man jetzt auch den Berg Tabor ein, und selbst Gischala konnte sich nicht länger halten. Die Bevölkerung dieses Städtchens war im Grunde friedliebend. Sie bestand überwiegend aus Ackerbauern, die sich noch am ehesten für die nächsten Ernteaussichten interessierten. Aber in ihrem Ort hatten sich ungebetene Gäste eingenistet, Räuber und Rebellen, denen es gelungen war, einen Teil der Einwohnerschaft mit dem Fieber der Empörung anzustecken. Der Anführer der Banditen war jener Johannes, der vor noch nicht allzu langer Zeit dem Oberbefehlshaber Josephus die Stellung streitig gemacht hatte. Er erkannte, dass die Verteidiger einer Belagerung und Erstürmung nicht lange würden standhalten können, ließ die von ihm Aufgewiegelten im Stich und machte sich nach Jerusalem davon – zur großen Erleichterung der Leute von Gischala.

Obwohl es schon Oktober war, vollendete Vespasian die Unterwerfung Galiläas, bevor er die Feldzugsaison beendete. Während der folgenden Wintermonate sicherte er seine Eroberungen und richtete überall in Galiläa kleine Garnisonen ein.

Im Frühjahr 68 gelang es den Römern auch, Jerusalem zu isolieren, indem sie den Rest der Provinz unterwarfen. Die regierende Kaste von Peräa hatte ihnen widerstandslos Gadara übergeben, ihre Hauptstadt, um Schaden abzuwenden, aber auch hier gelang es den Köpfen der Aufständischen, zu entkommen und auf dem Land Widerstandsnester aufzubauen.

Vespasian ließ eine Einheit zurück, die bald die ganze Gegend für Rom zurückeroberte. Er selbst setzte sich mit zwei Legionen nach Judäa und Idumäa in Marsch. Da sich in drei Städten Judäas bereits römische Garnisonen befanden, gab es dort nur geringe Schwierigkeiten. Wer sich von der jüdischen Bevölkerung ergab, konnte sogar hoffen, mit römischer Hilfe fernab von den Schrecken des Krieges, in Lydda und Jamnia, eine neue Heimat zu finden.

Weniger günstig gestalteten sich die Verhältnisse in Idumäa, wo ein Vorgehen mit Feuer und Schwert nötig war, um Widerspenstige von den römischen Vorstellungen zu überzeugen.

Samaria hatte sich auf Grund seiner traditionellen Abneigung für das Judentum bislang Unzufriedenheitsbekundungen weitgehend enthalten. Aber auch hier schien es dem römischen Oberbefehlshaber angebracht, vorbeugend Stärke zu demonstrieren. So durchquerte er das Land mit seiner gewaltigen Streitmacht.

Um Jerusalem herum legte er weiträumig einen Ring von befestigten Stützpunkten an, zum einen als Vorbereitung für die Eroberung der Hauptstadt, zum anderen, um vor neuerlichen Erhebungen abzuschrecken. So war mit der Zeit die gesamte Provinz wieder in römischer Hand, ausgenommen die östlichen Teile von Judäa, wo sich die Rebellen noch immer in der Festung Herodion hielten. Alles schien jetzt geradezu auf einen Angriff auf Jerusalem hinzusteuern. Doch gerade in diesem Augenblick erreichte Vespasian die Nachricht von Neros Tod (9. Juni 68).

Vom Kaiser hatte er seine Befehlsgewalt empfangen, die er erst wieder nach Bestätigung durch dessen Nachfolger ausüben durfte, wenn er nicht als Verräter gelten wollte. Aber die Briefe, die von Galbas Thronbesteigung berichteten, enthielten kein Wort über eine Erneuerung des Oberbefehls. Im späten Herbst sandte er deshalb seinen Sohn Titus nach Rom. Er sollte dem neuen Kaiser nicht nur seine Reverenz erweisen, sondern auch Anweisungen für die Fortsetzung des jüdischen Krieges einholen. Doch schon in Korinth erfuhr Titus, dass Galba ermordet worden und Otho ihm auf dem Thron gefolgt war, und er kehrte unverrichteter Dinge nach Judäa zurück.

Vespasian vergeudete unentschlossen ein weiteres halbes Jahr. Erst im Sommer 69 nahm er die Sache selbst in die Hand und handelte, ohne von Rom bestätigt worden zu sein. Diese Eigenmacht sollte ihm und seiner Sippe zu einzigartigem Glück gereichen.

„Hast du, unseligste der Städte, so etwas von den Römern dulden müssen? Nein, sie kamen, um die Gräuel mit Feuer zu sühnen! Denn des Gottes Stadt warst du nicht mehr und konntest es nicht bleiben, nachdem du das Grab deiner eigenen Bewohner geworden warst und den Tempel zum Begräbnisplatz der Opfer des Bürgerkriegs gemacht hattest ..."
Flavius Josephus, Geschichte des Judäischen Krieges, 14, 11,3

Der Untergang Jerusalems (70 n. Chr.)

Die Gewalttätigkeit der Aufständischen nimmt zu – Rivalität unter den Zelotenführern – Römischer Angriff auf Jerusalem – Zerstörung des Tempels durch Titus

Als sich Johannes im Schutze der Nacht aus Gischala Richtung Jerusalem davongemacht hatte, begleiteten ihn nicht nur seine bewaffneten Anhänger, sondern auch viele unbeteiligte Leute, sodass er schließlich einige tausend Galiläer in die Hauptstadt des Judentums und damit in einen sicheren Untergang führte. Eine eigenartige Stimmung lag über deren wehrhaften Mauern. Wenn die Eroberung der eher unbedeutenden Festungen des Landes die Römer schon so viel Schweiß gekostet hatte, hatten sie dann noch die Kraft, die stark befestigte Hauptstadt einzunehmen? Berichte über die erbarmungslosen Metzeleien der Feinde an Wehrlosen und Schwachen brachte das Blut der jüdischen Kämpfer zum Wallen und steigerte die fieberhafte Spannung. Wer verzagt war, fasste neuen Mut. Der Mutige wurde tollkühn. Dazu kam erneut das Gerücht auf, die große, von den Propheten verkündete Erlösungszeit sei nahe, und der Messias träfe bald ein, um dem Volk Israel die Herrschaft über alle Völker der Erde zu verschaffen.

Kennern und Bewunderern des Judentums war die Stadt „nie so volkreich, so schön, so fest"[1] erschienen als zu jener Zeit, da sie dem Untergang geweiht war.

Die Juden nutzten die ihnen von Vespasian unfreiwillig gewährte Ruhepause von fast einem Jahr schlecht. Sie versäumten vor allem, ihre Kräfte zu schonen und zu erneuern. Dafür begannen sie wieder, sich gegenseitig zu bekämpfen. Die Ankunft von Johannes und seiner obskuren Gefolgschaft in Jerusalem hatte dort den Kriegshetzern neuen Auftrieb gegeben. Aus Furcht, die Partei der Gemäßigten könnte mit Rom angesichts von dessen jüngsten Erfolgen einen Waffenstillstand aushandeln, vereinigten sich Johannes und seine Bande mit den Zeloten unter Eleazar. Treibende Kraft der folgenden innerstädtischen Auseinandersetzungen aber blieben die Zeloten. Zunächst wurden von ihnen Angehörige des Stadtadels gefangen genommen und ermordet. Dann versuchten sie, den Einfluss der Hohepriesterschaft zu unterwandern und den Tempel in ihren Besitz zu bringen. Sie entsetzten dafür den amtierenden Hohepriester und bestimmten einen Nachfolger durch das Los. Dabei brachen sie mit der romfreundlichen Tradition und schafften die angestammten Vorrechte jener Familien ab, die bislang die Amtsträger gestellt hatten. Ihr Protagonist war ein Mann niederen Standes, in dem sie vor allem einen willigen Helfer für ihre Schandtaten zu gewinnen hofften. Aber sie übersahen, dass er nicht nur ungebildet, sondern auch mit den Pflichten des obersten religiösen Würdenträgers nicht vertraut war.

Das empörte Volk sah darin ein Sakrileg, und der älteste der Hohepriester, Ananos, heizte die Stimmung gegen die Aufrührer in geschickter Rede noch gewaltig an. Flavius Josephus bezeichnet ihn als einen höchst verständigen Mann, „der vielleicht auch die Stadt gerettet haben würde, wenn er den Händen der Mörder entkommen wäre ..."[2]. Die Römer, gab Ananos seinen Zuhörern zu bedenken, achteten wenigstens den Tempel und das den Juden heilige Gesetz. Sie hingegen, Eleazar und seine Spießgesellen, „die in diesem Land geboren, in unserer Religion erzogen sind und sich Juden nennen", liefen im Allerheiligsten umher, „während ihre Hände noch vom Blut ihrer Landsleute triefen ..."[3]. Die eigentlichen Gegner des Judentums seien innerhalb der Stadtmauern zu finden. Wenn auch nicht für Frau und Kind, so sei es doch nicht weniger ehrenhaft, vor den heiligen Toren für Gott und sein Heiligtum zu sterben.

Ananos war sich bewusst, dass den Zeloten schon wegen ihrer großen Zahl, der jugendlichen Kraft und ihres Fanatismus schwer beizukommen war. Da sie nichts zu verlieren hatten, würden sie zudem bis aufs Äußerste kämpfen.

Voll Erbitterung stürzten sich die rivalisierenden Parteien aufeinander. Nachdem auf beiden Seiten große Verluste zu beklagen waren, konnten die Zeloten dem Anprall nicht länger widerstehen, zogen sich ins Innere des Tempels zurück und schlossen eilig die Tore. Ananos wagte nicht, die heiligen Pforten zu stürmen. Selbst wenn ihm der Sieg bestimmt wäre, überlegte er, war es gesetzwidrig, seine Anhänger ohne die vorgeschriebene vorherige Reinigung in den Tempel zu führen. Er wählte deshalb per Los 6000 Männer aus, die er als Wachen vor den Hallen aufstellte.

„An dem Untergang all dieser Menschen trug die Schuld jener Johannes, der … aus Gischala entflohen war …"[4], setzt der antike Geschichtsschreiber seinen spannenden Bericht fort. Glauben wir ihm, so hat jener Mann in der Tat eine erbärmliche Rolle gespielt, indem er alle, Ananos eingeschlossen, über seine wahre Gesinnung täuschte. Volksfreundlichkeit heuchelnd, begleitete er den Hohepriester auf allen Gängen und nahm an dessen geheimsten Treffen und Unterredungen teil. Sein Wissen aber hinterbrachte er den Zeloten, sodass sie lange vor deren Ausführung von den Plänen der Bürger erfuhren. Dass er, auch ungebeten, überall zugegen war, machte ihn schließlich verdächtig, zumal man bemerkte, dass die Feinde die Volksbeschlüsse stets kannten. Doch Johannes versicherte unter Eid seine Treue, sodass Ananos ihn schließlich sogar als offiziellen Unterhändler zu den eingeschlossenen Zeloten sandte.

Dort wusste er bald zu berichten, dass der Hohepriester das Volk überredet hatte, Gesandte an Vespasian zu schicken, damit er heranrücke und sich der Stadt bemächtige. Für den nächsten Tag sei ein Reinigungsopfer vorgesehen, damit man unter dem Vorwand des Gottesdienstes in den Tempel eindringen und sie, die Zeloten, überfallen könne. Ananos trage ihnen einen Vergleich nur an, damit er sie umso leichter überwinden könne, wenn sie ihm unbewaffnet gegenüberstünden. Wollte man nicht leichtfertig das Leben der Eingeschlossenen aufs Spiel setzen, sei auswärtige Hilfe vonnöten.

Die Zeloten suchten daraufhin bei den Idumäern um Verstärkung nach. Diese galten als ungestümes, zügelloses Volk, das sich gerne zum Kampf drängte. Bald erschien eine riesige Anzahl Bewaffneter – von 20 000 Mann ist die Rede – vor den Mauern Jerusalems. Ananos sah sie anrücken und ließ eilig die Tore schließen und die Mauern mit Wachposten besetzen. Dann versuchte der nach ihm älteste Hohepriester, ein Mann namens Jesus, sie in einer Rede von der Mauer herab davon zu überzeugen, die Fronten zu wechseln und die Waffen zu strecken. Aber weder Vernunft noch Rhetorik vermochten die Kampfbesessenen zu erreichen. Die Idumäer schlugen außerhalb der Mauern ihr Lager auf, bis einige Zeloten sie im Schutze der Dunkelheit und eines heftigen Unwetters in die Stadt schmuggelten.

Dort befreiten die herbeigerufenen Soldaten zunächst ihre eingeschlossenen Gesinnungsgenossen, nachdem sie die Wachen überwältigt hatten. Vom Tempelberg hinab drang das Geschrei in die Stadt, aber kaum jemand wagte es, sich ihnen entgegenzuwerfen. So machten sie, ganz wie es ihrer unerbittlichen Art entsprach, viele nieder. Ehe der neue Tag anbrach, zählte man, so wird berichtet, 8500 Tote. Bald begnügte sich die Blutgier der Eiferer aber nicht mehr mit dem gewöhnlichen Volk, sondern wandte sich den Hohepriestern zu. Ananos und Jesus wurden erschlagen. Die Mörder stellten sich auf die Leichen und verhöhnten die wohlwollende Gesinnung, die Ananos dem Volk entgegengebracht hatte. Was aber am schlimmsten war: Sie warfen die Toten verächtlich beiseite und verhinderten ihre Bestattung, besonders frevelhaft für die Juden, die um das ehrenhafte Begräbnis ihrer Angehörigen so ängstlich besorgt waren. „Ich irre wohl nicht", fährt Flavius Josephus fort, „wenn ich sage: Mit dem Tode des Ananos nahm der Untergang der Stadt seinen Anfang, und von dem Tage an, da die Juden ihren Hohepriester, den Mann, der ihnen den Weg zur Rettung gewiesen, mitten in der Stadt hingemordet sahen, war ihre Mauer zerstört, der jüdische Staat vernichtet."[5]

Gewalttätiger noch als die auswärtigen Krieger erwiesen sich die Zeloten, sodass viele von den zu Hilfe gerufenen Idumäern angewidert nach Hause zurückkehrten – ein kluger Schritt, ehe die Römer mit der Belagerung Jerusalems begannen. Im März 68 sollte traditionsgemäß die neue Feldzugsaison eröffnet werden. Aber Vespasian beschloss, die Uneinigkeit der verschiedenen Gruppierungen innerhalb der Stadt noch eine Weile für seine Zwecke zu nutzen. *Divide et impera* – teile und herrsche! Auch diesmal sollte sich dieser Grundsatz römischer Expansionspolitik als für Rom nützlich erweisen.

Kaum hatten sich die Idumäer abgewandt, kehrten die in der Stadt zurückgebliebenen Zeloten ihre ganze Grausamkeit hervor. Erbarmungslos wurde gefoltert, getötet und verbrannt; ohne jegliches Mitleid versagte man den Toten ihr Grab. „Alle menschlichen Rechte wurden mit Füßen getreten, die göttlichen verhöhnt, die Weissagungen der Propheten als betrügerisches Geschwätz verlacht."[6] Es gab Vorhersagen gottesfürchtiger Männer, die Stadt werde eingenommen und das Allerheiligste in Flammen aufgehen, sollte der Aufruhr fortgesetzt und das Heiligtum von den eigenen Händen befleckt werden. Nicht unempfänglich waren die Zeloten für diese makabren Prophetien. Und doch trugen sie selbst zu deren Erfüllung bei.

Johannes versuchte, sich zum Alleinherrscher aufzuschwingen, traf aber auf den Führungsanspruch Eleazars, des Anführers der Zeloten. Das einstige Bündnis der Extremisten brach auseinander; man bekämpfte sich aber erst ein Jahr später, im Frühsommer 69, als sich eine dritte Kraft in Jerusalem etabliert hatte, die Nationalisten unter Simon, dem Sohn des Giora.

Er hatte sich zwei Jahre zuvor in Masada den Sicariern angeschlossen, nachdem er seine Befehlsgewalt im Nordosten von Judäa verloren hatte. Man war ihm, dem Sohn eines Proselyten, eines zum Judentum übergetretenen Nichtjuden, zunächst misstrauisch begegnet. Die Angriffe, die von der Bergfeste ausgingen, befriedigten aber seinen Ehrgeiz nicht. Nach dem Tod des Ananos plante Simon, den Oberbefehl über Jerusalem zu erlangen, wenngleich er um Johannes' Ansprüche wusste. Er sammelte ein Heer, das auch diejenigen aufnahm, die vor der Brutalität der Zeloten aus der Hauptstadt geflohen waren. Im Frühjahr 69 erschien er vor den Mauern Jerusalems. Zu jener Zeit hatten Johannes und die Zeloten dort ein solches Schreckensregiment errichtet, dass der Bevölkerung im Vergleich zu ihnen jedes andere Übel gering erschien. Wie Flavius Josephus berichtet, war Simon seinem Widerpart Johannes zwar nicht an Verschlagenheit, wohl aber an Kühnheit und Körperkraft überlegen.[7] Die Jerusalemer hießen ihn in der Hoffnung willkommen, er werde sie vom Joch der Empörer befreien. Kaum aber hatte er sich in ihr Vertrauen geschlichen, unterschied er nicht mehr zwischen Freund und Feind, sondern richtete sein Augenmerk nur noch auf das, was seine Oberherrschaft und seine ehrgeizigen Pläne fördern konnte.

Zu seinem Glück waren die anderen innerstädtischen Parteien zutiefst zerstritten. Eine kleine Gruppe von 2400 Zeloten unter Eleazar hielt den inneren Tempelhof besetzt. Johannes hatte mit seinen Leuten den äußeren Tempelbezirk und einen Teil der Unterstadt eingenommen. Die angeblich 15 000 Bewaffneten, die Simon befehligte, kontrollierten den anderen Teil der Unter- und die Oberstadt. Die Kämpfe der rivalisierenden Gruppen kosteten nicht nur zahlreiche Menschenleben. Es gingen, als in der Umgebung des Tempelberges alles eingeäschert wurde, auch Getreidevorräte in Flammen auf, die für eine jahrelange Belagerung ausgereicht hätten. Damit aber hatten die jüdischen Freiheitskämpfer durch ihre Machtgier ihre Überlebensgrundlage selbst vernichtet.

Das Volk wurde nun unbarmherzig zwischen den widerstrebenden Interessen zerrieben. Es kam soweit, dass man um den Krieg von außen betete, um von der inneren Not erlöst zu werden.

Ohne große Schwierigkeiten war es Vespasian inzwischen gelungen, Nordost-Judäa und Idumäa, die Simon im Jahr zuvor gewonnen hatte, für Rom zurückzuerobern. Jetzt befanden sich noch Herodion, Machaerus und Masada in aufständischer Hand, dazu einige Höhlen über dem Toten Meer, die für Rom jedoch keine Gefahr darstellten. Aber noch einmal sollte das Schicksal Jerusalems aufgeschoben werden, als Anfang Juli 69 Vespasian durch die im Ostreich stationierten Legionen zum Kaiser ausgerufen wurde und der jüdische Krieg hintangestellt werden musste. Der neue Kaiser begab sich mit seinem Sohn nach Berytos, um Kriegsrat zu halten; er schenkte (Flavius) Josephus die Freiheit, da sich dessen Prophezeiung, Vespasian werde die Herrscherwürde erlangen, erfüllt hatte, und zog weiter nach Ägypten, um den Getreidenachschub zu sichern. Im Frühjahr 70 übertrug er, mittlerweile vom heimischen Senat in seinem Amt bestätigt, den Oberbefehl über Judäa seinem Sohn Titus und kehrte selbst nach Rom zurück.

Die römischen Streitkräfte waren inzwischen auf vier Legionen angewachsen, da die XII. Legion Fulminata aus Syrien dazugestoßen war. Sie war früher unter Gallus Cestius von den Juden geschlagen worden und eilte jetzt, ihre Schlappe wettzumachen, umso freudiger in den Kampf. Alle Provinzstatthalter und Klientelfürsten, allen voran Tiberius Alexander und Agrippa II., schlossen sich mit zahlreichen Hilfstruppen den Römern an. Neuer Prokurator über die aufständische Provinz Judäa wurde M. Antonius Iulianus.

Die anrückende römische Streitmacht einte vorübergehend die streitenden jüdischen Parteien in Jerusalem. Gemeinsam machten sie einen Ausfall gegen die X. Legion, die gerade mit der Befestigung ihres Lagers vor der Stadt beschäftigt war. Einen Augenblick lang waren die römischen Soldaten überrascht. Aber sie fassten sich rasch und schlugen die Angreifer zurück. Der Überfall schien den Juden dennoch gelungen. Doch statt sich nun mit vereinten Kräften dem Feind zu stellen, widmeten sie sich erneut ihrem inneren Zwist. Keiner der drei konkurrierenden Führer Johannes, Eleazar und Simon war bereit, auch nur einen Fingerbreit von seinen hochtrabenden Plänen abzurücken. Vielmehr versuchte ein jeder, den anderen auszuschalten. Zuerst blieb, eher zufällig, Eleazar auf der Strecke. Als er zum Paschafest Gläubigen die Tore zum inneren Tempelbezirk öffnete, missbrauchte Johannes die Lage, „um einen hinterlistigen Anschlag durchzuführen ..."[8] Er schleuste einen Teil seiner geschickt verkleideten, schwer bewaffneten Leute zusammen mit der übrigen Menge in den Tempel. Sie überwanden die Zeloten, denen Johannes seinen Oberbefehl aufzwang. Im Besitz der heiligen Stätte und ihrer schier unermesslichen Vorräte an Nahrungsmitteln und Schätzen fühlte er sich gegen Simon doppelt gerüstet. Denn trotz der Römer, die jetzt zu den stadtnahen Lagern vorrückten, ging der

Bürgerkrieg weiter, wenn sich auch nur noch zwei Parteien hasserfüllt gegenüberstanden. Titus' Versuche, unter Flavius Josephus' Vermittlung Friedensbedingungen auszuhandeln, schlugen fehl. Erst als die Sturmböcke in Stellung gebracht wurden, erkannte auch Johannes die Führerschaft des Simon an, die diesem durch Volksbeschluss längst übertragen worden war, und erklärte sich bereit, mit ihm zur Verteidigung der Stadt zusammenzuarbeiten.

Ein römischer Angriff auf Jerusalem war nur von Norden her sinnvoll, wo es nicht durch Schluchten geschützt war. Die Wiederherstellung der Mauern der Vorstadt von Bezetha war an dieser Stelle, obwohl bereits drei Jahre zuvor in Angriff genommen, noch nicht vollendet. So versprach ein Erstürmungsversuch leichtes Spiel. Dennoch sollte das Unternehmen einige Wochen in Anspruch nehmen.

Unter dem Schutz der Artillerie errichteten die Römer jene Stellungen, auf denen sie die Rammböcke aufstellten. Immer wieder versuchten die Verteidiger, mit dem im Jahr 66 erbeuteten Kriegsgerät den Angriff abzuwehren, aber die Bedienung der fortschrittlichen Technik bereitete ihnen große Schwierigkeiten. Schon begannen unter den gleichmäßigen Stößen der Rammböcke die Mauern zu wanken. Da zogen sich Simons Kämpfer in die inneren Mauern zurück und überließen ganz Bezetha dem anstürmenden Feind. Er zerstörte einen großen Teil der von Agrippa I. angelegten Befestigung und verlegte sein Lager in die eingenommene Vorstadt.

Tagelang wurde heftig gekämpft, bis einer der Wehrtürme einstürzte. Aber als sich Titus, etwa 1000 Legionäre und die ausgesuchte Leibwache, ihres Sieges schon sicher, durch die Bresche zwängten, saßen sie im Labyrinth enger Gassen zwischen der zweiten Mauer und der inneren Nordmauer fest. Unter starken Verlusten wurden sie von den Juden, die naturgemäß mit den Örtlichkeiten besser vertraut waren, zurückgedrängt. Den Teil der Burg Antonia, den die Römer behaupten konnten, ließ Titus sichern. Dann konzentrierte er seine Kraft auf den nordwestlichen Abschnitt der Tempelbefestigung, der am hartnäckigsten verteidigten Stelle Jerusalems.

Immer wieder versucht Flavius Josephus, seinen Freund Titus von der Schuld an der Zerstörung Jerusalems reinzuwaschen. Der spätere Kaiser habe nichts sehnlicher gewünscht, als Stadt und Tempel zu erhalten. Deshalb machte er den Eingeschlossenen ein weiteres Friedensangebot, und das Volk war geneigt, darauf einzugehen. Die kriegstreibenden Parteien aber legten seine Freundlichkeit als Schwäche aus. Denjenigen, die an Übergabe dachten, drohten sie mit dem Tod. Sie selbst zogen es vor, im Kampf zu sterben, blieb doch ansonsten nur, von den Römern für ihre Untaten zur Rechenschaft gezogen zu werden. Zudem werteten sie es als Triumph, dass sich die Römer hatten zurückziehen müssen. Die jetzige Lage machte sie übermütig. Sie glaubten tatsächlich, die Feinde würden nicht mehr wagen, in die Stadt einzudringen, und ebenso wenig imstande sein zu siegen. „Der Gott verfinsterte ihnen um ihrer Frevel willen den Verstand, dass sie weder sahen, wie die verjagten Truppen nur einen kleinen Teil des römischen Heeres bildeten, noch die sie beschleichende Hungersnot bemerkten."[9] Schon kamen viele Bürger vor Hunger um, aber darin erblickten die Empörer nur eine Erleichterung für sich selbst. Drei Tage lang hinderten sie mit ihren Körpern die Römer daran, erneut einzufallen. Am vierten aber mussten sie einem heldenmütigen, von Titus selbst geführten Angriff weichen. Der Sohn des Kaisers war damit wieder Herr über die Mauer geworden, deren nördlichen Teil er sogleich schleifen ließ. Dann begann er, den Sturm auf den dritten Befestigungsgürtel vorzubereiten.

Doch wollte er sich mit der Ausführung gedulden, um den Eingeschlossenen noch einmal Bedenkzeit zu geben. Sein Motiv, Stadt und Tempel zu erhalten, hat in der Geschichtswissenschaft die wildesten Spekulationen ausgelöst. Die einen schreiben seine Absicht einer übergroßen und für einen Römer geradezu unwahrscheinlichen Milde zu.[10] Andere meinen, „das Glück und die Wonne des Menschengeschlechts", wie man ihn später nannte, habe es eilig gehabt, von dem öden Judäa nach Rom zurückzukehren, das er als Privatmann verlassen hatte und als Sohn des Kaisers wiedersehen sollte, und das einem immer noch die höchsten Genüsse bot. Auch wollte er angeblich aus Rücksicht zu Agrippas II. Schwester Berenike, zu der er trotz ihres Sündenwandels in Liebe entbrannt war, Jerusalem vor der Zerstörung retten, da er wusste, wie sehr das Herz seiner Geliebten an der heiligen Stadt hing.[11]

Während der „Feuerpause" ließ er unter den Augen der Juden, die von den Zinnen herab jede seiner Bewegungen aufmerksam verfolgten, das ganze Heer antreten und jedem einzelnen Mann seine Löhnung auszahlen. „Weithin glitzerte die Umgebung der Stadt von Silber und Gold, und so angenehm der Anblick für die Römer war, so schrecklich war er für ihre Feinde"[12], die erstmals die gewaltige Heeresmacht Roms so bedrohlich nah versammelt sahen.

Noch einmal wurde Flavius Josephus bemüht, seine Glaubensgenossen zur Besinnung zu bringen. Wenn schon die Worte eines Römers, so mutmaßte Titus, bei den verbohrten und sturen Einheimischen nichts auszurichten vermochten, vielleicht verschlössen sie sich ja einem

Manne nicht, der in ihrer Muttersprache, dem Aramäischen, zu ihnen redete. Also suchte Flavius Josephus vor der Mauer eine Stelle, an der er außer Reichweite und doch deutlich zu sehen und zu verstehen war, und redete auf seine Landsleute ein, indem er ihnen die Macht der Römer und ihre eigene Schwäche vor Augen stellte. Aber er erntete nur Spott und Hohn. Dann erinnerte er sie an die Geschichte ihres Volkes: Wenn sie sich jetzt mit Fäusten und Waffen gegen die Römer wehrten, kämpften sie auch gegen Gott. Habe er, ihr Schöpfer, sie nicht immer gerächt, wenn ihnen Unrecht geschehen war? In eindrucksvoller Rede forderte er sie mit tränenerstickter Stimme auf, ja er beschwor sie geradezu, zu den Belagerern überzulaufen, und sicherte jedem, der jetzt noch die Stadt verließ, freien Abzug und Verzicht auf Strafe zu. Es fanden sich auch genügend Vernünftige, die ihren Grundbesitz oder ihre Kostbarkeiten zu Schleuderpreisen verkauften und Jerusalem den Rücken kehrten. Titus ließ die meisten ziehen, wohin sie wollten. Aber es gab auch viele, die von Johannes' und Simons Leuten an der Flucht gehindert und schon beim geringsten Verdacht erschlagen wurden wie übrigens die meisten Wohlhabenden, die man allein ihres Vermögens wegen umbrachte.

Unerträglich wurden derweil die Hungersnot und die Wut der Anführer, die alle Winkel der Stadt nach Essbarem durchsuchten. Mancher gab sein ganzes Vermögen für ein Maß Weizen. Die Anführer aber nahmen sich, was sie brauchten, und schreckten vor keiner Art Folter zurück, um Nahrungsmittel aufzuspüren. „Sie verstopften den Unglücklichen die Öffnungen der Scham mit Erbsen und stießen ihnen spitze Gegenstände ins Gesäß ..."[13] Keine Stadt, so klagt der Zeitzeuge Flavius Josephus, habe je Ähnliches auszuhalten gehabt, und kein Geschlecht sei, solange die Welt besteht, erfinderischer in Werken der Bosheit gewesen. Sie, Sklaven und zusammengelaufenes Gesindel, der Abschaum der Menschheit, seien es gewesen, die die Stadt zerstörten. Sie hätten Rom einen traurigen Sieg aufgenötigt und ohne eine Träne des Schmerzes den Tempel in Flammen aufgehen lassen.

Ob des hartnäckigen Widerstands verlor Titus langsam die Geduld. Denjenigen, die sich jetzt noch vor Hunger oder Furcht vor den Empörern aus der Stadt schlichen und den Römern in die Hände fielen, drohten Geißelung und ein qualvoller Tod. Es waren täglich an die 500 Menschen, die heimlich Jerusalem verließen, zu viele, als dass die Römer alle hätten bewachen können. Also befahl der Sohn des Kaisers, die Geflohenen vor der Mauer zu kreuzigen, um die Gefangenen zum Nachgeben zu bewegen. Wegen ihrer großen Zahl fehlte es aber bald an Raum für Kreuze und an Kreuzen für die Leiber. Andere schickte Titus mit abgeschlagenen Gliedmaßen in die Stadt zurück, um allen zu zeigen, welches Schicksal sie erwartete, wenn sie noch länger zögerten, den Belagerern die Tore zu öffnen. Das grausame Schauspiel bewirkte jedoch nur, dass sich jetzt auch viele der Gemäßigten voll Abscheu gegen Rom umstimmen ließen.

Unterdessen wurde der Bau der Wälle von Titus' Legionen vorangetrieben. Einige Schanzen hatten sie bereits vollendet, als sie noch einmal einen herben Rückschlag erlitten. Vom Stadtinneren her hatte Johannes bis zur ersten Aufschüttung einen unterirdischen Gang graben und durch Pfähle stützen lassen. In diesen wurde mit Pech bestrichenes Holz geschichtet und angezündet. Kaum waren die Pfähle verbrannt, stürzten der Gang und die darüber liegenden Verschanzungen mit großem Getöse ein. Das versetzte die Römer in heftigen Schrecken, und die List, die sich die Juden ausgedacht hatten, entmutigte sie und ließ den belagerten Feind unüberwindlich erscheinen. Simon und seine Anhänger nutzten die Verwirrung, um andere Bollwerke anzugreifen und die dort bereits installierten Sturmböcke anzuzünden. Von ihnen griff das Feuer rasch auf die gesamte Befestigung über, ohne dass Titus' Soldaten eine Möglichkeit gesehen hätten, die Arbeit von Wochen zu retten. Also zogen sie sich, mutlos geworden, in ihr Lager zurück.

Von der Festung Antonia herab, wohin er sich begeben hatte, um einen Platz für andere Dämme auszuspähen, warf Titus seinen Männern vor, ihre eigenen Werke preiszugeben, um selbst in die Rolle der Belagerten zu schlüpfen. Obwohl das Bauholz knapp wurde, beschloss der aus den Heerführern unter seinem Vorsitz gebildete Kriegsrat, die ganze Stadt mit einer Ringmauer zu umschließen, und tatsächlich bemächtigte sich der Soldaten, nachdem die einzelnen Abschnitte des zu bauenden Gürtels verteilt waren, ein wundersamer Eifer. Allgegenwärtig erschien der junge Feldherr, sprach ihnen Mut zu, appellierte an ihre Ehre, ermunterte die Ermüdenden und lobte all jene, die ihre letzten Kräfte mobilisierten, bis die Befestigung ganz Jerusalem umzog und mit 13 Wachkastellen zusätzlich verstärkt war, ein gigantisches, in wenigen Tagen vollendetes Werk, „für das Monate nicht zuviel gewesen wären ..."[14], wie Flavius Josephus bewundernd bemerkt.

Indessen hielt der Hungertod in der belagerten Stadt reiche Ernte, hob alle Schranken zwischen Arm und Reich auf, entfesselte die niedrigsten Leidenschaften und raffte ganze Familien und Sippen dahin. Das Geld hatte seinen Wert verloren, denn man konnte kein Brot dafür kaufen.

Die entkräfteten Überlebenden wankten Gespenstern gleich über die Plätze und vermochten nicht einmal mehr, ihre Angehörigen zu bestatten. In den Gassen türmten sich die Leichen, und ein süßlicher Verwesungsgeruch waberte über den totenstillen Häusern.

Schauerliche Geschichten weiß der jüdische Geschichtsschreiber von Überläufern zu berichten. In ihrer Not seien manche unmittelbar von der Mauer gesprungen und jämmerlich zu Grunde gegangen. Kaum besser erging es jenen, die mit Steinen in den Händen losstürmten, als wollten sie kämpfen, sobald sie sich jedoch vor den eigenen Leuten in Sicherheit wähnten, zu den Römern überliefen. Dort angekommen, führte die Nahrung, die man ihnen reichte, rascher zum Tod als der Hunger, der so lange ihr Begleiter gewesen war. Es waren gespenstisch aufgedunsene Leiber, die den Römern hohläugig entgegenwankten und gierig verschlangen, was man ihnen an Essbarem vorlegte, sodass ihre von der langen Entbehrung entwöhnten Mägen platzten.

Besonders schamlos erwiesen sich Nabatäer und Syrer, die um ihrer Habsucht willen viele der Übergelaufenen, die geglaubt hatten, der Hölle endlich entronnen zu sein, auf grausame Weise ums Leben brachten. Es hatte sich nämlich herumgesprochen, dass viele Juden vor dem fluchtartigen Verlassen der Stadt Goldstücke zu verschlucken pflegten, zum einen, um sie vor den Empörern, die alles durchsuchten, zu verbergen, zum anderen, um in der Fremde nicht ganz mittellos zu sein. Die Überläufer, so hieß es, seien, wenn sie ankämen, wandelnde Schatzkisten, ganz und gar mit Gold gefüllt. So schlitzten die Geldgierigen von Titus' Leuten den Gnade Suchenden die Bäuche auf, um an das Gold zu kommen. Es sei, so Flavius Josephus, die schlimmste Misshandlung gewesen, die den Juden je widerfahren war. In einer einzigen Nacht seien auf diese Weise 2000 Flüchtlinge ums Leben gekommen.

Als Titus davon erfuhr, schäumte er vor Wut. Er hätte gern mit seiner Reiterei die Schuldigen, unter denen sich allerdings auch Legionäre befanden, umzingelt und zur Verantwortung gezogen, aber es waren derer mehr als jene, die durch sie umgekommen waren. So begnügte er sich zu drohen. Doch zeitigten seine Ermahnungen keinen Erfolg. Denn was der Caesar verboten hatte, das beging man jetzt heimlich: Die Verbrecher fingen die „Flüchtlinge ab, ehe sie von den anderen entdeckt worden waren, und stießen sie nieder; dann ... schnitten sie die Unglücklichen auf und holten aus ihren Eingeweiden den scheußlichen Lohn ..."[15]. Dabei fanden sie nur bei wenigen überhaupt etwas.

Trotz aller Vorsicht war auch Flavius Josephus, der mit seinen Ermahnungen nicht nachließ, in Lebensgefahr geraten. Bei einem seiner Rundgänge um die Mauer wurde er von einem Stein schwer am Kopf getroffen und fiel bewusstlos zu Boden. Erfreut über den Fall ihres vermeintlich größten Feindes, stürzten die Juden heraus, um ihn in die Stadt zu schleppen. Gerade noch rechtzeitig gelang es Titus' Männern, ihn in Sicherheit zu bringen.

Dennoch glaubten die Verteidiger, der Mann, nach dessen Tod sie verlangten, sei endlich aus dem Weg geräumt worden. Wer bis dahin noch einen Funken Hoffnung gehabt hatte, unter Josephus' Einfluss werde doch noch ein Vergleich zustande kommen, verlor jetzt allen Mut. Im Gefängnis erfuhr seine greise Mutter, dass ihr Sohn gefallen war. Den Wächtern gegenüber tat sie so, als kümmere sie dies nicht: Seit Jotapata habe sie dieses Ende vorausgesehen. Nie habe sie seiner froh werden können. Insgeheim aber beklagte sie im Kreise ihrer Dienerinnen seinen Tod. Es sei nicht gut, sein Kind nicht begraben zu dürfen, von dem man einst selbst bestattet zu werden gehofft habe.

Erstaunlich rasch aber hatte sich Josephus von seiner Verletzung erholt und erschien erneut vor der Mauer, um seinen Gegnern zuzurufen, sie würden für diese Tat bald bezahlen müssen.

Titus hoffte, dass es leicht sein würde, die Oberstadt einzunehmen, wäre erst einmal der Tempel, das Zentrum des Widerstands, gefallen. Aber schon bald musste er feststellen, dass das Heiligtum vor der Zerstörung seiner Befestigungsanlage uneinnehmbar war. So konzentrierte er jetzt die Hauptmacht seiner Streitkräfte gegen den Tempelbezirk und ließ alle vier Legionen Belagerungswerke anlegen.

Der Würgeengel der Hungersnot raffte inzwischen weitere Tausende dahin. In den alten Gassen und auf den Plätzen türmten sich Berge von Leichen, die einen entsetzlichen Anblick boten und einen bestialischen Gestank verbreiteten. Seuchen wetteiferten mit Hunger und Krieg. Grauenhafte Szenen spielten sich ab, die selbst dem abgebrühtesten Römer Schauder einjagten. „Um ein wenig Stroh, um Lederstücke und noch hässlichere Dinge stritten sich die Ausgehungerten, um es einander zu entreißen." Eine Frau namens Mirijam, die sich nach Jerusalem geflüchtet hatte, „schlachtete ihr junges Kind und verzehrte sein Fleisch ..."[16].

Stadt und Umgebung hatten ihr Aussehen völlig gewandelt. Die Römer hatten zum Bau ihrer Wälle rundum alles kahl geschlagen. Die Gegend, „die zuvor mit Bäumen und Parks geschmückt war, lag jetzt allenthalben verwüstet und des Holzes beraubt. Kein Fremder, der das alte Judäa und die herrlichen Vorstädte Jerusalems gesehen, hätte beim Anblick der damaligen Verödung seine Tränen und Seufzer über das

Ausmaß der Veränderung zurückhalten können."[17] Selbst für die Römer kann das Ziel ihrer Begierde nicht mehr allzu verlockend gewesen sein.

Es begann der letzte Akt in dem dramatischen Schauspiel des Untergangs einer Stadt, die seit über tausend Jahren zu den eindrucksvollsten Siedlungsstätten der Welt gezählt hatte, der Hauptstadt Gottes auf Erden. Sechs Tage lang hatte Titus die Westmauer bestürmt, ohne dass sie auch nur einen Zoll nachgegeben hätte. Als am 8. Ab des jüdischen Kalenders (August 70) die beiden Belagerungshügel vollendet und Rammböcke und eiserne Widder in ihre endgültige Stellung gebracht worden waren, vertraute ihnen der römische Oberbefehlshaber wenig. Er befahl seinen Leuten, die Mauer zu erklimmen, ein verhängnisvoller Befehl, wie sich bald herausstellen sollte, denn sie mussten sich unter schweren Verlusten wieder zurückziehen. Daraufhin ließ er die hölzernen Tore der äußeren Ringmauer des Tempelareals in Brand stecken. Wie gelähmt verfolgten die Juden das Geschehen und sahen machtlos zu, wie das Feuer auf diejenigen Säulengänge übergriff, die bisher verschont geblieben waren. Sie zogen sich mutlos in die inneren Tempelhöfe zurück und überließen den äußeren Bereich dem anstürmenden Feind.

Mochten Titus und seine Ratgeber zuletzt auch überein gekommen sein, den Tempel um seiner Schönheit und Einzigartigkeit willen zu schonen, die Dinge entzogen sich bald jeglicher Kontrolle und nahmen ihren eigenen Lauf.

Am 10. Ab wagten die Bedrängten einen neuerlichen Ausfall, wurden aber zurückgeworfen und verfolgt. In Erwiderung ließ Titus die Umfassungsmauer des Tempelhofes niederbrennen, sodass seine Männer zu den Verteidigern vordringen konnten. Er gab Weisung, das Heiligtum zu erobern, aber nicht zu zerstören, wenn auch viele aus dem Beraterstab die Auffassung vertreten hatten, es werde, unversehrt, immer ein Herd des Widerstands bleiben. Jedenfalls ergriff in der allgemeinen Verwirrung ein römischer Soldat ein brennendes Holzscheit, ließ sich von einem Kameraden in die Höhe heben und schleuderte, „ohne einen Befehl abzuwarten oder die schweren Folgen seiner Tat zu bedenken, wie auf höheren Antrieb"[18] den Brandsatz durch die so genannte goldene Tür, durch die man von Norden her in die das eigentliche Heiligtum umgebenden Gemächer gelangte. In Windeseile ging das trockene Holz der Tempelhallen in Flammen auf. Das Feuer wälzte sich in die benachbarten Räume fort, sodass die Flammen hoch auflöderten. Da wichen auch die Mutigsten entsetzt zurück.

Auf die schreckliche Nachricht hin eilte Titus mit einigen Legionären herbei, um das Schlimmste zu verhindern, so jedenfalls Flavius Josephus. Durch Schreien und wildes Gestikulieren befahl er seinen Leuten, das Feuer um jeden Preis zu löschen. Aber seine Gesten gingen in dem Wirrwarr unter, und seine Rufe erstickten in dem fürchterlichen Geschrei. Schon zerstreuten sich die entfesselten Soldaten in den Tempelräumen, plünderten, zündeten an und erwürgten oder erschlugen alle, die sich ihnen in den Weg stellten oder in ihrer Bestürzung nicht geflohen waren.

Nicht alle Geschichtsschreiber folgen indes dem Bericht des übergelaufenen jüdischen Gelehrten. Im ausgehenden 4. Jahrhundert schrieb der lateinische Geschichtsschreiber Sulpicius Severus, Titus habe in seinem Krisenstab in Wahrheit jene unterstützt, die für die Zerstörung des Tempels plädierten.[19] Das Argument, seine Soldaten hätten auf seinen Befehl hin derart gewütet, ist nicht ganz von der Hand zu weisen, denn eigenmächtiges Vorgehen entsprach auch in äußerst schwierigen Situationen keineswegs den für ihre Disziplin bekannten Legionären. Auch an anderer Stelle hat Flavius Josephus immer wieder versucht, seinen Helden Titus zu glorifizieren, sicherlich nicht zuletzt in dem Bewusstsein, dass dieser maßgeblich an der Rettung seines Lebens beteiligt gewesen war.

Natürlich konnte auch ein Historiker, der nicht Zeitzeuge des Geschehens war, sondern mehr als dreihundert Jahre später lebte und schrieb, die Sache kaum abschließend beurteilen. Doch hatte er „seine Informationen wohl aus einer nahezu zeitgenössischen Quelle bezogen, nämlich aus den Historien des Tacitus, von denen freilich die einschlägigen Stellen verloren gegangen sind"[20]. Vermutlich hätte Titus den Tempel tatsächlich lieber vor Schaden bewahrt, sofern sich seine Verteidiger ergeben hätten, erklärte sich aber mit der Zerstörung einverstanden, als er sah, dass auf andere Weise nicht zum Ziel zu kommen war. Tatsache bleibt, dass das großartige Bauwerk nicht gerettet werden konnte. „Das Siegesgeschrei der Römer, das Wehklagen der Juden beim Anblick der Verwüstung, das Geprassel der Flammen erschütterten den Erdboden, erschütterten die Luft, das Echo trug die Trauerbotschaft von dem Falle des Tempels bis zu den Bergen, und das Feuermeer gab den Bewohnern ringsumher das Zeichen, dass jede Hoffnung entschwunden …"[21] Viele Juden stürzten sich in die Flammen, denn sie wollten das Ende des Heiligtums nicht überleben.

Von Neugierde getrieben, drang Titus bis ins Allerheiligste vor, ohne auf nennenswerten Widerstand zu stoßen. Offensichtlich achteten die Juden selbst in dieser extremen Lage das Tabu. Gerade noch rechtzeitig gelang es den Römern, die Tempelschätze in Sicherheit zu bringen, goldene Möbel, Trompeten, den Tisch für die Schaubrote und den siebenarmigen Leuchter. Dann überließen sie Herodes' großartiges Bauwerk dem Untergang.

Noch heute erinnert den aufmerksamen Betrachter in Rom ein außergewöhnliches Denkmal an diese wohl düsterste Stunde des Judentums: An der Innenseite des auf der *summa via sacra* (dem höchsten Punkt der Heiligen Straße) errichteten Titus-Bogens hält ein Relief die demütigenden Ereignisse fest (s. Umschlagmotiv und S. 170), und es heißt, kein frommer Jude sei je unter diesem Bogen hindurchgegangen.

Es war, als suchten jetzt viele Juden geradezu den Tod. Tausende hatten trotz der andrängenden Feinde und der züngelnden Flammen in den südlichen Säulenhallen ausgeharrt und vertrauten schwärmerischen Propheten, die verkündeten, Gott werde im Augenblick des Tempelbrandes ein Wunder wirken und ihnen Hilfe schicken. Sie alle wurden von den Römern erbarmungslos niedergemacht. Der Tempel brannte bis auf die Grundfesten ab. Nur einige Mauertrümmer an der Westseite ragten drohend und gespenstisch in den Himmel. Am Abend des 10. Ab opferten die siegreichen Legionen ihren Göttern auf der veröderten Tempelstätte, pflanzten ihre Standarten auf und riefen Titus zum Imperator aus. Damit aber war das Nationalheiligtum aller Juden endgültig entweiht.

Flavius Josephus gibt, wie gesagt, das Datum der Zerstörung des herodianischen Tempels mit dem 10. Ab an, einem, wie es scheint, verhängnisvollen Datum in der jüdischen Geschichte, an dem schon 587 v. Chr. der salomonische Tempel von Nebukadnezar eingeäschert worden war. Seit damals gilt jener Tag – zusammen mit dem Datum der endgültigen Katastrophe des Jahres 135 der neuen Zeitrechnung – als ein Tag nationaler Trauer.

Johannes erkannte die Lage als hoffnungslos, ließ alle, die sich auf dem Tempelberg verschanzt hatten, im Stich und floh mit der verbliebenen Schar seiner Anhänger in die Oberstadt, um von dort aus den Widerstand fortzusetzen. Gemeinsam mit Simon besetzte er den Palast des Herodes und die Türme. Waffenstillstandsverhandlungen scheiterten, weil die Anführer der Revolte freien Abzug mit all ihrem Kriegsgerät forderten, während Titus darauf bestand, dass sie sich auf Gnade oder Ungnade den Römern ergaben. Der Kampf ging weiter. Den Hilfstruppen wurde befohlen, neue Dämme gegen die Mauer der Oberstadt aufzuschütten. Diese Vorbereitungen brachten Rom noch einmal eine

Welle von Deserteuren, unter ihnen ein Priester und der Schatzmeister des Tempels. Sie erkauften ihr Leben mit den Kostbarkeiten, die sie aus den Schatzkammern gerettet hatten, bevor diese niederbrannten, goldenen Vasen und Schalen, Geschmeide, wertvollen Gewändern und seltenen Gewürzen.

Unerwartet rasch kam das Ende. Sobald die Belagerungswerke vollendet waren, brachten die Rammböcke die Stadtmauer gleich am ersten Tag des Ansturms zum Einsturz. Die Verteidiger flohen Hals über Kopf, gaben Herodes' uneinnehmbare Türme auf und wurden von den mordenden und alles niederbrennenden Römern verfolgt. Erst bei Anbruch der Dunkelheit zogen sich diese zurück, und der nächste Tag brach über einem Flammenmeer an.

Die Juden, die überlebt hatten, gerieten in Gefangenschaft. Kräftige Jünglinge, die älter als siebzehn waren, wurden entweder in die ägyptischen Bergwerke geschickt oder für Gladiatorenspiele aufbewahrt, Kinder als Sklaven verkauft. Die Alten und Schwachen, die für Rom wertlos waren, schlachtete man kaltblütig ab. Johannes und Simon überlebten, vorläufig. Beide waren mit einigen Anhängern in unterirdische Gänge entkommen, als die Römer in die Oberstadt eingedrungen waren. Johannes ergab sich nach einigen Tagen. Simon wurde gefangen, als er vergeblich versuchte, sich einen Weg in die Freiheit zu graben. Ihrer beider Leben wurde geschont, denn sie sollten als die bedeutendsten Attraktionen Titus' Triumphzug in Rom krönen.

Um die Erniedrigung der Stadt, die ihm so lange widerstanden hatte, zu vollenden, ordnete Titus den Abriss der Tempelbefestigung und der Stadtmauern an. Nur die drei Türme, die Herodes errichtet hatte, ließ er stehen, damit sie Nachgeborenen Zeugnis ablegten, wie stark bewehrt und wie mächtig die Stadt war, die die Römer bezwungen hatten. Unter den Trümmern Jerusalems und seines Tempels aber wurde „der letzte Rest staatlicher Selbstständigkeit Judäas begraben. Mehr als eine Million Menschen sollen während der Belagerung umgekommen sein"[22].

Obwohl Titus „selbst keineswegs beabsichtigte, mit der Zerstörung Jerusalems den Christen einen Gefallen zu tun, rühmte die christliche Überlieferung seine Zerstörung der Stadt als ein Vergeltungswerk an den Juden dafür, dass sie Christus umgebracht hatten. Dagegen betrachteten die Verfasser des jüdischen Talmud den frühen Tod des Titus (81 n. Chr.) als gerechte Strafe des Himmels. Denn er hatte ja nicht nur Jerusalem eingenommen, sondern sich auch den Scharen seiner jüdischen Gefangenen gegenüber äußerst grausam gezeigt"[23]. Einen Teil seiner Rache an den Juden hatte er sich für eine besondere Gelegenheit aufgehoben: Als er in Caesarea den Geburtstag seines Bruders Domitian feierte, opferte er zahlreiche Juden – von 2500 ist die Rede – in Kämpfen mit wilden Tieren, durch Verbrennen und in Zweikämpfen. Mit noch größerem Pomp feierte er etwas später in Berytos (Beirut) den Geburtstag seines Vaters, wo noch mehr Gefangene auf die gleiche tragische Weise ihr Leben ließen.

Mehr denn je hatte die viel gerühmte Feste Zion Grund zum Weinen. Ihre Söhne waren gefallen, ihre Töchter in schmähliche Sklaverei verkauft. Unglücklicher noch als nach ihrer ersten Zerstörung war Gottes Heilige Stadt. Denn es fand sich diesmal kein Seher, der ihr das Ende ihrer Trauer verkündete.

Dennoch: Die Juden waren zwar geschlagen, aber sie waren nicht besiegt. Die jüdische Religion lernte zu überleben, auch ohne den Tempel, den Mittelpunkt ihres Kults. „Im tiefsten Herzen glaubte jeder Jude, der Tag der Rückkehr nach Jerusalem sei nicht mehr fern, der Tempel werde wieder aufgebaut, und der Messias werde erscheinen, um sein Volk zu erlösen."[24]

Wer allerdings meinte, es gäbe keine Steigerung dessen, was man soeben durchlebt und erlitten hatte, sah sich getäuscht. – Es sollte noch schlimmer kommen.

Die Erstürmung von Machaerus und Masada

Siegesfeier von Vespasian und Titus in Rom – Grenzsicherung Palästinas – Sieg über die Sicarier in Machaerus – Die Juden werden steuerpflichtig – Einnahme von Masada

Mit dem Fall Jerusalems betrachtete Titus den Krieg als gewonnen. Er betraute nun untergebene Feldherrn mit der Niederwerfung der Festungen Machaerus und Masada und stellte ihnen die nötigen Streitkräfte zur Verfügung. Das Jahr war fortgeschritten. Es war bereits Oktober und deshalb an eine Heimreise nicht zu denken. Kein Römer, der über etwas Verstand verfügte, vertraute sich zu dieser Jahreszeit noch dem feindseligen Element des Meeres an. Also verbrachte Titus den Winter in der Nähe des Kriegsschauplatzes, von allen lästigen Pflichten und Sorgen befreit. Als „Privatmann" bereiste er die Städte Syriens und stattete Agrippa in Caesarea Philippi einen Besuch ab. Bei der dortigen Bevölkerung gewann er zunehmend an Beliebtheit, denn er geizte nicht mit Spielen, in denen er die jüdischen Kriegsgefangenen als Gladiatoren auftreten ließ. Dann, im Frühjahr 71, kehrte er noch einmal nach Jerusalem zurück, um sich davon zu überzeugen, dass alles friedlich war. Er fand die Ruhe eines Friedhofs vor. Gespenstisch breitete sie sich über die schwarzen Ruinen aus. Es hatte fast den Anschein, als sei dieser unglückselige Ort nie von Menschen bewohnt gewesen. Noch einmal bedauerte er, so Flavius Josephus, den Untergang der Stadt und klagte die Anführer der Empörung an, die das göttliche Strafgericht über das einstige Kleinod heraufbeschworen hatten. Dann reiste er weiter nach Ägypten, um von dort aus möglichst schnell nach Italien zurückzusegeln. Die beiden Legionen, die ihn begleitet hatten, wurden in ihre Standquartiere entlassen, die V. nach Mösien, die XV. nach Pannonien. Er selbst schiffte sich nach Rom ein, wo man ihm nach reibungsloser Überfahrt einen triumphalen Empfang bereitete. Am meisten aber freute es ihn, dass ihm sein Vater Vespasian entgegenkam, um ihn zu Hause zu begrüßen.

Obwohl der Senat Vater und Sohn je einen Triumphzug zugebilligt hatte – auch im ersten Jahrhundert der neuen Zeitrechnung noch die höchste von den Stadtvätern zu vergebende Auszeichnung –, feierten sie ihren Sieg gemeinsam, wobei sich Titus bescheiden im Hintergrund hielt und, wie sein Bruder Domitian, nur eines des Beipferde des Triumphwagens ritt. Entgegen den üblichen Gepflogenheiten nahmen sie auch nicht den Titel *Iudaicus* an, vielleicht, um die Juden in der Diaspora nicht zu beleidigen, die sich an den Ausschreitungen ja nicht beteiligt hatten. Auch unterhielt Titus zu Prinzessin Berenike, die ihm nach Rom gefolgt war, eine feste Liebesbeziehung, und es kann nicht ausgeschlossen werden, dass er den Spott seiner Landsleute nicht herausfordern wollte.

Rom hatte selten ein großartigeres Schauspiel gesehen. Jeden Römer trieb die Neugier auf die Straße; ein jeder wollte Zeuge der prächtigen Siegesfeier werden. Überall drängten, schoben, schrien die Massen, als sich der Zug heranwälzte. „Es ist unmöglich", kommentiert Flavius Josephus das beeindruckende Ereignis, „die Menge der hierbei gezeigten Sehenswürdigkeiten und die in jeder Hinsicht überwältigende Pracht der Kunstwerke, Luxusgegenstände und Naturseltenheiten gebührend zu schildern ... Silber, Gold und Elfenbein sah man ... wie einen Strom daherfließen. Gewänder, aus dem seltensten Purpur gewebt oder nach Art der babylonischen Kunst mit Bildwerken aufs Feinste durchstickt, schimmernde Edelsteine, in goldenen Kronen oder in anderen Fassungen gefügt, wurden in solchen Mengen vorbeigetragen, dass es irrig schien, so etwas für selten zu halten ..."[1] Herausragende Schätze waren die Gegenstände des Tempelkults, der siebenarmige Leuchter, der Tisch mit den goldenen Schaubroten, die Trompeten und eine Abschrift des Gesetzes. Man kann sich leicht vorstellen, welchen Eindruck die Fülle des Beuteguts auf Menschen machte, von denen die wenigsten über den Stadtrand hinausgekommen waren und deren Lebensbedingungen in krassem Gegensatz zu denen ihrer aristokratischen Mitbürger standen. Ziel des Festzugs war der Tempel des Jupiter auf dem Kapitol.

Bevor der Triumphator und sein Gefolge das Heiligtum betreten durften, hatte ein Bote den Tod des feindlichen Heerführers zu melden. „Dies war Simon, des Gioras Sohn, der mit anderen Gefangenen im Triumph mitgeführt worden war ... Man warf ihm einen Strick um und zerrte ihn auf einen Platz über der Versammlungsstätte, und schon während dies geschah, wurde er von denen gegeißelt, die ihn dorthin brachten. Das ist der Ort, an dem nach römischem Gesetz die zum Tode Verurteilten hingerichtet werden ... Als sein Tod gemeldet wurde, erhob sich ein allgemeines Jubelgeschrei, danach begannen die Opfer, die unter den vorgeschriebenen Gebeten glücklich zu Ende geführt wurden."[2]

Verschiedene Monumente in der Stadt sollten die Erinnerung an diesen Sieg festhalten. Das Friedensforum gehörte dazu (heute weitgehend unter der Via dei Fori Imperiali begraben), das Vespasian als *templum pacis* 71 n. Chr. zu Ehren der Friedensgöttin errichten ließ und in dem er die goldenen Schaustücke aus dem Judentempel ausstellte, auf deren Erbeutung er besonders stolz war. Das *Amphitheatrum Flavium*, das heute *Colosseum* heißt, die aufwändigste Vergnügungs- und Hinrichtungsstätte in Rom, wurde, wie eine Inschrift ausweist, aus der Beute des jüdischen Krieges finanziert. Auch der Titusbogen, den Kaiser Domitian seinem im Jahr 81 so jung verstorbenen Bruder weihte, erweist sich bis heute als lebendiges Bilderbuch der Geschichte. Münzen, die einzigen Massenmedien jener Zeit, hielten das Ereignis fest. *Iudaea capta*, selten *Iudaea devicta*, stand auf ihnen geschrieben, und eine Jüdin, die niedergeschlagen unter einer Palme sitzt, während auf der anderen Seite des Baumes ein Gefangener mit auf dem Rücken gebundenen Händen oder ein sich auf seine Lanze stützender Soldat stehen, symbolisiert die besiegte Provinz (s. Abb. S. 167).

Ahnte Rom zu diesem Zeitpunkt, dass sich die geschlagenen und gedemütigten Juden mit der ihnen eigenen Tat- und Überlebenskraft wieder aufraffen und zumindest einen Teil ihres Selbstvertrauens zurückgewinnen würden? War es deshalb so wachsam? Bald keimte neues Leben in den Ruinen. Und doch blickten die Juden mit Bitterkeit voraus und begannen mit der Zerstörung des Tempels eine neue Zeitrechnung.

Auch für die zahlreichen Historiker, die sich mit der Geschichte des Judentums beschäftigen, endet mit dem Jahr 70 eine Epoche. Abgesehen von Flavius Josephus' Bericht über die Eroberung der Festungen, die sich noch in der Hand der Aufständischen befanden, gibt es keine zusammenhängende antike Überlieferung der Geschichte Palästinas nach der Beendigung des Krieges. Die Wissenschaft muss aus verstreuten, oft beiläufigen Anmerkungen bei antiken oder frühchristlichen Autoren, mit Hilfe von Inschriften und Münzen den zeitlichen Ablauf der Ereignisse nach dieser großen Zäsur mühsam rekonstruieren. Weniges findet sich auch in der rabbinischen Literatur, die sich vorwiegend mit dem jüdischen Gesetz, mit dessen Auslegung, den vielfältigen Riten und Bräuchen beschäftigt. Die dort genannten Fakten, die angebotenen Erklärungen und Zeitangaben sind oft vage und bewusst dunkel gehalten und deshalb schwer zu interpretieren, sodass sie für die Forschung keine allzu hilfreichen Quellen darstellen.

Auf zwei gravierende Fehler führte das offizielle Rom das Scheitern seiner Provinzialpolitik in dieser Weltecke zurück: Zum einen die mangelnde Charaktereigenschaft und Kompetenz der Verwalter, die man dorthin geschickt hatte, zum andern die fehlende militärische Präsenz. Beides galt es zu beheben. Man durfte dieses Gebiet nicht länger vernachlässigen und die Zähigkeit und Freiheitsliebe seiner Bewohner nicht unterschätzen. So wurde die Provinz fortan einem kaiserlichen Statthalter prätorischen Ranges *(legatus Augusti pro praetore)* unterstellt, dem ein Prokurator für die Finanzverwaltung zur Seite stehen sollte. Nur verantwortungsbewusste Männer wurden jetzt auf diesen Posten gehoben, der nicht länger unwichtig schien. Über die Ruhe des geschlagenen Landes wachte künftig eine ganze Legion, die von Titus dort zurückgelassene X. Fretensis, die noch über mehrere Hilfstruppen verfügte.

Als ersten Statthalter sandte man 71 n. Chr. Sextus Lucilius Bassus nach Judäa, einen Mann, der Vespasian schon im Bürgerkrieg unterstützt und dann als Reiteroberst in Ravenna und Misenum gedient hatte. Ihn begleitete der Prokurator L. Laberius Maximus. Bassus' hoffnungsvolle Laufbahn endete jäh, als ihn noch vor der Beendigung seiner Aufgabe, wahrscheinlich im Winter 72/73, der Tod ereilte. L. Flavius Silva nahm seinen Platz ein und erlangte Ruhm mit der Eroberung der Wüstenfeste Masada, mit der Flavius Josephus seinen Bericht über den Jüdischen Krieg schließt. (Von vielen Nachfolgern Silvas sind nicht einmal die Namen bekannt. Noch lückenhafter überliefert ist die Reihe der Prokuratoren, die nach Judäa abkommandiert wurden.)

Mit der Einrichtung einer stehenden Legion in Palästina gedachte Vespasian nicht nur, einem Rückfall der Provinz in den gesetzlosen Zustand, der vor dem Jahr 66 dort weitgehend geherrscht hatte, zu begegnen. Er wollte auch die Ostgrenze, zeitweise wegen der Nähe der Parther die gefährdetste des ganzen Reiches, sichern. Jerusalem galt weiterhin als religiöser Mittelpunkt des mittlerweile über viele Länder verstreuten Judentums, und so war es sinnvoll, dort größere Truppenkontingente zu stationieren als beispielsweise in Caesarea, das römischer Verwaltungssitz blieb. Das Emblem der X. Legion Fretensis war ein Eber, in der jüdischen Vorstellung ein unreines Tier, und es war gewiss kein Zufall, dass man gerade diese Legion in Jerusalem stationierte. Auch Kaiser Hadrian sollte sich, mehr als zwei Menschenalter später, ähnlicher Symbolik bedienen, um das Volk der Juden zu demütigen.

Noch befanden sich die Höhen westlich des Toten Meeres und die bereits genannten Festungen in der Hand der „Dolchmänner" (Sicarier). Herodion ergab sich bei der ersten Aufforderung. Bassus gelang es aber auch, das jenseits des Jordans gelegene Machaerus zurückzugewinnen, sicherlich keine leichte Aufgabe, wenn Flavius Josephus darüber auch

249

weniger Worte als über die Eroberung Masadas verliert. In Machaerus hatten sich nämlich die aufrührerischen Sicarier in den Festungsanlagen verschanzt, die noch Herodes errichtet hatte, und die Zivilbevölkerung, darunter viele Nichtjuden, auf die Abhänge gedrängt, wo sie den ersten Anprall der Römer abfing. Die Rebellen hätten genügend Zeit gehabt, sich mit Proviant zu versehen, und die Wasserversorgung in den Zisternen hätte einer langen Belagerung standgehalten. Eine Erholungspause aber hätte in erster Linie den Zeloten auf Masada genützt, da sich die gesamte römische Streitmacht vor Machaerus befand. Daran mag auch Bassus gedacht haben, als er sich entschloss, den Angriff nicht hinauszuzögern. Er begann, die Schluchten, die das Felsennest im Osten umgaben, aufzufüllen, um einen leichteren Zugang zu erhalten. Der Zufall wollte es, dass er die Aufgabe, die er sich gestellt hatte, nicht zu Ende bringen musste: Ein tapferer junger Mann namens Eleazar, durch die Erfolge beim Stören der römischen Schanzarbeiten übermütig geworden, geriet in Gefangenschaft, und Bassus machte Anstalten, ihn kreuzigen zu lassen. Dies beunruhigte die Belagerten, bei denen der verwegene Jüngling äußerst beliebt war, und sie boten prompt die Übergabe der Festung gegen freien Abzug an. Bassus ging auf ihren Vorschlag ein. Die Bewohner der Unterstadt waren allerdings von diesen Sonderbedingungen für die Aufständischen nicht entzückt und beschlossen, nachts heimlich zu fliehen. Doch nur die Tapfersten entkamen. 1700 Männer wurden gefangen genommen und getötet, Frauen und Kinder in die Sklaverei verkauft. Bassus aber ließ Eleazar frei und gewährte auch den übrigen Juden freien Abzug.

Es war Bassus jedoch entgangen, dass sich die Verteidiger von Machaerus mit den Überlebenden von Jerusalem in einer Waldschlucht mit Namen Nardes gesammelt hatten. Als man ihn davon unterrichtete, eilte er herbei, umzingelte mit seiner Reiterei das Versteck, um die Rebellen an der Flucht zu hindern, und befahl dem Fußvolk, den Wald, in dem sich jene verborgen hielten, zu roden. Mit dem Mut der Verzweiflung brachen die Gefangenen aus und liefen geradewegs in den Untergang. 3000 Mann wurden niedergemacht. Keiner entkam. Unter den Gefallenen befand sich ein gewisser Judas, einer der Anführer von Jerusalem, der sich beim Erscheinen der Römer durch einen unterirdischen Gang in Sicherheit gebracht hatte.

In dieser Zeit hatte sich auch Vespasian im fernen Rom Gedanken um die besiegte Provinz gemacht. Er erteilte Bassus und dem Prokurator Liberius Maximus den Befehl, das ganze Land der Juden, das er als sein Eigentum betrachtete, zu verpachten. 800 Veteranen wies er nur wenige

Kilometer von Jerusalem entfernt Ländereien an. Allen Juden aber, gleichgültig wo sie wohnten, legte er eine jährliche Kopfsteuer von zwei Drachmen auf, die an den Jupitertempel auf dem römischen Kapitol zu entrichten war und die die einst dem Tempel von Jerusalem geschuldete Abgabe ersetzen sollte *(Fiscus Iudaicus)*. Damit war das Judentum des Römischen Reiches erstmals als steuerpflichtige religiöse Gruppierung definiert, eine Tatsache, die später beim Vorgehen der Staatsführung gegen die Christen eine Rolle spielen sollte.

Es blieb Masada, wo sich unter der Führung Eleazars, eines Enkels des Judas von Galiläa, etwa 1000 Menschen versteckt hatten. Seit dem Jahr 66 hatte sich die Festung zu einem Zentrum des orthodoxen Judentums entwickelt. Mit riesigen Zisternen und üppigen Lebensmittelvorräten, die für mehrere Jahre ausreichten, dazu einem gut bestückten Waffenarsenal, das noch auf den großen Herodes zurückging, konnte sie einer Belagerung verhältnismäßig gelassen entgegensehen.

Durch Bassus' Tod wurde die Gefahr aufgeschoben. Erst im Frühjahr 73 richtete sein Nachfolger Silva sein Hauptquartier im Nordwesten des Felsmassivs ein und versperrte alle möglichen Fluchtwege. Niemand sollte entkommen und den Fall dieser letzten Bastion des jüdischen Widerstands überleben. Die Zeit drängte. Rom durfte diesmal auf keinen Fall auf eine freiwillige Übergabe hoffen. Wasser und Nahrung für die vielen Soldaten mussten über weite Entfernungen kräftezehrend herangeschleppt werden. Ab Mai würde zudem die Sommerhitze die Lage nahezu unerträglich machen. Silva glaubte deshalb, auf einen raschen Angriff nicht verzichten zu können.

Offensichtlich erwarteten die Verteidiger, die Römer würden versuchen, die Bergfeste über den gefährlichen und gefürchteten „Schlangenpfad" im Osten oder sogar über die Felsklippen im Süden zu erklimmen. Aber Silva ließ, ähnlich wie schon Bassus vor Machaerus, Erdwälle aufschütten, um die Artillerie auf die Höhe der Befestigungsanlagen zu bringen. Nur im Westen war dies möglich, wo sich eine felsige Anhöhe aus den Schluchten erhob. Sie, die man den „Weißen Felsen" nannte, ließ er besetzen. Es erwies sich jedoch, dass die Aufschüttung nicht fest und nicht hoch genug war, um den Kriegsmaschinen als sicherer Standort zu dienen. Also wurde auf ihrer Oberfläche noch „ein fünfzig Ellen breiter und ebenso hoher Oberbau aus großen Steinblöcken errichtet ...; außerdem wurde noch ein ganz mit Eisen beschlagener, sechzig Ellen hoher Turm aufgeführt"[3]. Von seiner Brüstung aus trieben die Römer die Verteidiger der Mauern mit Wurfgeschossen zurück. Gleichzeitig stieß ein gewaltiger Sturmbock unausgesetzt gegen die Mauer, bis sie schließlich einstürzte. Es stellte sich jedoch heraus, dass die Zeloten inzwischen eilig eine zweite, aus Holz und Erde gefügte Befestigung angelegt hatten, der wegen ihrer Elastizität die Stöße des Rammbocks nichts anhaben konnten. Doch auch hier fand Silva eine Lösung. Er ließ Feuer legen, und es dauerte nicht lange, da brannte sie lichterloh.

Dramatisch gestaltete sich nun das Ende der Bewohner Masadas. Eleazar dachte nicht an Flucht, obwohl er auch dieses letzte Bollwerk der Verteidigung jüdischer Freiheit vernichtet sah. Er stellte sich aber vor, wie die Römer die gefangenen Frauen und Kinder behandeln würden, nachdem sie die Männer erschlagen hätten. Langsam reifte sein Entschluss, dass sie alle, um den Römern zuvorzukommen, freiwillig in den Tod gehen müssten. Also versammelte er die Mutigsten seiner Gefährten und hielt ihnen den sicheren Untergang und das Schicksal ihrer Familien vor Augen. Es kam ihm darauf an, wenigstens die „Freiheit als Leichentuch" zu bewahren.[4] Aber nicht jeder fand den Mut, seinen Überlegungen sofort freudigen Herzens zu folgen. Noch einmal musste er mit eindringlichen Worten an ihr Verantwortungsbewusstsein appellieren und sie daran erinnern, dass nach der überlieferten Gesinnung nicht der Tod, sondern das Leben für die Menschen ein Unglück sei, weil der Tod den Seelen ihre Freiheit gäbe und ihnen den Zugang zu jenem Ort eröffne, wo sie kein Leid mehr treffen könne. „Lasst uns Erbarmen haben", beschwor er sie, „mit uns selbst, mit unseren Frauen und Kindern, solange es uns noch freisteht, solche Barmherzigkeit zu üben ..." Die Römer, so versicherte er, fürchteten nichts mehr, als dass auch nur ein einziger Jude vor dem Fall der Festung Hand an sich lege. „Eilen wir daher, ihnen statt der erhofften Freude über unsere Gefangennahme das Erschrecken über den Tod und das Staunen über unsere Kühnheit zu hinterlassen."[5]

Endlich war auch der letzte Mann von Eleazars Vorschlag überzeugt. Die Männer strömten nun ungestüm auseinander, um mit dem Töten zu beginnen. Ein jeder fürchtete, der letzte zu sein und als unentschlossen und feige zu gelten. Vernunft siegte über jegliches Gefühl. Nachdem sie tränenreich von ihren Angehörigen Abschied genommen hatten, brachten sie mit ihren eigenen Händen Frauen und Kinder um und boten zuletzt denen, die das Los dazu bestimmt hatte, bereitwillig die eigene Kehle dar. Der letzte Überlebende untersuchte die Hingestreckten, „ob nicht etwa einer übriggeblieben sei, der zum Sterben seiner Nachhilfe bedürfe. Als er sie alle tot fand, legte er Feuer an den Palast, durchbohrte dann sich selbst mit kräftiger Hand und sank neben seiner Familie nieder"[6]. 960 Menschen waren auf diese Weise ums Leben gekommen. Nur eine bejahrte Frau sowie eine Verwandte Eleazars, die die meisten ihres Geschlechts an Verstand und Bildung übertraf, hatten sich heimlich mit fünf Kindern in die unterirdische Wasserleitung verkrochen.

Am nächsten Morgen begannen die Römer den Angriff. Eine unheimliche Stille lag über der Festung, nur ein Teil der Anlage brannte. Da stimmten sie, um die Einwohner aus ihren Verstecken zu locken, den Schlachtruf an. Hervor kamen jedoch nur die beiden Frauen, die die Römer sogleich von dem unterrichteten, was vorgefallen war. Ihre Geschichte klang jedoch so unglaublich, dass man ihnen zunächst wenig Beachtung schenkte, sondern sich einen Weg durch die Flammen bahnte, um den Brand an seinem Herd zu löschen. Dort erst entdeckten die eindringenden Soldaten die vielen Leichen. Aber sie freuten sich nicht über den Untergang ihrer Feinde, sondern bewunderten deren Entschluss und die unerschütterliche Todesverachtung.

Zweifelhaft bleibt, woher Flavius Josephus – diesmal nicht Augenzeuge – sein Wissen bezog, wenn alle Verteidiger der Festung Selbstmord verübt hatten. Die Rede, die er Eleazar in den Mund legt, muss deshalb von ihm großteils erfunden worden sein, zumal die beiden überlebenden Frauen den genauen Wortlaut nicht kennen konnten. Dem tragischen Ende der Juden täte dies indes keinen Abbruch. Andere Zweifel hingegen bleiben. Wollte der jüdische Geschichtsschreiber mit der Schilderung vom heroischen Untergang der letzten Verfechter des Judentums etwa die Römer davon freisprechen, Frauen und Kinder auf barbarische Weise ermordet zu haben? Die Wahrheit wird wohl nie mehr zu ergründen sein. Die Geschichte jedoch, die Flavius Josephus anbot, hat bis auf den heutigen Tag die Phantasie der Nachgeborenen immer wieder angeregt.

Masada erhielt eine römische Garnison und wurde für römische Zwecke umgebaut. Andere Einheiten waren nun frei und konnten nach den Grundsätzen der römischen Provinzialverteidigung auf das ganze Land verteilt werden. Rom baute Straßen, um die Truppenbewegungen zu erleichtern und den Warenaustausch zu verbessern. Entlang der Grenze zwischen Idumäa und Nabatäa zogen sie einen *Limes*, den Hilfstruppen überwachten. Dennoch sollte Rom in dieser Weltecke eine vollständige Romanisierung nie gelingen.

Nach dem großen Krieg

Judäa unter strikter römischer Kontrolle – Die Rabbinerschule von Jamnia –
Aufruhr in Alexandria und der Cyrenaica – Berenike und Titus –
Rabbi Johanan Ben Zakkai

Wer während des großen Krieges treu zu Rom gestanden und dieses im Kampf gegen die aufsässigen Juden womöglich noch unterstützt hatte, durfte jetzt auf üppige Belohnung hoffen. Agrippas' II. Fürstentum konnte sich einer territorialen Erweiterung erfreuen. Er selbst wurde von Vespasian mit dem Rang eines Prätors *(ornamenta praetoria)* ausgezeichnet. Als „Verräter" an der Sache ihrer Glaubensbrüder betrachten selbst neuzeitliche jüdische Geschichtsforscher auch Tiberius Alexander, der mit Ehren geradezu überhäuft wurde. Er erhielt nicht nur einen hohen Rang unter den römischen Würdenträgern, sondern überdies eine Statue auf dem Forum im Herzen der Weltstadt, was allerdings manchem verdienten Römer ein Dorn im Auge war. Nicht zuletzt profitierte auch Josephus von seiner Romtreue. Der Kaiser schenkte ihm Ländereien und eine Wohnung in seinem Haus in Rom; er wurde in die kaiserliche Familie aufgenommen und durfte seinem jüdischen Namen fortan den Beinamen „Flavius" hinzufügen. Damit aber waren ihm Hass und Verachtung aller Juden gewiss.

Wenn Vespasian die besiegte Provinz künftig auch als kaiserliches Eigentum betrachtete, so kam es ihm doch darauf an, zwischen aufrührerischen Gemeinden und solchen, die sich an den Ausschreitungen gegen Rom nicht beteiligt hatten, zu unterscheiden. Alle, die friedlich geblieben waren oder rechtzeitig die Fronten gewechselt hatten, erhielten, wie es Titus zugesagt hatte, ihren Besitz bald nach der Beendigung des Krieges zurück, zunächst gegen eine geringfügige Pachtzahlung, die später in eine Art Grundsteuer überführt wurde.[1]

Weniger klar zeichnete sich der juristische Status der Juden nach dem Jahr 70 ab. Theodor Mommsen, einer der bedeutendsten Althistoriker, ging noch davon aus, die Juden in Judäa hätten nach dem ersten großen Aufstand aufgehört, rechtlich als Nation fortzubestehen, und Rom hätte seinen Juden nach der Erhebung gewisse Privilegien nur auf Grund ihres religiösen Bekenntnisses noch zugestanden. Andere Wissenschaftler widersprechen dieser Theorie. Der Verlust der Nationalität hätte alle

Juden auf den Stand der *peregrini dediticii* (unterworfener Fremder) gedrückt, die sich bedingungslos ergeben und alle damit verbundenen Folgen auf sich genommen hätten wie zum Beispiel das Verbot, rechtsgültige Ehen einzugehen oder rechtlich relevante Willenserklärungen abzugeben. Das aber kann zumindest für die Juden in der Diaspora nicht zutreffen. Und auch im besiegten Land selbst wird man zwischen loyalen und abtrünnigen Bewohnern streng differenziert haben. In der rabbinischen Literatur finden sich jedenfalls keinerlei Hinweise, die auf eine gegenteilige Behandlung schließen ließen. Hätte es sie gegeben, die jüdischen Gelehrten hätten sich sicherlich nicht gescheut, sie aufzuschreiben.

Wenn Flavius Josephus behauptet, Vespasian habe, gewissermaßen als Bestrafung, auf dem Boden der zerstörten Provinz keine neuen Städte gegründet, kann seinen Ausführungen nicht gefolgt werden. Nachweislich geht eine Stadtgründung in Samaria, eine andere an der syrischen Grenze auf Vespasians Initiative zurück. Schon während des Krieges war er darauf bedacht gewesen, verwüstete Orte wieder aufzubauen. Ein zerstörtes Land hätte auch den Römern nichts genützt. Manche Städte benannte er einfach nur um. Caesarea, wo er zum Kaiser ausgerufen worden war, erhielt in dankbarer Erinnerung an dieses Ereignis den Status einer *Colonia Prima Flavia Augusta*.

Umstritten ist, ob die in der Provinz verbliebenen Juden durch Steuererhöhungen bestraft wurden. Doch darf man annehmen, dass Rom zumindest die schonte, die durch Krieg, Hunger und Not alles verloren hatten und ohnehin an die Armutsgrenze gelangt waren. Auf die gerade eingeführte Tempelsteuer zu Gunsten des *Jupiter Capitolinus* hatte dies allerdings keinen Einfluss.

Es erstaunt nur auf den ersten Blick, dass das siegreiche Rom die dem jüdischen Glaubensbekenntnis als *religio licita* gewährten Privilegien auch nach dem Krieg nicht beschnitt. Es wäre nämlich undurchführbar und nicht zu überwachen gewesen, hätte man die jüdische Religion im Stammland des Judentums verboten, den Bewohnern der Diaspora jedoch ihre freie Ausübung gestattet. Schon der Versuch, den Judaismus gewaltsam zu unterdrücken und die Assimilation der Juden zu betreiben, hätte starken Widerstand und womöglich erneute Gewaltausbrüche hervorgerufen. Und es war ja nicht die Religion, sondern der überzogene Nationalismus, der den Ärger mit der Weltmacht heraufbeschworen hatte. Würde man sich ihm gegenüber vorsehen, dürfte der Glaube im Konflikt mit Rom keine Rolle spielen.

Unter diesen Gesichtspunkten konnte man den Juden ihre religiösen

Besonderheiten ruhigen Gewissens belassen – bis auf das Recht, die Tempelsteuer einzutreiben. Sie, die künftig dem römischen Staatsschatz zufließen sollte, konnte Vespasian helfen, die zerrütteten Finanzen, in die Neros Verschwendungssucht, der jüngste Bürgerkrieg und nicht zuletzt der Aufstand der Juden das Imperium Romanum gestürzt hatten, in Ordnung zu bringen. Um dieses Ziel zu erreichen, war dem Kaiser jedes Mittel recht. Wer sich bereit erklärte, Rom die Judensteuer freiwillig zu entrichten, mochte fortfahren, seinem „perversen Irrglauben", wie man Juden- und Christentum staatlicherseits gern bezeichnete, anzuhängen. Er war gleichzeitig vom Kaiserkult befreit.

Obwohl Rom nach seinem Sieg in religiösen Dingen die gewohnte Toleranz walten ließ, stellte die Zerstörung des Jerusalemer Tempels einen Wendepunkt in der jüdischen Religionsgeschichte dar. Rom hatte das Heiligtum nicht als Mittelpunkt des Glaubens, sondern als Stützpunkt des politischen Widerstandes vernichtet. Es ist jedoch nicht bekannt, dass die Siegermacht seinen Wiederaufbau verboten hätte. Auch war den Juden das Betreten des Jerusalemer Bodens und der heiligen Stätten nicht untersagt. Wahrscheinlich scheiterten Erneuerungspläne daran, dass die Juden durch den Krieg hoffnungslos verarmt waren, und sich auch niemand fand, der die Sache in die Hand genommen hätte. Zudem fühlten sie sich wohl durch die ständige Gegenwart der in Jerusalem stationierten Legion abgeschreckt. Die stets präsenten Römer hatten ihre eigenen Kulte, Bräuche, Feste und Gesetze. Sie beteten zu fremden Göttern und pflegten eine Lebensart, die mit den strengen jüdischen Vorstellungen schwer in Einklang zu bringen war. Doch wenn auch der Tempel, Zentrum und Symbol des Glaubens, in Trümmern lag und weise Männer verkündeten, die jüdische Religion hätte eine geistige Ebene erreicht, die Tieropfer und ihren Altar überflüssig machten, blieb die Sehnsucht nach einem neuen Gotteshaus doch immer lebendig. Erst in den Tagen Bar Kochbas sollte dieser Traum langsam Gestalt annehmen.

Die Zerstörung des Tempels barg aber noch ein weiteres Problem. Die täglichen Opfer für das Wohlergehen des Kaisers, der jüdische Ersatz für den Kaiserkult, konnten nun nicht mehr vollzogen werden. Doch war Vespasian klug genug, auf diese Loyalitätsbekundung zu verzichten.

Wohl im Jahr 68 war es Rabbi Johanan Ben Zakkai unter abenteuerlichen Umständen gelungen, aus dem von seinen eigenen Landsleuten hart umkämpften Jerusalem ins Lager der Römer zu fliehen, wo er um die Erlaubnis bat, in Jamnia eine Rabbinerschule gründen zu dürfen. (Offensichtlich rechnete er mit der Zerstörung Jerusalems.) Der Ort war bewusst gewählt; seine Bewohner hatten sich zunächst auf die Seite der Aufständischen geschlagen, er war aber schon 67 von Vespasian zurückerobert worden, ohne dass ihm größerer Schaden entstanden war. Mit der Zeit hatte sich Jamnia als Zufluchtsstätte für diejenigen Juden entwickelt, die sich Rom ergeben hatten.

Vespasian kam dem Wunsch des frommen Mannes gern nach. Er nahm den Flüchtling, der den Seinen stets zum Nachgeben geraten hatte und als friedliebender Mann bekannt war, gnädig auf, nicht ahnend, „dass durch diesen geringfügigen Akt das schwache Judentum das kraftstrotzende, eherne Römertum um Jahrtausende überleben würde. So ließ sich R. Johanan mit seinen Schülern in Jamnia nieder, einer Stadt unweit der Küste des mittelländischen Meeres ... Es war eine nicht unbedeutende Stadt, ein Stapelplatz für Aus- und Einfuhr von Weizen ..."[2]

Der römische Feldherr betrachtete die geplante Institution als eine Art Ersatz für den Jerusalemer Sanhedrin. Möglicherweise könnte sie künftig die regionale Selbstverwaltung übernehmen und für Recht und Ordnung sorgen. Bald nahm das Lehrhaus des Judentums tatsächlich die Stelle des Sanhedrin zumindest als oberste Religionsinstanz ein, und ihr Leiter, der Patriarch, ersetzte den Hohepriester als geistiger und später auch weltlicher Führer des Judentums. Da Rom seit den Tagen nach der Zeitenwende bei der Besetzung des Hohepriesteramts ein uneingeschränktes Mitspracherecht ausgeübt hatte, bestimmte es auch jetzt den jeweiligen Patriarchen mit. Damit war gewährleistet, dass das einflussreiche Amt stets in den Händen politisch zuverlässiger Männer blieb.

Die Schule von Jamnia entwickelte sich bald zum Mittelpunkt der Gesetzeslehre, der nie mehr nach Jerusalem zurückverlegt wurde, wenn dieses in den Augen der Juden auch nie aufgehört hatte, ihr geistig-religiöses Zentrum zu sein.

Einige Zeloten hatten selbst den Kampf um die letzten jüdischen Bastionen überlebt und waren zu ihren Glaubensgenossen an den Euphrat, nach Arabien, Ägypten oder in die Cyrenaica geflohen, um dort den Hass gegen Rom zu schüren. Vor allem bei den alexandrinischen Juden stießen sie auf offene Ohren, hatten doch diese noch das Blutbad, das die Römer unter der Führung des Tiberius Alexander dort einige Jahre zuvor angerichtet hatten, in lebhafter Erinnerung. Sie mussten zu einem neuerlichen Aufstand nicht lange überredet werden. Dem widersetzten sich jedoch die wohlhabenden Juden, die um ihren Lebensstandard und um ihre Güter fürchteten. So verrieten sie die aufrührerischen Zeloten an den römischen Statthalter Lupus, der 600 Männer hinrichten ließ. Diejenigen, die auch dieses Gemetzel überlebten, zerstreuten sich über ganz Ägypten, wurden aber fast alle nach und nach aufgespürt und unter grausamsten Qualen umgebracht. So gefährlich erschienen dem Kaiser die Juden im alten Land am Nil, dass er den Oniastempel (benannt nach seinem Gründer Onias, dem 160 v. Chr. nach Alexandria geflohenen Sohn des Hohepriesters Onias III.) in Leontopolis im Nildelta, einen potenziellen Unruheherd, schließen und die Weihegeschenke in die kaiserliche Schatzkammer nach Rom bringen ließ. Dies geschah im Jahr 73 n. Chr.

Etwa gleichzeitig hatte in den Städten der Cyrenaica ein Weber namens Jonathan, der den Krieg ebenfalls überlebt hatte, zur Empörung aufgerufen, doch auch hier verrieten angesehene Landsleute den Plan an den römischen Statthalter Catullus. Bevor Jonathan in Rom hingerichtet wurde – er wurde bei lebendigem Leibe verbrannt –, gab er vor Catullus die Anzeigeerstatter aus Rache als Mittäter an. Er beschuldigte sogar Flavius Josephus, von dessen lauterer Gesinnung der Kaiser aber nach wie vor überzeugt war. Auch andere von Jonathan des Aufruhrs bezichtigte vermögende Juden, von denen der Statthalter tatsächlich 3000 hinrichten ließ, erwiesen sich als schuldlos. Catullus wurde für seinen vorauseilenden Gehorsam ermahnt, jedoch weiter nicht belangt, nicht einmal in einem jener berüchtigten Repetundenprozesse, Verfahren wegen Erpressung von Untertanen durch römische Amtspersonen, die vielen Statthaltern wegen schlechter Verwaltung oder Ausbeutung einer Provinz drohten. Dennoch ereilte ihn die ausgleichende Gerechtigkeit des Schicksals, als er nur kurze Zeit später einer schweren Krankheit erlag.

Da sonst keine Quellen existieren, ist die weitere Entwicklung in der Cyrenaica nicht zu rekonstruieren. Fest steht nur, dass sich, aus welchen Gründen auch immer, das Verhältnis zu Rom verschlechterte und die nächste große Erhebung, 115 n. Chr., die von hier ihren Ausgang nahm, bereits ihre Schatten vorauswarf.

Durch diejenigen Flüchtlinge, die dem Widerstand abgeschworen hatten, verstärkten sich viele der ohnehin blühenden jüdischen Exilgemeinden, und überall in der Diaspora entwickelten sich neue Zentren jüdischer Gelehrsamkeit. „Unter einer scheinbar ruhigen Oberfläche aber schwelte der alte Geist des Judentums, und bald hier, bald da brachen zwischen den Juden und ihren Nachbarn in Palästina und außerhalb Feindseligkeiten aus."[3]

Ein Jude zumindest hatte den Wandel der Zeiten unbeschadet überstanden: Agrippa II., der den Römern treu ergebene Vasall. Mochte sich sein Fürstentum auch nur auf Galiläa beschränken, galt er doch vielen als jüdischer König. Zweifellos wurde er wegen seiner Ergebenheit und seiner Liebedienerei gegenüber dem neuen Kaiserhaus von Vespasian begünstigt. Womöglich noch beliebter aber war dort Agrippas Schwester Berenike, die durch ihre Schönheit noch immer jeden Mann bezauberte.

Sie war nicht mehr jung und hatte eine bewegte Lebensgeschichte hinter sich. Geboren im Jahr 28, hatte man sie, ein Kind noch, dem alexandrinischen Kaufmann M. Iulius Alexander, einem Bruder des Tiberius Alexander, zur Frau gegeben. Nach dessen Tod wurde sie mit ihrem Onkel Herodes, dem Enkel Herodes des Großen und König von Chalcis, vermählt. Als auch er vier Jahre später starb, kehrte sie, jetzt 20-jährig, als Königin an den Hof ihres Bruders zurück. Da Agrippa unverheiratet war, verbreitete sich rasch das Gerücht eines Inzests. Um alle bösen Zungen verstummen zu machen, bot die junge Witwe König Polemon von Pontus ihre Hand an. Aber auch dieses Eheversprechen war nur von kurzer Dauer. Bald fand sich die schöne Jüdin wieder am Hofe Agrippas ein, fest entschlossen, diesmal bei ihrem Bruder zu bleiben.

Als der jüdische Krieg ausbrach, war sie fast 40 Jahre alt, aber sie hatte sich ihr gutes Aussehen und ihre Anziehungskraft bewahrt.

Es ist nicht bekannt, wann der Kaisersohn Titus der attraktiven Frau zum ersten Mal begegnete. War es im Sommer 67, als er nach der Belagerung Jotapatas mit seinem Vater dem König einen Besuch abstattete? Fest steht nur, dass die Liebesbeziehung, über die Flavius Josephus übrigens kein Wort verliert, im Jahr 68 schon bestand, als Titus und Agrippa nach Rom aufbrachen, um Kaiser Galba ihre Aufwartung zu machen.

Zur Erinnerung: Titus war damals nur bis Griechenland gelangt, wo er vom Tod des Kaisers hörte und sofort umkehrte. Einige sagten, aus Sehnsucht nach der Geliebten, wenn auch Tacitus davon überzeugt ist, gerade Titus habe nie privater Interessen wegen seine offiziellen Pflichten vernachlässigt.[4] Ein weiteres Treffen könnte stattgefunden haben, als Vespasian zum Kaiser proklamiert wurde. Damals eröffneten sich Agrippas Schwester völlig neue Perspektiven, und sie machte, „... in jugendlicher Schönheit blühend, ... den alten Vespasian durch die Großartigkeit ihrer Geschenke auf sich aufmerksam"[5]. Bald nach dem Fall Jerusalems begegneten sich die Geliebten erneut. Vielleicht entwickelte sich damals jene Liebesbeziehung, die mit der von Antonius und Kleopatra vergleichbar war, wenn auch Berenike nie versuchte, den Kaisersohn zu bewegen, mit ihr eine Art Gegenrom im Osten zu errichten, sondern gedachte, sich selbst in der Hauptstadt niederzulassen.

75 n. Chr. war sie in Begleitung ihres Bruders auf Titus' Einladung hin nach Rom gekommen, wo sie eine Zeit lang im Palast die künftige Kaiserin spielte, von ihrem Geliebten eifersüchtig bewacht. Kein Mann durfte sich ihr ungestraft nähern. Der Konsular Caecina, ein Tafelgenosse des Titus, hatte es dennoch gewagt und seine Kühnheit mit dem Leben bezahlt. Ähnlich wie Neros Mutter, die verhasste Agrippina, versuchte Berenike, sich in die Politik einzumischen, vor allem, wenn sie sich persönliche Vorteile davon versprach. Das Volk begehrte deshalb auf. Es wollte keine neue Circe, die einen Römer in ihren Netzen gefangen hielt. Nur die listigen Griechen schmeichelten dem potenziellen Nachfolger des amtierenden Herrschers: Die Athener errichteten der einflussreichen Jüdin sogar eine Statue und widmeten ihr eine pompöse Inschrift, die sie als große Königin, Tochter des großen Königs Iulius Agrippa, bezeichnete. Titus trug sich wahrscheinlich mit dem Gedanken, sie zu seiner rechtmäßigen Gattin zu machen[6], aber sein Vater und der Widerwille des Volkes hinderten ihn daran. Eine orientalische Geliebte zu haben, war eine Sache, eine zukünftige Kaiserin aus dem verhassten Palästina, das Rom gerade erst in einen kostspieligen Krieg hineingezogen hatte, eine andere. Auch nach Vespasians Tod sah Titus sich außerstande, ihren Traum von einem gemeinsamen Leben und Herrschen zu erfüllen. Gebrochenen Herzens gab er dem öffentlichen Druck nach und verwies die geliebte Frau aus Rom. Er wollte den Anschein der Tugendhaftigkeit, den er als Kaiser allenthalben genoss, und die Volksgunst, die ihn als „Entzücken des Menschengeschlechts"[7] feierte, nicht leichtfertig aufs Spiel setzen. Enttäuscht kehrte die verschmähte Königin heim zu ihrem Bruder, und es scheint, als sei zumindest dem bislang vom Glück so verwöhnten Agrippa II. erst jetzt nach der Demütigung der Schwester das harte Geschick seines Volkes so richtig bewusst geworden.

Agrippas Ansehen bei den eigenen Landsleuten wuchs, als er zum Verwalter Galiläas einen gesetzestreuen Juden ernannte. Unter des Königs geschickter Hand vernarbten nicht nur die Wunden der Überlebenden, die in seinem Reich Schutz und eine neue Heimat gefunden hatten; es erhoben sich auch einige Städte Judäas bald aus den Trümmern, nachdem sich der König in Rom für eine milde Behandlung ausgesprochen hatte. Dazu gehörten Lydda und Emmaus, das für seine reinen Quellen bekannt war, und Jericho, ein Ort, den selbst die Römer als Heimat des begehrten Balsamstrauchs schätzten. Die reichen Einnahmen aus dem Verkauf der Pflanzen vermehrten auch den kaiserlichen Fiskus. Schon um diese Geldquelle nicht versiegen zu lassen, mussten die flavischen Kaiser den Wiederaufbau der Stadt vorantreiben.

Agrippa verkörperte für viele Juden nun die Erinnerung an eine bessere Welt, mochte er auch nicht mehr als ein Schattenkönig sein. Als er einmal Südjudäa besuchte, strömten die Leute zusammen, um ihn zu begrüßen.

Den Resten des einst so stolzen Volkes fehlte ein einigendes Band. Der Tempel, der sie als geistig-moralische Einheit zusammengehalten und ihnen ihre religiöse Pflicht gezeigt hatte, existierte nicht mehr. Ohne Altar aber schien vielen auch eine Annäherung an Gott unmöglich. Hatte er das von ihm auserwählte Volk im Stich gelassen? Wer würde fortan die Zeit für die Feste regeln, wenn der Sanhedrin unter den Trümmern Jerusalems begraben lag? In dieser schweren Zeit erwiesen sich Johanan Ben Zakkai und sein neues Lehrhaus in Jamnia als Retter in der Not. Er, der nach Beginn der Belagerung Jerusalems in der weisen Voraussicht, der Lehre des Judentums eine Zufluchtsstätte gründen zu müssen, auf abenteuerlichen Wegen aus der Stadt entkommen war – zwei seiner Jünger hatten ihn in einem Sarg als „Leiche" vor die Tore getragen –, war über den Fall der heiligen Stätte nicht wie seine Anhänger verzweifelt. Vorausschauend hatte er erkannt, dass das Wesen des Judentums nicht so unauflöslich an Altar und Tempel gebunden war, um mit ihnen unterzugehen. Ihm vor allem verdankt die Judenschaft die Erkenntnis, dass der Sanhedrin als oberste sittliche und religiöse Instanz seinen gesetzgebenden und strafenden Charakter nicht einbüßte und niemals aufhörte, Vertreter der Nation zu sein. So wurde das Lehrhaus von Jamnia die regulierende Behörde, die den Festkalender bestimmte und Boten aussandte, um den Gemeinden von Syrien und Babylonien die Festzeiten anzukündigen.

Zum Ersatz für das Opfer hatte Johanan die Mildtätigkeit erklärt, und doch hoffte er, sie würde nur als vorübergehende Stellvertreterin dienen, solange keine Sühnestätte vorhanden war. Denn im Grunde seines Herzens erwartete er wie alle Juden, dass in Jerusalem der Tempel bald durch ein messianisches Wunder wiederhergestellt und ein Opferaltar errichtet würden.

Auch in der Fremde – Jamnia war eine von den Römern besetzte Stadt – bemühte sich dieser Heilige unter den jüdischen Gelehrten, auf die erhitzten Gemüter seiner Landsleute besänftigend einzuwirken. Er ermahnte sie, der Steuerpflicht, die ihnen den Verlust der Selbstständigkeit erst so richtig bewusst machte, pünktlich nachzukommen, und beschwichtigte die, die sich über die jüngsten Demütigungen aufregten. „R. Jochanan (Johanan) vereinigte in sich den Propheten Jeremia und den aus dem Exil heimgekehrten Fürsten Zerubabel. Wie Jeremia trauerte er auf den Trümmern Jerusalems, wie Zerubabel schuf er einen neuen Zustand. Beide, Jochanan wie Zerubabel, standen an der Schwelle zweier Epochen, von der einen erbend, die andere vorbereitend; beide haben den Grundstein gelegt zu einem Neubau des Judentums, an dessen Vollendung und Überdachung die folgenden Geschlechter arbeiten konnten."[8]

Wenn der Rabbi auch selbst vorbildhaft wie ein Büßer und Dulder lebte, vermochte er doch nicht alle seine Glaubensbrüder von seinem Lebensstil zu überzeugen. Viele waren nicht bereit, sich einem anderen Herrn als Jahwe zu beugen. Ihr Widerstandswille gegen das verhasste Rom war noch nicht gänzlich gebrochen.

Die Zeit zwischen den Aufständen

Empörung in Antiochia – Die Judenpolitik unter den Kaisern Domitian und Nerva

Es bleibt noch einmal ein Blick auf die Rolle, die die Juden der Diaspora im Kampf ihrer Glaubensbrüder gegen Rom gespielt hatten. Nirgendwo finden sich Hinweise darauf, dass sie die Erhebung in Judäa unterstützt hätten. Flavius Josephus spricht davon, die Aufständischen in Judäa hätten zumindest auf Hilfe der jenseits des Euphrat lebenden Juden gehofft. Doch hätten sich diese ihren bedrängten Landsleuten nur mit Erlaubnis des parthischen Königs Vologaeses I. (51–80 n. Chr.) anschließen können. Er aber, der sich gerade erst mit Nero verständigt hatte, konnte zum gegenwärtigen Zeitpunkt kein Interesse daran haben, die Beziehungen zu Rom, ohnehin heikel genug, wegen einer Handvoll Untertanen leichtfertig aufs Spiel zu setzen. Er war vielmehr so sehr auf das gute Einvernehmen bedacht, dass er Vespasian anbot, ihm zur Bekämpfung des Aufstands in Judäa einige Reiter zu leihen (69 n. Chr.). Als der Krieg zu Ende war, beglückwünschte er Titus zu seinem überragenden Erfolg.

Auch anderen Juden, die nicht im Stammland lebten, war offensichtlich wenig daran gelegen, wegen einiger Fanatiker den Zorn der Weltmacht auf sich zu ziehen und ihre Stellung, ihr Vermögen und ihren Lebensstandard einzubüßen. Ihre Weigerung, sich an den antirömischen Ausschreitungen zu beteiligen, bezeugt die guten Beziehungen, die seit den Tagen Julius Cäsars zwischen ihnen und Rom bestanden.

Unruhen und blutige Verfolgungen, die vor Ausbruch oder während des Krieges in einigen Städten weit vom eigentlichen Kriegsschauplatz entfernt stattfanden und an denen Juden beteiligt waren, betrafen die jüdische Minderheit und die einheimische, meist griechische Bevölkerung. Ihre Ursachen lagen eher in Missgunst und Neid wegen des Wohlstands und der staatlicherseits gewährten Privilegien, derer sich die Juden erfreuten, als in den jüdischen Glaubensvorstellungen und politischen Einstellungen.

Eine der bedeutendsten Diasporagemeinden innerhalb des Römerreiches war die jüdische Siedlung von Antiochia. Nach Flavius Josephus gingen ihre Wurzeln bis zur Stadtgründung unter Seleukos I. um 300 v. Chr.

zurück. Er habe, so der Historiker, jüdischen Kaufleuten gestattet, sich dort und in anderen Neugründungen Syriens und Kleinasiens auf Dauer niederzulassen, und ihnen das Bürgerrecht verliehen.

Zumindest diese Aussage ist mit Vorsicht zu behandeln. Der Genuss des vollen Bürgerrechts hätte die Teilnahme an stadtbürgerlichen und religiösen Pflichten gefordert – wie in jeder anderen griechischen Stadt –, was für die Juden den Abfall vom Glauben der Väter bedeutet hätte. Kaum ein Jude wird dazu bereit gewesen sein. Möglicherweise wurde ihnen, bei entsprechendem Verzicht, der Erwerb der Bürgerrechte in Aussicht gestellt. Oder man gestand ihnen, nachdem die anfangs kleine Gemeinde durch Handel gewachsen war, weitgehende Selbstverwaltung zu. Die Lage der Juden in Antiochia dürfte sich jedoch erst im 2. vorchristlichen Jahrhundert derart gefestigt haben, dass man denjenigen, die sich aus Gewissensgründen nicht entschließen konnten, den Vielgötterglauben der Griechen anzunehmen, ein gleichwertiges Bürgerrecht verlieh, so dass es neben dem griechischen dann auch ein jüdisches gab. Dies mag Flavius Josephus zu seiner Bemerkung veranlasst haben, Juden und Griechen hätten sich die Stadt geteilt.[1]

Der Wohlstand, dessen sich die in Antiochia ansässigen Juden erfreuten, lockte nicht nur weitere Einwanderungswillige an, sondern beflügelte auch Griechen zu konvertieren.

Es war um die Zeit, da Vespasian den Juden den Krieg erklärt hatte und der Hass gegen sie allenthalben stark wuchs, als sich ein Mitglied der dortigen jüdischen Gemeinde namens Antiochos unrühmlich hervortat. Aus nicht näher bekannten Gründen klagte er seinen angesehenen Vater und andere Glaubensgenossen im Theater vor der versammelten Bürgerschaft an, in einer bestimmten Nacht die ganze Stadt in Brand stecken zu wollen. „Zugleich lieferte er einige ortsfremde Juden als angebliche Mitglieder der Verschwörung in die Hände der Antiochener."[2] Sogleich eskalierte die Stimmung. Die aufgebrachten Griechen ließen noch im Theater einen Scheiterhaufen errichten und übergaben die Ausgelieferten den Flammen. Dann überfielen sie auch ortsansässige Juden, um ihre Vaterstadt zu retten. Antiochos heizte den Hass noch an, indem er selbst den fremden Göttern opferte und die Griechen anstachelte, seine Glaubensbrüder ebenfalls zum Opfer für die griechischen Gottheiten zu nötigen: An der Weigerung werde man unschwer die Verschwörer erkennen. Trotz des drohenden Todes unterwarfen sich aber nur wenige. Die Widerspenstigen wurden hingerichtet. Das Schlimmste aber war, dass der Verräter vom römischen Statthalter Soldaten erhielt, mit deren Hilfe er seine Landsleute aufs Heftigste bedrängte. So verbot er ihnen beispielsweise, den Sabbat zu heiligen. Wie an jedem anderen Tag mussten sie auch am siebenten der Woche ihrer gewöhnlichen Tätigkeit nachgehen.

Es traf die Juden Antiochias noch weiteres Leid. Als Markt, Rathaus und die Gerichtsgebäude im Winter 70/71 n. Chr. abbrannten und nur mit Mühe ein Übergreifen des Feuers auf die ganze Stadt verhindert werden konnte, bezichtigte sie Antiochos der Brandstiftung. Nach allem, was diesem Unglück vorausgegangen war, waren die Antiochener von der Täterschaft ihrer jüdischen Mitbürger leicht zu überzeugen. Schon trafen sie Anstalten, die vermeintlichen Übeltäter zur Verantwortung zu ziehen. Doch der römische Statthalter Gnaeus Collega, ein offensichtlich besonnener Mann, verlangte eine genaue Untersuchung und die vorherige Anhörung des Kaisers, dessen Rat er einholen wollte.

Im Zuge der Ermittlungen stellte sich heraus, dass kein einziger Jude an der Brandstiftung beteiligt gewesen war. Sie war vielmehr das Werk einiger hoch verschuldeter und skrupelloser Bürger, die geglaubt hatten, durch die Vernichtung städtischer Urkunden ihrer Verpflichtungen ledig zu werden.

Dennoch waren für viele die letzten Zweifel nicht ausgeräumt, und die Juden wurden weiterhin misstrauisch beobachtet. Doch die Bitte der Griechen an Titus, der sich gerade in Antiochia aufhielt, er möge die Juden aus der Stadt vertreiben, wurde abschlägig beschieden. Auch ihrer Forderung, die bronzenen Tafeln zu entfernen, auf denen deren Rechte aufgeschrieben standen (was einer Aufhebung ihrer politischen Selbstständigkeit gleichgekommen wäre), folgte er nicht. Aber er tat andererseits auch nichts, um den Status der Juden eindeutig festzulegen, sondern ließ alles in der Schwebe und reiste nach Alexandria ab, um sich nach Rom einzuschiffen.

Immerhin hatte er mit seiner Haltung deutlich gezeigt, dass Rom die Juden der Diaspora nicht für die Sünden der Juden Palästinas büßen lassen wollte. Es musste klar unterschieden werden zwischen den gefährlichen Zielen, die der jüdische Nationalismus verfolgte, und den religiösen Freiheiten, die die Diasporagemeinden erstrebten. Diese vermehrten durch ihren Wohlstand und die dem Kaiser gezahlten Steuern das Ansehen des Reiches und durften deshalb auch weiterhin mit Roms Duldung und Schutz rechnen.

Doch wie gestalteten sich die Verhältnisse in Judäa? Es war sicherlich nicht zuletzt Rabbi Johanans Verdienst, dass dort unter der Herrschaft von Vespasian und Titus weitere Erhebungen der Judenschaft nicht stattfanden. Die spärliche Überlieferung von den Ereignissen in den

70er Jahren gibt allerdings kein zusammenhängendes Bild. Mitte der 80er Jahre, als Domitians Thronbesteigung schon einige Jahre zurücklag, könnte es zu einem kleinen Aufruhr gekommen sein. Jedenfalls fand sich eine Münze aus dem Jahr 85 n. Chr., die die bedeutungsschwere Aufschrift *Iudaea capta* (Judäa unterworfen) trägt. Die Wissenschaft vermochte bislang die Zuverlässigkeit dieser Aussage nicht zu bestätigen. Die jüdische Überlieferung weiß von Aufständen zwischen dem Jahr 70 und dem „Krieg des Quietus" am Ende von Trajans Herrschaft († 117 n. Chr.) allerdings nichts. Möglicherweise haben Unruhen, die 88 n. Chr. in Parthien ausbrachen, als dort ein „Mensch unbekannter Herkunft auftrat und sich als Nero ausgab"[3], Wellen bis nach Palästina geschlagen.

Es ist indes kaum vorstellbar, dass Domitians Regierungszeit von Empörungen der Juden frei blieb, denn im Gegensatz zu Vater und Bruder, die vor ihm – trotz oder gerade wegen ihrer persönlichen Erfahrungen mit den Juden – gemäßigt regiert hatten, trieb er die Judensteuer unnachgiebig ein und unterwarf ihr auch Proselyten und die vermeintlich jüdische Sekte der Christen. Ebenso wurden Leute besteuert, „die entweder, ohne sich zur jüdischen Religion zu bekennen, doch nach jüdischem Ritus lebten oder die ihre Abstammung verheimlicht und so die ihrem Volk auferlegten Abgaben nicht entrichtet hatten", weiß der Kaiserbiograf Sueton im frühen 2. nachchristlichen Jahrhundert zu berichten. „Ich erinnere mich, als ganz junger Mann dabei gewesen zu sein, wie bei einem neunzigjährigen Greis vom Steuerbeamten zusammen mit einem zahlreichen Kollegium geprüft wurde, ob er beschnitten sei", fährt er fort.[4]

Den Übertritt zum Judentum deklarierte dieser Kaiser, dessen Regentschaft sich so auffällig von der seiner Vorgänger unterschied, zum Verbrechen der „Gottlosigkeit", der Nichtbeachtung der römischen Staatsgötter, und bestrafte ihn, allen römischen Toleranzgeboten in Glaubensdingen zum Trotz, mit dem Tod. Unter seinen Opfern befanden sich sein eigener konvertierter Vetter und damaliger Mitkonsul Flavius Clemens, der nach Beendigung seines Konsulats sofort hingerichtet wurde, und dessen Frau und Nichte Flavia Domitilla, die man 95 n. Chr. auf die unwirtliche Insel Pandateria (heute Ventotene) verbannte, einem weit vor der campanischen Küste gelegenen Felseneiland, das schon mehreren unliebsamen Frauen aus dem Kaiserhaus als Verbannungsort gedient hatte und von dem aus jede Flucht unmöglich war.

Die beiden Verurteilten waren hoch gestellte Persönlichkeiten, und es kann nicht ausgeschlossen werden, dass der eigentliche Grund für Hinrichtung und Verbannung politischer Natur war. Als Eltern des Thronerben – Domitian hatte keinen Sohn – stellten sie schon deshalb eine beständige Gefahr für den amtierenden Herrscher dar, und ihre „Gottlosigkeit" war für diesen ein willkommener Anlass, sich ihrer auf elegante Weise zu entledigen. Unsicher bleibt, ob sich Clemens und Domitilla zum Judentum oder aber zur neuen christlichen Lehre bekannten. Erst im 4. Jahrhundert wurde Domitilla von den Christen als Märtyrerin vereinnahmt. Die nach ihr benannten Katakomben, die ausgedehnteste christliche Begräbnisstätte vor den Toren Roms, datieren Archäologen in das 3. und 4. Jahrhundert.[5]

Die „Bekehrung" des Flavius Clemens ließ viele Juden aufhorchen. Man schrieb sie der edlen Gesinnung des Flavius Josephus zu, der zwar immer noch als Verräter an der jüdischen Sache galt, an dessen Glaubenstreue und hoher Sittlichkeit man aber nicht zweifelte. Nur der im Kaiserhaus wohnende Geschichtsschreiber konnte den kaiserlichen Verwandten, einen Vetter des „Tempelzerstörers", von seiner Vorliebe zur Religion der Väter überzeugt haben. Die Vorstellung erregte bei den Gesetzeslehrern die schwärmerischsten Hoffnungen. Zumindest einer der Söhne dieses Clemens hatte Aussicht, Kaiser zu werden. Was würde es für das Judentum bedeuten, wenn der Vater des neuen Kaisers einer der Ihren wäre!

Den Stimmführern in Judäa ließ die Nachricht aus Rom keine Ruhe. Trotz der gefährlichen Herbststürme unternahmen vier von ihnen die Reise nach Rom, um sich vor Ort von der Wahrheit der Gerüchte zu überzeugen. Unter ihnen befand sich Rabbi Aqiba, dessen Namen schon einen guten Klang hatte, der aber erst in der weiteren Geschichte Judäas noch eine bedeutende Rolle spielen sollte. In Rom angekommen, konnten die vier Gelehrten Clemens' Tod nicht verhindern, sich aber über Domitians Ermordung (96 n. Chr.) freuen. Verschworene, darunter dessen eigene Gemahlin, befreiten Rom von diesem Ungeheuer in Menschengestalt, das alle und die Juden doppelt gehasst hatte. Deren Hoffnung, einer von Clemens Söhnen werde den Thron besteigen, erfüllte sich aber nicht. Sie hatten die beschwerliche Reise umsonst gemacht.

Offensichtlich war es unter Domitian für gewisse Leute leicht, unliebsame Zeitgenossen oder persönliche Gegner fälschlicherweise als geheime Anhänger des Judentums zu denunzieren und sie so der besonderen Aufmerksamkeit einer strengen und wachsamen Obrigkeit auszuliefern.

Die Verfolgungen und Hinrichtungen von Juden waren in Domitians letzte Regierungs- und Lebensjahre gefallen. Dass ein Jude oder zum

Judentum konvertierter Reichsbewohner als „gottlos" galt, hatte man seit Beginn der römisch-jüdischen Beziehungen als Besonderheit der jüdischen Religion mehr oder weniger geduldet und die Juden nicht zuletzt deshalb von der Teilnahme am Staats- und Kaiserkult ausgenommen. Erst Domitian kriminalisierte die Gottlosigkeit der Konvertiten, vor allem der aus der gehobenen Schicht.

Von seinen Zwangsmaßnahmen scheinen jedoch jene Juden nicht betroffen gewesen zu sein, die dem Glauben ihrer Väter seit Generationen anhingen. Weder in der weltlichen noch in der kirchlichen Überlieferung findet sich ein Hinweis auf irgendwelche Repressalien gegen die altgläubigen Juden. Der Kaiser war wohl klug genug, eine einträgliche Steuerquelle nicht persönlicher Launen wegen zum Versiegen zu bringen. Doch lebten auch die alten Glaubensanhänger angesichts der Angriffe auf die Proselyten und Sympathisanten in ständiger Furcht, Domitian könnte das ihnen gewährte Vorrecht, die Befreiung von der Teilnahme am Kaiserkult, aufheben. Mochten andere keine Schwierigkeiten haben, ihren Göttern und zugleich dem Kaiser zu opfern, für sie hätte es den Bruch mit ihrer Tradition und den Abfall von ihrem Glauben bedeutet.

Domitian galt die Vernachlässigung der Götter des römischen Pantheon weniger als Sakrileg denn als ein Verbrechen wider die kaiserliche Majestät. Er vermochte nicht einzusehen, dass Untertanen ihm, der sich als „Herr und Gott" fühlte (und auch so anreden ließ), ungestraft ihre Reverenz verweigern durften. Wer sie ihm vorenthielt, allen offiziellen Appellen und Warnungen zum Trotz, war ein Verräter und musste die ganze Strenge des Gesetzes zu spüren bekommen. Unter ihm entwickelte sich der Kaiserkult, das eher harmlose Abbrennen von Weihrauch vor der Statue des Herrschers, bislang freiwillig ausgeübt, zum Prüfstein der Loyalität gegenüber Herrscher und Staat.

Die heidnischen Bewohner der westlichen Teile des Reiches betrachteten Domitians Forderung, ihm schon zu Lebzeiten göttliche Ehren zu erweisen, zwar als Überheblichkeit, aber ihre Vorbehalte gründeten nicht wie bei Juden oder Christen auf theologischer Überzeugung. Deshalb hatten sie auch kaum Schwierigkeiten, dem kaiserlichen Anspruch, wenn auch nicht mit überschwänglicher Begeisterung, zu ihrer eigenen Sicherheit nachzukommen. Anders die Christen und Juden, denen das Opfern vor dem kaiserlichen Standbild als Verrat ihres Glaubens galt.

Doch kehren wir noch einmal zu den Verhältnissen in Kleinasien zurück! Bereits im Jahr 93 oder 94 n. Chr. war dort König Agrippa II.

gestorben, der bis zuletzt unverheiratet geblieben war und keine legitimen Erben hinterlassen hatte. So fiel sein Königreich teils an die Provinz Judäa zurück; soweit es nicht jüdisch war, wurde es der syrischen Provinz zugeschlagen. Viele Juden bedauerten den Verlust der Selbstständigkeit, die Agrippa ihnen gewährt hatte. Nach der Aufteilung seines Fürstentums war im Osten des Römischen Reiches ein Klientelstaat verblieben: das an der Südostgrenze Judäas gelegene Nabatäerreich. Als es 106 n. Chr. von Kaiser Trajan als *„Provincia Arabia"* dem Imperium einverleibt wurde, stationierte Rom dort die VI. Legion Ferrata. Das bewährte Grenzsicherungssystem des palästinensischen Limes wurde nach Süden hin erweitert. Auch die Eingliederung Arabiens mag manchen Juden mit Unzufriedenheit erfüllt haben.

Domitians Nachfolger, Kaiser Nerva (96–98 n. Chr.), der ehrwürdige Greis, lockerte die Judenpolitik. Nach dem griechischen Historiker Dio Cassius verbot er die Denunziation wegen Gottlosigkeit und jüdischer Lebensart.[6] Eine unter seiner Herrschaft erschienene Münze spricht von der *„Fisci Iudaici calumnia sublata"* (der Aufhebung trügerischer Anklage wegen der Judensteuer) und könnte auf eine mildere Praxis bei der Eintreibung des Tributs hinweisen. Offensichtlich zahlten jetzt nur noch diejenigen, die sich selbst zum Judentum bekannten.

Entweder in Nervas kurze oder in die ersten Jahre von Trajans Herrschaft – das genaue Datum ist nicht überliefert – fiel schließlich der Tod des Geschichtsschreibers Flavius Josephus. Er hatte sich, wie es scheint, zuletzt mit dem Gedanken getragen, das Judentum durch eine philosophische Schrift zu verherrlichen. Ob er dieses Vorhaben je verwirklicht hat, ist allerdings nicht bekannt.

Aufstand der Diasporajuden
(115–117 n. Chr.)

Cyrenaica – Ägypten – Zypern – Mesopotamien und Babylonien

Die traditionsreichen jüdischen Privilegien, nach der Thora leben zu dürfen, ließen mit der Zeit gegenüber dem griechischsprachigen Umfeld und der jeweiligen einheimischen Bevölkerung eine gefährliche Konkurrenz-, ja Konfrontationssituation entstehen, die auch die römische Schutzmacht zu ganz besonderer Wachsamkeit und Vorsicht mahnte. Schon bei der geringsten Meinungsverschiedenheit mit der Zentralgewalt konnten sich lokale Spannungen ungehemmt entladen.

Leider sind die überlieferten Zeugnisse über die kleinen jüdischen Kolonien inmitten größerer Orte spärlich. Den besten Einblick erlauben die alten Quellen noch in die Verhältnisse Ägyptens. Dort „lebte in ländlichen wie städtischen Siedlungen eine erhebliche Zahl von Juden und zwar bereits seit der Zeit Alexanders des Großen. Hier entstand in Alexandria auch ein unvergleichliches Zentrum jüdisch-hellenistischer Großstadtkultur von weit reichender geschichtlicher Ausstrahlung"[1].

Auch dem Aufstand der Diasporajuden am Ende von Trajans Regierungszeit (98–117 n. Chr.), der das Imperium Romanum einmal mehr in seinen Grundfesten erschütterte, fehlt ein gewissenhafter Geschichtsschreiber, wie er mit Flavius Josephus für den großen Krieg des Titus zur Verfügung gestanden hatte. Er gehört vielleicht nicht zuletzt deshalb zu den rätselhaftesten Kapiteln in der ganzen Geschichte der Beziehungen zwischen Israel und Rom. Nirgendwo findet sich ein Motiv für die Unzufriedenheit jener jüdischen Untertanen, die sich ein halbes Jahrhundert zuvor klugerweise einer Teilnahme an den antirömischen Erhebungen in ihrem Heimatland enthalten hatten.

Die Wissenschaft ist daher bis heute auf Vermutungen angewiesen. Die einen sehen Trajans Niederlage gegen die Parther (114 n. Chr.) als Hintergrund der Aufstände, da man Rom für geschwächt und besiegbar hielt und zudem eine Legion, die III. Cyrenaica, in den Osten abgezogen worden war. Den schweren Schlag gegen den römischen Eroberungsehrgeiz konnte man als Beginn des Machtverfalls in den östlichen Reichsteilen werten, an dem beide, Parther und Juden, gleichermaßen interessiert waren, und die siegreichen Parther konnten demnach vor allem den palästinischen Juden als mögliche Retter erschienen sein. Andere vermuten als Grund „ein großes Erdbeben, das Endzeiterwartungen auslöste"[2]. Wieder andere meinen, versprengte Zeloten hätten durch stetiges Schüren die Unzufriedenheit der jüdischen Kolonisten entfacht. Es scheint jedoch, „dass der verstorbene Professor Tscherikover – eine Autorität auf dem Gebiet der Diaspora zur Zeit des Zweiten Tempels – Recht hatte, wenn er den ‚Aufstand der Diaspora' nicht einem greifbaren rationalen Anlass zuschrieb, sondern der Messiaserwartung der Juden"[3].

Nach einem – leider nur fragmentarisch erhaltenen – Papyrus kam es zwischen einer jüdischen und einer griechischen Abordnung, die sich von Alexandria zu Kaiser Trajan nach Rom begeben hatten, zu einer schwerwiegenden Meinungsverschiedenheit. Aus der Urkunde *Acta Hermaisci* geht nicht klar hervor, welches Anliegen man dem Kaiser vorzubringen gedachte. Die Sache muss jedoch von erheblicher Wichtigkeit gewesen sein, da sie nicht zu Hause vor dem Statthalter bereinigt werden konnte.

Dem Verfasser des Schriftstücks kommt es indes weniger auf die Wiedergabe historischer Fakten oder Abläufe als vielmehr darauf an, Trajans Voreingenommenheit aufzuzeigen: Er habe, sobald man ihm das Eintreffen der Gesandtschaften meldete, den Zeitpunkt der Anhörung bestimmt. Doch schon im Vorfeld habe Plotina, die Kaiserin, sowohl ihren Gatten als auch die Mitglieder des Staatsrats überredet, die jüdische Delegation zuerst zu empfangen. Ehrerbietig grüßten die Eintretenden den Herrscher, der ihren Gruß huldvoll erwiderte. Dann trugen sie ihre Beschwerden vor. Als man die griechischen Gesandten hereinbat, weigerte sich Trajan angeblich, ihren Gruß ebenfalls zu erwidern. Er sei von der jüdischen Darstellung der Ereignisse bereits überzeugt gewesen und habe den Alexandrinern ihr schlechtes Verhalten gegen ihre jüdischen Mitbürger vorgehalten. Der Führer der Alexandriner, ein ansonsten in der Geschichtsschreibung nicht bekannter Mann namens Hermaiscus, habe dem Kaiser daraufhin vorgeworfen, in seinem Beraterstab befänden sich wohl nur scheinheilige Juden. Offensichtlich bezahlte der Mann aus Alexandria diese freche Bemerkung mit dem Leben.

Die ganze „Quelle" ist indes mit Vorsicht zu genießen, denn von Unhöflichkeit und Parteinahme Kaiser Trajans ist den sonstigen Berichten über ihn nichts zu entnehmen. Die historische Überlieferung weiß auch nichts davon, dass Plotina je mit den Juden sympathisiert oder ihren Gatten in seinen politischen Entscheidungen hinsichtlich der jüdischen Untertanen auch nur im Geringsten beeinflusst hätte. Es gab im ausgehenden 1. und beginnenden 2. Jahrhundert zwar einige Juden, die dem Senatorenstand angehörten, Nachkommen Herodes des Großen, und der eine oder andere mag auch im Beraterstab des Kaisers tätig gewesen sein. Nach den schrecklichen Ereignissen der Jahre 66 bis 70 waren sie aber alle darauf bedacht, ihre Nationalität herunterzuspielen. Doch auf Genauigkeit und Glaubwürdigkeit kam es, wie gesagt, dem Verfasser der Urkunde nicht an. Es ging ihm nur darum, das Bild des Kaisers zu verzerren und aufzuzeigen, dass die Feinde der griechischen Alexandriner am Hof in Rom einen verderblichen Einfluss ausübten. Allerdings tadeln auch die „Heidnischen Märtyrerakten" Trajan für seine „Bevorzugung der Juden"[4].

Es mag sein, dass Trajan tatsächlich zu der Überzeugung gelangte, den Griechen fiele durch ihr Verhalten an dem Streit größere Schuld zu als ihren jüdischen Mitbürgern. Aber selbst die Bestätigung der Rechte der Juden in Alexandria gegenüber der neuerlichen griechischen Herausforderung kann über die Ereignisse einige Jahre später, als sich die alexandrinischen Juden einem weit verbreiteten Aufstand gegen Rom anschlossen, und den wirklichen Charakter der römisch-jüdischen Beziehungen nicht hinwegtäuschen. Möglicherweise war die oben genannte Urkunde *(Acta Hermaisci)* ein Vorspiel zu der großen Erhebung, indem sie die latent schwelenden Spannungen zwischen Griechen- und Judentum sichtbar machte, die sich zu einem Konflikt mit der Besatzungsmacht entwickelten.

Der Aufstand, der 115 n. Chr. ausbrach, war eine Bewegung, die in Ägypten und in der Cyrenaica ihren Ausgang nahm, auf Zypern und Mesopotamien übergriff, schließlich auch Palästina erfasste und damit den ganzen Osten wie ein Lauffeuer überzog. Neben Dio Cassius, der nach 200 n. Chr. seine umfassende Römische Geschichte vorlegte, und Orosius, einem christlichen Schriftsteller aus der ersten Hälfte des 5. Jahrhunderts – bei beiden befinden sich einige Bemerkungen über den Ablauf des Aufstands –, gibt Eusebius (etwa 262–340 n. Chr.) einen annähernd geschlossenen Bericht von den Ereignissen, dem freilich die Lebendigkeit der Erzählungen eines Flavius Josephus fehlt. Anders als er waren die genannten Autoren keine Zeitzeugen und konnten nur die Eindrücke wiedergeben, die sie vom Hörensagen oder aus anderen Quellen gewonnen hatten. Immerhin berichtet Eusebius, im achtzehnten Jahr der Regierung Trajans hätten sich die Juden von Alexandria, ja ganz Ägyptens und der Cyrenaica gegen die Griechen, unter denen sie lebten, erhoben. Viele Griechen seien vom Umland nach Alexandria geflohen, hätten dort einige Juden getötet, andere eingesperrt. Daraufhin hätten die Juden der Cyrenaica, angeführt von einem gewissen Lucuas, ihre Kräfte mit denen der in Ägypten lebenden Glaubensgenossen vereint, um Rache zu üben. In ihrer Not hätten die Verantwortlichen der Stadt die römischen Streitkräfte zu Hilfe gerufen, um die Empörung niederzuschlagen und die griechischen Alexandriner vor der Wut ihrer jüdischen Mitbürger zu schützen. Wohl gelang es, der Bedrohung ein Ende zu setzen, aber es gab auch auf der griechischen Seite Unruhestifter, die daran interessiert waren, die Spannungen aufrechtzuerhalten und die Gewaltakte fortzusetzen. Bereits im folgenden Jahr weitete sich der Aufstand, der als lokaler Konflikt begonnen hatte, zu einem Krieg gegen Rom aus.

Trajan sandte den Rebellen Q. Marcius Turbo, einen jener tüchtigen Offiziere, die ihn auf den Partherfeldzug begleitet hatten, entgegen und beauftragte ihn, die Ruhe wiederherzustellen – keine leichte Aufgabe, die beträchtliche Zeit in Anspruch nehmen und eine Anzahl von Gefechten erfordern sollte. Viele Menschen sollten dabei ihr Leben verlieren.

Der kurze Abschnitt, der von Dio Cassius' Bericht über den Aufstand die Zeiten überdauerte, bestätigt nur, dass die Unruhen in der Cyrenaica ihren Ursprung hatten. Führer der Aufständischen sei ein Mann namens Andreias gewesen – bei Eusebius heißt er Lucuas –, und die Erhebung hätte sich gegen Römer und Griechen gleichermaßen gerichtet. Die Ausschreitungen hätten, so der Berichterstatter, an Grausamkeit alles Bekannte übertroffen. Die Aufständischen hätten sich sogar zu Verstümmelungen ihrer Opfer und selbst dazu hinreißen lassen, das Fleisch der gefallenen Heiden zu verzehren, sich mit deren Blut zu beschmieren und von den Gedärmen und der Haut der Getöteten Kleidungsstücke zu fertigen. Gefangene seien gezwungen worden, gegeneinander oder „mit wilden Tieren bis zum Verröcheln zu kämpfen"[5]. Angeblich hätten 220 000 Menschen auf bestialische Weise ihr Leben verloren. In Ägypten hätten sich ähnliche Dinge zugetragen. Mit keinem Wort erwähnt Dio Cassius die weitere Entwicklung oder die Unterdrückung des Aufstands.

Noch vager äußerst sich Orosius, der von gleichzeitigen Unruhen in mehreren Ländern spricht. In der Cyrenaica hätten die Juden so viele Bauern umgebracht, dass das Land praktisch entvölkert gewesen sei. Auch er berichtet nichts von den Gegenmaßnahmen der Römer. Ebenso wie Dio Cassius sieht er den Aufstand als eine ethnisch-nationale und religiöse Bewegung, die sich gegen die Provinzialgriechen richtete, und nicht als politischen Kampf gegen das drückende römische Joch.[6]

Nachdem die Römer im Herbst 115 die Griechen von Alexandria

gerettet hatten, weitete sich auch dort der lokal begrenzte Konflikt zu einem heftigen Aufruhr gegen Rom aus, der bald die Ausmaße eines Krieges annahm.

Es war ein Glaubens- und damit ein heiliger Krieg, ein Kampf zweier Weltanschauungen und verschiedener Kulturen. Eusebius nennt den Anführer der jüdischen Cyrenaicer „König", eine Bezeichnung, der höchste Bedeutung zukommt, da sie stets auch mit dem Anspruch auf weltliche Macht einherging. Tatsächlich veränderte sich, nachdem sich die lokale Erhebung zu einer nationalen Sache gewandelt hatte, auch das Ziel der Rebellen, die jetzt die politische Unabhängigkeit erstrebten.

Die Spaten der Archäologen brachten zutage, dass die Ausschreitungen zumindest in der Cyrenaika allenthalben Spuren der Verwüstung hinterließen. In der Hauptstadt Cyrene gingen die öffentlichen Badeanstalten mit ihren schattigen Wandelhallen und die Sportstätten, die berühmten Gymnasien, ebenso in Flammen auf wie eine Basilika, zahlreiche öffentliche Gebäude und der Tempel des Kaiserkults. Systematisch wurden auch die Heiligtümer der griechisch-römischen Gottheiten zerstört. Für viele Altertumsforscher Beweis genug, dass die Empörung einen messianischen Zweck verfolgte.

Spärlicher sind die Zeugnisse, die sich in Ägypten über die jüdische Zerstörungswut fanden. Aber einige Papyri und Bemerkungen in der leider nur fragmentarisch erhaltenen Autobiografie des Historikers Appian, der sich 116 n. Chr. während der Unruhen in seiner Heimatstadt Alexandria aufhielt, vermögen ein wenig Farbe und Licht in Eusebius' nüchternen Bericht zu bringen. So haben wohl die Unruhestifter zu Beginn der Auseinandersetzungen auch in Ägypten, vor allem in dessen Hauptstadt Alexandria, erheblichen Schaden angerichtet, ehe es den römischen Soldaten gelang, die Lage unter Kontrolle zu bringen. Es fanden sich jedoch keine archäologischen Beweise, die Eusebius' Behauptung stützen könnten, die Stadt sei so zerstört gewesen, dass Hadrian, römischer Kaiser von 117 bis 138 n. Chr., sie habe vollständig wiederaufbauen lassen müssen.

Nur die in der Nähe von Alexandria in einem Hain gelegene Grabstätte des Pompeius, die das Haupt des berühmten Römers barg, wurde in einem Racheakt geschändet. „Die Juden", bemerkt Appian, „gruben den Kopf des Pompeius aus, als Trajan dabei war, das Volk der Juden in Ägypten auszurotten."[7] Andererseits wurde von den Griechen die uralte Synagoge Alexandrias, dem Talmud zufolge eines der Kleinodien des Judentums, nicht verschont. (Weite Kreise der Hebräer sind noch heute davon überzeugt, mit ihrem Untergang sei der Glanz Israels endgültig erloschen.) Keine der Parteien dürfte also der anderen an Gewaltbereitschaft nachgestanden haben.

Immerhin wurde die Lage der Griechen in der Stadt zeitweise so unangenehm, dass sich Appian bei Nacht und Nebel zur Flucht gezwungen sah, ratlos umherirrte, ein Schiff zu seiner Rettung suchte und nur mit Mühe den Nachstellungen seiner Verfolger entkam.

Zu den lebhaftesten schriftlichen Quellen gehören die Briefe aus dem Archiv von Apollinopolis, einer Stadt in Oberägypten. Dort bekleidete Apollonios, Angehöriger einer griechischen Familie, ein wichtiges Gemeindeamt, von dem er während des Krieges abberufen wurde, um seine Landsleute im Kampf gegen die Aufständischen zu unterstützen. Dass man sogar einen Zivilbeamten einzog, zeigt, wie ernst man die Lage einschätzte.

Für die Dauer seiner Abwesenheit kehrte seine Gemahlin zu ihren Eltern zurück. In einem Brief an den geliebten Gatten, geschrieben vermutlich Ende 115 n. Chr., klagt die junge Frau, dass sie seit seiner plötzlichen Abreise aus Angst weder essen noch schlafen könne und sich sogar zu elend fühle, um an den Neujahrsfeierlichkeiten teilzunehmen. Sie beschwört ihn, auf sich aufzupassen und sich nicht unnötig in Gefahr zu begeben. Auch seine Mutter zeigt sich höchst besorgt. Sie hat von jüdischen Gräueltaten gehört und berichtet ihrem Sohn von ihren Gebeten, besonders zum unbesiegbaren Hermes, der ihn vom Hass der Juden verschonen möge. Apollonios hatte Glück. Da seine Gattin ein Kind erwartete, erlaubte man ihm, nach einer gewissen Zeit nach Hause zurückzukehren. Doch wurde er noch einmal gegen die Empörer zu Hilfe gerufen. Im Herbst 117 suchte er beim neuen Präfekten Q. Rammius Martialis um 60 Tage Sonderurlaub nach mit der Begründung: Während seiner langen Abwesenheit seien nicht nur seine Angelegenheiten völlig vernachlässigt worden. Aufgebrachte Juden hätten seine Ländereien geplündert und nahezu sein ganzes Eigentum zerstört. Würde dem Gesuch stattgegeben, könne er sich vor Ort um die Dinge kümmern. Aber Martialis hatte den Kopf mit Wichtigerem voll und beantwortete den Antrag offensichtlich nicht.

Bruchstücke anderer alter Schriften (Papyri) werfen schließlich auch ein wenig Licht auf die Maßnahmen, die Rom gegen die Aufständischen ergriff. Zunächst hatten sich die Bauern bewaffnet und waren gegen den Feind gezogen. Aber sie wurden geschlagen, und viele von ihnen fanden den Tod. Die Sache schien aussichtslos, bis Rutilius Lupus, Präfekt bis Ende 116 n. Chr., mit seiner Streitmacht das alte Memphis erreichte. Die Truppenkonzentration in der früheren Hauptstadt Unterägyptens wendete das Geschick. Als die römische Armee südwärts vorrückte – der Aufstand hatte sich bereits bis Theben ausgebreitet –, schlossen sich ihr zahlreiche Helfer an, vor allem lokale Einheiten. Mit vereinter Kraft eilte man bald von Sieg zu Sieg. Noch fast hundert Jahre später feierten die dankbaren Griechen den Gedenktag des Erfolges über die Juden als Tag der Befreiung und rühmten sich der treuen Verbindung, die man in jener Zeit der Not zu Rom unterhalten hatte.[8]

Zweifellos aber war die Beendigung des Aufstands das Verdienst des Q. Marcius Turbo und der Verstärkung, die er aus dem Osten mitgebracht hatte. Der Abzug dieses Generals beraubte Trajans Armee in Parthien eines ihrer fähigsten Soldaten. Auch das wirft ein bezeichnendes Licht auf den Ernst der Lage. Hatte man sich des großen Krieges der Jahre 66 bis 70 n. Chr. erinnert und der Schwierigkeiten, die Rom die Unterwerfung der Aufständischen damals bereitet hatte? Die Bedrohung Ägyptens bedeutete nicht nur einen Frontalangriff auf eine von Roms einträglichsten Provinzen. Seit der Zeit des Augustus war sie die Kornkammer der stets hungrigen Hauptstadt des Weltreichs, und ein Unterbinden des Getreidenachschubs konnte in Rom selbst zu einer Hungersnot und, wie die Vergangenheit gelehrt hatte, ebenfalls zu Aufständen führen. Die Störung des Besitzes des alten Landes am Nil beeinträchtigte aber auch den Nachrichtenaustausch, der auf dem Seeweg über Alexandria und Italien erfolgte. Wer Ägypten, den Schlüssel zum Orient, in der Hand hielt, konnte deshalb leicht die Hauptstadt in die Knie zwingen.

Turbo, den man mit einer vereinten See- und Landstreitmacht ausgestattet hatte, kamen bei der Bekämpfung der Aufständischen sicherlich jene Erfahrungen zugute, die er 114 n. Chr. als Flottenkommandant in Misenum, dem im Golf von Neapel gelegenen Kriegshafen Roms, gesammelt hatte. Er schlug nicht nur die Unruhen in der Cyrenaica und in Ägypten, sondern auch die auf Zypern nieder und ging gegen die Rebellen mit einer Grausamkeit vor, „die bei den Römern nicht mehr auffiel ... Die Legionen umringten die Gefangenen und hieben sie in Stücke, die Frauen wurden genotzüchtigt, die Widerstrebenden getötet ..."[9] Aber die Empörer hatten es den Römern auch nicht leicht gemacht. Ein ganzes Jahr musste Turbo kämpfen, und erst als Trajan 117 n. Chr. starb, scheint die Ruhe in dieser Weltecke einigermaßen wiederhergestellt gewesen zu sein. (Kaiser Hadrian war mit den Leistungen des Generals so zufrieden, dass er ihn gleich zu Beginn seiner Herrschaft gegen Aufständische in Mauretanien schickte. Turbo beendete seine Karriere als Prätorianerpräfekt in der Leibgarde des Kaisers – ein ehrenvoller Posten. Als er den Tod nahen fühlte, versuchte er standhaft, sich auf den Beinen zu halten mit den berühmten Worten: „Ein Präfekt sollte stehend sterben."\]

Mit kluger Berechnung vermied Turbo im großen Judenaufstand jeden ungestümen Angriff, rieb die Scharen der Rebellen vielmehr in kleinen Scharmützeln auf und wartete geduldig, bis der Feind ermüdete und sich seine Reihen lichteten. Die jüdischen Kämpfer, die nichts zu verlieren hatten, erlagen nicht ohne tapfere Gegenwehr. Aber was sollten unorganisierte, unerfahrene und schlecht gerüstete Fußtruppen gegen die überlegene Kriegskunst und Zahl der gut ausgebildeten Römer und ihre Reiterei auf Dauer ausrichten?

Besonders grausam wütete der Krieg auf der Insel Zypern, wo ein gewisser Artumion (auch Artenion genannt) die Führung der aufständischen Juden übernommen hatte. Bereits Mitte des 2. vorchristlichen Jahrhunderts war die dortige Diasporagemeinde von beachtlicher Größe, dürfte aber durch Zuwanderung noch angewachsen sein, als Kaiser Augustus 12 v. Chr. Herodes dem Großen die Hälfte des Ertrags der dortigen Kupferminen vermachte. Gleich in mehreren antiken Quellen ist die zypriotische Diaspora als bedeutend genannt. Allein in der Hauptstadt Salamis sollen so viele Hebräer gelebt haben, dass sie mehrere Synagogen errichten konnten. Während des ganzen 1. nachchristlichen Jahrhunderts gab es dort offensichtlich keine Spannungen zwischen ihnen und den Griechen, und Flavius Josephus weiß von keinen antirömischen Erhebungen, die mit denen von Ägypten oder der Cyrenaica vergleichbar gewesen wären. Die Revolte unter Trajan traf die Insel und ihre Bewohner wie ein Blitz aus heiterem Himmel und ohne ersichtlichen Grund. Vielleicht hat auch hier die messianische Bewegung die Juden veranlasst, ihr Glück zu versuchen und ihr Schicksal gegen Rom in die Waagschale zu werfen.

Es begann mit Ausschreitungen in Salamis, wo griechische Einwohner von ihren jüdischen Mitbürgern ermordet und viele Gebäude zerstört wurden. Nur unter großen Verlusten gelang es Turbo, der Lage Herr zu werden. Das Leid der Inselbewohner muss unvorstellbar gewesen sein, denn ihr Hass auf das Judentum wurzelte noch Jahrhunderte später so tief, dass es per Gesetz keinem Juden erlaubt war, die Insel zu betreten, nicht einmal im Fall eines Schiffbruchs, wenn es ihn an ihre Küste verschlagen hatte.[10]

In den unterworfenen Gegenden wurde das Eigentum jener Juden, die den blutigen Krieg überlebt hatten, eingezogen. Was den Getöteten gehört hatte, verfiel ohne Rücksicht auf vorhandene Erben ebenfalls dem

Staat. Offensichtlich hatten sehr viele Menschen, anfangs Griechen, später fast nur noch Juden, ihr Leben verloren, und in manchen Ortschaften gab es nach dem Aufstand überhaupt keine Juden mehr, sodass die Tempelsteuer ausblieb. In Ägypten und in der Cyrenaica waren die einst blühenden Diasporagemeinden zur Bedeutungslosigkeit geschrumpft. Sie sollten sich von den schweren Verlusten nie mehr erholen und in der Geschichte der Provinz keine Rolle mehr spielen. Nur in Alexandria hatte eine kleine Gruppe die militärische Niederlage überlebt. Sie verwaltete sich auch jetzt noch selbst und war offensichtlich noch so gut organisiert, dass sie kurze Zeit nach Kaiser Hadrians Regierungsantritt eine Abordnung zu ihm schicken konnte. Denn wieder einmal führten die Griechen der Stadt Klage vor der höchsten Instanz des Römischen Reiches.

Es ging im Wesentlichen um eine Maßnahme, die der neue Präfekt Q. Rammius Martialis nach der Niederwerfung der Unruhen 117 n. Chr. getroffen hatte. Er habe, so berichtete ein Grieche in Rom, überlebende Juden, die sich aus allen Teilen des Landes in die ägyptische Hauptstadt geflüchtet hatten, angewiesen, ihren Wohnsitz außerhalb der Stadt an einer Stelle zu nehmen, von der aus erneute Angriffe gegen das berühmte Alexandria leicht gewesen wären. Entsprechende Beschwerdebriefe des griechischen Bevölkerungsteils an Kaiser Hadrian habe der Präfekt abgefangen und zurückgehalten. Dieses Verhalten aber habe sich nicht nur gegen die Griechen, sondern auch gegen ihn, den Kaiser, gerichtet. Verständlicherweise fühlte sich die griechische Einwohnerschaft bedroht.

Eine eigene jüdische Gemeinde vor den Toren der Stadt konnte sich schnell zu einem neuen Ausgangspunkt von Gewalttaten entwickeln. Aber wo sollte der Präfekt die vielen Flüchtlinge ansiedeln? In der Stadt selbst konnte er sie nicht unterbringen, da ihnen, anders als den alexandrinischen Juden, dort das Bleiberecht fehlte. Die Furcht der Griechen vor einer erneuten jüdischen Aggression sollte sich übrigens als unbegründet erweisen. Es ist nicht bekannt, dass es zu weiteren Auseinandersetzungen gekommen wäre.

Bereits im Sommer des Jahres 117 n. Chr. waren in der Cyrenaica und in Ägypten viele Spuren der Rebellion wieder getilgt, und einige beschädigte Bauwerke waren so früh unter Hadrians Herrschaft wiederhergestellt, dass man noch unter Trajan mit der Schadensbeseitigung begonnen haben muss. Straßen wurden ausgebessert, sodass bald wieder Nachrichten ungehindert ausgetauscht werden konnten. Schon 119 n. Chr. öffneten in Cyrene die Bäder, und die Basiliken erstrahlten in neuem Glanz. Der Wiederaufbau der zerstörten Heiligtümer wurde in Angriff genommen. Als 138 n. Chr. im Tempel eine großartige Statue des Zeus aufgestellt wurde, brachte man für Kaiser Hadrian, „dem Retter und Erneuerer der Stadt", aus Dankbarkeit eine Widmung an.[11]

Schwieriger war es, die entvölkerten Landstriche neu zu beleben. Trajan hatte noch veranlasst, dass sich 3000 Veteranen der XV. Legion Apollinaris in der Cyrenaica ansiedelten. Aber die Hauptaufgabe fiel seinem Nachfolger zu, der an der Küste zwischen Berenice und Teuchira die Stadt Hadrianopolis (heute Driana) gründete. Auch hier ehren ihn mehrere Inschriften als „Erneuerer und Wohltäter" und halten sein Andenken bis auf den heutigen Tag lebendig.

Bleibt noch ein Blick auf die Lage der Diaspora in Mesopotamien und Babylonien, der ältesten und wahrscheinlich größten jüdischen Gemeinde außerhalb Palästinas, mit der Rom erstmals durch Trajans Eroberungszüge in Berührung kam. Wie überall schwelte auch in dieser Weltecke ein latenter Antisemitismus.

In Babylonien konzentrierte sich das Judentum in Neharchea. Im Norden war Nisibis in Mesopotamien der Mittelpunkt der jüdischen Gemeinden. Hier wurde die Tempelsteuer für das nördliche Parthien eingezogen, und von hier aus trat sie ihre Reise nach Jerusalem an. Die Juden, gestärkt durch eine ihnen seit jeher freundlich gesonnene Staatsführung, waren einflussreich und genossen wie anderswo gegenüber der einheimischen Bevölkerung beachtliche Privilegien. Vielleicht gab diese Tatsache den anderen Untertanen das Gefühl, in Wirklichkeit von Juden regiert zu werden. Verstärkt hatte diesen Eindruck sicherlich die Tatsache, dass einige Jahrzehnte zuvor Mitglieder des Königshauses von Adiabene, darunter König Izates und seine Mutter Helena, aus welchen Gründen auch immer, zum Judentum konvertiert waren. Schließlich hatten Regenten aus Judäa seit dem beginnenden 1. nachchristlichen Jahrhundert in dem nur wenig entfernten Armenien den Thron innegehabt: Tigranes IV., ein Enkel Herodes des Großen, und sein Neffe Tigranes V. Aristobul, der Sohn des Herodes von Chalcis.

Vor dem unglückseligen Jahr 70 n. Chr. hatte ein reger Gedankenaustausch zwischen diesen entfernten Regionen und Jerusalem stattgefunden. Trotz der Länge und der Gefährlichkeit der Reise hatten sich die Gesetzesgelehrten und -hüter gegenseitig besucht, die Tempelsteuer war mit Freuden entrichtet worden, und an den Festtagen fanden sich in Jerusalem viele Pilger aus dieser Weltecke ein.

Noch ehe der Sommer des Jahres 116 n. Chr. zu Ende ging, war der

Osten fast vollständig unterworfen. Armenien und das nördliche Mesopotamien, vielleicht auch das kleine Königreich Adiabene, waren in den Reichsverband eingegliedert, das südliche Mesopotamien und Babylonien überrannt worden. Trajan legte am Persischen Golf eine Ruhepause ein. Doch Roms Feinde schliefen nicht. Sie drangen über Medien in die neuen Provinzen ein; das unterworfene Mesopotamien erhob sich gegen Rom und tötete oder vertrieb die in den besetzten Städten zurückgelassenen Soldaten. In Babylonien gelang es Trajan nur mit Mühe, die Ordnung aufrechtzuerhalten.

Glauben wir Dio Cassius, so spielten die Juden in diesen Unruhen keine Rolle. Eusebius hingegen versichert, gerade von ihnen sei so große Gefahr ausgegangen, dass Trajan seinen Oberbefehlshaber Lusius Quietus anwies, sie aus der Provinz zu schaffen. Dieser habe eine große Zahl getötet und sei daraufhin zum Statthalter von Judäa ernannt worden.

Es scheint, dass sich viele Juden den Aufständischen zunächst angeschlossen hatten. War es ihren Glaubensbrüdern schon nicht gelungen, die verhassten Römer in den Jahren 66 bis 70 n. Chr. aus dem Gelobten Land zu vertreiben, so konnte doch die Diaspora im Osten, verbündet mit den Parthern, der römischen Vorherrschaft ein Ende setzen und die Römer möglicherweise nicht nur aus den neuen Provinzen, sondern aus ganz Asien verdrängen. Was sollte dann der Wiedererrichtung eines neuen Judäa noch im Wege stehen? Sollte sich diese Sehnsucht nicht erfüllen, lebte es sich unter den Parthern immer noch angenehmer als unter einem neuen Herrn – trotz der gelegentlichen antisemitischen Ausschreitungen. Hatten diese ihnen doch schon vor langer Zeit einen hohen Grad an Unabhängigkeit und Selbstverwaltung unter einem „Exilarchen" eingeräumt. Die Unterwerfung unter das römische Joch hätte den Verlust ihrer Freiheit nach sich gezogen.

Noch ein Gesichtspunkt mag für die Diasporagemeinden des Zweistromlandes ausschlaggebend gewesen sein, ihre jetzige Herrschaft gegen Rom zu unterstützen: Schon plante Trajan, die Besteuerung des Karawanenhandels mit dem Fernen Osten neu zu regeln. Unter den reichen Kaufleuten Parthiens befanden sich zahlreiche Juden, und der Gedanke an die Einführung eines neuen Steuersystems, das womöglich noch drückender würde als das der Parther, stieß bei Juden und Einheimischen gleichermaßen auf wenig Gegenliebe.

Nach anfänglichen Erfolgen der Aufständischen eroberte Lusius Quietus, der General Turbo an Tüchtigkeit nicht nachstand, die Provinz für Rom zurück, wenn auch nur für kurze Zeit. Es gehörte nämlich zu

Hadrians ersten Amtshandlungen als Kaiser, die östlichen Eroberungen seines Vorgängers aufzugeben. Er hatte erkannt, dass Roms Kräfte für deren Erhalt und Verwaltung nicht mehr ausreichten. So kehrten die jenseits des Euphrat lebenden Juden unter die parthische Oberhoheit zurück.

Aus keinem der erwähnten Berichte über die Diaspora erfahren wir etwas über gleichzeitige oder folgende Erhebungen der Juden im Heiligen Land selbst. Nur die *Historia Augusta* weist kurz auf Unruhen in Libyen und Palästina hin, die noch unter Trajan ausgebrochen sein sollen.[12] Schließlich hatte er Lusius Quietus nach dessen Erfolg im fernen Osten als Statthalter nach Judäa geschickt. Die Entscheidung, einen seiner wichtigsten Vertrauten zur Verwaltung einer kleinen und bislang eher unbedeutenden Provinz abzustellen, legt den Schluss nahe, dass dort bereits Aufstände ausgebrochen waren, deren Niederwerfung eine starke und erfahrene Hand erforderte. Spätestens jetzt, „als Auswirkung dieser Diasporaaufstände und wegen gewisser Unruhen auch in Palästina selbst, wird Judäa eine konsularische kaiserliche Provinz mit nunmehr zwei Legionen"[13].

Lusius Quietus durfte sich seiner neuen Stellung allerdings nicht lange erfreuen. Weil er sich „des Strebens nach dem Thron verdächtig gemacht hatte, entwaffnete ihn Hadrian ..."[14]. Das erfüllte die Juden mit Genugtuung, da sie in der Tatsache, dass der Statthalter in Ungnade gefallen war, ein günstiges Zeichen für sich selbst erblickten.

Es ist in der Geschichtswissenschaft oft bezweifelt worden, dass die Unruhen in der Diaspora überhaupt auf das Stammland Israel übergriffen, zumal die schriftlichen Quellen, wie gesagt, spärlich sind und andere Beweise, etwa archäologische Bestätigungen, ganz fehlen. Diejenigen Fachleute, die Aufstände in den Jahren 115–117 n. Chr. in Judäa überhaupt verneinen, berufen sich auf das Verhalten der Diasporajuden, die sich in den Jahren 66–70 n. Chr. auch nicht zu Gunsten ihrer jüdischen Glaubensbrüder in der Heimat eingemischt hätten. Doch sind die Verhältnisse nicht vergleichbar. Zur Zeit des großen Krieges unter Titus wurden die Diasporajuden in ihrer Religionsausübung und Selbstverwaltung von Rom bestätigt und geschützt. Sie hätten durch die Unterstützung ihrer Glaubensgenossen viel zu verlieren und nichts zu gewinnen gehabt. Die palästinensischen Juden hingegen hatten nichts zu verlieren, wenn sie ein weiteres Mal versuchten, das römische Joch abzuschütteln. Der Zeitpunkt mag ihnen günstig erschienen sein. Wie nie zuvor war die römische Schutzmacht durch den Feldzug gegen die Parther und durch die Erhebungen in der Diaspora von den Problemen im Heiligen Land abgelenkt. Ihre Aussichten erschienen ihnen deshalb wohl nicht schlecht.

Etwas mehr als aus der römischen ist aus der jüdischen Literatur zu erfahren. Nach den Erzählungen des Midrasch hatte der aus Mauretanien stammende Quietus in der kurzen Zeit seiner Statthalterschaft in Judäa eine Schreckensherrschaft errichtet. Ein jüdisches Brüderpaar, Julianus und Pappus mit Namen, das sich zu Wortführern seiner unzufriedenen Landsleute gemacht hatte, war in Quietus' Hände gefallen und von ihm zum Tode verurteilt worden. Genaues ist über das Vergehen der beiden nicht bekannt, jedoch mag es für Rom schwer genug gewesen sein, um mit dem Tod bestraft zu werden. Die Juden verbanden ihr Schicksal mit dem der Brüder und verehrten sie wie Volkshelden.

Der Tag der Hinrichtung war gekommen, und die Verurteilten hatten gehofft, Jahwe werde an ihnen ein Wunder vollbringen. Als nichts geschah, spottete der Statthalter: ‚‚Wenn euer Gott so mächtig ist, wie ihr behauptet, so möge er euch aus meiner Hand retten.' Sie erwiderten ihm: ‚Du bist kaum würdig, dass Gott deinetwegen ein Wunder tun sollte, denn du bist nicht Selbstherrscher, sondern nur Untertan eines Höheren.' Und im Augenblick, da die zwei Gefangenen zum Märtyrertod geführt werden sollten, traf der Befehl ein, welcher den Blutrichter von der Statthalterschaft in Judäa abrief."[15] Dies geschah der jüdischen Überlieferung zufolge am 12. Adar (Februar/März), und der Tag wurde künftig unter dem Namen „Trajanstag" als nationaler Gedenktag gefeiert.

Mit der Thronbesteigung des neuen Kaisers Hadrian im Jahr 117 n. Chr. flammte auch die Hoffnung der Juden wieder auf, ihre heilige Stadt und der Tempel würden sich bald aus den Ruinen erheben. Sie trugen Hadrian ihren Wunsch vor, und er, der sich zum Ziel gesetzt hatte, als Friedenskaiser und Erneuerer der Welt in die Geschichte der Völker einzugehen, schlug ihnen ihr Ansinnen nicht ab. So wurden bald die Trümmer, die der Krieg hinterlassen hatte, entfernt, und der Wiederaufbau des Tempels konnte beginnen. Hadrian sah es mit Freude, denn er wollte alten, berühmten Orten ihren einstigen Glanz zurückgeben.

Niemand ahnte, dass sich ausgerechnet er, der den Wünschen der Juden anfangs so wohlwollend entgegenkam, zum größten Judenfeind der Geschichte entwickeln sollte.

„... Bar Kochba wurde erschlagen und sein Kopf zu Hadrian gebracht. ‚Wer erschlug ihn?' fragte der Kaiser. Ein Cuthäer (Samaritaner) sagte zu ihm: ‚Ich erschlug ihn.' ‚Bringe mir seinen Körper!' befahl er. Er ging und fand eine Schlange, die sich um seinen Hals ringelte. Als man Hadrian dies berichtete, da rief er: ‚Wenn sein Gott ihn nicht erschlagen hätte, wer hätte ihn überwinden können?'"[1]

Das Ende Judäas unter dem „Sohn des Sterns" (132–135 n. Chr.)

Wer war Bar Kochba? – Sensationelle Höhlenfunde – Verlauf des Bar Kochba-Aufstandes – Bethar in römischer Hand

Die Erzählung ist mehr als eine Legende. Sie charakterisiert einen der fanatischsten Männer Israels, der wie kein anderer bis zur bittern Neige den jüdischen Freiheitsdrang symbolisierte.

Gegen Ende von Hadrians Regierungszeit, in den 30er Jahren des 2. Jahrhunderts, versuchten die Juden Palästinas ein zweites und letztes Mal, sich vom römischen Joch zu befreien, um einen autonomen Judenstaat zu errichten. Anführer der Rebellen in diesem so genannten zweiten jüdischen Aufstand war Bar Kochba. Der Krieg, der jetzt gegen Rom geführt wurde, stellte selbst den ersten Aufstand unter Titus in den Schatten und gehört zu den Auseinandersetzungen mit den weit reichendsten Folgen, die Rom in seiner vielhundertjährigen Geschichte zu bestehen hatte.

Als Friedenskaiser mit dem Anspruch, der Menschheit eine anhaltende Epoche des Wohlstands und Glücks zu bescheren, war Hadrian angetreten. Dass er den Aufständischen mit solcher Hartnäckigkeit und Unmenschlichkeit begegnete, trübt für alle Zeiten sein Bild und hat seine letzten Lebensjahre verdüstert. „Zu schweren Feldzügen", so Aelius Spartianus in der Lebensbeschreibung des Kaisers, „kam es unter ihm nicht. Die Kriege wurden sogar fast in aller Stille erledigt."[2] Kaum kann der antike Biograf des Kaisers dabei den entsetzlichen Kampf gegen das Judentum im Auge gehabt haben.

Wer war jener Mann, auf den die verzweifelten, oft gedemütigten Juden in aller Welt ihre letzte Hoffnung setzten? In den Schriften der frühen Kirchenväter hieß er Bar Kochba, was im Hebräischen oder Aramäischen so viel wie „Sohn des Sterns" bedeutet. Das sollte wahrscheinlich auf seinen messianischen Sendungsanspruch hinweisen. Jüdische Quellen nennen ihn hingegen „Bar Koziba", was bei nur wenig geänderter Aussprache eine ganz andere Bedeutung hat, nämlich „Sohn eines Lügners" oder „Betrügers". Viele Gelehrte stritten sich lange über seinen wahren Namen. Die einen behaupteten, er habe, wohl nach seinem Geburtsort, „Bar Kochba" geheißen, sei später aber, nachdem sein Unternehmen fehlgeschlagen war, aus Enttäuschung in „Bar Koziba" umbenannt worden. Andere argumentierten genau umgekehrt: Sein ursprünglicher Name sei „Bar Koziba" gewesen (ebenfalls nach seinem Geburtsort) und von seinen Anhängern, die ihn glühend verehrten, seiner messianischen Sendung wegen in „Bar Kochba" umgedeutet worden. Der berühmte Ausspruch des großen Rabbi Aqiba, in Talmud und Midrasch überliefert, wurde zur Unterstützung dieser Ansicht so zitiert: „Rabbi Simon Ben Yohai sagte: Rabbi Aqiba, mein Lehrer, erläuterte die Stelle ‚Es soll ein Stern aufgehen aus Jacob' wie folgt: ‚Es geht KWZBA auf aus Jacob'". Rabbi Aqiba soll über Bar Kochba gesagt haben, er sei der König Messias, worauf Rabbi Johanan erwiderte: „Aqiba, aus deinen Kinnladen wird Gras wachsen, und er wird noch nicht gekommen sein."[3]

Auch über den Charakter des kriegerischen „Messias", dessen Gefolgschaft geradezu aus dem Boden zu wachsen schien, scheiden sich bis heute die Geister. Die einen bewundern seinen Mut, andere verachten ihn wegen seiner Brutalität. Die angeblich 20 000 Mann, mit denen er sich in Bethar der römischen Belagerung widersetzte, sollen alle einen amputierten Finger gehabt haben. Ihr Anführer pflegte nämlich ihre Tapferkeit durch das Abschneiden eines Fingers zu prüfen. Die entsetzten Weisen des Landes sandten ihm daher eine Botschaft: „Wie lange noch willst du fortfahren, die Männer Israels zu verstümmeln?" Er entgegnete ihnen: „Wie sonst soll ich sie prüfen?" Man empfahl ihm daraufhin, jedem die Aufnahme in sein Heer zu verweigern, der keine Libanonzeder mit den Wurzeln ausreißen konnte. – Es ist leider nicht überliefert, ob sich Bar Kochba an diesen klugen Ratschlag hielt.

Nach den Erzählungen des Midrasch war seine Unerschrockenheit außerordentlich. „Er fing die Geschosse der Feinde mit einem seiner Knie auf und schleuderte sie zurück und tötete so viele Feinde."[4]

Dass Bar Kochba und seine Gefolgsleute ziemlich arrogant waren, mag folgende Überlieferung verdeutlichen: „Wenn sie in die Schlacht stürmten, schrien sie: ‚O Gott, hilf uns nicht, aber entehre uns auch nicht!'" Die Legende will, dass seine Brutalität und Überheblichkeit schließlich ihn und ganz Israel zu Fall brachten.

Bar Kochba hatte den angesehenen Rabbiner Eleazar von Modi'im, seinen Onkel, in Verdacht, die Feste Bethar an die Römer verraten zu wollen. Er beorderte den frommen Mann vor sein Strafgericht, geriet während des Verhörs in Wut, „gab ihm einen Fußtritt und tötete ihn". Da tönte angeblich eine Stimme vom Himmel und rief: „Wehe über den ruchlosen Hirten, der seine Herde verlässt! Das Schwert soll über seinen rechten Arm kommen und über sein rechtes Auge ... Du hast den Arm Israels gelähmt und sein rechtes Auge geblendet, daher soll dein Arm verdorren und dein rechtes Auge trüb werden."[5] Bethar sollte daraufhin bald erobert und Bar Kochba erschlagen werden.

Den jüdischen Führer kennzeichnete darüber hinaus eine sture Unversöhnlichkeit. Unter seiner Herrschaft duldete er kein unbeschnittenes männliches Wesen. Vielerorts hatte ein rituelles Bad die übliche Beschneidung ersetzt, wodurch manche versuchten, ihre jüdische Herkunft zu verheimlichen, nicht zuletzt, um sich so der Zahlung der Tempelsteuer zu entziehen. Sie alle wurden jetzt zur Beschneidung gezwungen. Dies brachte gemäßigte Juden in eine verzwickte Lage, da Hadrian, der Griechenfreund, für den der Mensch das Maß aller Dinge war, die „Verstümmelung der Genitalien" bei Todesstrafe verboten hatte. Von daher wird verständlich, dass Bar Kochba in der Judenschaft der hadrianischen Ära nicht nur Anhänger hatte.

Doch sah wahrscheinlich der Großteil der jüdischen Bevölkerung in ihm den soldatischen Helden, den lang ersehnten Messias, der vom Himmel herabgekommen war, das Volk Israel von der römischen Knechtschaft zu befreien. Man sympathisierte mit ihm in blind fanatischem Hass und ahnte nicht, dass er den Untergang und das jahrhundertelange Verschwinden der jüdischen Nation von jeder Landkarte zumindest mitverschulden sollte.

Ein entscheidender Fehler wird Bar Kochba zur Last gelegt: Seine starre Haltung gegenüber den Christen. Nahezu übereinstimmend berichten die alten Kirchenväter von blutigen Christenverfolgungen, die wohl auf die Weigerung der Neugläubigen zurückzuführen waren, den Führer der Juden als Messias anzuerkennen und ihn im Kampf gegen die fremde Besatzungsmacht zu unterstützen. Auseinandersetzungen zwischen Juden und Christen waren damals an der Tagesordnung, ohne dass es jedoch zu einem endgültigen Bruch gekommen wäre. Außenstehenden galten die beiden Religionen ohnehin als eng verwandt. Noch lange wurde beispielsweise in Rom das Christentum für eine jüdische Sekte gehalten. Durch Bar Kochbas unerbittliche Feindseligkeit verhärtete sich nun auch die Haltung der Christen.

In den jüdischen Quellen halten sich die Stimmen für und gegen den „Fürsten Israels" die Waage. Die einen sehen in ihm den Befreier ihrer gequälten Nation und bringen ihm Ehrfurcht und Bewunderung entgegen. Andere verachten ihn für sein Scheitern als „Messias" mit dem Zorn all ihrer enttäuschten Hoffnungen. Erstaunlich ist, dass die Überlieferungen auch in gegensätzlichen antiken Quellen, wie den jüdischen Schriften und den Berichten der frühen Kirchenväter, nahezu übereinstimmen und damit einen hohen Grad an Wahrscheinlichkeit gewährleisten.

Dennoch ergaben alle Spuren nur ein unscharfes Bild des charismatischen Führers. „In der jüdischen Folklore war er eher ein Mythos als ein Mann aus Fleisch und Blut. Die jahrhundertelange Verfolgung der Juden und ihre Sehnsucht nach nationaler Rehabilitation machten aus Bar Kochba einen Volkshelden, eine schwer fassbare Gestalt, der sie anhingen, weil er bewiesen – und als Letzter bewiesen – hatte, dass die Juden um ihre geistige und politische Freiheit kämpfen konnten. „Zur Erinnerung an seinen Aufstand wurde es Tradition, dass die Kinder jüdischer Gemeinden in Osteuropa am Fest von Lag ba' Omer ‚Bar Kochba und die Römer' spielten, wie die Kinder im Westen Cowboy, Indianer oder Robin Hood. Für eine kurze Weile versetzten sie sich aus der Diaspora in das Land ihrer Väter und träumten …"[6]

Der einzig wirklich greifbare Beweis für Bar Kochbas Existenz und den zweiten Aufstand war eine Reihe von so genannten „Koziba"-Münzen, Silber- und Bronzeprägungen, freilich nicht eigener Art, sondern in aller Eile und teilweise so schlecht aus römischen Geldstücken geschlagen, dass die ursprünglichen Zeichen unter den hebräischen noch deutlich zu erkennen waren. Dennoch sind gerade diese unvergänglichen Zeugnisse für den Verlauf des Krieges und den ihn tragenden messianischen Gedanken sehr aufschlussreich: Die Embleme der Rückseiten spiegeln die Sehnsucht nach dem Wiederaufbau des Tempels und der heiligen Stadt wider. Es finden sich heilige Gefäße für das Opferritual, Musikinstrumente, Palmzweige und andere typische Symbole, die trotz der Eile ihrer Herstellung handwerkliches Geschick verraten und den Enthusiasmus derer, die sie fertigten.

Auch die Vorderseiten sind äußerst interessant: Sie nennen das Jahr 1 und 2 der Befreiung Israels oder sind der „Freiheit Jerusalems" gewidmet. Niemand weiß, ob sie gleich zu Beginn des Aufstands geprägt wurden, als die Freiheitskämpfer den Römern tatsächlich Jerusalem vorübergehend entwunden hatten, oder erst zu dessen Ende, als die Befreiung der Stadt nur noch eine Wunschvorstellung war.

Eines aber haben fast alle Münzen gemein: Sie tragen den Namen „Shimeon", und eine weist sogar über einer stilisierten Tempelfassade einen Stern auf. Über lange Zeit vermochte man dies nicht mit einander in Einklang zu bringen, bis die Ereignisse in und um Jerusalem im Frühjahr des Jahres 1960 plötzlich in ein völlig neues Licht gerieten.

Schon Mitte des 19. Jahrhunderts hatten Beduinen in den Höhlen rund um das Tote Meer uralte Schriftstücke entdeckt und dabei sogleich ein Geschäft gewittert. Archäologen hatten sich, angelockt von diesen sensationellen Funden, auf die Suche nach weiteren Altertümern dieser Art begeben, ohne dass ihre Bemühungen Erfolg gehabt hätten. Wie so oft kam ein Jahrhundert später der Wissenschaft der Zufall zu Hilfe. Es war im Januar des Jahres 1952, als Hirten ein weiteres Dokument anboten, das mit den Worten begann: „Von Shimeon Bar Koziba an ..." Zum ersten Mal war damit der Name des letzten jüdischen Anführers enthüllt: Shimeon Ben oder Bar Koziba.

Auf Drängen namhafter Altertumsforscher gaben die Nomaden schließlich den Fundort preis: vier Höhlen im Wadi Murabbaʿat in der Wüste Juda, einer wilden, von tiefen Schluchten zerklüfteten Landschaft am Westufer des Toten Meeres. Als man die Schlupfwinkel durchsuchte, musste man feststellen, dass sie zwar der meisten Dokumente beraubt, aber dennoch sehr aufschlussreich waren. Seit undenklichen Zeiten hatten die unterirdischen und schwer zugänglichen Säle und Gänge Menschen offensichtlich als Fluchtburgen gedient.

Erst acht Jahre später, 1960, wurden die Höhlen im Auftrag der israelischen Regierung von Archäologen systematisch erforscht. Man fand unter anderem eine, die einige „Gräber" enthielt. Schädel und Skelette waren in Nischen beigesetzt und mit Textilien und Matten bedeckt. Wissenschaftliche Untersuchungen ergaben, dass es sich um Männer, Frauen und Kinder aus der Zeit des zweiten Aufstands (132–135 n. Chr.) handelte. Damit aber stand fest, dass auch die Zivilbevölkerung vor den Römern geflohen war. Und es bewahrheiteten sich die haarsträubenden Geschichten über die vom Hunger geplagten Eingeschlossenen, die in den rabbinischen Auslegungen des Alten Testaments überliefert sind: „Dies geschah einer Gruppe, die in eine Höhle geflüchtet war: Einer erhielt den Befehl, gehe und suche die Leiche eines Getöteten, damit wir davon essen. Er ging, fand die Leiche seines Vaters, versteckte, bezeichnete und begrub ihn. Dann kehrte er zurück und sagte: Ich habe nichts gefunden. Sie sagten: Ein anderer soll gehen. Einer von ihnen ging, folgte dem Gestank der Leiche und brachte sie mit. Sie aßen davon, und die Zähne des Sohnes wurden stumpf. Er fragte: Woher habt ihr diese Leiche? Sie antworteten: Aus der und der Ecke. Er fragte weiter: Welches Zeichen trug sie? Sie antworteten: Dies und das Zeichen. Er sagte: Wehe über den Sohn! Er hat das Fleisch seines Vaters gegessen."[7] – Reste von Römerlagern auf den Kuppen über den Höhlen beweisen, dass man die Verstecke der Flüchtlinge kannte und diese systematisch aushungerte.

Ein weiterer sensationeller Fund bestand aus einem Bündel Papyri und beschriebenen Holztafeln. Sie stellten sich als „Briefe" Bar Kochbas an seine Untergebenen heraus und enthalten Anforderungen und Befehle, die meist mit Strafandrohungen gekoppelt sind. Auf einem Holzbrief wird er sogar „Fürst Israels" genannt. Obwohl der Anführer, wie man herausgefunden hat, keinen dieser Briefe persönlich geschrieben oder unterzeichnet hat, tragen sie doch alle unverkennbar seine „Handschrift". Der telegrammartige Stil verrät, dass Bar Kochba ein energischer und harter Mann war. Er hatte in Herodion unweit von Bethlehem ein provisorisches Regierungslager errichtet. In En-Gedi und an anderen Orten befanden sich Stützpunkte. Dort waren zwei seiner Unterführer stationiert.

Mit den Schriften hat sich auch ein interessantes Siegel erhalten: Es zeigt einen bärtigen Mann in kurzer Tunika, der mit einem Löwen kämpft, ansonsten die übliche Darstellung für Herkules' Kampf mit dem nemeischen Löwen. In diesem besonderen Fall mag sie als Symbol des Kampfes zwischen Bar Kochba und den Römern gelten.

Einer der gefundenen Briefe, der leider nur fragmentarisch erhalten ist, drückt die ganze Verzweiflung über die jüdische Katastrophe aus. Er muss geschrieben worden sein, als der Krieg für die Juden bereits verloren war. Die düsteren Worte berühren noch heute seltsam und haben an Aktualität nichts eingebüßt. Man könnte ihnen ebenso gut auf den Friedhöfen zweier Weltkriege begegnen oder sie als Warnung vor künftigem Unheil verstehen:

> „... bis zum Ende ...
> ... sie haben keine Hoffnung ...
> ... meine Brüder im Süden ...
> ... von ihnen fielen durch das Schwert ...
> ... diese meine Brüder ..."[8]

Die Auswertung der gefundenen Dokumente lässt folgenden Schluss auf die Lage der Freiheitskämpfer zu:

Nachdem Hadrian seine gesamte Streitmacht mobilisiert hatte, war Bar Kochba in die Defensive gedrängt worden. Damals war noch nicht ganz Judäa Kriegsschauplatz. Hilfe suchend, aber offensichtlich vergeblich, hatte sich „der Fürst Israels" an seine Helfer in der Oase En-Gedi gewandt und um Nachschub von Lebensmitteln und Kriegern gebeten. Doch hatte sich das Schlachtfeld bereits bis En-Gedi ausgeweitet. Mit einem Teil ihrer Habe suchte derweil die Bevölkerung vor den heranrückenden Römern Schutz in den unterirdischen Verstecken, die von Hadrians Leuten aber bald entdeckt wurden. Um den Eingeschlossenen jede Überlebensmöglichkeit zu nehmen, stellte man vor den Eingängen der Höhlen Wachen auf.

Trotz der sensationellen Entdeckungen ist es schwierig geblieben, den Verlauf des Krieges genau nachzuvollziehen. Schon bei der Aufzeichnung der Gründe, die zum letzten Aufstand führten, sind und waren sich die Gelehrten uneins. Erst in jüngster Zeit scheint sich die Ansicht durchzusetzen, dass das Beschneidungsverbot *(Aelius Spartianus)*, der Bau eines römischen und heidnischen Jerusalem mit Namen *Aelia Capitolina* und des Jupitertempels (Dio Cassius) oder das von Kaiser Hadrian angeblich wegen einer Klage der Samaritaner nicht eingelöste Versprechen, den Jahwetempel wiederzuerrichten (Midrasch-Bücher), den Juden nur willkommene Vorwände boten und der eigentliche Grund auch diesmal ihrer unerschütterlichen Messiaserwartung zuzuschreiben war.

Es gibt Historiker, die mutmaßen, nicht die Erlasse des Kaisers hätten zu dem Bar Kochba-Aufstand geführt. Vielmehr seien sie die römische Reaktion auf die Ausschreitungen der Empörer gewesen. Ähnlich beschrieb dies auch schon der griechische Reiseschriftsteller Pausanias (um 110–um 180 n. Chr.): Revolutionäre Umtriebe und das Streben der Juden nach der Restauration eines eigenen unabhängigen Staates seien die Ursachen für den zweiten Aufstand gewesen.

Die Zeichen der Natur, sich von Rom zu befreien, schienen damals vielen Juden unvergleichlich günstig: Caesarea, die Residenz der römischen Statthalter, und Emmaus, in dem Vespasian ausgediente Soldaten angesiedelt hatte, waren einige Jahre zuvor von einem Erdbeben heimgesucht worden. Zudem hatte sich die eigentümliche Vorstellung verbreitet, dass sich Jerusalem durch den Fall Caesareas erheben werde.

Die zuverlässigste antike Quelle ist wohl die Römische Geschichte des Dio Cassius. Sie beschreibt, wie Hadrian auf den Trümmern Jerusalems eine neue Stadt errichtete und sie nach sich selbst benannte. Wo einst der jüdische Tempel stand, habe der Kaiser dem römischen Jupiter eine Verehrungsstätte erbaut. Dies aber habe einen Krieg „von nicht geringer Bedeutung und von langer Dauer heraufbeschworen". Denn die Juden hätten sich weder mit der Fremdherrschaft noch mit der Ausübung römischer Religionsriten im Zentrum ihres Glaubens abfinden wollen. Solange Hadrian allerdings in der Nähe weilte, hätten sie sich ruhig verhalten. Erst nach dem Aufbruch des Kaisers von Syrien nach Europa wagte man die offene Konfrontation. Doch schon vorher, berichtet Dio Cassius, „machten sie die Waffen, die sie liefern mussten, absichtlich minderwertig, damit die Römer sie zurückwiesen und sie selbst sie dann benutzen konnten ..."[9]

Es wurden noch andere Kriegsvorbereitungen getroffen. Zu ihnen gehörten das Besetzen strategisch wichtiger Stellungen, das Bauen von Befestigungsmauern und die Anlage unterirdischer Gänge, die als Zufluchtsstätten und Fluchtwege dienen sollten, wenn die Benutzung offener Straßen zu vermeiden war. Die Rebellen machten sich dabei die natürliche Beschaffenheit der Landschaft zunutze, indem sie zahlreiche Höhlen miteinander verbanden und die Gänge mit einem ausgeklügelten Beleuchtungs- und Belüftungssystem versahen.

Die Beziehungen zum neuen Kaiser und die Erwartungen, die man an ihn knüpfte, waren anfangs noch freundlicher Natur, als er, der große Reisemonarch des Altertums, auch Palästina einen Besuch abstattete. Von philosophischen Gesprächen mit berühmten Gesetzeslehrern wird berichtet. Der *omnium curiositatum explorator* (Erforscher aller Merkwürdigkeiten) zeigte großes Interesse an jüdischem Brauch und Gedankengut. Doch unter der ruhigen Oberfläche schlummerten die allgemeine Unzufriedenheit und die Sehnsucht nach nationaler Rehabilitation.

Die römische Besatzungsmacht unter Tineius Rufus, den jüdische Quellen „Tyrannus Rufus" nennen, in ihren Augen die Verkörperung eines Menschenschlächters, der zur Grausamkeit übermütigen Spott hinzufügte, achtete anfangs kaum auf die subversive Tätigkeit. Erst als schon ganz Judäa offen rebellierte und die Juden der Diaspora (aber auch viele Nichtjuden einfach aus Beutegier) sich anschlossen, ordnete Kaiser Hadrian an, das Problem militärisch zu lösen. Das ganze Reich schien in Flammen aufzugehen. Wie selten zuvor war das Imperium Romanum in seiner Existenz bedroht.

Der eigentliche Krieg begann im Jahr 132 in Jerusalem. Tineius Rufus, der die Stadt zu halten versuchte, sah sich bald gezwungen, seine Truppen aufzuteilen, um den von allen Seiten gegen ihn gerichteten Angriffen wirksamer zu begegnen. Der als Guerilakrieg geführte Aufstand war sorgfältig geplant. Den Aufständischen kamen nicht nur die von den Römern zurückgewiesenen Waffen zugute. Gleichgesinnte Juden eilten aus allen Richtungen zur Unterstützung ihrer Glaubensbrüder herbei, schnitten die Nachrichtenverbindungen der Römer ab und gefährdeten damit deren Versorgung. Rufus vermochte Jerusalem nicht länger zu halten, zumal die Stadtbefestigung durch die Kriegsjahre 66–70 n. Chr. noch stark zerstört war.

Er wandte sich deshalb Hilfe suchend an den Statthalter von Syrien, Publicius Marcellus, der unverzüglich nach Süden eilte. Auch der Kaiser selbst erkannte die Gefährlichkeit der Lage. Er entsandte seinen besten Feldherrn Iulius Severus, bislang Statthalter von Britannien, um später dann auch persönlich auf dem Kriegsschauplatz zu erscheinen. Aus allen Teilen des Reiches mussten Truppen abgezogen und nach Palästina geschickt werden. Dabei wurde besonders die nördliche Reichsgrenze gefährlich entblößt. Nur wenige Jahrzehnte später hätte sich Rom wegen des gestärkten Selbstbewusstseins barbarischer Stämme eine derartige Truppenverschiebung nicht mehr leisten können.

Trotz des riesigen Truppenaufgebots sah sich das erfahrene Römerheer einer der schwersten Herausforderungen seiner Geschichte gegenüber. Denn der Gegner war nicht nur gerissen und zäh. Sein Aufbegehren wurde darüber hinaus von einem religiös fanatischen Hass geschürt.

Aber Severus war ein erfahrener Mann. Bei den stets aufsässigen Briten hatte er den Umgang mit Aufständischen gelernt. Nachdem er die gewaltige Menge der jüdischen Freiheitskämpfer und ihre Tollkühnheit durchschaut hatte, vermied er geschickt den Kampf Mann gegen Mann. Er begnügte sich mit geringen Erfolgen, kreiste immer nur kleine Gruppen von jüdischen Kämpfern ein oder belagerte ihre Städte, um die Eingeschlossenen auszuhungern. So verringerte er allmählich aber beständig ihre Zahl.

Die Juden hatten sich in allen Winkeln ihres Landes verschanzt; in den zahlreichen Felsenschluchten und auf den Kuppen der Berge, was die Römer vor ganz neue strategische Aufgaben stellte. Noch einmal musste der berühmte Apollodorus von Damaskus, der Erbauer von Trajans Donaubrücke, zu Rate gezogen werden, um geeignete Wurfmaschinen zu entwerfen. Bald wurde Jerusalem von den Römern eingenommen und erneut zerstört. Dio Cassius berichtet, sie hätten fünfzig Festungen erobert, an die tausend Niederlassungen der Rebellen vernichtet und über eine halbe Million jüdische Kämpfer erschlagen. Wie viele Menschen der Zivilbevölkerung durch Hunger, Krankheit oder Feuer starben, vermag niemand auch nur annähernd zu schätzen.

Doch die Verluste Roms waren ebenfalls groß. Die Aufständischen standen in der Bekämpfung des Gegners diesem in nichts nach und schreckten vor keiner Brutalität zurück. Die aus Ägypten herbeigeeilte Legion wurde völlig vernichtet, und man vermutet, sie sei an vergiftetem Wein zugrunde gegangen, den Juden ihr verkauft hatten. „Auch viele Römer", schreibt Dio Cassius, „fielen in diesem Krieg." Daher gebrauchte Hadrian in seinem Bericht an den Senat in Rom nicht die übliche Eröffnungsformel der Kaiser: „Wenn ihr und eure Kinder gesund seid, so ist es gut: Ich und die Legionen sind wohlauf", sondern verzichtete auf das *mihi et legionibus bene*.[10]

Von Anfang an stand die jüdische Revolte unter keinem günstigen Stern. Kurz vor Beginn des Krieges war das Grabmal Salomos, für die Juden ein Gegenstand höchster Verehrung, von selbst zusammengestürzt. Dio Cassius' Bericht lässt auf ein Erdbeben schließen, das die Bevölkerung zutiefst beunruhigt hatte. Zudem hatten sich wilde Tiere der Städte bemächtigt.

Die Stimmen derer aber, die zur Mäßigung aufgerufen und den Untergang Judäas vorhergesagt hatten, gingen im allgemeinen Revolutionsfieber unter.

Die letzte Phase des Krieges, als Jerusalem für die Aufständischen verloren war, beschränkte sich auf die Berge, auf die Festungen Herodion und Bethar und die Höhlen über dem Toten Meer. Zu dieser Zeit konnten die Juden auf den Sieg nicht mehr hoffen, sondern nur noch versuchen, das unvermeidliche Ende möglichst lange hinauszuzögern.

Als letztes Bollwerk leistete Bethar (etwa 15 Kilometer von Jerusalem entfernt), das durch Flüchtlingsströme stark angewachsen war, den Angreifern heftigen Widerstand. Mit angeblich 20 000 Mann hatte sich Bar Kochba dort verschanzt. Doch auch das Schicksal dieser Stadt war wie das ganz Judäas längst besiegelt. Der Anführer fiel, und die letzte Bastion des jüdischen Freiheitsdrangs geriet in römische Hand. Eine fast ironisch anmutende Parallelität der Ereignisse wollte, dass sie am gleichen Tag unterging wie im Jahr 70 n. Chr. der Tempel in Jerusalem: am 9. Tag des Monats Ab (Juli/August). Man zählte das achtzehnte Jahr von Hadrians Regierung, das später das Jahr 135 der christlichen Zeitrechnung werden sollte.

Längst war Hadrian, einer der unermüdlichsten Reisenden unter den Monarchen der alten Welt, endgültig nach Rom zurückgekehrt. Das große Ziel seines Lebens, als Friedenskaiser in die Geschichte einzugehen, hatte er verfehlt. Anders als die Judenbezwinger Vespasian und Titus verzichtete er auf einen Triumph.

Was sich in Dio Cassius' Bericht so sachlich liest und in der rabbinischen Literatur zur Sage verdichtet ist, war in Wirklichkeit eine Tragödie unvorstellbaren Ausmaßes. Das beweisen die Funde aus den Höhlen über dem Toten Meer.

Unerbittlich, so heißt es, habe der römische Oberbefehlshaber Tineius Rufus die Rabbis, die der Revolte ihren Segen erteilt hatten, durch das ganze Land verfolgt und gejagt. Der greise Aqiba starb an der Folter, ohne den Glauben an seinen Gott verloren zu haben. Unvorstellbar auch das Unglück, das über Bethar hereinbrach: „80 000 Myriaden Menschen", jedenfalls eine ungeheuer große Zahl, sollen die Römer erschlagen und so viele Einwohner niedergemetzelt haben, „bis ihre Pferde bis zu den Nüstern im Blut wateten und das Blut ... ins Meer floss." Kinder wurden in die heiligen Schriften gewickelt und angezündet. Anderen zerschmetterte die römische Rache die Schädel an einem Stein, an dem schließlich die Gehirne von 300 Menschen klebten. Der Kaiser selbst habe bei Bethar einen 18 Quadratmeilen großen Weinberg besessen, der mit den Erschlagenen umzäunt worden sei. „Und es wurde nicht befohlen, sie zu begraben, bis ein gewisser König aufstand und ihr Begräbnis anordnete." Sieben Jahre lang hätten die Heiden ihre Weinberge mit dem Blut Israels gedüngt und keinen Mist gebraucht.[11]

Mag auch in der jüdischen Überlieferung manches übertrieben dargestellt sein, so hat doch jede Sage ihren historischen Kern. Er darf hier umso bestimmter angenommen werden, als auch die christlichen Kirchenväter von unvorstellbaren römischen Gräueltaten berichten.

Besonders tragisch ist sicherlich der letzte Akt des Dramas. Diejenigen, die das Gemetzel überlebt hatten, wurden gefangen genommen und als Sklaven zu Billigpreisen verkauft. Da sich vor Bethar nicht genügend Käufer fanden, wurden viele nach Gaza geschickt, eine von den Propheten verfluchte Stadt[12], die kein frommer Jude freiwillig betreten hätte. Doch waren sie wahrscheinlich noch glücklicher dran als die Vielzahl derer, die „zusammen mit ihren Frauen und Kindern, ihrem Gold und Silber, worauf sie vertrauten, in unterirdischen Gängen blieben und in allertiefsten Höhlen ..." und einem qualvollen Ende entgegensahen.[13] So wird Bethar noch heute „Untergang der Juden" genannt. Noch streiten sich die Gelehrten, ob der erste Krieg gegen Rom (66–70 n. Chr.) oder der Bar Kochba-Aufstand den „Ehrentitel" verdient, den das jüdische Gedächtnis bis heute bewahrt hat: Großer Krieg. „... sicher ist, dass die Folgen des zweiten Krieges sehr viel weitreichender waren als die des ersten. Große Teile Judäas waren durch den Aufstand ... verwüstet und sollten es ... für lange Zeit bleiben."[14]

Der römische Kaiser wollte die verlustreiche Unterwerfung Judäas auch für die Zukunft sichern und künftigen Erhebungen vorbeugen. *Aelia Capitolina* (benannt nach Kaiser Publius Aelius Hadrianus und dem Capitolinischen Jupiter in Rom), das frühere Jerusalem, wurde von Nichtjuden kolonisiert. Einem Bericht des christlichen Autors Epiphanias zufolge überwachte der berühmte Bibelübersetzer Aquila von Sinope die Bauarbeiten in der neuen Kolonie. Getreu der römischen Städtebaukunst wurde Jerusalem neu angelegt. Von Norden nach Süden verlief der *Cardo Maximus*, die Hauptstraße. Wo früher das Allerheiligste gestanden hatte, erhob sich jetzt eine Statue des Kaisers Hadrian zu Pferde.

Entgegen Hadrians Vorstellungen aber entwickelte sich die Stadt zu einem Zentrum christlichen Brauchtums, unter Kaiser Constantin zwei Jahrhunderte später zur Christenstadt schlechthin. Das blieb sie, bis sie im 7. Jahrhundert von den Arabern erobert wurde. Zählebig hielt sich auch der ihr von Hadrian gegebene Name. Moslemische Schriftsteller sprachen noch von der nach dem römischen Kaiser benannten Stadt, als die Christen ihr längst den Namen Jerusalem zurückgegeben hatten.

Heute ist Jerusalem Regierungs- und Kulturzentrum des neuen Staates Israel und gleichzeitig einer der Mittelpunkte der christlichen und der moslemischen Welt. Das heutige Aussehen der Stadt wurde ausgerechnet von dem Kaiser geprägt, der sie als Feste Zion aus der Erinnerung der Menschen zu tilgen und ihre Einwohner auszurotten gedachte und der mit der wachsenden Gemeinde der Christen nichts anzufangen verstand.

Eigenwillig winden sich oft die Pfade der Geschichte.

Nach Bar Kochba

Neugründung Jerusalems als Aelia Capitolina – Die Provinz Syria Palaestina – Kaiser Hadrians Versuch, das Judentum auszurotten

Die römische Weltmacht bemühte sich auch nach dem zweiten jüdischen Aufstand, dem zerstörten Land wieder auf die Beine zu helfen, was nicht zuletzt in ihrem eigenen Interesse lag. Dazu war die Hand eines starken, erfahrenen Mannes nötig, der zudem mit den örtlichen Verhältnissen und den Besonderheiten des Judentums vertraut war. Keiner erschien der römischen Staatsführung zur Bewältigung dieser schwierigen Aufgabe geeigneter als Iulius Severus, der den Krieg für Rom so erfolgreich beendet hatte und in Anerkennung seiner Verdienste mit den *ornamenta triumphalia*, den Triumphinsignien, ausgezeichnet worden war. Er regierte die Provinz etwa zwei Jahre lang, lange genug, um dort die römische Verwaltung wieder einzuführen und die Weichen für eine friedvolle Zukunft zu stellen. In der Tat verhielten sich die Juden in den folgenden beiden Jahrhunderten ruhig, und die Behauptung der Historia Augusta, schon unter Hadrians Nachfolger Antoninus Pius (138–161 n. Chr.) habe es wieder jüdische Aufstände gegeben, wird durch keine andere antike Quelle gestützt.[1]

Zwei Legionen blieben im unterworfenen Judäa, die VI. Legion Ferrata und die schon früher dort stationierte X. Legion Fretensis in Jerusalem. Ihr Emblem, der bereits erwähnte Eber, ziert die Münzen, die von der Stadt unter ihrem neuen Namen *Aelia Capitolina* herausgegeben wurden. Ein überliefertes Militärdiplom aus dem Jahr 139 bezeugt die Anwesenheit von zusätzlich fünfzehn Hilfstruppen, Einheiten, die ebenfalls für Recht und Ordnung sorgen sollten. Wo genau sie lagen, ist nicht bekannt. Einige werden wohl, der römischen Provinzialverwaltung in anderen Teilen des Reiches entsprechend, entlang des Limes ihre Quartiere aufgeschlagen haben.

Kaum war der Krieg beendet, wurde von den Römern das Straßennetz renoviert und ausgebaut, um die Truppenbewegungen und den Nachrichtenaustausch zu erleichtern. Meilensteine künden als beredte Zeugen noch heute davon.

Was die Juden so lange befürchtet und wogegen sie so verzweifelt gekämpft hatten, war eingetreten. Jerusalem erhielt als *Aelia Capitolina* ein griechisch-römisches Gesicht. In den Augen der Römer wurde die

Stadt – auch das ein Teil der Bestrafung für die jüdische Unzufriedenheit – neu gegründet. Die Gründungszeremonie wurde nach altüberlieferten Regeln abgehalten. Eine Gedenkmünze hielt das Ereignis fest: Sie zeigt Hadrian, der nach uraltem Brauch den Ritus der *circumductio* vollzieht. Er führt einen Pflug, der von einer Kuh und einem Ochsen gezogen wird, und markiert das *pomerium*, die geheiligte Grenze der Stadt. Der Gründungsakt wurde wohl von einem Stellvertreter des Kaisers entsprechend der Darstellung vorgenommen, da Hadrian nicht mehr nach Palästina zurückkehrte. Wie bei der Zerstörung Karthagos 146 v. Chr. wurde der Pflug quer über den Boden der Altstadt gezogen, um ihre völlige Vernichtung zu demonstrieren, und über den Tempelbezirk, um zu zeigen, dass der römische Jupiter den Gott der Juden endgültig besiegt hatte.

Aelia Capitolina wurde als abgabepflichtige *colonia* (Kolonie) konzipiert. Die Gebäude auf einem der beiden Foren im Stadtkern schlossen die Tempel für die römische Götterdreiheit Jupiter, Juno und Minerva ein. Kultstätten für den höchsten römischen Gott und für Hadrian selbst wurden auf dem Tempelberg neben dem früheren Heiligtum Jahwes erbaut und galten als sichtbares Zeichen dafür, dass alle jüdischen Hoffnungen auf die Wiederherstellung ihres Tempels zunichte waren.

Die Neugründung erhielt weitere Attribute griechisch-römischer Stadtkultur, ein Amphitheater, öffentliche Bäder und ein Schauspielhaus. Ein kaiserliches Dekret verbot den Juden bei Todesstrafe, Jerusalem zu betreten oder sich ihm auch nur auf Sichtweite zu nähern, ausgenommen an einem Tag im Jahr, dem 9. Ab (Juli/August), an dem ihnen erlaubt wurde, das Schicksal ihrer Stadt an der Klagemauer zu betrauern. Vor dem Tor zur Straße nach dem nahen Bethlehem ließ der Kaiser ein Schwein aus Marmor aufstellen, das die völlige Vernichtung der jüdischen Nation symbolisierte. So hatte Hadrian alle Macht Israels in seinem grimmigen Zorn zerbrochen.

Auch auf dem Berg Garizim bei Sichem, der den Samaritanern heilig war, ließ er einen Jupitertempel errichten. Zwar hatten sich die Samaritaner nicht an den Aufständen beteiligt, aber auch sie dienten dem Gott der Juden, um dessen Willen der Krieg geführt worden war. Die Entweihung des ihnen heiligen Geländes war jedoch mehr als Vorsichtsmaßnahme denn als Bestrafung gedacht: Sie sollten sich keine Hoffnung machen, der ihnen heilige Ort werde je die Nachfolge des Jerusalemer Tempels antreten können.

Die Gründung Aelias und das Verbot, künftig den Boden der Stadt zu betreten, erforderten zwangsläufig die Enteignung der Juden, die in Jerusalem Grundstücke und andere Güter besaßen. Die jüdische Legende vom Weinberg des Kaisers, der mit den Leibern der Erschlagenen umzäunt worden sei, spiegelt möglicherweise auch die weitläufigen Beschlagnahmungen und die Schaffung kaiserlichen Grundbesitzes wieder.

Nicht nur Jerusalem wurde umbenannt, auch die Provinz Judäa erhielt nach Roms Sieg einen anderen Namen: Sie hieß fortan *Syria Palaestina*. Dies sollte zugleich ein Schlag gegen das jüdische Nationalbewusstsein und ein Zeichen für die Wiederherstellung der Provinz sein. Ein neuer Anfang unter einem neuen Namen, der zum Ausdruck brachte, dass das Land verwandelt worden war und künftig nicht mehr als in erster Linie jüdisch, sondern als syrisch und hellenistisch zu gelten hatte.

Die Bezeichnung Judäa verschwand indes nicht sofort. Noch fast ein halbes Jahrhundert später war sie in Gebrauch, und es überrascht, dass sie selbst offiziell noch benutzt wurde, beispielsweise auf einer Reihe von „Provinz"- und so genannten „Ankunfts"-Münzen, die als Erinnerung an Hadrians Reisen in die Provinzen noch spät in seiner Regierungszeit erschienen. Aber auch sie zeigen dem aufmerksamen Betrachter die Veränderungen in Palästina. Der personifizierten Judäa fehlen nicht nur die typischen jüdischen Attribute; die Frauengestalt erscheint jetzt im griechischen Gewand, opfert an einem Altar und wird von zwei oder drei Kindern begleitet, die die Kolonisierung darstellen sollen. Der Kaiser, der überall ethnische Besonderheiten förderte, war hier darauf bedacht, den besonderen Charakter der Provinz zu vertuschen. Es ist indes nicht die Darstellung der *Iudaea devicta*, des besiegten Landes, wie sie die flavischen Münzen nach der Niederwerfung des Aufstands im Jahr 70 n. Chr. zeigen, sondern die der *Iudaea renascens*, des wieder erstandenen Judäa, das den kaiserlichen Wohltäter feiert und sich aus seinen Ruinen zu neuem Leben erhebt.

Das Bild, das die jüdischen Quellen von den Jahren nach dem zweiten Aufstand zeichnen, ist sehr unterschiedlich. In der jüdischen Literatur wird Kaiser Hadrian oft mit dem Ausspruch „Mögen seine Gebeine verrotten!" bedacht. Der Hass der Juden scheint dabei nicht in erster Linie in der Unterdrückung ihres letzten Versuchs, politische Unabhängigkeit zu erreichen, begründet gewesen zu sein als vielmehr in seiner starren Haltung gegenüber dem Judentum während der letzten trübseligen Jahre seiner Herrschaft, einer Epoche „des Religionszwangs, der Gefahr und Verfolgung", wie Heinrich Graetz, ein Historiker unserer Zeit, bemerkt.[2]

Unsicherheit machte sich in der Judenheit breit. Niemand wusste, wie er sich in dieser verzweifelten Lage zu verhalten hatte. Die streng Gläubigen traten dafür ein, trotz der kaiserlichen Verbote gewissenhaft an der religiösen Praxis festzuhalten und notfalls zur Verteidigung ihrer Lehre ihr Leben einzusetzen. Die Gemäßigten waren dafür, mit Rücksicht auf die gelichteten Reihen ihr Leben zu schonen und sich für den Augenblick den römischen Anordnungen zu fügen. Eine Versammlung von Gesetzeslehrern, die diesen Fragen nachgingen, kam zu dem Schluss, dass man, um sein Leben zu erhalten, sämtliche Gesetze des Judentums übertreten dürfe, äußerlich nur und widerwillig, ausgenommen jene, die das Wesen des Judentums ausmachten: das Verbot von Götzendienst, Unkeuschheit und Mord.

Die römischen Aufpasser waren indes auf der Hut und schienen allgegenwärtig, denn die Behörden machten mit der Ausführung der Verfolgungsdekrete blutigen Ernst. Jeder, den man auf frischer Tat ertappte oder der auch nur verraten wurde, einen religiösen Akt ausgeübt zu haben, wurde schwer, oft sogar mit dem Tode bestraft. Schonungslos und ohne Erbarmen gingen die Römer gegen die Gesetzesbrecher vor. „Warum sollst du gekreuzigt werden? – Weil ich Ungesäuertes am Passahfest gegessen. – Warum bist du zum Feuertod und du zum Schwerte verurteilt? – Weil wir in der Thora gelesen oder unsere Kinder beschneiden ließen ..."[3] Wer mit der Gebetskapsel überrascht wurde, dem wurde der Schädel zerschmettert. Von raffinierter Grausamkeit waren auch die langsamen Martern, die man sich für die Beschuldigten ausdachte. So steckten die römischen Peiniger den Verurteilten etwa „glühende Kohlen unter die Armhöhlen oder Rohrspitzen unter die Nägel ..."[3] Mit ergreifenden Worten schilderte Rabbi Ismael jene trostlose Zeit: „Seitdem das sündhafte Rom harte Gesetze über uns verhängt und uns stört, die religiösen Pflichten zu erfüllen und besonders die heilige Schrift zu lesen, sollten wir uns eigentlich Enthaltsamkeit auflegen, nicht zu heiraten und keine Kinder zu zeugen, doch würde dann das Geschlecht Abrahams erlöschen."[4]

Nicht alle Juden verhielten sich gleich. Rabbi Simon Ben Yohai beispielsweise verbarg sich zusammen mit seinem Sohn jahrelang in einem Keller, um der Todesstrafe, die man wegen Beleidigung der Weltmacht über ihn verhängt hatte, zu entgehen. Andere suchten geradezu den Märtyrertod, um keine Kompromisse schließen zu müssen. Zu ihnen gehörte der geachtete Rabbi Aqiba, dessen gewaltsames Ende eine erschreckende Leere zurückließ. „... die Zeitgenossen trauerten, mit ihm seien die Arme des Gesetzes gebrochen und die Quellen der Weisheit verschüttet"[5].

Er hatte trotz des römischen Verbots Lehrveranstaltungen abgehalten, da er sie für den Kernpunkt und die Seele des Judentums hielt. „Wenn die lebendige Mitteilung von Lehrern an Jünger gestört, die Überlieferungskette zerrissen und die Einweihung der Jünger zu selbstständigen Gesetzeslehrern verhindert worden wäre, dann wäre allerdings eine Stockung in den Lebenssäften des Judentums eingetreten", so wiederum der Historiker Heinrich Graetz.[6] Ähnlich mag es auch der angesehene Rabbiner Aqiba gesehen haben. Doch die römische Vernichtungspolitik, von genügend jüdischen Verrätern gut bedient, wusste auch die verwundbarste Stelle der alten Religion zu treffen. Die Spitzel des Statthalters spürten selbst die geheimsten Veranstaltungen auf, und man vermutete in dem weisen Aqiba ohnehin das geistige Oberhaupt der Judenschaft und eine Autorität, die große Ausstrahlung mit einem ebensolchen Einfluss verband. Deshalb verfuhr man mit ihm strenger als mit anderen und hoffte, ihn durch lange Kerkerhaft mürbe zu machen und seinen Sinn durch ausgesuchte Folterqualen zu brechen. Auch achtete man peinlich darauf, dass niemand zu ihm vordringen konnte, denn immer wieder versuchten andere Lehrer, sich bei ihm in Zweifelsfällen Rat und Gewissheit zu holen. Doch der Rabbi widerstand auch den schlimmsten Martern, die er mit Gebeten und einem zufriedenen Lächeln ertrug. Unter anderen Qualen schälte man ihm mit eisernen Striegeln die Haut ab. Der Statthalter, nicht wenig erstaunt über diese Standhaftigkeit, fragte ihn, ob er denn ein Zauberer wäre, da er die Folter so leicht verwinde. Rabbi Aqiba erwiderte, er sei kein Zauberer. Er freue sich nur, dass ihm Gelegenheit gegeben würde, Gott auch mit seinem Leben zu lieben. Er starb mit dem Bekenntnis auf den Lippen, dass Jahwe „einzig" sei.[7]

Es gab andere Märtyrer, die dem viel bewunderten Aqiba an Mut und Ausdauer nicht nachstanden. Zu ihnen gehörte Rabbi Chanina Ben-Teradion, der seine Lehrvorträge ebenfalls fortsetzte, bis man auch ihn vor den römischen Richterstuhl zerrte. Dort wurde er gefragt, weshalb er das kaiserliche Gebot missachte. Er antwortete: „Weil Gott es mir so befohlen hat." Man verurteilte ihn zum Tod durch Verbrennen, hüllte ihn in eine Gesetzesrolle und zündete den aus frischen Weiden geschichteten Scheiterhaufen an. Um seinen Todeskampf hinauszuzögern, legte man ihm nasse Wolle aufs Herz. Der Urteilsvollstrecker, mitleidiger als der Richter, riet ihm, die Wolle zu entfernen, um sein Ende zu beschleunigen. Doch Ben Chanina lehnte ab. Er wollte nicht als Selbstmörder vor seinen Herrgott treten. Da entfernte der Vollstrecker, überwältigt von so viel Mut, selbst die Wolle und stürzte sich ebenfalls in die Flammen. Auch Chaninas Frau wurde zum Tode verurteilt, seine Tochter ins Schandhaus verschleppt.[8]

Nicht nur gegen die Überlebenden wütete Hadrians Zorn. Er untersagte die Bestattung der Erschlagenen, sodass sich allenthalben Leichenberge türmten, deren Grauen erregender Anblick und bestialischer Gestank allen zur Warnung gereichen sollten, sich nie mehr gegen das römische Joch zu erheben. Im Schutze der Nacht gingen einige Fromme, die nach jüdischer Sitte die Verstorbenen besonders ehrten, daran, die Toten heimlich zu bestatten, um sie nicht dem Fraß wilder Tiere und Vögel auszusetzen. Sie glaubten, „dass die Erfüllung dieser mit Gefahr verbundenen Pietät unfehlbar reichlichen Lohn des Himmels herbeiführen müsse ..."[9]

Von dem unglücklichen Ausgang des Bar Kochba-Aufstandes und den schrecklichen Folgen waren die jüdischen Christen nicht weniger betroffen, zumal die Siegermacht zwischen ihnen und den altgläubigen Juden (noch) nicht unterschied. Die einen waren vom Strafgericht der Römer gegen die Juden erschreckt, andere erfüllte es mit Schadenfreude. In der Tatsache, dass nun der kapitolinische Jupiter die heilige Tempelstätte einnahm, sahen die Christen das Weltende, das Herannahen des Jüngsten Gerichts und die Wiederkehr Jesu, die dieser seinen Anhängern vorausgesagt hatte. Viel lag ihnen daran, als besondere vom Judentum losgelöste Religionsgemeinschaft anerkannt zu werden, um nicht das Schicksal der streng gläubigen Juden teilen zu müssen. Zwei ihrer Anführer, Aristides und Quadratus mit Namen, überreichten deshalb dem römischen Kaiser eine Verteidigungsschrift, in der sie den Unterschied ihrer Lehre zum Judaismus darlegten. Die Juden seien, so hieß es, mehr Engels- als Gottesverehrer, „weil sie Neumonde und Sabbat beachten, ungesäuerte Brote essen, bestimmte Fastenzeiten einhalten, Beschneidung üben und Speisevorschriften mehr oder weniger beobachten ..."[10] Zum ersten Mal in ihrer Geschichte gab es keine „Bischöfe aus der Beschneidung" mehr. Bis dahin hatten „die gesamte Jerusalemer Gemeinde und ihre Vorsteher ausschließlich aus ‚Hebräern' bestanden", wie Eusebius bemerkt.[11] Um nicht dem jüdischen „Aberglauben" zu verfallen, gaben die Christen die jüdischen Gesetze auf, die sie bislang noch weitgehend beachtet hatten.

Von dieser Zeit an standen sich Christentum und Judentum wie zwei fremde, von einander unabhängige Religionen gegenüber. Anders als die Juden, die mit Beschneidungsgebot und Aufsässigkeit Kaiser Hadrian getrotzt hatten, fanden die Christen Gnade vor seinen Augen, und viele Juden traten zum Christentum über, um wenigstens etwas von ihrer alten Religion beibehalten zu können.

Mit der Zeit mäßigten die Juden ihre romfeindliche Gesinnung ebenso, wie der Druck der Militärmacht nachließ. Nachdem sich der Traum von nationaler Unabhängigkeit nicht erfüllt hatte, blieb ihnen noch die unerschütterliche Hoffnung auf das Kommen des Messias. Schloss nicht schon das berühmte Buch Tobit mit den vielversprechenden Worten: Wenn auch „Jerusalem verödet, das Haus Gottes darin verbrannt und lange Zeit verheert sein wird", wird Gott sich „ihrer wieder erbarmen und sie in das Land zurückbringen ... Man wird das Gotteshaus aufbauen ... Danach werden sie aus den Ländern ihrer Verbannung heimkehren und Jerusalem glanzvoll wiedererrichten, wie die Propheten es geweissagt haben. Alle Völker werden sich dazu bekehren, Gott, den Herrn, aufrichtig zu fürchten, ... und alle Heiden werden den Herrn preisen"[12].

Palästina unter den Antoninen
(138–192 n. Chr.)

*Lockerung der Judenpolitik unter Antoninus Pius – Verlegung der
Rabbinerschule nach Uscha – Marc Aurels Palästinabesuch*

Nach dem Bar Kochba-Krieg wird die Quellenlage zur römischen Geschichte im Allgemeinen, zum Judentum unter Rom aber im Besonderen immer schlechter. Das Weltreich hatte den Zenit seines Daseins überschritten. Seine Kräfte erlahmten, während die der einstmals rundum besiegten Völkerschaften erstarkten. Sie hatten erkannt, dass Rom in verkrusteten, oft über Jahrhunderte erstarrten Idealen verharrte und längst nicht mehr jene scheinbar unbesiegbare Macht symbolisierte, die sich fast den gesamten bewohnten Erdkreis unterworfen hatte. Die bis zum Ende von Hadrians Herrschaft noch einigermaßen am Judentum interessierten christlichen Quellen verselbstständigten sich und konzentrierten sich fortan fast nur noch auf ihre eigene Geschichte.

Soviel immerhin steht fest: Schon Hadrians Nachfolger Antoninus Pius (138–161 n. Chr.), ein Mann von sanfter Wesensart, revidierte die Judenpolitik seines Vorgängers. Wenn auch *Aelia Capitolina* für alle Juden eine verbotene Stadt blieb, so lockerte er doch das Beschneidungsverbot für die streng Gläubigen, ein weiser Akt des neuen Kaisers, der wesentlich zu einem dauerhaften Frieden und einem neuen und für beide Seiten erträglichen Zusammenleben zwischen Rom und der Judenschaft beitrug.

Gerade dieses Verbot hatte „die Kinder Israels" tief getroffen, hörten sie doch nach ihrer innersten Überzeugung auf, ohne die ihnen von Jahwe vorgeschriebene Beschneidung wahre Juden zu sein. Allerdings blieb es weiterhin bei schwerer Strafe untersagt, den chirurgischen Eingriff auch an Nichtjuden oder Konvertiten zu vollziehen. Wer sich ihm als solcher unterzog oder gar seine Sklaven der „Verstümmelung der Genitalien" aussetzte, riskierte lebenslängliche Verbannung und Beschlagnahme seines Vermögens. Der verantwortliche Arzt wurde hingerichtet. Die Tatsache, dass auch Unfreie in die kaiserliche Fürsorge einbezogen wurden, war eine der wenigen humanitären Maßnahmen, die sie vor der Willkür ihrer Herren schützte.

Der Grauen erregende Bericht der vor Bethar Erschlagenen, deren Bestattung untersagt worden war, „bis ein neuer König auftrat und ihr

Begräbnis gestattete", lässt vermuten, dass Antoninus Pius unmittelbar nach seinem Regierungsantritt den Druck auf die Juden insgesamt lockerte. Auch Rabbi Simon Ben Yohai, der sich, wie erwähnt, während der Zeit der Verfolgung vor den römischen Schergen in einem Keller verborgen gehalten hatte, kroch aus seinem Versteck, als er gehört hatte, dass Kaiser Hadrian gestorben und das über ihn verhängte Todesurteil aufgehoben worden war.

Als am 18. Adar (Februar/März) des Jahres 139 die freudige Nachricht eintraf, Antoninus Pius habe die Dekrete seines Vorgängers außer Kraft gesetzt, wurde der Tag als ein wichtiger Gedenktag gefeiert und in den jüdischen Festkalender eingefügt.

Antoninus' Judenpolitik war indes mehr ein Kompromiss. Sie achtete zwar die religiösen Sonderrechte der Juden, war gleichzeitig aber auch darauf bedacht, dass sich das Judentum nicht ausbreitete, insbesondere nicht im Westen des Reiches, wo man es argwöhnisch beobachtet hatte, seitdem sich Juden in Italien niedergelassen hatten. Es gab jetzt eine neue Bedingung für die römische Toleranz gegenüber den Juden der Diaspora: Sie waren nicht nur verpflichtet, sich gegenüber ihren nichtjüdischen Nachbarn den römischen Gesetzen entsprechend zu verhalten, sondern auch daran gehindert, für ihre religiösen Ansichten zu werben. Dieser mittelbare Angriff auf die jüdischen Missionierungsversuche schlug allerdings fehl, da eine Überwachung der Einhaltung der Vorschrift für die Römer keine geringen Probleme aufwarf. Die Rabbiner reagierten auf die veränderte Lage, indem sie fortfuhren, das rituelle Bad, das während des Krieges in den Zeiten größter Lebensgefahr als Ersatz der Beschneidung anerkannt worden war, auch weiterhin für nach dem Gesetz genügend zu erklären, zumindest für diejenigen, die allen Grund hatten, ihre Zugehörigkeit zum Judentum zu verheimlichen.

Der Wandel der römischen Politik und die weitgehende Wiederherstellung der religiösen Freiheit ermöglichten auf dem einstigen Kriegsschauplatz zwar die Rückkehr zu einem einigermaßen geregelten jüdischen Leben. Doch wer genau hinsah, bemerkte, dass sich der Charakter der Provinz Judäa grundlegend gewandelt hatte. Durch die große Zahl der im Bar Kochba-Krieg Gefallenen, durch Deportation und Verkauf von Gefangenen auf dem noch blühenden Sklavenmarkt und auch durch die freiwillige Entscheidung vieler, ihrer verödeten Heimat den Rücken zu kehren, waren weite Landstriche nahezu entvölkert. In manchen Gegenden lebten jetzt mehr Nichtjuden als Juden. Nicht nur in Jerusalem, auch an vielen anderen bewohnten und bewohnbaren Orten des Gelobten und verheißenen Landes hatten sich Fremde angesiedelt. Allein das in der Küstenebene gelegene Joppe scheint noch über eine größere jüdische Gemeinde verfügt zu haben. Das einst so verachtete Galiläa beherbergte fortan den Hauptanteil der Judenschaft und sollte sich in den kommenden Jahrzehnten zu einer Hochburg des Judentums entwickeln. Die Rabbinerschule wurde aus dem zerstörten Jamnia ins galiläische Uscha verlegt, sicherlich eine der einschneidendsten Folgen des unseligen Krieges, weil sie den Schwerpunkt jüdischer Gelehrsamkeit vom Stammland Judäa verlagerte.

Die Jünger des ermordeten Rabbi Aqiba, die einzigen Bewahrer des geistigen Erbes der Vorzeit, von denen die meisten nach Babylonien geflohen waren, kehrten nach dem überraschenden Ende der Verfolgung und des Gewissenszwangs in die angestammte Heimat zurück. In der nördlich von Nazareth gelegenen Rimmon-Ebene trafen sie sich, um die Einsetzung eines Schaltjahres zu beschließen, damit der durch Krieg und Unterdrückung verwirrte Festkalender wieder in Ordnung käme. Dann versammelten sie sich in Uscha, um den Sanhedrin wieder einzurichten. Auch Rabbi Simeon III., der dem Gemetzel von Bethar entronnene Sohn des während des Krieges gestorbenen Patriarchen Gamaliel II., fand sich hier ein. Er übernahm den Vorsitz. Welche Rolle er auch immer im Krieg gespielt haben mochte, die römischen Behörden erkannten ihn als geistliches Oberhaupt des Judentums an und vertrauten darauf, dass sich die Zusammenarbeit mit ihm ebenso günstig gestalten würde, wie es mit seinen Vorgängern vor dem schicksalhaften Jahr 70 der Fall gewesen war.[1]

In den Jahrzehnten zwischen den beiden großen Aufständen hatten die Juden noch gehofft, sie könnten mit dem Wiederaufbau des Tempels den Jahwe-Kult neu beleben. Diese Hoffnung schwand jetzt für immer dahin. Einen Hohepriester wie in den Zeiten vor den Kriegen würde es in Judäa nie mehr geben. Dennoch gelang es Rabbi Simeon, Würde und Ansehen seiner Stellung als oberste religiöse Instanz der weltweiten jüdischen Gemeinde zurückzugewinnen. Damit ebnete er den Boden für die beinahe autokratische Rolle, die sein Sohn, Rabbi Judah I. (136 – um 210 n. Chr.), der größte und angesehenste der Patriarchen, spielen sollte. Unter Führung und Aufsicht des erneuerten Patriarchats kam das gewaltige Räderwerk der jüdischen Selbstverwaltung und unabhängigen Rechtsprechung in allen religiösen Fragen wieder in Gang. Die Erfordernisse des Gesetzes konnten beachtet werden, und das Gemeindeleben kehrte langsam in gewohnte und geordnete Bahnen zurück.

Die Wiedereinsetzung eines obersten Gesetzeshüters nach dem Wegfall des Tempels als religiöser Mittelpunkt und Wegweiser war auch für die Diasporagemeinden von größter Bedeutung. Der auf die Gläubigen ausgeübte Druck der römischen Übermacht hatte dazu beigetragen, dass die vorgeschriebenen Regeln vernachlässigt und oft sogar vergessen wurden. Nach eigenem Gutdünken feierte man die religiösen Feste, da eine koordinierende Autorität fehlte. Oder man ließ sich, was mitunter noch schlimmer war, von selbst ernannten Führern leiten. Schon drohte die einst einheitliche Religion zu zerfallen und die Judenschaft auseinander zu driften. Aber durch die Wiedereinsetzung eines geistlichen Oberhaupts für alle Juden war die Gefahr einer Spaltung des Judentums in verschiedene Sekten gebannt. Die Direktiven des neuen „Sanhedrin" wurden für alle Anhänger des mosaischen Glaubens verbindlich.

Dem Patriarchen gelang es, seine Stellung bald in den Diasporagemeinden zu festigen. Er hielt zu ihnen durch Sendschreiben Kontakt und ließ die jährliche Abgabe für den Unterhalt des Patriarchats einsammeln, die die einstige Tempelsteuer ersetzte. Selbst zu den nach Parthien ausgewanderten Juden, die sich in religiösen Zweifelsfällen bereitwillig den Entscheidungen der Gesetzeslehrer in Palästina beugten, gestattete Rom freundschaftliche Beziehungen. Es war nicht zuletzt in seinem eigenen Interesse, der einflussreichen jüdischen Minderheit seine guten Absichten gerade in dem feindlichen Land zu zeigen, das noch immer die größte Herausforderung für das Imperium Romanum darstellte.

Antoninus Pius machte also mit seiner moderaten Judenpolitik den jüdischen Untertanen seines Reiches ein großes Zugeständnis. Im Gegenzug erwartete er, dass sie sich künftig nicht mehr mit Waffengewalt gegen Rom erhoben. Die Ereignisse der vergangenen Jahre hatten gezeigt, was Jerusalem allen Juden als religiöser Mittelpunkt und als nationales Symbol bedeutete. Die neue *Colonia Aelia Capitolina* stand für Roms Sieg. In dieser Hinsicht war deshalb an eine Aufhebung von Hadrians strengen Maßnahmen nicht zu denken. Im Gegenteil. Seinem Standbild im Tempel des Kaiserkults wurde eines von Antoninus Pius hinzugefügt. Das generelle Verbot für jeden Juden, Jerusalem und seine Umgebung bei Verlust seines Lebens zu betreten, blieb de iure ebenfalls in Kraft. Mit der Zeit scheint die römische Obrigkeit allerdings dazu übergegangen zu sein, bei Kurzbesuchen an den hohen religiösen Festtagen ein Auge zuzudrücken, sofern keine Unruhen drohten.

Ansonsten herrschte Rom mit eiserner Hand. Trotz der Wiederherstellung des Friedens wurde die römische Besatzung nicht auf die Stärke der Vorkriegszeit reduziert. Als allzu unzuverlässig hatte sich dieses Judäa am Rande der nach römischen Vorstellungen zivilisierten Welt erwiesen. Dennoch konnte oder musste man wagen, von Zeit zu Zeit je nach Bedarf Teile der dort stationierten Legionen abzuziehen, so 145 n. Chr. eine Abteilung der VI. Ferrata, um einen Aufstand in Mauretanien niederzuschlagen, und in den Jahren 162 bis 166 für einen neuerlichen Feldzug gegen die Parther.

Vom Partherkrieg der Jahre 162 bis 166 profitierten die Juden wenigstens mittelbar. Es fand eine ausgedehnte Überprüfung und Erneuerung des Wegenetzes statt. Mehr als ein Dutzend Meilensteine bezeugen bis heute, dass bestehende Straßen ausgebessert und neue angelegt wurden, die meistens von den Garnisonsorten Aelia Capitolina und Caparcotna ausgingen. Es störte kaum, dass der eigentliche Grund hierfür die leichtere Truppenbewegung war. Das verbesserte Straßennetz sollte den Juden noch Jahrhunderte für friedliche Zwecke dienen.

Im Jahr 175, Kaiser Marc Aurel war seit vierzehn Jahren an der Regierung, rückte Palästina erneut in den Mittelpunkt des Weltinteresses, wenn auch auf eine bislang unbekannte Art. „Er hatte die Absicht, das Markomannen- wie das Sarmatenland zur Provinz zu machen, und hätte es auch getan, hätte sich nicht unter seiner Regierung Avidius Cassius im Osten aufgelehnt ...", so der Biograf Kaiser Marc Aurels in der Historia Augusta.[2]

Geradezu unglaublich klangen die Nachrichten, die Marc Aurel an der Nordfront im Krieg gegen Markomannen und Quaden ohne Vorwarnung erreichten: Avidius Cassius, der Statthalter von Syrien, bisher einer seiner treuesten Gefolgsleute, sei, so hieß es, von ihm abgefallen und spiele sich in seiner Heimat als neuer Kaiser auf. Cassius hatte nicht nur die unter seinem eigenen Kommando stehenden Legionen in Syrien auf seiner Seite, sondern auch die in Palästina, Arabien und Ägypten stationierten Truppen. Binnen kurzem unterwarf er sich das ganze Land südlich des Taurus und traf Anstalten, durch einen Bürgerkrieg auf den Thron zu gelangen. Das römische Kaisertum geriet in eine seiner schwersten Autoritätskrisen. Denn Avidius Cassius, der sich rühmte, königlicher Abstammung zu sein, verfügte über eine ansehnliche Anhängerschaft. Bei den Bewohnern des Ostens galt er als der eigentliche Sieger des Partherkrieges, der durch seinen mutigen persönlichen Einsatz Kleinasien vor einer der drohendsten Gefahren seiner vielhundertjährigen Geschichte gerettet hatte. Glücklicherweise blieb die Ernennung des beliebten Heerführers nur Episode. Seine Herrschaft währte keine hundert

Tage. Einer seiner Centurionen erschlug ihn, wahrscheinlich weniger aus Loyalität gegenüber dem rechtmäßigen Herrscher als in Erinnerung an ein Blutgericht, das der strenge Feldherr über seine Kollegen verhängt hatte.

Für Marc Aurel, dem der Tod seines Herausforderers sogleich gemeldet worden war, hätte nun keine Notwendigkeit mehr bestanden, sich den Strapazen der weiten und gefährlichen Reise in den Osten zu unterziehen, zumal die Barbaren im Norden noch nicht ganz bezwungen waren. Aber alle Vorbereitungen zum Aufbruch waren getroffen. So wollte er nicht versäumen, die östlichen Provinzen persönlich kennen zu lernen und sich all jene, die an ihm gezweifelt hatten, durch die Ausstrahlung seiner Persönlichkeit erneut zu verpflichten.

Die Route, zu der der Kaiser mit großem Gefolge im August 175 aufbrach, ist nicht bekannt. Auf seinem Weg besuchte er aber Palästina, wie eine kurze Bemerkung des römischen Geschichtsschreibers Ammianus Marcellinus bezeugt. Dabei soll er sich über den aufrührerischen Charakter der Juden beklagt haben, die in seinen Augen schlimmer waren als die Markomannen, Quaden und Sarmaten.[3] Es ist nicht bekannt, was Marc Aurel zu dieser Äußerung bewogen hatte. Möglicherweise ergriffen die Juden die Gelegenheit, ihm persönlich Bitten und Wünsche vorzutragen, und sie taten das wohl in einer für den Kaiser ungewohnt fordernden und hartnäckigen Art.

In der jüdischen Literatur ist die Beurteilung der Beziehungen zwischen Juden und Römern im ausgehenden 2. nachchristlichen Jahrhundert allerdings durchaus positiv. Eine Sammlung von Anekdoten spricht von einem römischen Kaiser namens „Antoninus" und einem Rabbi; gemeint sind wohl Marc Aurel und Judah I., der Sohn Simeons III. und dessen Nachfolger im Patriarchat. Die Geschichten kreisen um Gespräche zwischen dem römischen Kaiser und dem jüdischen Gelehrten, in denen Marc Aurel nicht nur Rat in politischen Dingen eingeholt habe, sondern auch allgemeine Fragen zu Religion und Philosophie erörtert worden seien. Nach dem Vorbild hellenistischer Literatur versucht der römische Kaiser vergebens, den rhetorischen Sieg über seinen Gesprächspartner davonzutragen, bis er sich schließlich geschlagen geben und die Überlegenheit der jüdischen Lehre eingestehen muss. Kaum können die eindrucksvollen Erzählungen ausschließlich einer blühenden Phantasie entsprungen sein. Es darf vielmehr angenommen werden, dass es durchaus zu einem oder mehreren Treffen zwischen dem römischen Kaiser und dem Gesetzeslehrer kam, und der Weise unter den Königen Roms in der Tat von der uralten Lehre und dem hohen sittlichen Anspruch des Judentums tief beeindruckt war.

Soviel jedenfalls steht fest: Zur Zeit der Antonine fanden sich die Juden mit der römischen Oberhoheit ab. Rabbi Judah I. und seine Helfer erkannten, in welchem Maße ihre Stellung vom Wohlwollen der Römer abhing und wie lebensnotwendig der innere Frieden für das Fortbestehen ihres Landes war. Erst sein Nachfolger Gamaliel III. (um 210–225 n. Chr.) beklagte sich, dass die römische Herrschaft eigennützig war und den Römern nichts am Wohlergehen ihrer Untertanen lag.

Unter den Severern (193–235 n. Chr.) – Gutes Einvernehmen mit den jüdischen Untertanen

Septimius Severus – Caracalla – Elagabal – Severus Alexander

Nachdem Marc Aurels Sohn und Nachfolger, der berüchtigte und wegen seiner Grausamkeit verhasste Commodus, 192 n. Chr. ermordet worden war, ging aus den nachfolgenden Thronwirren schließlich Septimius Severus als Sieger hervor – ein Mann, den die Schreiber der Historia Augusta als „streng, hartnäckig und gefährlich"[1] einstuften. In seinen Adern floss kein römisches Blut. Er stammte aus Leptis Magna, einer Stadt in Nordafrika, die um 1000 v. Chr. von den Phöniziern oder Puniern gegründet worden war. Seine Abstammung führte er, auch wenn seine Familie seit Generationen das römische Bürgerrecht besaß, auf jene Siedler zurück, deren Sprache er noch fließend beherrschte, während er Latein nur mit deutlichem Akzent sprach.

In Carnuntum an der Donau war er von den dort stationierten Legionen 193 n. Chr. zum Kaiser ausgerufen worden. Doch war seine Thronbesteigung von heftigen Unruhen begleitet, da ihm Pescennius Niger, der Statthalter von Syrien, der im April des gleichen Jahres von den Soldaten seiner Provinz ebenfalls zum Kaiser ausgerufen worden war, die Stellung streitig machte. Die christlichen Historiker Orosius und Eusebius berichten, dass auch Juden und Samaritaner die Gelegenheit ergriffen hätten, erneut gegen Rom aufzubegehren. Die von anderen Quellen nicht bestätigte Nachricht wird immerhin durch eine Tatsache erhärtet: Während sich die Legaten der Provinzen Arabien und Ägypten offensichtlich zu Severus bekannten, waren die beiden in Palästina stationierten Legionen uneins. Die VI. Legion Ferrata wurde vom Sieger mit dem Titel *Fidelis Constans* (die treue, standhafte) geehrt. Von einer ähnlichen Ehrung der X. Fretensis ist nichts bekannt. Dies werten namhafte Historiker zumindest als Indiz dafür, dass sich Erstere noch vor der Entscheidungsschlacht zwischen den beiden Thronanwärtern auf Severus' Seite schlug.

Wer sich für Severus entschieden hatte, durfte auf reiche Belohnung hoffen. Die gefolgstreuen Juden setzte er wieder in die Ehrenstellen ein, die Rom ihnen nach dem Bar Kochba-Aufstand entzogen hatte. „Sie durften in den Städten von gemischter Bevölkerung in die Magistratsämter gewählt werden. Er schonte auch dabei ihr religiöses Gewissen, dass sie von den Amtspflichten befreit sein sollten, wenn es dadurch verletzt werden könnte."[2]

Es muss in der Tat schwierig gewesen sein, in jenen ungewissen Zeiten die richtige Entscheidung zu treffen. Wer Pescennius Niger bis zum bitteren Ende die Treue hielt, hatte die furchtbare Rache des Siegers zu gewärtigen. So verloren Sichem, das sich damals Neapolis nannte, Antiochia und Byzanz ihren Städtestatus, weil sie sich zu lange für Severus' Gegner geschlagen hatten, und auch andere Bewohner Palästinas – wen immer der antike Geschichtsschreiber damit meinte –, wurden hart bestraft, wobei sich der Berichterstatter über die Art der Strafe allerdings nicht auslässt.[3]

Sebaste, das rechtzeitig auf Severus' Seite gewechselt war, wurde anlässlich eines Besuchs des Kaisers zur *colonia* erhoben: Der Tempel des Kaiserkults, das Gymnasium und die Basilika auf dem Forum wurden restauriert und das Theater wurde wieder aufgebaut. Entlang der Hauptstraße wurden Schatten spendende Kolonnaden angelegt, und auch der Aquädukt dürfte aus der Zeit der Wende vom 2. zum 3. nachchristlichen Jahrhundert stammen. Caesarea bedachte Severus mit der Auszeichnung *Felix Constans*, was durch die Münzprägung belegt ist. Auch die Rechtsprechungsgewalt der geehrten Städte wurde erheblich erweitert.

Es gab mindestens zwei Stadtgründungen, *Lucia Septimia Eleutheropolis* (zwischen Jerusalem und Gaza gelegen), das sich zu einem blühenden Gemeinwesen entwickelte und von Ammianus Marcellinus, dem bekanntesten Geschichtsschreiber des 4. Jahrhunderts, in einem Atemzug mit Neapolis und Caesarea genannt wird[4] und wohl tatsächlich zu den bedeutendsten Siedlungen der ganzen Region zählte. Die zweite Stadt war Lydda nordwestlich von Jerusalem; sie wurde in *Lucia Septimia Severa Diospolis* umbenannt.

Weder der berühmte und als zuverlässig geltende Historiker Dio Cassius noch Herodian und auch nicht die sensationslüsternen *Scriptores Historiae Augustae* erwähnen in Palästina irgendwelche Unruhen, die die innerrömischen Thronwirren begleitet hätten. Selbst die jüdischen Quellen hüllen sich insoweit in Schweigen. Der Talmud berichtet dafür von der guten Zusammenarbeit zwischen Juden und Römern. In seiner Überlieferung erscheint die jüdische Herrschaftsklasse in der Rolle, die für das ausgehende 2. Jahrhundert kennzeichnend ist. Die verantwortlichen Hebräer schreckten auch nicht vor unpopulären Maßnahmen gegen Unruhestifter zurück, wenn es dem guten Einvernehmen mit Rom diente. Es kann freilich nicht ausgeschlossen werden, dass einige Unzufriedene den römischen Bürgerkrieg nutzten, um auf sich aufmerksam zu machen, oder es hier und dort unter den Einheimischen kleine Konflikte gab, die in den Provinzen nie ganz ausgemerzt werden konnten. Nicht einmal dem Bericht, Septimius Severus habe nach seinem zweiten Feldzug gegen die Parther seinem Sohn Caracalla für dessen Erfolge einen „jüdischen Triumph" gewährt, wird von der Geschichtswissenschaft allzu große Bedeutung beigemessen. Man wertet die Ehrung eher als Nachahmung von Titus' berühmtem Triumph denn als Anzeichen für eine Erhebung der Juden. Es wäre nicht Severus' erster Versuch gewesen, an alte glorreiche Zeiten und Traditionen anzuknüpfen, um dadurch in den Augen seiner Zeitgenossen seine nichtrömische Herkunft aufzuwerten.

Es scheint, als habe der Vordere Orient zumindest in den ersten Jahren der severischen Herrschaft noch einmal einen unverhofften Aufschwung erfahren. Dabei galt Roms Fürsorge nicht nur dem öffentlichen Bereich. Auch die Beziehungen, die sich zwischen dem Kaiser oder seinen Beamten und den Juden entwickelten, verbesserten sich zusehends, ja es gibt Historiker, die diese sogar für sehr eng halten. Severus und sein Sohn und Nachfolger Caracalla hätten das Volk Israel geradezu geliebt. „... qui Iudaeos plurimum dilexerunt – die die Juden sehr liebten"[5].

Viele Anzeichen sprechen dafür, dass das Verhältnis zumindest zu Beginn der severischen Epoche ungetrübt war. In Kaisun im Nordosten Galiläas fand sich eine Inschrift, ein Gebet von Juden für das Wohlergehen des Kaisers und seiner Söhne, von der Wissenschaft zwischen Frühjahr 196 und Januar 198 datiert, auf den Zeitpunkt also, da Septimius Severus intensive Vorbereitungen für den Partherkrieg traf oder diesen bereits in Angriff genommen hatte. Das Gebäude, in dem sich die Steintafel fand, könnte seinem Grundriss nach eine Synagoge gewesen sein.

Es gibt noch deutlichere Hinweise darauf, dass sich die Severer beliebt gemacht hatten. Den Juden wurde gestattet, Synagogen zu errichten oder vorhandene zu restaurieren. Zumindest Teile der jüdischen Bevölkerung gelangten zu beachtlichem Wohlstand, was durch zahlreiche Zeugnisse belegt ist. So fanden sich beispielsweise auf dem Friedhof von Beth Shearim prächtige Steinsarkophage wohlhabender Juden. Obwohl der Ort in den ersten vier Jahrhunderten der neuen Zeitrechnung ununterbrochen als Begräbnisstätte genutzt wurde, gehen die aufwändigsten Grabmonumente auf das ausgehende 2. Jahrhundert zurück, als die Nachfolgeorganisation des Sanhedrin unter Judah I. nach Beth Shearim umzog und der Friedhof auch der Familie des angesehenen Patriarchen als letzte Ruhestätte diente.

Für eine weitgehend friedliche Epoche spricht nicht zuletzt die Tatsache, dass um 200 n. Chr. unter Rabbi Judah I. nach der Vorschriftensammlung der Gelehrten Aqiba und Meir die *Mischna* niedergeschrieben wurde, die schriftliche Fixierung des Moses einst mit der Thora auf dem Berge Sinai übergebenen Gesetzes. Es war eine gewaltige Aufgabe, die Menge von Regeln und Bestimmungen, die die Thora über Jahrhunderte ergänzt und erläutert hatten, zusammenzufassen und zu ordnen – eine Arbeit, die von den Gelehrtenschulen nur in Zeiten friedlicher Koexistenz, Stabilität und Freiheit von politischem Druck vollbracht werden konnte.

Doch blieben bei allem Verständnis auf Seiten der Römer die Juden von *Aelia Capitolina*, ihrem himmlischen Jerusalem, weiterhin offiziell ausgeschlossen. Das Gebot wurde allerdings mit fortschreitender Zeit eher mit Nachsicht überwacht. Hatten die Juden ihr geistig-religiöses Zentrum unter den Antoninen nur gelegentlich aufgesucht, außer natürlich am erlaubten 9. Ab, so traf man sie jetzt dort häufig bei allen religiösen Festen an. Einige hatten sogar gewagt, sich trotz des bestehenden Verbots in Jerusalem auf Dauer niederzulassen und einige Stadtteile vorsichtig wiederaufzubauen. Aber selbst dieser Tatsache standen die Römer, längst von ganz anderen Sorgen geplagt, nun eher gelassen gegenüber.

Mit Strafe bedroht waren wohl nur noch die Missionierungsversuche, von denen die Judenschaft nicht abzubringen war. Nach der Historia Augusta untersagte Kaiser Septimius Severus seinen Untertanen zum Judentum überzutreten[6], ein Erlass, der anlässlich seines Besuchs in Palästina in den Jahren 198/99 ergangen sein mag. Doch Severus' Verbot war offensichtlich so wenig zu überwachen wie dasjenige, das Antoninus Pius seinerzeit erlassen hatte. Der Kirchenhistoriker Eusebius weiß sogar von einem Mann, der, als Christ verfolgt, konvertierte, da der Übertritt zum jüdischen Glauben zeitweise weniger gefährlich war als die Zugehörigkeit zum Christentum. Im Übrigen bemerkt Dio Cassius in dem Kapitel seiner Römischen Geschichte, das er wahrscheinlich unter Caracalla schrieb, dass nicht nur Bewohner Palästinas „Juden" genannt wurden, sondern alle Reichsuntertanen, die sich zum jüdischen Glauben bekannten. Es habe sie sogar unter den Stadtrömern gegeben.[7]

Neben Eusebius berichten auch andere Kirchenväter von Übertritten. In der Geschichte des Martyriums des Pionius, der der Christenverfolgung unter Kaiser Decius (249–251) zum Opfer fiel, wird erzählt, die

Juden von Smyrna hätten einen regelrechten Werbefeldzug zu Gunsten ihres Glaubens unter den Christen der Stadt veranstaltet. Schließlich zeigen die Gesetze, die im späten 4. und frühen 5. Jahrhundert gegen den Glaubenswechsel erlassen wurden, dass die Juden in ihrem Eifer, andere von der Richtigkeit ihrer Lehre zu überzeugen, nie nachgelassen hatten und ihre Missionierungsversuche selbst dann nicht aufgaben, als das Christentum nicht mehr verfolgt wurde, sondern als Staatsreligion anerkannt war. Was von den frühen Kirchenvätern überliefert ist, wird von jüdischen Quellen weitgehend bestätigt.

Dreimal hatte sich das Volk der Juden gegen Rom erhoben und das Imperium an den Rand einer Katastrophe geführt. Erstaunlich genug, dass die Juden trotz aller schlimmen Erfahrungen wagten, sich über Roms Gesetze leichtfertig hinwegzusetzen. Dass man dort nicht mehr in der Lage war, für das Beachten seiner eigenen Verfügungen zu sorgen, wirft ein bezeichnendes Licht auf den Zustand des Reiches zu Beginn des 3. Jahrhunderts. Mit der massiv einsetzenden Völkerwanderung seit der Herrschaft Marc Aurels wurde das Imperium Romanum in seinen Grundfesten erschüttert. Vielleicht ahnten die Juden, durch den jahrhundertelangen Wechsel von Aufstieg und Niedergang sensibilisiert, dass Roms Glanz erlosch und seine Tage gezählt waren.

Die Historia Augusta erzählt, Caracallas Spielkamerad sei als Kind wegen seines jüdischen Glaubens verprügelt worden, und der Prinz habe daraufhin seinem Vater, Septimius Severus, und dem des Jungen lange Zeit gegrollt, weil sie in seinen Augen für die Schläge verantwortlich waren.[8] Unklar bleibt, was die Schreiber der Historia Augusta veranlasste, die Geschichte zum Besten zu geben. Wollte man damit Caracallas judenfreundliche Gesinnung zum Ausdruck bringen?

Die berühmteste Maßnahme, die Caracalla als Kaiser ergriff, war die *Constitutio Antoniniana* aus dem Jahr 212, die allen frei geborenen Reichsbewohnern das römische Bürgerrecht verlieh. Davon profitierten auch diejenigen jüdischen Glaubens. Nur dem flüchtigen Auge erscheint die Verleihung als besondere kaiserliche Gunst. In Wirklichkeit war sie in Zeiten wachsender Finanznot keineswegs selbstlos. Caracallas extravaganter Lebens- und Regierungsstil, sein ausgeprägter Hang zu Verschwendung und Prunksucht erforderten steigende Einnahmen. Und die erzielte man eben nur, indem man die Zahl der römischen Vollbürger und damit potenzieller Steuerzahler erhöhte.

Gerade diese *Constitutio* aber war es, die die Juden erstmals seit ihrer Berührung mit Rom auf eine Stufe mit den anderen Reichsbewohnern stellte. Die Erfordernisse ihrer Religion und ihre in diesen begründete Unfähigkeit, am öffentlichen Leben oder am Staatskult in der vorgeschriebenen Weise teilzunehmen, schlossen sie nicht länger von den Segnungen des vollen Bürgerrechts aus. Umgekehrt wurde ihre religiöse Freiheit von dieser Maßnahme nicht im Geringsten beeinträchtigt.

Dio Cassius äußerte sich folgendermaßen: Juden und Konvertiten fände man sogar unter den Stadtrömern, „und obwohl sie oft unterdrückt worden waren, vermehrten sie sich so stark, dass sie religiöse Freiheit erlangten. Sie unterscheiden sich vom Rest der Menschheit in fast jeder Kleinigkeit des täglichen Lebens und vor allem in der Tatsache, dass sie einem einzigen Gott mit Eifer dienen und keinen der anderen Götter ehren ... Ihr Kult ist der außergewöhnlichste, der sich denken lässt. (Der Sabbat) ist ihrem Gott heilig, und an diesem Tag verrichten sie keinerlei Arbeit, die diesen Namen verdiente ..."[9]

Auch die Severer späterer Epochen scheinen den Juden wohlgesonnen gewesen zu sein. Elagabal (218–222 n. Chr.), der feenhafte Priesterknabe, habe beabsichtigt, so heißt es in der Historia Augusta, alle Kultgegenstände der Gottheiten, denen in Rom gedient wurde, in dem Tempel unterzubringen, den er dem Sonnengott Baal erbaut hatte, um sie alle überwachen zu können. Auch dem Kultus von Juden, Samaritanern und Christen sollte dort ein Platz zugewiesen werden. Ob es zur Ausführung dieses Plans kam, ist nicht bekannt. Denn nirgendwo ist von einem Sturm der Entrüstung die Rede, den die Verwirklichung eines solchen Vorhabens doch sicherlich ausgelöst hätte.

Immerhin kam die Herrschaft des aus Syrien stammenden Kaiserjünglings Elagabal, den seine kluge Großmutter als unehelichen Sohn Caracallas ausgab, den Juden zustatten. Nicht länger wurden sie nun wegen ihrer Religion und Abstammung mit Hochmut und Verachtung behandelt. Der Sonnenpriester suchte vielmehr die Annäherung, wenn auch nur, wie die Stimme des Patriarchen warnte, zu Stärkung seiner eigenen Macht.

Die Öffnung gegenüber dem Judentum bewirkte überdies, dass nun von jüdischer Seite eine vorsichtige Annäherung an die bisher eher als feindlich empfundene Außenwelt stattfand. „Zwei begabte Söhne des Patriarchen R. Gamaliel, namens Juda und Hillel, erlernten die griechische Sprache und griechische Literatur, um mit der römischen Welt freundlichen Verkehr pflegen zu können ..."[10]

Weitere Fortschritte in den Beziehungen zu Rom konnten die Juden durch die entgegenkommende Gesinnung des Kaisers Severus Alexander (222–235 n. Chr.) verzeichnen. Noch heute halten ihn manche jüdische Geschichtswissenschaftler für einen „der edelsten Männer auf dem Thron der Caesaren"[11]. Auch er war syrischer Abstammung. Seine Mutter Julia Mamäa hatte ihn zu Tugend und Sittenstrenge erzogen, und so bewunderte er den hohen sittlichen Anspruch, der dem Judentum und dem Christentum, das seine Lehre jenem entlehnt hatte, anhaftete. Nach der Historia Augusta beherbergte das *Lararium* seines Palastes, der Haustempel, nicht nur die Bilder der römischen Götter, sondern auch Statuen großer Männer und Heroen, darunter Abraham und Christus. Sein Wahlspruch nach dem berühmten Gelehrten Hillel lautete: „Was du nicht willst, das man dir tue, das füge auch keinem andern zu."

Severus Alexander traf auf seinem Feldzug der Jahre 231–233 n. Chr. gegen Ardaschir (224–241 n. Chr.), den Begründer des neupersischen Sassanidenreichs, mit dem Patriarchen Juda II. (um 225–260 n. Chr.) in Antiochia zusammen, räumte dem jüdischen Gemeinwesen Vorteile ein und schenkte Juda ein ausgedehntes Ackergebiet jenseits des Jordans. Er gestattete ihm, die „peinliche Gerichtsbarkeit über seine Stammesgenossen auszuüben" und setzte die jüdischen Richter wieder in die Rechte ein, die ihnen in der Vergangenheit entzogen worden waren. Die Anhänger jüdischen Glaubens durften fortan ungestraft wieder den heiligen Boden Jerusalems betreten, doch nur, wie es scheint, „um auf ihm über die Entweihung und Verwandlung in Aelia Capitolina zu weinen"[12].

Die Nachricht, dass Severus Alexander von den eigenen Soldaten im fernen Germanien erschlagen worden war, traf die Judenschaft hart. Andererseits sahen sie mit einer gewissen Genugtuung, dass das Römerreich jetzt mit Riesenschritten seinem Untergang entgegensteuerte.

Der Zerfall des Römischen Reiches

Palästina leidet unter der Schwächung Roms – Odaenathus und Zenobia von Palmyra – Diocletian zieht die Juden den Christen vor – Constantins restriktive Judenpolitik – Die Christen gewinnen an Einfluss

Die Herrschaft des Severus Alexander sollte für fast 50 Jahre die beständigste sein. Mochte ihrem Inhaber auch die früher unerlässliche rühmliche Herkunft fehlen, entbehrte sie doch nicht einer gewissen Legitimität. Von hohem Sendungsbewusstsein getragen, gab dieser Kaiser den Reichsbewohnern in schwerer Zeit noch einmal das Gefühl von Sicherheit und Bestand, wenn diese auch nicht mehr von Dauer sein konnten.

Mit dem Ende der severischen Dynastie (235 n. Chr.) aber „brach die Welt des Wohlstands und des sozialen Ausgleichs ... katastrophenartig zusammen"[1]. In den Jahrzehnten nach Severus Alexanders tragischem Tod saßen etwa 70 Männer (die Mit- und Gegenkaiser eingerechnet) auf dem Thron der Caesaren, manche von ihnen nur für wenige Monate. Ein einziger starb während dieser Zeit eines natürlichen Todes. Dennoch waren die meisten der Throninhaber „Männer, die aufrichtig nach der Wohlfahrt des Staates strebten, gute Soldaten und gute Generäle, die das Reich schützten und es gegen auswärtige Feinde verteidigen wollten"[2]. Doch blieb es leider meist bei der guten Absicht. Im Grunde waren sie alle nur Marionetten in den Händen des Militärs, das die Fäden willkürlich zog und Kaiser oft genug erhob und stürzte, sobald sich nur ein Thronanwärter gefunden hatte, der ihnen größere Geschenke und höheren Sold versprach. Es bedurfte keiner besonderen Phantasie, sich vorzustellen, wie und wann eine Herrschaft enden würde. Dennoch hat es einen Mangel an Bewerbern nie gegeben, ja selbst Zeiten des Zögerns sind kaum feststellbar, weil ein Jeder den Verlockungen der Macht mit ihren schier unbegrenzten Möglichkeiten erlag. Von den meisten, die dem letzten Severer auf dem Thron folgten, hat die Geschichte deshalb nicht mehr als die Namen bewahrt.

Erst mit Diocletians Thronbesteigung im Jahr 284 n. Chr. wurde die Ordnung einigermaßen wiederhergestellt, doch sollte das Reich nie mehr zu seiner einstigen Blüte zurückfinden. Bürgerkriege, bewaffnete Konflikte mit anderen Völkern, Mord und Thronraub folgten einander in mehr oder weniger regelmäßigen Abständen. Die Aufmerksamkeit der – zudem häufig wechselnden – Staatsführung richtete sich deshalb zwangsläufig mehr auf diese Störungen als auf die Verwaltungsarbeit, die zunehmend ebenfalls dem Einfluss ehrgeiziger Generäle oblag.

Niemand hatte Zeit oder auch nur Interesse, sich der Judenpolitik besonders anzunehmen, zumal mit dem politischen Verfall die wirtschaftlichen und gesellschaftlichen Verhältnisse ebenfalls verkümmerten. Schon unter Caracallas wenig umsichtiger Herrschaft hatte eine steigende Inflation den angeschlagenen Staat schwer bedrückt. Die den Provinzen auferlegten Steuern mussten erhöht werden, um die wachsenden Kriegslasten bestreiten zu können. Dazu kamen, vor allem in den Grenzgebieten, die Übergriffe einer außer Kontrolle geratenen Soldateska.

Auch in Palästina spürte man nach dem Tod des Severus Alexander allenthalben den beginnenden Verfall Roms und die Lockerung der Überwachung der bestehenden Vorschriften. Der auch hier einsetzende wirtschaftliche Abschwung führte allmählich zu einer Verarmung ganzer Bevölkerungsschichten. Doch litten Palästinas Bewohner nicht mehr und nicht weniger als die anderer Provinzen, und die Juden unter ihnen litten nicht wegen der Besonderheit ihres Glaubens, sondern als Untertanen des sich langsam auflösenden Reiches. Nur Philipp der Araber (244–249 n. Chr.), einer jener „Tageskaiser", der, der traurigen Realität zum Hohn, mit aufwändigem Pomp das tausendjährige Bestehen Roms feierte, übte Druck auf das Judentum aus. Er hatte sich – ob aus innerer Überzeugung oder nur zum Schein, ist nicht bekannt – dem Christentum zugewandt und glaubte, „sein Bekenntnis mit Missachtung der Juden bekräftigen zu müssen".[3]

Talmud und Midrasch, durch die uns die Juden jener Epoche näher gebracht werden als die Bewohner anderer Provinzen, offenbaren in Anekdoten und den wiedergegebenen Ansichten der Gesetzeslehrer zu den Bedingungen des religiösen und politischen Lebens, in welchem Zustand sich die Provinz in diesen Zeiten allgemeiner Krisen befand. Doch die Klagen, denen in anderen Teilen des Imperiums vergleichbar, beweisen nur, dass es überall in der römischen Welt spürbar bergab ging. Dauernde Kriege und Truppendurchmärsche erforderten eine Erhöhung der *annona*, der Naturalsteuern der Provinzen für den Unterhalt der Soldaten. Waren sie während des gesamten 2. Jahrhunderts nur gelegentlich und in Epochen größter Not als Sonderopfer von Rom erhoben worden, so wurden sie jetzt als laufende Steuern geführt, und niemand, der Grund und Boden gepachtet hatte oder gar sein Eigen nannte, war von ihrer Leistung ausgenommen.

Nun hatten die Juden die bereits erwähnten Sabbatjahre zu beachten, alle sieben Jahre gefeierte Brachjahre, die das Alte Testament vorschrieb. Aber Rom traf keinerlei Anstalten, darauf Rücksicht zu nehmen und dem jüdischen Teil der Bevölkerung hinsichtlich seiner Abgabenpflicht auch nur die geringsten Zugeständnisse zu machen. Also entbanden einige Patriarchen trotz heftiger Kritik, der sie sich aus den eigenen Reihen ausgesetzt sahen, der Not gehorchend, wenigstens einige Randgebiete von diesem religiösen Gebot und gestatteten ihnen, Getreide auszusäen, um den steigenden Anforderungen Roms zu genügen.

Der häufige Wechsel der Kaiser erforderte zudem die ständige Zahlung des Kranzgolds *(aurum coronarium)*, das früher eine freiwillige Gabe anlässlich der Thronbesteigung gewesen war, jetzt aber zu einer dauernden Einrichtung wurde. Die Methoden der Steuereintreibung waren unnachgiebig. Wer nicht zahlte oder nicht zahlen konnte, hatte mit der Beschlagnahme seines Vermögens zu rechnen.

Die Schwächung Roms, die Missstände des 3. Jahrhunderts und die wachsende Ablehnung der Rolle, die die Weltmacht bisher gespielt hatte, stärkten erneut die Messiaserwartungen der Juden. Doch im Unterschied zu früher verbanden sie diese jetzt mehr mit der Hoffnung auf wirtschaftliche Besserung denn mit religiösen Vorstellungen. Die Juden beklagten sich nicht mehr über den Druck, den Rom auf sie als Glaubensgemeinschaft ausgeübt hatte, sondern über die wirtschaftlichen Schwierigkeiten der Zeit, über Roms Härte und wachsende Bürokratie. Rettung musste in Sicht sein, der Tag der Erlösung nicht mehr fern. Zu Roms Glück war die Judenschaft zu erschöpft und zu geschwächt, um noch einmal den Aufstand zu proben.

Es gibt kaum Berichte darüber, was sich in Palästina in den Jahren der Anarchie zutrug, sodass wir auch über die Rolle, die Rom während dieser Zeit dort spielte, kaum informiert sind. Nur die Münzprägung hellt für die erste Hälfte des 3. Jahrhunderts die Zustände etwas auf. Von den einst zwölf Städten, die unter den Severern Münzen geprägt hatten, waren nur drei übrig geblieben: Aelia, Caesarea und Neapolis. Aber noch vor dem Jahr 260 stellten auch sie die Münzprägung ein. Damit versiegen die einzigen Quellen. In dieser Hinsicht nahm Palästina die Entwicklung in anderen Reichsteilen vorweg.

Fest steht, dass Rom viel Geld benötigte, um die Armeen, die im Osten lagerten, besolden und unterhalten zu können. Die Währung aber „verfiel infolge minderwertiger Münzen, die in großen Mengen zur Entlohnung der Soldaten geprägt wurden"[4] und deren Metallwert keineswegs mehr dem Nennwert entsprach. Es gab „Momente, in denen

Tauschhandel und Besteuerung in Naturalien dazu bestimmt schienen, Geldgeschäfte im Reich zu ersetzen"[5]. Die Inflation und der Vertrauensverlust, der in der politischen und gesellschaftlichen Unsicherheit gründete, setzten dem städtischen Münzwesen schließlich ein Ende.

Münzen belegen nicht zuletzt, dass die Hellenisierung eines bereits hauptsächlich von Nichtjuden bewohnten Teils Palästinas unter Philipp dem Araber weitere Fortschritte machte. So erhielt Neapolis den Status einer *colonia* und wurde regionaler Mittelpunkt des Kaiserkults mit einem Tempel, dessen Bau vom römischen Senat genehmigt wurde.

Immer weniger vermochte Rom zudem dem Druck der Perser im Osten standzuhalten. Dort war im Jahr 226 n. Chr. von einer aufstrebenden persischen Nationalbewegung, dem Iranismus, der Fremdherrschaft der Parther auf dem Boden des alten Perserreiches ein Ende gesetzt und unter dem Geschlecht der Sassaniden das Neupersische Reich gegründet worden, das bis zum Jahr 642 n. Chr. bestehen sollte. Der Hass auf Rom setzte sich unter den neuen Herrschern fort, die sich die innere Krise der unter den Soldatenkaisern bröckelnden Weltmacht zunutze zu machen gedachten. Die Gefahr für das geschwächte Rom, zu den beginnenden Völkerwanderungen im Norden nun auch an seiner Ostflanke endgültig überrannt zu werden, wuchs.

Wie so viele andere litt auch die Provinz Palästina unter der unzureichenden Grenzverteidigung Roms. Eine in Philadelphia (heute Amman) gefundene Inschrift gibt der in Palästina stationierten X. Legion Fretensis den weiteren Titel Gordiana; dies lässt vermuten, dass sie in Kaiser Gordians III. (238–244 n. Chr.) Feldzug des Jahres 243 n. Chr. gegen die Perser diente. Interessanter ist aber die Truppenverschiebung in Palästina selbst. In Caesarea und Neapolis hatte man – was wiederum durch Münzen belegt ist – Veteranen angesiedelt, in Neapolis dazu noch eine Abteilung der III. Legion Gallica stationiert, die normalerweise bei Damaskus lag. Noch vor der Jahrhundertmitte war die VI. Legion Ferrata abgezogen worden. Teile der X. Legion Fretensis hatte man nach Caesarea und Neapolis verlegt. Der nördliche Teil der Provinz scheint von Soldaten völlig entblößt gewesen zu sein. Befürchtete man eine Invasion der Perser und hatte man ihnen nichts mehr entgegenzusetzen, sodass man durchaus gefährdete Gebiete gewissermaßen preisgab und die Truppen dort konzentrierte, wo eine verstärkte Verteidigung noch sinnvoll erschien?

Die Perser drangen im Jahr 253 n. Chr. tatsächlich in Syrien ein und eroberten Antiochia. Sie hatten dabei Palästina überrannt, sich dort aber nicht auf Dauer niedergelassen. Ihr Sieg war gleichwohl vollkommen. Ein auf einer Inschrift überlieferter Bericht ihres Königs Shapur I. rühmt die Gefangennahme des römischen Kaisers Valerian (257–260 n. Chr.?), der für sein unglückliches Unternehmen, den Versuch des Entsatzes des von den Persern während dieses Feldzugs ebenfalls belagerten Edessa, im Jahr 259 oder 260 n. Chr. aus Palästina weitere Streitkräfte abgezogen hatte. Schon einige Jahre zuvor waren auf der Trajanstraße, die von Damaskus zum Roten Meer führte, römische Hilfstruppen zu einer Stellung bei Philadelphia gezogen, um die Verteidigung der Provinz Arabia zu stärken. Es ergab sich damals nicht, dass die Loyalität der Juden gegenüber Rom auf die Probe gestellt worden wäre. Doch wie hätten sie reagiert, wenn es den Persern gelungen wäre, sich in Palästina auf Dauer festzusetzen? Möglicherweise hätten die Juden, die schon lange nach einem Retter von der anderen Seite des Euphrat Ausschau hielten, die Perser als Verbündete begrüßt und die Gelegenheit ergriffen, einen erneuten Versuch der Befreiung von der kränkelnden Weltmacht Rom zu unternehmen.

Nach der Gefangennahme Kaiser Valerians beschloss Rom unter dessen Sohn und Nachfolger Gallienus (260–268 n. Chr.), an der Euphratfront ein selbstständiges Grenzreich als Pufferstaat gegen Persien zu errichten. Im Zuge dieser „Neuordnung" wurde Palästina König Odaenathus von Palmyra unterstellt, einem Mann beduinischer Herkunft, der in der uralten Oasenstadt etwa 230 Kilometer südöstlich von Damaskus residierte. Der Wüstenkönig galt als loyaler Römerfreund. Tatsächlich rettete er in den Jahren 262–266 n. Chr. für Rom die Lage im Osten, indem er Mesopotamien zurückeroberte und die Perser über den Euphrat trieb. Die jüdischen Quellen berichten, er habe während dieses Feldzugs Nehardea zerstört, das nicht nur Mittelpunkt jüdischer Gelehrsamkeit, sondern auch das bedeutendste jüdische Handelszentrum in Babylonien war.

Odaenathus wurde 267 oder 268 n. Chr. auf Betreiben seiner Gattin Zenobia ermordet, die die Regentschaft für ihren minderjährigen Sohn Vaballath übernahm. Wie ihr Mann wahrte die „tatkräftige, gebildete und geistvolle Regentin"[6] zwei oder drei Jahre lang mit Ehrgeiz die Interessen Roms in dieser Ecke des Weltreichs, bis sie, den Kopf von Unabhängigkeits- und Kaiserträumen vernebelt, Syrien überfiel und ihre Fühler bis nach Ägypten ausstreckte. Eine neue Semiramis wollte die Königin sein. Sie brach mit Kaiser Aurelian (270–275 n. Chr.) und beanspruchte den Kaisertitel für sich und ihren Sohn. Die Folge war, dass Palmyra für kurze Zeit selbstständig wurde und Rom seinen Einfluss in diesem Teil der Welt vorübergehend ganz einbüßte.

Eigentlich hätten die Juden zufrieden sein können, da sich die selbst ernannte Kaiserin dem römischen Einfluss entzog. Aber sie empfanden ein tiefe Abneigung gegen die palmyrenische Herrschaft. „Tadmor" nannten sie die Wüstenstadt geringschätzig, einen Ort, verächtlicher noch als die Hölle. „Glücklich der Mann, der den Fall Tadmors erleben wird" – der Ausspruch Rabbi Johanans wurde zum geflügelten Wort. Ein Freudentag, so hieß es, werde der Untergang Palmyras für alle Juden sein.[7]

Jüdische Freischärler setzten der Königin und ihren durch Palästina ziehenden Truppen heftig zu. Kaum kann dieser tiefe Hass nur darin gegründet haben, dass König Odaenathus Nehardea zerstört hatte. Die Juden wehrten sich wohl gegen Zenobias strenge Hand, die sich von der römischen nicht unterschied. Möglicherweise rührte ihre Abneigung aber auch von der Enttäuschung darüber her, dass sich ihre Hoffnungen, in den fremden Königen seien ihnen die lang ersehnten Befreier vom römischen Joch erschienen, nicht erfüllten.

Soviel jedenfalls steht fest: Es gab auch in Palmyra eine jüdische Gemeinde. Einige ihrer Mitglieder wurden auf dem Friedhof von Beth Shearim zur letzten Ruhe gebettet. Handelte es sich um Konvertiten? Die Überlieferung, Zenobia sei selbst Jüdin oder doch eine Bekehrte gewesen, mag im Zusammenhang mit ihrer Unterstützung des Paulus von Samosata (260–272 n. Chr.) entstanden sein, „der als Bischof von Antiochia des ‚Judaisisierens' angeklagt worden war"[8].

Die in Palästina lebenden Heiden teilten den Hass ihrer jüdischen Landsleute auf Palmyra und dessen Herrscher offenbar nicht. Eher politischer Interessen wegen denn aus Abneigung gegen die Klientelfürsten, die von Rom abgefallen waren, schloss sich Palästina, merkwürdig genug, den Provinzen Syrien, Phönizien und Mesopotamien an, indem es Kaiser Aurelian in seinem Kampf gegen Zenobia mit Truppen unterstützte. Bei Emesa schlug der Kaiser die stolze Frau im Jahr 272 n. Chr. vernichtend und beendete damit die Unabhängigkeit des Wüstenstaats. Die palästinensischen Truppen bestanden aus leicht bewaffneten Einheimischen, darunter sicherlich auch solchen jüdischen Glaubens, und es heißt, sie hätten beim Sieg über die mit neuester Technik ausgerüsteten Reiter der Wüstenoase keine geringe Rolle gespielt. Aurelian brachte die erhabene „Kaiserin" in goldenen Fesseln zum Triumph nach Rom. Das erst ein Jahr später eroberte Palmyra wurde gründlich zerstört. Seine Ruinen bedeckte für viele Jahrhunderte der Wüstensand. Die erst in neuester Zeit ausgegrabenen Ruinen – Triumphbogen, Theater, Tempel und Säulenstraßen – lassen ahnen, mit welchem Glanz sich die exotische Herrscherin einst umgab.

Nach dem Sieg über Zenobia hüllen sich die antiken Quellen hinsichtlich Palästinas für ein weiteres Jahrzehnt in Schweigen. Erst mit der Thronbesteigung Diocletians (284 n. Chr.) meldete es sich als einer der Schauplätze des Weltgeschehens zurück. Unter diesem Kaiser kehrte wieder Ordnung im Römerreich ein, und Verwaltung und Verteidigung der Provinzen, auch die Palästinas, wurden neu organisiert. Im Süden wurde es auf Kosten der *Provincia Arabia* erheblich erweitert. Das Gebiet zwischen Idumäa und dem Nordufer des Roten Meeres und das alte Moab östlich des Toten Meeres wurden ihm zugeschlagen. Leider ist nicht gesichert, wann genau dies geschah. Eusebius erwähnt im Zusammenhang mit der Christenverfolgung Diocletians (wohl im Jahr 307 n. Chr.) Kupferminen zwischen Petra und dem Toten Meer und bemerkt, diese hätten sich in Palästina befunden.[9] Die Gebietsreform muss also damals bereits abgeschlossen gewesen sein.

Das Verteidigungssystem wurde der veränderten Lage angepasst, indem man die Grenzsicherung an der Südostecke des Römischen Reiches vereinheitlichte. Der unter den flavischen Kaisern angelegte *Limes* entlang der Südgrenze von Idumäa wurde ausgebaut und mit zusätzlichen Kastellen und Verbindungswegen versehen, die das gesamte Gebiet vor allem vor den gefürchteten Überfällen der Sarazenen von der arabischen Halbinsel schützen sollten. Der Schwerpunkt der militärischen Präsenz verlagerte sich damit nach Süden. Die X. Legion Fretensis wurde nach Aila am Roten Meer verlegt, ans Ende von Trajans berühmter Heeresstraße, die von Damaskus hierher führte. Von diesem Stützpunkt aus konnte sie nicht nur den Endpunkt dieser wichtigen Verbindung überwachen, sondern auch, wenn Gefahr drohte, leicht in alle Richtungen ausschwärmen.

Doch hatte sich das Heereswesen im ausgehenden 3. Jahrhundert insgesamt gewandelt. Die Zahl der Legionen war angestiegen, ihre Stärke aber vermindert worden. Sie waren beweglicher, und nur ein Teil der Streitkräfte verblieb am jeweiligen Standort.

Kann das Verteidigungssystem des späten 3. und beginnenden 4. Jahrhunderts noch in groben Zügen rekonstruiert werden, so ist über die Verwaltung Palästinas unter Diocletian wenig bekannt. Drei Statthalter des frühen 4. Jahrhunderts sind bei Eusebius genannt, wiederum im

Zusammenhang mit der erwähnten Christenverfolgung. Aber ansonsten verraten die alten Quellen über diese Jahre nicht viel.

Rom bemühte sich jedoch, den Osten und damit auch Palästina weiter zu hellenisieren. Diocletian griff die Tradition vieler seiner Vorgänger auf, Städte zu gründen und vorhandene zu erneuern. In den Jahrzehnten der Anarchie hatte sich darum niemand gekümmert. So entstand etwa, nicht weit von dem am Mittelmeer gelegenen Askalon entfernt, die Stadt Diocletianopolis. Die Gründung von Siedlungen nach griechischem Vorbild hätte die Hellenisierung voranbringen und den jüdischen Charakter ganzer Landstriche verändern können. Dies verhinderte jedoch die Tatsache, dass damals das städtische Leben infolge einer im ganzen Reich einsetzenden Stadtflucht schon dahinsiechte. Überall wurde die Verwaltung zentralisiert, und auch in Palästina verloren viele Städte ihre Unabhängigkeit. Dies relativiert die Bedeutung der Neugründungen, die keine Blütezeit erleben sollten.[10]

Immerhin war Diocletian nach Caracalla der erste Kaiser, der das ferne Palästina – wiederholt – besuchte. Im Jahr 286 n. Chr. war Galiläa offensichtlich sein Ausgangspunkt für verschiedene Unternehmungen. Es galt vor allem, Persereinfälle abzuwehren. Die Perser hatten die Schwäche der römischen Monarchie genutzt, um wieder einmal über Syrien herzufallen, und Diocletian zeigte sich im Osten, um zu demonstrieren, dass mit Rom durchaus noch zu rechnen war. Er verbrachte auch einige Zeit in dem einst von Herodes Antipas gegründeten Tiberias, einem Zentrum jüdischen Lebens und jüdischer Gelehrsamkeit. Während dieses Aufenthalts scheinen Neider den Patriarchen „Juda III., Sohn Gamaliels IV., eine wenig hervorragende Persönlichkeit, dem es so sehr an Gesetzeskenntnis gebrach, dass er nicht gleich seinen Vorfahren das Lehrhaus R. Johannes' in Tiberias leitete"[11], beim Kaiser verleumdet zu haben. Das Umfeld des geistigen Führers der Juden, so hieß es, habe sich über Diocletians niedere Herkunft und seinen Beinamen *Aper* (Eber) lustig gemacht. Wutentbrannt schickte der Kaiser daraufhin dem Juden eine Vorladung in den Palast, der dieser mit den schlimmsten Erwartungen folgte. „Er muss indes den Zorn des Kaisers beschwichtigt haben, denn Diocletian zeigte sich ganz besonders wohlwollend gegen die Juden, vielleicht umso geneigter, je mehr er die Christen hasste, weil er sie wegen ihres beharrlichen Kampfes gegen die römische Staatsreligion und ihres Bekehrungseifers für die einzige Ursache der Auflösung des Reiches hielt."[12]

Jahre später, wohl 297 n. Chr., kam der Kaiser wieder, diesmal in Begleitung Constantins, der eine außergewöhnliche Laufbahn vor sich hatte. Möglicherweise befanden sie sich auf der Heimreise von Ägypten, wo sie im Spätjahr 296 eine Erhebung des Usurpators Domitius Domitianus niedergeschlagen hatten. Diocletian reiste nach Antiochia, um Galerius, einen der beiden Caesaren, auf die er einen Teil seiner Regierungsverantwortung delegiert hatte, in dessen Kampf gegen die erneut eingefallenen Perser zu unterstützen. Der Aufstand in Ägypten hatte die beständigsten Feinde Roms ermutigt, noch einmal ihr Glück zu versuchen. Sollte Diocletian tatsächlich den Landweg gewählt haben, dürfte er auch durch Palästina gekommen sein. Anders als bei seinem ersten Besuch war er aber diesmal in Eile. So muss der tiefe Eindruck, den er bei den Juden hinterlassen hatte, bereits 286/7 n. Chr. entstanden sein.

Um Diocletians Gestalt rankten sich wundersame Geschichten. In seiner Jugend, so erzählte man, habe er bei Tiberias Schweine gehütet. Da hätten ihn Schulkinder misshandelt. (In Wirklichkeit stammte er aus Dalmatien, wohin er nach seiner Abdankung auch zurückging, um für den Rest seines Lebens Kohl zu züchten.) Als er Caesarea Philippi besucht habe, habe er dessen Einwohner so hoch besteuert, dass einige drohten, in eine andere Provinz auszuwandern. Aber einer seiner Ratgeber versicherte ihm, dass dies eine leere Drohung sei. Selbst wenn der eine oder andere doch wegginge, käme er bald wieder zurück. Die Geschichte zeigt, mit welchen Mitteln sich die Bewohner des Reiches gegen übermäßige Abgaben zu wehren versuchten, nicht nur in Palästina, sondern in allen Teilen des verfallenden Imperiums.

Als Diocletian in Tyros weilte, war ein Angehöriger einer jüdischen Priesterfamilie angeblich so von ihm begeistert, dass er, allen Reinheitsgeboten zum Hohn, quer über einen Friedhof rannte, um ihn zu sehen. Nicht einmal der führende Rabbiner konnte darin etwas Verwerfliches sehen. Es galt beinahe als Ehre, gleichzeitig Gott und demjenigen Kaiser zu dienen, der, wie Augustus drei Jahrhunderte zuvor, Frieden und Ordnung wiederhergestellt hatte.

Als friedliches und vertrauenswürdiges Volk wurden die Juden jetzt angesehen. Diocletian gewährte ihnen religiöse Freiheit, wie es so viele seiner Vorgänger getan hatten, froh darüber, ein Gegengewicht zu den aufsässigen Christen zu haben, die der Staatsführung schwer zusetzten. „Die strengen Edikte, die die Christen zum Götzenkult und besonders zur Verehrung der Bildnisse des Kaisers zwingen, ihre Kirchen und gottesdienstlichen Versammlungen zu schließen und ihre Kirchenschriften zu verbrennen, welche Diocletian und seine Mitkaiser erließen (303), trafen die Juden durchaus nicht. Sie wurden geradezu in dem Edikt vom

Religionszwang ausgenommen."[13] Nicht so die Samaritaner, die wie die Christen gezwungen wurden, den fremden Göttern zu opfern. Dies führte dazu, dass sie jüdischerseits als Götzendiener betrachtet und von der Gemeinschaft der Juden für immer ausgeschlossen wurden.

„Das Christentum, klüger und tätiger als seine Mutter, das Judentum, gebildeter und geschmeidiger als seine Schwester, das Samaritertum, erlangte bald nach dieser Absonderung die Weltherrschaft und ließ beide in gleichem Grade seine Übermacht empfinden. Golgotha, auf die Höhe des Kapitols gehoben, drückte mit doppelter Wucht auf Zion und Garizim."[14]

Das Zeitalter Diocletians war für die Judenheit die letzte glückliche Epoche ihrer Geschichte. Schon unter seinem Nachfolger Constantin (306–337 n. Chr.) wandelten sich die religiösen Verhältnisse von Grund auf. Er, der die christliche Lehre groß gemacht hat, brachte in seinem Toleranzedikt aus dem Jahr 313 anfangs zwar den Anhängern aller Religionen im Reich die gleiche Duldsamkeit entgegen und schützte sie vor Verfolgungen. Davon waren auch die Juden nicht ausgenommen. Ihre Lehrhäuser und Synagogen, die Gesetzeslehrer und die Gläubigen genossen dieselben Rechte wie die christlichen und heidnischen Einrichtungen, Priester und Glaubensanhänger. Der Patriarch in Judäa wurde als Oberhaupt aller Juden im Römischen Reich anerkannt. Doch zu deren Leidwesen währte diese Unparteilichkeit nur eine kurze Zeit. Immer unduldsamer erwiesen sich die Christen gegen Heiden und Juden, und ihre Intoleranz wuchs, je mehr sie in ihrem Bekehrungseifer auf die Staatsführung Einfluss und deren Unterstützung gewannen. Bald galt vor allem den christlichen Kirchenlehrern das Judentum als „eine schändliche, ruchlose, gottlose Sekte, welche womöglich vom Erdboden vertilgt werden müsste"[15]. „Fortan", so wird dem alternden Kaiser Constantin in den Mund gelegt, „sei uns nichts mehr mit dem verhassten Judentum gemein. Wir haben von unserem Heiland einen anderen Weg erhalten."[16] Auch wenn er diesen Ausspruch selbst nicht tat, spiegelt er doch die Stimmung seiner Zeit wider.

Zum Christentum bekehrt, erneuerte Constantin Hadrians Gebot, das den Juden das Betreten Jerusalems bei Strafe verbot. Nur einmal im Jahr, am berüchtigten 9. Ab, war es jüdischen Pilgern gestattet, an den Resten der Umfassungsmauer des Tempelbergs zu weinen und Klagelieder anzustimmen. Die Stadt erhielt zwar ihren ehemaligen Namen zurück, wurde aber von einer heidnischen in eine christliche Stadt umgewandelt.

Mochte Constantins Judenpolitik gegen Ende seiner Regierungszeit auch noch so restriktiv sein, erst mit seinem Sohn Constantius (337–361 n. Chr.), einem geradezu fanatischen Glaubenseiferer, begann im Römischen Reich das eigentliche christliche Regiment, das den Grund zu den Judenverfolgungen der künftigen Jahrhunderte legte.

Juden und Christen – Beginn einer Rivalität

Deutlicher noch als für uns mit dem Abstand von zweitausend Jahren mag für die Menschen des Altertums das Christentum im jüdischen Glauben gewurzelt haben. Nicht umsonst wurde die Christenbewegung lange für eine jüdische Sekte gehalten. Erst nach dem gescheiterten Bar Kochba-Aufstand zeichnete sich die neue Lehre auch nach außen hin allmählich als eigenständige Glaubensrichtung ab und entwarf ein eigenes Judenbild.

Die um 50/60 n. Chr. einsetzenden Aufzeichnungen der christlichen Bibel und die unter Kaiser Hadrian beginnenden Apologien der Christenlehrer, die sich sowohl gegen die Juden richteten als auch an die heidnische Öffentlichkeit wandten, dienen noch heute als Hauptquellen zur Erforschung des frühen Christentums. Doch nicht einmal in diesen nach griechischem Vorbild verfassten Verteidigungsschriften leugneten die Christen, dass es sich bei ihnen um eine aus dem Judentum hervorgegangene Bewegung handelte, verwiesen aber auf wesentliche Unterschiede. Warteten die Juden weiterhin beharrlich auf den Messias, so hatten die Christen ihren Erlöser in der Person Jesu gefunden, der Mittelpunkt und Ziel ihrer Lehre wurde. Der Glaube an ihn, auf dessen Rückkehr man wartete, wurde zum allein entscheidenden religiösen Verhalten und machte die alten Rituale und das „jüdische Gesetz" überflüssig.

Die Apologeten

Als Erster in einer Reihe von christlichen Apologeten wandte sich Aristides von Athen († um 187 n. Chr.) an Kaiser Hadrian und/oder Antoninus Pius. Seine Verteidigungsschrift richtet sich gegen die Religionen der „drei Menschengeschlechter", Barbaren, Hellenen und Juden. Letzteren gesteht er immerhin zu, mit ihrem Monotheismus am nächsten von allen Völkern an den wahren Gottesbegriff heranzukommen. Aber aus seiner Sicht verzettelten sich die Juden mit der strengen Einhaltung der Gebote, mit Beschneidung, Sabbat- und Speisevorschriften in Äußerlichkeiten, sodass sie den Christen, wenn auch als Ursprung und Voraussetzung ihrer Lehre unabdingbar, als etwas Fremdes erscheinen müssen. Diese waren davon überzeugt, dass „Christus das Reich Gottes auf

Erden errichten" werde „und alle, die an ihn glauben, bei dem Jüngsten Gericht den Lohn ewiger Seligkeit empfangen würden"[1]. Nur hinsichtlich des Zeitpunkts der Wiederkunft des Herrn war man sich uneins. Als Zeichen seines baldigen Erscheinens wurden die Zerstörung des Tempels unter Titus und die blutige Niederschlagung des jüdischen Aufstands unter Bar Kochba von den Christen begrüßt. Selbst Tertullian, einer der wichtigsten frühen Kirchengelehrten, glaubte, das Ende der Welt sei gekommen, als im ausgehenden 2. Jahrhundert das Römische Reich vom Chaos bedroht wurde. Nachdem sich jedoch alle Anzeichen als trügerisch erwiesen hatten und Christus nicht erschien, freundeten sich einsichtigere Christen allmählich mit dem Gedanken an, die Rückkehr des Herrn sei noch fern. Es gab jedoch auch Gerüchte, der ersehnte Zeitpunkt könne erst kommen, wenn das Volk der Juden völlig vom Erdboden verschwunden sei ...

In der berühmten Verteidigungsschrift des Aristides heißt es übrigens, äußerst aufschlussreich, dass die Juden „von Abraham, Isaak, Jakob und dessen 12 Söhnen abstammen, von Syrien nach Ägypten übersiedelten und dort von ihrem Gesetzgeber Moses ‚Hebräer', nach dem Exodus und der Ansiedlung im Gelobten Land aber ‚Juden' genannt wurden"[2].

Der christliche Gelehrte Iustinus von Samaria, dem Kaiser Antoninus Pius (138–161 n. Chr.) gestattet hatte, in Rom eine Schule christlicher Philosophie zu eröffnen, versuchte in zwei beredsamen Apologien, den Kaiser davon zu überzeugen, dass die Christen treue Untertanen seien und bei freundlicher Behandlung wertvolle Stützen des Staates werden könnten. Eine Zeitlang durfte er seine Lehrtätigkeit ungehindert ausüben. Aber mit seiner scharfen Zunge machte er sich viele Feinde. Unter Kaiser Marc Aurel wurden er und sechs seiner Anhänger verhaftet und hingerichtet (165 n. Chr.).

Für Irenaeus von Lyon († 202 n. Chr.), der seine apostolische Verteidigung zur Zeit Marc Aurels darlegte, ist das Christentum die Erfüllung aller messianischen Weissagungen. Dies hat wiederum zur Folge, dass die alte Gesetzgebung nicht länger zu beachten ist.

Athenagoras, ebenfalls aus Athen stammend, wehrte sich unter Marc Aurel und Commodus besonders gegen die Vorwürfe, die immer wieder gegen Juden und Christen erhoben wurden: Man bezichtigte beide Glaubensgemeinschaften wegen ihres Monotheismus der Gottlosigkeit, des Verzehrs von Menschenfleisch und schrankenloser Sexualität. Juden und Christen vermehrten sich zahlreich und galten ihren heidnischen Zeitgenossen deshalb als übertrieben sinnlich.

Am tapfersten trat gegen Ende des 2. Jahrhunderts ein Rechtskundiger aus Rom für die Belange des Christentums ein. Er hieß Quintus Septimius Tertullianus (Tertullian) und stammte aus Karthago, wo er 160 n. Chr. als Sohn eines römischen Offiziers geboren worden war. Er stellte alle Künste und Kniffe, die er während seines Studiums des Rechts und der Rhetorik gelernt hatte, mit dem ganzen Feuereifer des Bekehrten in den Dienst der christlichen Apologetik. „Er hatte die Kraft und die Schärfe eines Cicero, die satirische Zunge eines Juvenal und konnte manchmal mit dem Geschick eines Tacitus ätzende Säure in einem einzigen Satz konzentrieren."[3] Hatte Irenaeus von Lyon noch griechisch geschrieben, so wurde die christliche Literatur des Westens mit Tertullian lateinisch.

Im Jahr 197 n. Chr. verfasste er sein *Apologeticum*, eine antijüdische Schrift, die die Juden als die wirklichen Feinde des Christentums bezeichnet, mochten sich die Christen auch auf jüdische Überlieferungen stützen, allerdings nicht, um, wie die Juden, die Vorteile einer *religio licita* zu erlangen. Zu offensichtlich sind für ihn die Unterschiede zwischen den beiden Glaubenslehren: Christen kennen keine Speisevorschriften. Sie halten nicht die gesetzlichen Feiertage ein und lehnen die Beschneidung ab.[4]

Clemens von Alexandria († 215 n. Chr.) legte um 200 eine Sammlung von Denkwürdigkeiten vor, „Flickenteppiche" genannt, die unter anderem wichtige Informationen über das Judentum enthält, ohne dass bei ihm die Polemik im Vordergrund stünde. „Er betont das hohe Alter der ‚hebräischen Philosophie', mit dem sich die griechische nicht messen kann und von der auch die Römer beeinflusst wurden."[5] So habe schon der altrömische König Numa Pompilius die mosaischen Schriften gelesen und daraufhin verboten, in den Tempeln menschen- oder tierähnliche Abbildungen aufzustellen, weshalb es dort 170 Jahre lang keine Bilder gegeben habe. Clemens erörtert die Speisevorschriften der Hebräer und das strenge Sabbatgebot und beschreibt detailliert das Gewand des Hohepriesters. Aber er kritisiert auch den jüdischen Ritus der blutigen Tieropfer und die am Neumond durch besondere Gebete orientierte Gottesverehrung.

Aus den Anfängen des Christentums datiert auch der Beginn der jüdisch-christlichen literarischen Auseinandersetzung, die sich teilweise sogar im Neuen Testament findet. Schon Jesus selbst stellte das Sabbatgebot in Frage.[6] Das Gesetz lasse die Beschneidung sogar am Sabbat zu. Weshalb werfe man ihm dann vor, dass er am Sabbat einen Menschen geheilt habe?

Für den Apostel Paulus ist das jüdische Gesetz seit dem Erscheinen von Jesus Christus überholt.⁷ Durch Christus habe die Beschneidung ihre Bedeutung verloren. Allein der Glaube an den Gottessohn zähle. Die beiden Frauen Abrahams gelten Paulus als Sinnbilder zweier Testamente: Die Sklavin Hagar verkörpert den Sinai und das irdische Jerusalem. Sara hingegen wird mit dem messianischen Jerusalem verbunden. Hagar, die Unfreie, und ihre Nachkommen sollen verstoßen werden, „… denn der Sohn der Sklavin soll nicht erben mit dem Sohn der Freien"⁸. Seine Ansicht gipfelt in der Erkenntnis, „die Juden seien ein Gott missliebiges Volk und allen Menschen entgegengesetzt"⁹.

An anderer Stelle freilich ging der Apostel mit seinen jüdischen Landsleuten weniger streng zu Gericht. Doch waren es die negativen Aussagen, die sich in der Folgezeit durchsetzten und bewahrt wurden. Es entstand eine „aggressive antijüdische Literatur, die alsbald feste Klischees zur Folge hatte, die teilweise bis in die Gegenwart weitergewirkt haben"¹⁰. Die antijüdische Propaganda beeinflusste breite Bevölkerungsschichten und begünstigte schließlich auch das Christentum. Sie wurde vor allem in den zahlreichen jüdisch-christlichen „Dialogen" geführt, die vom 2. bis weit ins 4. Jahrhundert in der römischen Welt kursierten.

Zu den frühen christlichen „Adversus Iudaeos"-Schriften gehörte die (leider verloren gegangene) Abhandlung des Ariston von Pella (um 140 n. Chr.), die die Messianität von Jesus zu beweisen versuchte. Der christliche Philosoph Justin († in Rom um 165 n. Chr.) schrieb etwa gleichzeitig den „Dialog mit dem Juden Tryphon", in dem er behauptet, das jüdische Gesetz habe nur vorübergehend Gültigkeit gehabt. Er kritisiert die Kreuzigung von Jesus Christus sowie die jüdischen Opfer, das Sabbatgebot und die Beschneidungs- und Reinigungsvorschriften. Nach seiner Ansicht war der Tempel in Jerusalem nur errichtet worden, um die Juden vom Götzendienst abzubringen. Nicht sie, sondern die Christen seien das Volk des wahren Israel mit einem neuen Bund und einem neuen Gesetz.

Ein gewisser Miltiades verfasste unter Marc Aurel ein Pamphlet „Gegen die Juden", von dem leider nur noch der Titel bekannt ist. Selbst ein persischer Weiser namens Aphraat mischte sich Mitte des 4. Jahrhunderts in die Diskussion ein. Er betrachtete den Untergang Jerusalems als Symbol für die Verwerfung des jüdischen Volkes. Da auch der Tempel zerstört worden war, hätte es das Recht, Pascha zu feiern, für immer verloren.

Es gab Abhandlungen, die sich besonders gegen „judaisierende Christen" wandten, solche, die zwar an Christus glaubten, aber nach jüdischer Art lebten. Bereits im beginnenden 2. Jahrhundert differenzierte Ignatius von Antiochien, der unter Kaiser Trajan in Rom das Martyrium erlitt, streng zwischen Juden und Christen. Überall, wo das Judentum verkündet würde, hätte der Christ wegzuhören. Die Beschneidung hielt er für unwichtig. Der Sabbat wurde durch den „Herrentag" ersetzt. Freilich entging ihm nicht, wie schwer es den meisten Christen fiel, sich von den jüdischen Bräuchen zu lösen.

Noch im späten 4. Jahrhundert predigte Johannes Chrysostomos in schroffer Weise und mit heftiger Polemik gegen alle, die weder überzeugte Juden noch praktizierende Christen waren, sondern sich von beiden Religionen das ihnen Genehme aussuchten. Mit nahezu alttestamentarischem Pathos donnerte er in Konstantinopel und Antiochia von der Kanzel herab mit zynischer Beredsamkeit gegen die Juden. Doch waren diese nicht ganz schuldlos an seinem Zorn, zogen sie doch mit ihren Sitten, Festen, Gottesdiensten und Gerichtshöfen viele Christen in ihren Bann.

Ambrosius, der zur gleichen Zeit als Bischof in Mailand wirkte, eiferte noch viel giftiger gegen die Juden. Für ihn gab es kein entehrenderes Schimpfwort als „Jude". Er rief ihnen zu, sie stellten weder Kaiser noch Statthalter, seien nicht im Heer, nicht im Senat vertreten, ja nicht einmal für würdig befunden, an der Tafel der Großen zu speisen. Ihr ganzer Daseinszweck erschöpfe sich darin, schwerste Abgaben zu leisten. Vergeblich gab ihm Kaiser Theodosius I. (379–395 n. Chr.) zu bedenken, dass im Römischen Reich durch kein Gesetz das Judentum verboten sei, und gab Auftrag, es gegen gewalttätige Übergriffe zu schützen.

Etwas differenzierter betrachtete der Kirchengelehrte Eusebius (um 260–340 n. Chr.) das Verhalten seiner Glaubensbrüder und ihre Einstellung zum Judentum. Stärker als andere Autoren ist er sich seiner Wurzeln im jüdischen Glauben bewusst. Abraham und Moses sind ihm Lehrer der Erkenntnis. Er ist davon überzeugt, dass das mosaische Gesetz die Menschen moralisch gebessert habe. Aber er versucht in seiner Kirchengeschichte auch, „zu beweisen, dass die Juden wegen ihres Frevels an Christus und den Aposteln zu Recht viel haben leiden müssen"[11].

Im 4. Jahrhundert wurde ‚Jude' in der innerchristlichen Auseinandersetzung zwischen Orthodoxen und Arianern zum Schimpfwort. Wie die Juden sah auch Arius Jesus als einen Menschen an. Den Altgläubigen hingegen galt er als Gott.

Einige heidnische Völker der Antike bewunderten die Juden zwar für ihren Monotheismus, wussten aber mit den jüdischen Religionspraktiken nichts anzufangen, fanden vielmehr, dass sich beide, der Glaube und dessen Manifestation, widersprachen. „Die Thora des Moses erschien als negative Größe, charakterisiert durch Fremden- und Menschenfeindlichkeit sowie durch barbarisch-abergläubische Bräuche."[12] Man hielt die Juden wegen ihres Kinderreichtums für schamlos, sinnlich und enthemmt. Zudem galten sie als ein von Krankheit befallenes Volk, das sich vor weiterer Ansteckung fürchtete und deshalb sowie als Vorsichtsmaßnahme gegen fremde Einflüsse absonderte und ein abgeschiedenes Leben führte. Begierig nahmen die Christen diese Vorstellungen auf und traten für eine Isolierung ihrer jüdischen Mitbürger ein, eine Denkweise, die später sogar in den kaiserlichen Gesetzen Ausdruck fand. So ist es beispielsweise Kaiser Honorius (393–423 n. Chr.) ein Anliegen, Christen vor der jüdischen „Perversität" zu warnen. Er hält die Beschmutzung eines Christen mit dem jüdischen Unglauben für schlimmer als Tod oder grausamen Mord.

Kaiser Julian, „der Abtrünnige"

Ein letztes Mal in den langen und nicht immer konfliktfreien Beziehungen zwischen der Judenheit und Rom nahm sich ein Kaiser der Belange seiner jüdischen Untertanen an.

Anders als sein Onkel, Constantin der Große, der das Christentum bevorzugte, wenn er sich aus staatspolitischen Gründen auch erst auf dem Sterbebett taufen ließ, versuchte Julian, römischer Kaiser von 361 bis 363 n. Chr., dem die Nachwelt den wenig schmeichelhaften Beinamen „Apostata", der Abtrünnige, verlieh, das Rad der Geschichte aufzuhalten und durch Begünstigung der heidnischen Kulte dem Imperium Romanum zu seinem einstigen Glanz zurückzuverhelfen. Im Zuge der Wiederherstellung der traditionellen Religionen trug er sich mit dem Gedanken, seinen jüdischen Untertanen den Wiederaufbau des Jerusalemer Tempels zu gestatten. Hatte nicht Jesus, der Begründer der Christenlehre, die sich immer gefährlicher über das Imperium ausgebreitet hatte, im Angesicht des jüdischen Heiligtums zu seinen Jüngern gesagt: „Es wird die Zeit kommen, in welcher von all dem, was ihr hier seht, nicht ein Stein auf dem anderen belassen wird."[13] Tatsächlich war von dem einst berühmtesten Bauwerk der jüdischen Welt seit der Zerstörung durch Titus nicht mehr als eine traurige Ruinenstätte übrig geblieben. „Baute man den alten Tempel wieder auf, so machte man das Wort des Evangeliums zu Schanden. Von der Niederlage des Christentums" aber „hing das Heil des Reiches ab."[14] Da war es schon jeden Aufwand wert, den Glaubensstifter als falschen Propheten zu entlarven. Hatten nicht schon die Juden der Diaspora, die dank der von Rom zu allen Zeiten gewährten Privilegien zu Wohlstand und Ansehen gelangt waren, im Jahr 351 gegen Constantius, den Sohn des großen Constantin, der die Christen so offensichtlich bevorzugt hatte, aufbegehrt, wenn ihre Erhebung auch blutig niedergeschlagen worden war? Es galt, das alte Volk der Hebräer in seinem Kampf gegen die Christen zu unterstützen und die christliche Kirche, die sich in Julians Augen so unheilvoll auf das römische Staatsgefüge ausgewirkt hatte, zu vernichten, indem man den Juden Palästina, die heilige Stadt und ihr Nationalheiligtum, den Tempel, Mittelpunkt ihres Glaubens, zurückgab. „Sie stimmen mit den Heiden überein", stellte der philosophisch gebildete Kaiser fest, „bis auf die Tatsache, dass sie nur an einen einzigen Gott glauben. Das ist ihre uns fremde Besonderheit. Alles Übrige haben wir gemeinsam: Tempel, heilige Bezirke, Altäre, Reinigungsriten und gewisse Vorschriften ..."[15]

Es kam Julian darauf an, die den alten Überlieferungen treu gebliebenen Hebräer erneut für ihre heiligen Schriften zu begeistern und ihnen sowohl die Rückkehr in ihre Heimat in Aussicht zu stellen als auch die Wiederherstellung des Tempels, der sie als Nation auswies und die enge Verbundenheit von Staat und Religion, Mensch und Gott symbolisierte.

Zu Beginn des Jahres 363 beauftragte er deshalb seinen Freund Alypios von Antiochia, mit den Bauarbeiten zu beginnen, stellte staatliche Mittel zur Verfügung und versprach, eines Tages selbst im Heiligtum zu erscheinen, um den Allerhöchsten anzubeten.

Die „Hellenen", deren alte Kulte Julian ebenfalls zu neuem Leben erwecken wollte, waren seinem Vorstoß eher zögernd gefolgt. Anders die Juden, die in der ihnen eigenen Art durch das Versprechen des Kaisers zu höchstem Eifer angespornt wurden. „Man ging an den Wiederaufbau des Tempels, als ob es sich zugleich um ein nationales Unternehmen und ein Fest handelte."[16] Jeder bemühte sich nach seinen Möglichkeiten, zum Gelingen des gigantischen Werkes beizutragen. Wohlhabende Glaubensgenossen spendeten reichlich und vermehrten beständig den Schatz, den der Patriarch verwaltete. Frauen trennten sich von Edelsteinen und Schmuck. Viele Juden griffen sogar selbst zu Schaufel und Spaten, um den Wiederaufbau des Tempels zu beschleunigen. Aber das Vorhaben stand von Anfang an unter keinem günstigen Stern. Schwere Erdbeben und Sturmfluten verwüsteten die Küstenstädte. Auch im Landesinneren kam die Erde nicht zur Ruhe. Hänge rutschten ab und füllten die gerade ausgehobenen Gruben mit Geröll und Schutt. Als Arbeiter vor der Katastrophe in einer Säulenhalle Schutz gesucht hatten, stürzte sie ein und begrub zahlreiche Menschen unter sich. Aus den Fundamenten des Bauwerks schlugen immer wieder Flammen empor, die die Männer verbrannten und jede Arbeit unmöglich machten.

Da die Elemente, so der Geschichtsschreiber Ammianus Marcellinus, solch heftigen Widerstand leisteten, kam das Vorhaben schließlich zum Erliegen.[17]

Die nach der Vertreibung durch Kaiser Hadrian im ganzen Reich verstreut lebenden Juden nahmen es als Schicksalsschlag, als weiteren Prüfstein, den ihnen der zürnende Jahwe auferlegt hatte. Und auch Julian ließ sich durch den gescheiterten Versuch nicht aus der Fassung bringen. Die Propheten des Alten Testaments, bemerkte er, hätten den Götterkult der Heiden verspottet, weil sie Bildwerke aus Holz und Stein verehrten und zerstören konnten, ohne den Zorn ihrer Götter zu erregen. Aber sie hätten in ihrem Hochmut übersehen, dass auch das Heiligtum ihres Gottes ungestraft vernichtet werden könnte. Sollte den Menschen etwa zu Bewusstsein gebracht werden, dass sie nicht das göttliche Vorrecht besäßen, unvergängliche Werke zu schaffen?

Als erklärter Griechenfreund hätte Julian mit dem jüdischen Partikularismus eigentlich nicht sympathisieren dürfen. Wenn er, der Christenfeind, für die Juden dennoch Münzen prägen ließ und an den Wiederaufbau ihres Nationalheiligtums dachte, folgte er lediglich der Überzeugung, dass man ihre nationale und religiöse Überlieferung vor den revolutionären Angriffen der Christen schützen müsse.

Das Christentum wird Staatsreligion

Mit der Zerstörung des Tempels durch Titus im Jahr 70 und der Zerstreuung der Juden in alle Welt hatte die Ablösung des Judentums durch das Christentum ihren sichtbaren Ausdruck gefunden. Über die jüdische Kolonie war das von Jerusalem ausgegangene Christentum in Rom eingedrungen und hatte gegen die Anhänger des alten Gesetzes die Jünger des neuen Glaubens gestellt. „Die jüdische Religion hatte ihre verführerische Anziehungskraft auf viele Römer durch die Größe des Monotheismus und die Schönheit des Dekalogs ausgeübt."[18] Vom Christentum ging keine geringere Faszination aus; dazu kam die Botschaft der Bekehrung und Brüderlichkeit, sodass die christliche Lehre bald eine eigene Missionskraft entwickelte.

Ihr Aufstieg zur maßgeblichen römischen Religion, der sich trotz zahlreicher Verfolgungen stetig vollzog und Ende des 4. Jahrhunderts weitgehend abgeschlossen war, brachte die ursprünglich interne antijüdische Polemik an die Öffentlichkeit und ließ sie Eingang in die kaiserliche Gesetzgebung finden.

Das Edikt des Galerius aus dem Jahr 311, das das Christentum als eine der Religionen im römischen Weltreich duldete und damit einen Schlussstrich unter die jahrhundertelangen Verfolgungen setzte, leitete diese religiöse Gesetzgebung ein, trennte das Christentum deutlich vom Judentum und wurde ein letztes Beispiel für die traditionelle Toleranz, die man im Römischen Reich Andersgläubigen stets entgegengebracht hatte. Noch stellte die offizielle Duldung der Christen, denen man zur Auflage machte, nicht gegen Ruhe und Ordnung zu verstoßen und für das Wohlergehen des Kaisers zum Christengott zu beten, keinen Bruch mit der Judenpolitik vergangener Jahrhunderte dar. Auch Constantin der Große erkannte anfangs die privilegierte Stellung der Juden weitgehend an, ja versuchte sogar, ihre Assimilation voranzutreiben. Zwar war die Verfolgung von zum Christentum konvertierten Juden durch ihre ehemaligen Glaubensbrüder bei Todesstrafe verboten, und für den Übertritt zum Judentum wurden nicht nur die Bekehrten, sondern ebenso die Bekehrer belangt. Aber die Juden durften ab sofort in die städtischen Kurien berufen werden, wovon sie, wohl mit Rücksicht auf die Pflichten, die ihnen ihr Glaube auferlegte, bislang ausgeschlossen waren. Nur ihre Geistlichkeit genoss weiterhin Befreiung.

Die Lage änderte sich dramatisch, als das Christentum im Laufe des 4. Jahrhunderts an Einfluss gewann und schließlich zur Staatsreligion erhoben wurde. Schon Constantius II. (337–361 n. Chr.) verbot Reichsbewohnern jüdischen Glaubens bei Todesstrafe die Heirat christlicher Frauen. Sie durften auch keine christlichen Sklaven mehr halten. Wer sich dennoch nicht von ihnen trennte und sie gar beschneiden ließ, forderte die unerbittliche Strenge des Gesetzes heraus: Er verlor nicht nur alle christlichen Sklaven an den Staat, sondern hatte überdies sein Leben verwirkt.

Eine zentrale Rolle spielte in der Folgezeit die Apostasie von Christen zum Heidentum oder Judentum. Für den Übertritt wurden wiederholt schwerste Strafen angedroht.

Erließ man auch Gesetze, die dem flüchtigen Auge als judenfreundlich erscheinen, etwa wenn man ihnen Versammlungsfreiheit gewährte oder ihre Synagogen vor Plünderung oder Zerstörung zu bewahren suchte, so wird bei genauer Betrachtung doch deutlich, dass die meisten

Verfügungen darauf abzielten, die Judenheit als Glaubens- und Volksgemeinschaft zu schwächen und schließlich ganz auszuschalten. Auch scheinen gewisse Verordnungen nötig gewesen zu sein, um die öffentliche Ruhe nicht zu gefährden. So besagte eine von Kaiser Theodosius I. (379–395 n. Chr.) erlassene Bestimmung, dass kein Unschuldiger, nur weil er Jude war, körperlich angegriffen oder irgendeiner Schande ausgesetzt werden dürfte. Andererseits sollten auf seine Weisung keine weiteren Synagogen mehr gebaut und bereits bestehende stillgelegt werden, sofern dies ohne Aufsehen möglich war. Den Patriarchen sprach er das Recht ab, Streitigkeiten zwischen Christen oder Juden und Christen zu schlichten.

Auch die Judenpolitik des Flavius Honorius, römischer Kaiser von 393–423 n. Chr., unter dessen unglückseliger Herrschaft der Gotenkönig Alarich Rom plünderte, war launenhaft. Er verhielt sich nicht gerade judenfeindlich, aber er verbot im Jahr 418 jeglichen zivilen und militärischen Staatsdienst für die Anhänger jüdischen Glaubens. Sie waren aus dem Militärdienst zu entlassen, selbst wenn sie sich Verdienste erworben hatten. Eine bereits begonnene zivile Laufbahn durfte allerdings beendet werden. Andererseits schützte der Kaiser die Juden vor Belästigungen durch die Behörden. So verbot etwa ein Edikt, sie am Sabbat und an jüdischen Feiertagen vor Gericht zu laden (409 n. Chr.).

Theodosius II., der ab 408 n. Chr. den Osten des Reiches beherrschte und durch die Kodifizierung des römischen Rechts bekannt wurde, schützte die Juden vor willkürlicher Verfolgung, verbot ihnen aber bei Androhung von Vermögensverlust und lebenslanger Verbannung, Christen zu beschneiden oder christliche Sklaven zu halten. Er untersagte den Neubau von Synagogen. Juden und Heiden hatten die von ihm bestimmten christlichen Feiertage zu beachten. Unter ihm endete schließlich auch das Patriarchat, obwohl der letzte Patriarch, Gamaliel, am kaiserlichen Hof zunächst eine einflussreiche Stellung besaß. Er war Heilkundiger und hatte eine wirksame Arznei gegen Milzkrankheiten entwickelt. Auf der Höhe seines Ansehens glaubte er irrigerweise, er müsse es mit den kaiserlichen Gesetzen nicht so genau nehmen, ließ Synagogen bauen und setzte sich über das Verbot hinweg, Streitigkeiten zwischen Juden und Christen zu schlichten. Der Kaiser entzog ihm das Ehrendiplom, hob das Patriarchat aber erst mit Gamaliels Tod auf (429 n. Chr.). „Dreieinhalb Jahrhunderte hatte dieses Haus an der Spitze der geistigen Angelegenheiten des Judentums gestanden, viele seiner Glieder waren Beförderer der Lehre, der Freiheit und Nationalität gewesen, ihre Lebensgeschichte war ein wichtiger Bestandteil der jüdischen Gesamtgeschichte geworden. Fünfzehn Patriarchen waren während dieser Zeit aufeinander gefolgt: zwei Hillel, drei Simon, vier Juda und sechs Gamaliel."[19]

Valentinian III. (425–455 n. Chr.), Sohn der machthungrigen Galla Placidia und Herrscher im Westen, ließ Juden nicht mehr zu Anwaltslaufbahn oder öffentlichen Ämtern zu, um Christen nicht in ihre Abhängigkeit zu bringen. Er wollte, wie er verkündete, die Rechtgläubigen nicht durch Aberglauben verderben.

Auch Justinians (527–565 n. Chr.) umfangreiche Gesetzgebung stärkte die Stellung der Christen und wiederholte in verschärfter Form die von seinen Vorgängern bereits getroffenen Bestimmungen gegen die Juden mit dem Ziel einer deutlichen Abgrenzung und Isolierung. Er unterwarf sie erheblichen Beschränkungen. Es gab für sie keine Gleichheit vor dem Gesetz. Sie waren nicht mehr frei in der Wahl von Lebenspartner und Beruf, um, wie man die Entscheidungen begründete, keinen Christen von einem Juden abhängig zu machen.

Wie hatten sich doch die Probleme der Judenschaft seit den Tagen des Flavius Josephus gewandelt! Es ging längst nicht mehr wie damals, als die Christen noch eine verfolgte Minderheit waren, darum, ob die mosaische Lehre als *religio licita* anerkannt wurde oder nicht. Zwar galt es nach wie vor, ihren Anspruch, den ihnen eigenen Kult und das Leben nach Vätersitte, einzufordern und gegen Staat und Gesellschaft zu verteidigen. Aber die den Juden als Glaubensgemeinschaft gewährten Freiräume wurden mehr und mehr beschnitten. Selbst der Übertritt vom Judentum zum Christentum, lange Zeit zur Stärkung der noch jungen Kirche erwünscht, „sollte nicht aus Opportunitätsgründen erfolgen und konnte sogar rückgängig gemacht werden"[20].

Nachdem mit der Bekehrung Constantins der christliche Glaube bis ins Kaiserhaus vorgedrungen war, hörte die seit Neros Tagen bestehende Feindschaft zwischen Staatsführung und Christentum auf. Der Kaiserkult wurde abgeschafft. Nichts stand fortan einer Verbindung im Wege.

Unaufhaltsam fiel nun das Judentum in der kaiserlichen Gunst, und es war nicht einmal mehr möglich, sich gewisse Freiheiten und staatliches Wohlwollen mit Geld zu erkaufen. Unvereinbar schienen Wesen und Ziel der beiden Religionen. Misstrauisch hatten die Juden von Anfang an die Christenbewegung betrachtet (wenn sie auch an den blutigen Verfolgungen nicht unmittelbar beteiligt gewesen waren), als hätten sie geahnt, dass ihnen jene den Todesstoß versetzen würden.

Trotz der wiederholten offiziellen Bestätigung ihrer Rechte als freie Glaubensgemeinschaft nahm der öffentliche Druck auf die Juden zu. Sie reagierten auf den Wandel, indem sie sich in sich selbst zurückzogen und ihr Heil in der Abgrenzung suchten. Seit Jahrhunderten wegen ihrer ungewöhnlichen Sitten und ihres hohen moralischen Anspruchs ohnehin beargwöhnt, begaben sie sich jetzt auf den Weg, der unausweichlich in die mittelalterlichen Ghettos führte.

Doch wer hätte je vorauszusagen gewagt, dass der Staat Israel nach mehr als achtzehn Jahrhunderten neu erstehen sollte, nachdem er nur noch in der Erinnerung jener gelebt hatte, deren Vorfahren einst dem Bestand des Imperium Romanum weichen mussten? Wer, dass er den in alle Welt verstreuten Juden eine neue Heimat bieten würde, Zuflucht für alle Mühseligen und Beladenen, Gemarterten und Verfolgten?

Das Großreich der Römer, das einmal eine halbe Welt umfasste, gibt es seit eineinhalb Jahrtausenden nicht mehr.

So eigenwillig sind oft die Launen der Geschichte.

ANHANG

Dank

Ich danke allen, die zum Gelingen meines Buches beigetragen haben: Meinem Sohn Alexander Constantin für die ermunternde Begleitung und so manche hilfreiche Diskussion, wenn es um die Übersetzung und Auslegung von Quellentexten ging. Meinen Freunden für die Anteilnahme und das Interesse an meiner Arbeit. Meiner Heimatstadt Buchen dafür, dass sie mir ihre Büchereien kostenlos zur Verfügung stellte.

Mein Dank gilt Herrn Gymnasialprofessor a. D. Dr. Helmut Brosch vom Verein Bezirksmuseum Buchen für die freundliche Überlassung von Bildmaterial, Frau Professor Dr. Eveline Goodman-Thau, Direktorin der Hermann-Cohen-Akademie mit Sitz in Buchen, für wertvolle Hinweise und besonders Herrn Professor Dr. Helmut Castritius, TU Braunschweig, der das Manuskript zu diesem Buch ganz gelesen und mit für mich wichtigen Kommentaren versehen hat.

Buchen, im Januar 2002   Ute Schall

Anmerkungen

Die Bibelstellen wurden zitiert nach: Die Heilige Schrift des Alten und Neuen Testaments nach den Grundtexten übers. u. hrsg. von Prof. Dr. Vinzenz Hamp. Pattloch Verlag, Aschaffenburg [26]1977.

Der Auszug aus Ägypten, S. 13–23
1 MAIER, S. 34, hält die Herkunft für nicht gesichert
2 Exodus 1, 8
3 MAIER, S. 39
4 Numeri 13, 15–18
5 Ebd. 13, 27
6 FRANK/ROTT-ILLFELD, S. 73
7 Genesis 3, 19
8 MAIER, S. 38
9 1 Samuel 16, 23
10 Ebd. 18, 29

Jerusalem, die Heilige Stadt, S. 24–28
1 GORYS, S. 73
2 FRANK/ROTT-ILLFELD, S. 106
3 1 Könige 6, 23,28
4 Ebd. 8, 7
5 2 Chronik 4, 2–4
6 MAIER, S. 62
7 FRANK/ROTT-ILLFELD, S. 106

Die Babylonische Gefangenschaft, S. 29–37
1 2 Samuel 7, 16
2 2 Chronik 11, 5–10
3 2 Könige 25, 12
4 MAIER, S. 112
5 Jeremia 29, 5–6
6 MAIER, S. 118
7 Meyers Enzyklopädisches Lexikon zu „Judentum"

Unter Alexander dem Großen und seinen Nachfolgern, S. 38–44
1 MAIER, S. 134
2 vgl. 1 Makkabäer 1, 3
3 Flavius Josephus, Jüdische Altertümer, 12, 3,4
4 FRANK/ROTT-ILLFELD, S. 155
5 MAIER, S.170
6 Ebd. S. 175
7 1 Makkabäer 1, 38
8 Ebd. 1, 41 f
9 MAIER, S. 189

Der Makkabäeraufstand, S. 45–56
1. Flavius Josephus, Jüdische Altertümer, 12, 6,1
2. 1 Makkabäer 2ff
3. Ebd. 2, 24
4. Flavius Josephus, a.a.O., 12, 6,2
5. 1 Makkabäer 2, 65f
6. MAIER, S. 192
7. Daniel 12, 1 ff
8. 1 Makkabäer 3, 4
9. Ebd. 3, 35
10. Ebd. 4, 36
11. Flavius Josephus, a.a.O., 12, 7,7
12. 1 Makkabäer 8, 17
13. Ebd. 8, 20
14. Ebd. 9, 10
15. FRANK/ROTT-ILLFELD, S.158
16. 1 Makkabäer 10, 6
17. Ebd. 12, 1 ff
18. Ebd. 13, 42
19. 1 Makkabäer 12, 1–4; 1 Makkabäer 14, 40

Die Hasmonäer – Aufstieg und Niedergang einer Dynastie, S. 57–65
1. MAIER, S. 204
2. 1 Makkabäer 14, 8
3. Ebd. 14, 40
4. NOETHLICHS, S. 12; 1 Makkabäer 15, 15ff
5. MAIER, S. 205
6. SANDMEL, S. 36
7. Ebd.
8. Flavius Josephus, Jüdische Altertümer, 14, 4,1
9. FRANK/ROTT-ILLFELD, S. 164
10. PEROWNE, Herodes der Große, S. 34
11. Flavius Josephus, a.a.O., 14, 4,4
12. Ebd. 14, 4,5
13. Ebd.

Crassus – Pompeius – Cäsar, S. 66–71
1. Flavius Josephus, Jüdische Altertümer, 14, 7,1
2. vgl. ders., Geschichte des Judäischen Krieges, 1, 8,9
3. SCHALIT, S. 40
4. Flavius Josephus, Geschichte des Judäischen Krieges, 1, 9,5
5. Ebd. 1, 10,3

Herodes auf dem Weg zum Königtum, S. 72–79
1. Flavius Josephus, Geschichte des Judäischen Krieges, 1, 10,6
2. SCHALIT, S. 41
3. PEROWNE, Herodes der Große, S. 53
4. Flavius Josephus, a.a.O., 1, 10,7
5. SANDMEL, S. 61
6. Flavius Josephus, a.a.O., 1, 11, 4

7 Ebd. 1, 11,8
8 Ebd. 1, 13,10
9 Ebd. 1, 14,4
10 SANDMEL, S. 84

Auge um Auge ..., S. 80–85
1 Flavius Josephus, Jüdische Altertümer, 14, 14,5
2 PEROWNE, Herodes der Große, S. 71
3 Flavius Josephus, Geschichte des Judäischen Krieges, 1, 17,6
4 Ebd. 1, 18,2
5 Ebd. 1, 18,3
6 SCHALIT, S. 690
7 Dio Cassius, XLIX, 22
8 SANDMEL, S. 90

Herodes der Große – König, Vater und Tyrann, S. 86–97
1 Flavius Josephus, Geschichte des Judäischen Krieges, 1, 18,4
2 SCHALIT, S. 698
3 GRANT, Kleopatra, S. 197
4 SCHALIT, S. 698
5 Flavius Josephus, a.a.O., 1, 22,2
6 Ebd. 1, 23,5
7 Ebd. 1, 24,2
8 Ebd. 1, 31,5

Herodes, der Bauherr, S. 98–108
1 Flavius Josephus, Jüdische Altertümer, 15, 11,1
2 Flavius Josephus, Geschichte des Judäischen Krieges, 1, 21,1
3 wie Anm. 1: 15, 11,3
4 wie Anm. 2: 5, 5,2
5 GORYS, S. 109
6 Ebd. S.108
7 wie Anm. 2: 5, 5,4
8 Ebd. 5, 5,6
9 Sueton, Augustus 93
10 FRANK/ROTT-ILLFELD, S. 168
11 wie Anm. 2: 7, 8,3
12 NIEMEYER/PÖRTNER, S. 696

Jesus von Nazareth, S. 109–118
1 Tacitus, Annalen, 15, 44
2 Flavius Josephus, Jüdische Altertümer, 18, 3,3
3 Sueton, Claudius 25,4
4 Matthäus 2,1
5 Lukas 2,2
6 Flavius Josephus, a.a.O., 18, 1,1
7 Ebd.
8 Lukas 2, 49
9 Matthäus 14, 8

10 Lukas 19, 42-44
11 Markus 12, 17
12 Ebd. 12, 31
13 GRANT, Jesus, S. 205
14 Ebd. S. 209
15 Ebd.
16 Johannes, 18, 31

Teilung des Herodesreiches, S. 119-126
1 GRAETZ, Bd. 2, S. 144
2 Ebd. S. 137
3 Ebd. S. 139

Provincia Iudaea (6 n. Chr.), S. 127-132
1 GRAETZ, Bd. 2, S. 144
2 Flavius Josephus, Jüdische Altertümer, 18, 1,1
3 GRAETZ, Bd. 2, S. 148 f
4 MAIER, S. 231

Die Juden in der Diaspora, S. 133-142
1 Flavius Josephus, Jüdische Altertümer, 14, 7,2
2 Römer. 15, 24
3 MAIER, S. 241
4 NOETHLICHS, S. 14
5 Cicero, Pro Fl. 66,9
6 FUHRMANN, Cicero, S. 126 f
7 Flavius Josephus, Jüdische Altertümer, 14, 10,13
8 Ebd. 14, 10,8
9 Flavius Josephus, a.a.O., 16, 10,17
10 Ebd. 16, 2,3 ff

Die jüdische Gemeinde in Rom, S. 143-148
1 NOETHLICHS, S. 13
2 Valerius Maximus, Facta et dicta memorabilia, 1, 33,3
3 Sueton, Gaius Iulius Caesar 42, 3
4 Ebd. 84, 4
5 Ebd. Augustus 32,1
6 Flavius Josephus, Jüdische Altertümer, 16, 6,2
7 Ebd. 16, 6,5
8 SMALLWOOD, S. 136

Provincia Iudaea bis 41 n. Chr., S. 149-157
1 Flavius Josephus, Jüdische Altertümer, 18, 2,2
2 Tacitus, Annalen, 2, 42
3 SMALLWOOD, S.160 unter Berufung auf Philo(n) von Alexandria
4 Flavius Josephus, a.a.O., 18, 3,1
5 Sueton, Tiberius 65, 1; 48, 2; Tacitus, Annalen, 3, 72

6 Tacitus, Historien, 5, 9
7 SMALLWOOD, S. 174 unter Berufung auf Philo(n) von Alexandria
8 Flavius Josephus, Geschichte des Judäischen Krieges, 2, 10,1
9 Philo(n) von Alexandria, Leg. 337–8

Agrippa I., König der Juden (41–44 n. Chr.), S. 158–160 u. 177–185
1 Flavius Josephus, Jüdische Altertümer, 18, 5,2
2 Ebd. 18, 5,3
3 GRAETZ, Bd. 2, S. 180
4 Flavius Josephus, a.a.O., 18, 7,2
5 GRAETZ, Bd. 2, S. 182
6 Ebd. S. 183
7 SMALLWOOD, S. 192
8 Flavius Josephus, a.a.O., 19, 8,2
9 GRAETZ, Bd. 2, S. 210

Judenvertreibungen in Rom, S. 186–190
1 Tacitus, Annalen, 2, 85,5
2 Sueton, Tiberius 36,2
3 Flavius Josephus, Jüdische Altertümer, 18, 3,5
4 Dio Cassius, LX, 6,6,
5 NOETHLICHS, S. 160
6 Sueton, Claudius 25,4
7 siehe auch NOETHLICHS, S. 160
8 Orosius 7, 6,15 f; SMALLWOOD, S. 211
9 NOETHLICHS, S. 91
10 Tacitus, Annalen, 15, 44

Judäa gerät zunehmend außer Kontrolle, S. 191–203
1 Flavius Josephus, Geschichte des Judäischen Krieges, 2, 11,6
2 Flavius Josephus, Jüdische Altertümer, 20, 1,1
3 Ebd. 20, 5,1
4 Ebd. 20, 2,5
5 Ebd. 20, 5,3
6 Ebd. 20, 6,1
7 Ebd. 20, 6,2
8 Ebd. 20, 6,3
9 Tacitus, Annalen, 12, 54
10 Flavius Josephus, Jüdische Altertümer, 20, 7,2
11 Ebd. 20, 8,8
12 Tacitus, Annalen, 13,14
13 NOETHLICHS, S. 19; Flavius Josephus, Geschichte des Judäischen Krieges, 2, 14,4
14 Flavius Josephus, ebd. 2, 14,1
15 Ebd. 2, 14,2
16 Flavius Josephus, Jüdische Altertümer, 20, 11,1
17 Tacitus, Historien, 5, 10,1
18 GRAETZ, Bd. 2, S. 253
19 Ebd.
20 Flavius Josephus, Geschichte des Judäischen Krieges, 2, 14,9

Auftakt zum Krieg, S. 204–211

1 GRAETZ, Bd. 2, S. 238
2 Ebd. S. 241
3 Flavius Josephus, Jüdische Altertümer, 20, 9,4
4 Ebd. 20, 9,7
5 Flavius Josephus, Geschichte des Judäischen Krieges, 2, 15,5
6 Ebd. 2, 16,5
7 Ebd. 2, 17,2
8 Ebd. 2, 17,3
9 Ebd. 2, 17,10

Das Jahr 66 n. Chr.: Der große Krieg beginnt, S. 212–220

1 Flavius Josephus, Geschichte des Judäischen Krieges, Vorwort S. 21
2 Ebd. 2, 18,1
3 Ebd. 2, 18,4
4 Ebd. 2, 18,8
5 Ebd. 2, 19,2
6 Ebd. 2, 19,4
7 Ebd. 2, 19,6
8 Ebd. 2, 20,3
9 Ebd. 2, 22,2

(Flavius) Josephus – Befehlshaber von Galiläa, S. 221–228

1 Flavius Josephus, Geschichte des Judäischen Krieges, 3, 2,4
2 Ebd. 3, 8,9
3 Ebd. 3, 8,1
4 Ebd. 3, 8,3
5 Ebd. 3, 8,9
6 GRAETZ, Bd. 2, S. 267

Der Untergang Jerusalems 70 n. Chr., S. 229–245

1 GRAETZ, Bd. 2, S. 278
2 Flavius Josephus, Geschichte des Judäischen Krieges, 4, 3,7
3 Ebd. 4, 3,10
4 Ebd. 4, 3,13
5 Ebd. 4, 5,2
6 Ebd. 4, 6,3
7 Ebd. 4, 9,3
8 Ebd. 5, 3,1
9 Ebd. 5, 8,2
10 SMALLWOOD, S. 325
11 GRAETZ, Bd. 2, S. 288
12 Flavius Josephus, a.a.O., 5, 9,1
13 Ebd. 5, 10,3
14 Ebd. 5, 12,2
15 Ebd. 5, 13,5
16 GRAETZ, Bd. 2, S.292
17 Flavius Josephus, a.a.O., 6, 1,1
18 Ebd. 6, 4,5

19 SMALLWOOD, S. 325
20 GRANT, Roms Cäsaren, S. 278
21 GRAETZ, Bd. 2, S. 293
22 Ebd. S. 294
23 GRANT, a.a.O., S. 278
24 YADIN, S. 17

Die Erstürmung von Machaerus und Masada, S. 246–253
1 Flavius Josephus, Geschichte des Judäischen Krieges, 7, 5,5
2 Ebd. 7, 5,6
3 Ebd. 7, 8,5
4 Ebd. 7, 8,6
5 Ebd. 7, 8,7
6 Ebd. 7, 9,1

Nach dem großen Krieg, S. 254–262
1 SMALLWOOD, S. 341
2 GRAETZ, Bd. 3, S. 12f
3 YADIN, S. 17
4 Tacitus, Historien, 2, 2
5 Ebd. 2, 81
6 Sueton, Titus 7
7 Ebd. Titus 1
8 GRAETZ, Bd. 3, S.17

Die Zeit zwischen den Aufständen, S. 263–269
1 Flavius Josephus, Geschichte des Judäischen Krieges, 7, 3,3
2 Ebd.
3 Sueton, Nero 57
4 Sueton, Domitian 42
5 SMALLWOOD, S. 382
6 Dio Cassius, XLVIII, 1,2

Aufstand der Diasporajuden (115–117 n. Chr.), S. 270–282
1 MAIER, S. 242 f
2 NOETHLICHS, S. 21
3 YADIN, S. 18
4 DEMANDT, Das Privatleben der römischen Kaiser, S. 216 m. w. N.
5 GRAETZ, S. 18
6 SMALLWOOD, S. 393 ff
7 NOETHLICHS, S. 164; Appian, 2, 90, 380
8 SMALLWOOD, S. 402 m. w. N.
9 GRAETZ, S. 70
10 Dio Cassius, XVIII, 32,2 f
11 SMALLWOOD, S. 410
12 Historia Augusta: Aelius Spartianus, Hadrian 5,2
13 NOETHLICHS, S. 22
14 Historia Augusta, a.a.O, 5,8
15 GRAETZ, Bd. 3, S. 71

Das Ende Judäas unter dem „Sohn des Sterns" (132–135 n. Chr.), S. 283–294
1 YADIN, S. 256, alle folgenden Zitate mit weiteren Nachweisen
2 Historia Augusta, Hadrian 21,8
3 YADIN, S. 19
4 Ebd. S. 256
5 Ebd. S. 26
6 Ebd. S. 27
7 Ebd. S. 65
8 Ebd. S. 139
9 Ebd. S. 20, 258; Dio Cassius, LXIX, 12–14
10 Ebd. S. 21
11 Ebd. S. 26
12 Jeremia 25, 20, 47,1,5; Amos 1,6,7; Zefanja 2, 4; Sacharja 9, 5
13 YADIN, S. 259
14 SCHÄFER, Peter, Der zweite jüdische Krieg, in: Süddeutsche Zeitung 8./9. Dez. 2001

Nach Bar Kochba, S. 295–301
1 Historia Augusta, Antoninus Pius 5, 4–5; NOETHLICHS, S. 22
2 GRAETZ, Bd. 3, S. 85
3 Ebd. S. 87
4 Ebd. S. 86
5 Ebd. S. 90
6 Ebd. S. 88
7 Näheres zu R. Aqiba Ben Joseph in: FINKELSTEIN, L.: Scholar, saint and martyr, New York 1936, und BILLERBECK, P.: Rabbi Aqiba, in: Nathanael 32 (1916), 81
8 GRAETZ, S. 90
9 Ebd. S. 92
10 NOETHLICHS, S. 92
11 NOETHLICHS, S. 23 mit Hinweis auf Eusebius
12 Tobit 14, 4f

Palästina unter den Antoninen (138–192 n. Chr.), S. 302–308
1 Anders NOETHLICHS, S. 22, der bezweifelt, dass Rom den jüdischen Patriarchen anerkannte
2 Historia Augusta, Vita Marci 24,5
3 Ammianus Marcellinus, XXI, 5, 5

Unter den Severern (193–235 n. Chr.), S. 309–315
1 Historia Augusta, Severus 18, 2
2 GRAETZ, Bd. 3, S. 144
3 Historia Augusta, Severus 9, 5
4 Ammianus Marcellinus, XV, 8,11
5 SMALLWOOD, S.496
6 Historia Augusta, Severus 17, 1
7 Dio Cassius, XXXVII, 17, 1
8 Historia Augusta, Severus, 1, 6
9 Dio Cassius, XXXVII, 17, 1–3
10 GRAETZ, S. 115
11 Ebd. S. 119
12 Ebd. S. 120

Der Zerfall des Römischen Reiches, S. 316–326

1 FUHRMANN, Rom in der Spätantike, S. 22
2 ROSTOVTZEFF, S. 398
3 GRAETZ, Bd. 3, S. 121
4 DEMANDT, Das Ende der Weltreiche, S. 35
5 MOMIGLIANO, Das Christentum und der Niedergang des Römischen Reiches. In: CHRIST, Karl: Der Untergang des Römischen Reiches, S. 412
6 GRAETZ, S. 137
7 Ebd.
8 NOETHLICHS, S. 24; SMALLWOOD, S. 533
9 SMALLWOOD, S. 532
10 Siehe dazu RAITH
11 GRAETZ, S. 145
12 Ebd. S. 146
13 Ebd.
14 Ebd. S. 147
15 Ebd. S. 153
16 Ebd. S. 154

Juden und Christen – Beginn einer Rivalität, S. 327–338

1 Durant, Will und Ariel, Bd. 5, S. 169
2 NOETHLICHS, S. 92
3 Durant, a.a.O., S. 177
4 Tertullian, Apologeticum, Kap. 21
5 NOETHLICHS, S. 94
6 Johannes 7, 22 f
7 Galater 5, 6
8 Galater 4, 24–26; Genesis 11, 10
9 NOETHLICHS, S. 96
10 MAIER, S. 253
11 NOETHLICHS, S. 98 mit Hinweis auf Eusebius
12 MAIER, S. 252
13 Lukas 21, 5
14 BIDEZ, S. 321
15 Ebd., S. 322
16 NOETHLICHS, S. 98 mit Hinweis auf Johannes Chrysostomos
17 Ammianus Marcellinus, XXIII, 1,1
18 CARCOPINO, S. 199
19 GRAETZ, Bd. 3, S. 178
20 NOETHLICHS, S. 117

Literatur

Ammianus Marcellinus: Römische Geschichte. Mit einem Kommentar von Wolfgang SEYFAHRT. 3 Bde. Darmstadt 1968 (Bd. I) und Berlin 1978 (Bd. II und III)
Appian(us): Historia Romana. Hrsg. v. P. VIERECK und A. GOOS. Leipzig 1905–39. 2 Bde. Neudr. Bd. I 1962
BIDEZ, JOSEPH: Julian. München 1940
CARCOPINO, Jerome: Rom. Stuttgart 1986
Cassius Dio Cocceianus (zit.: **Dio Cassius**): Roman history. Griech. und engl. Hg. v. E. CARY, London und New York 1914–26. 9 Bde.
CASTRITIUS, HELMUT: Politischer Konflikt und kollektive Gewalt im jüdisch-alexandrinischen Bürgerkrieg 38–41 n. Chr., in: Humanistische Bildung, Heft 18, Stuttgart 1994
CASTRITIUS, HELMUT: Juden in der Antike, in: Neues Lexikon des Judentums, hrsg. v. JULIUS V. SCHOEPS (s. dort)
CHRIST, KARL (Hg.): Der Untergang des Römischen Reiches. Darmstadt 1970
Cicero, Marcus Tullius: Sämtliche Reden. Eingel., übers. und erl. von M. FUHRMANN, Zürich 1970. 7 Bde.
DEMANDT, ALEXANDER: Das Privatleben der römischen Kaiser. München 1996
DEMANDT, ALEXANDER: Das Ende der Weltreiche. München 1997
Der Kleine Pauly. Lexikon der Antike in fünf Bänden. Hrsg. v. August F. PAULY/Konrat ZIEGLER/Walther SONTHEIMER. München 1979
Durant, Will und Ariel: Kulturgeschichte der Menschheit. Frankfurt, Berlin, Wien. o. J., 12 Bde.
ECK, WERNER: Augustus und seine Zeit. München 1998
Eusebius: Vgl. SCHRECKENBERG, H.: Die christlichen Adversus-Iudaeos-Texte und ihr literarisches und historisches Umfeld (1.–11 Jh.), Frankfurt a. M. u. a. 1995
FERNIS/HAVERKAMP: Grundzüge der Geschichte. Von der Urzeit bis zur Gegenwart. Berlin 1964
Flavius Josephus: Jüdische Altertümer. Wiesbaden 1991
Flavius Josephus: Geschichte des Judäischen Krieges. Leipzig 1994
FRANK, HARRY/ROTT, SIBYLLE: Biblische Stätten einst und heute. Stuttgart 1983
FRIEDLÄNDER, LUDWIG: Sittengeschichte Roms. Essen o. J.
FROMER, JAKOB (Hrsg.): Der Babylonische Talmud. Wiesbaden 1998
FUHRMANN, MANFRED: Cicero und die römische Republik. München 1991
FUHRMANN, MANFRED: Rom in der Spätantike. Reinbek 1996
GIBBON, EDWARD: Verfall und Untergang des Römischen Reiches. Nördlingen 1987
GORYS, ERHARD: Heiliges Land. Köln 1996
GRAETZ, HEINRICH: Volkstümliche Geschichte der Juden. München 1985. 6 Bde. – Im Juli 2001 als CD-Rom erschienen: Heinrich Graetz: Geschichte der Juden. Von den ältesten Zeiten bis zum Ende des 11. Jhs. (Digitale Bibliothek)
GRANT, MICHAEL: Roms Cäsaren. München 1983
GRANT, MICHAEL: Kleopatra. Herrsching 1986
GRANT, MICHAEL: Jesus. Bindlach 1990
GREGOROVIUS, FERDINAND: Geschichte des römischen Kaisers Hadrian und seiner Zeit. Königsberg 1858
HENDERSON, BERNHARD: The Life and the Principate of the Emperor Hadrian. London 1923
HENGEL, MARTIN: Judentum und Hellenismus. Studien zu ihrer Begegnung unter besonderer Berücksichtigung Palästinas bis zur Mitte des 2. Jh. v. Chr. Tübingen 1988
Historia Augusta. Römische Herrschergestalten I. Von Hadrianus bis Alexander Severus. Eingel. u. übers. v. E. HOHL, bearb. u. erl. v. E. MERTEN u. A. RÖSGER. Zürich–München 1976

Jüdisches Lexikon. Ein enzyklopädisches Handbuch des jüdischen Wissens. Frankfurt 1987, 4 Bde.
LÉMONON, JEAN-PIERRE: Pilate et le gouvernement de la Judée. Paris 1981
MAIER, JOHANN: Das Judentum. Von der biblischen Zeit bis zur Moderne. Bindlach 1988
MOMIGLIANO, ARNOLDO: Das Christentum und der Niedergang des Römischen Reiches. In: K. CHRIST (Hrsg.): Der Untergang des Römischen Reiches. Darmstadt 1970
MOMMSEN, THEODOR: Römische Geschichte. Essen 1997
MORTON, H. W.: Rom. Wanderungen durch Vergangenheit und Gegenwart. München 1981
NACK, EMIL/WÄGNER, WILHELM: Das römische Weltreich. Wien o. J.
NIEMEYER, HANS/PÖRTNER, RUDOLF: Die großen Abenteuer der Archäologie. Salzburg 1981–87
NOETHLICHS, KARL: Das Judentum und der römische Staat. Minderheitenpolitik im antiken Rom. Darmstadt 1996
PEROWNE, STEWART: Herodes der Große. Stuttgart 1957
PEROWNE, STEWART: Hadrian. München 1977
Philo von Alexandria: Werke. Hrsg. v. L. COHN u. a. Berlin 1962–64, 7 Bde.
RAITH, WERNER: Das verlassene Imperium. Berlin 1992
ROSTOVTZEFF, MICHAEL: Geschichte der alten Welt. Bd. 2. Rom, Basel o. J.
SANDMEL, SAMUEL: Herodes. Der Mann und sein Werk. Berlin 1968
SCHÄFER, PETER: Geschichte der Juden in der Antike. Stuttgart 1983
SCHALIT, ABRAHAM: König Herodes. Berlin 2001
SCHWARTZ, DANIEL R.: Agrippa I. The last king of Judaea (= Texte und Studien zum Antiken Judentum, Bd. 23). Tübingen 1990
SMALLWOOD, MARY: The Jews under Roman Rule (= Studies in Judaism in late Antiquity, Vol. 20). Leiden 1976
SCHOEPS, JULIUS H. (Hrsg.): Neues Lexikon des Judentums. Gütersloh 1998 (2. Aufl. 1999)
STÜTZER, ALEXANDER: Das antike Rom. Köln 1979
Suetonius Tranquillus: Leben der Caesaren. München 1989 (**zit.: Sueton**)
Tacitus, Publius Cornelius: Annalen. Stuttgart, Essen o. J.
Tacitus, Publius Cornelius: Historien. Stuttgart, Essen o. J.
Tertullian(us), Quintus Septimius Florens: Quinti Septimii Florentis Tertulliani Opera. Hrsg. v. A. REIFFERSCHEID u. a. Wien. 1890–1957, 5 Bde.
Valerius Maximus: Facta et dicta memorabilia. / Denkwürdige Taten und Worte. Lat.-Dt. Übers. u. hrsg. v. U. BLANK-SANGMEISTER. Ditzingen 1991.
VILNAY, ZEV: Israel. Berlin 1997
YADIN, YIGAEL: Bar Kochba. Archäologen auf den Spuren des letzten Fürsten von Israel. Hamburg 1971
YAVETZ, ZVI: Judenfeindschaft in der Antike (= Die Münchner Vorträge). München 1997

Zeittafel

v. Chr.

1290–1224	Ramses II., Kg. v. Ägypten
um 1250	Moses führt die Israeliten aus Ägypten
1230	Einnahme Hazors
um 1220	Der Name *Israel* erscheint erstmals auf einer Stele des Pharaos Merenptah
1184–1153	Ramses III., Kg. d. Ägypter
um 1050	Die Philister besiedeln die Küstenebene
1050	Schlacht bei Eben-Ezer; die vereinigten Stämme Israels werden von den Philistern geschlagen
um 1020	Saul wird König Israels
um 1105–965	David regiert über Juda, erobert Jerusalem und herrscht über das vereinigte Königreich Israel
1004	David vertreibt die Philister
1000–800	Blütezeit Jerusalems
um 965–930	König Salomos Herrschaft; 1. Tempelbau in Jerusalem
930	Teilung des Reiches in *Israel* (Norden) mit Hauptstadt Samaria und *Juda* (Süden) mit Hauptstadt Jerusalem. Jerobeam I. (930–908) herrscht über das Nordreich, Rehabeam (930–913) über das kleinere Südreich
878–845	Herrschaft der Omriden in Israel
732–724	König Hoschea, letzter Kg. v. Israel
722	Eroberung Samarias durch die Assyrer
626	Joschija (Josia), Kg. von Juda, vertieft den Monotheismus
597–587	Zedekia, Kg. von Juda, verfolgt eine babylonfreundliche Politik
587	Ende des Königreichs Juda nach der Eroberung Jerusalems durch Nebukadnezar II.; Zerstörung des Tempels; Beginn der „Babylonischen Gefangenschaft"
539/38	Perserkönig Kyros II. erobert das babylonische Reich und gestattet per Dekret den Juden, in ihre Heimat zurückzukehren.
um 445	Der Statthalter Nehemia baut die Stadtmauern Jerusalems wieder auf; der Schriftgelehrte Esra verkündet das „Gesetz" (*Thora*)
332	Alexander d. Große erobert Tyros; die Samaritaner errichten ein eigenes Heiligtum auf dem Berg Garizim bei Sichem
323–281	Seleukos I. herrscht über Babylonien und Syrien, zu dem auch Judäa gehört
223–187	Antiochos III.; Beginn der Seleukidenherrschaft
168	Antiochos IV. schlägt einen jüdischen Aufstand in Jerusalem nieder
166	Ausbruch des Makkabäeraufstandes unter Führung des Hasmonäers Mattathias und seiner Söhne Judas, Jonathan und Simon
164	Dez: Judas Makkabäus befreit Jerusalem; Tempelweihe (Ursprung des *Chanukkafestes*)
161	Judas Makkabäus sucht um eine Waffenbündnis mit Rom gegen die Seleukiden nach (?)
144–142	Erneuerung des Bündnisses mit Rom unter Hohepriester Jonathan (?) und unter Simon (?)
142	Beginn der hasmonäischen Ära unter Simon und eines selbstständigen jüdischen Staates

139	Vertreibung der Juden aus Rom durch den *praetor peregrinus*
128	Zerstörung des Tempels der Samaritaner auf dem Berg Garizim
125	Hyrkan I., Sohn des Simon und Hohepriester, annektiert einen Teil Samarias und Idumäa
87	Der röm. Konsul Sulla beauftragt Lucullus, gegen aufständische Juden in Cyrene vorzugehen
76	Tod des Hasmonäerkönigs Alexander Jannäus; Nachfolgerin wird Salome Alexandra († 67)
67	Ihre Söhne Hyrkan II. und Aristobul II. kämpfen um den Thron
63	Einrichtung der *Provicia Syria*. Pompeius Magnus erobert Jerusalem und zerschlägt das Hasmonäerreich. Judäa wird abhängiger Klientelstaat
60	Pompeius, Crassus und Cäsar schließen das 1. Triumvirat
59	In Rom Prozess gegen den ehem. Statthalter von *Asia*, L. Valerius Flaccus, wegen Unterschlagung jüdischen Tempelgeldes
55	Crassus kommt als Statthalter nach Syrien
53	Plünderung des Jerusalemer Tempels durch Crassus
53/52	C. Cassius Longinus versklavt nach der Niederwerfung eines jüdischen Aufstandes am See Genezareth 30 000 Juden
47–44	Cäsar gewährt den Juden wichtige Privilegien und verleiht dem Idumäer Antipater und seinen Söhnen das römische Bürgerrecht; Hyrkan II. erhält den Etnarchen-Titel und das Hohepriesteramt
43	Herodes werden Gebiete im südlichen Syrien unterstellt
40	Anerkennung von Antipaters Sohn, Herodes, als König von Judäa durch den römischen Senat
37	Antigonos II., letzter Hasmonäerkönig und Widersacher Herodes I., wird im Auftrag des Marcus Antonius hingerichtet
37–4	Herrschaft Herodes' I.
37	Herodes erobert Jerusalem
36–30	Umgestaltung der Wüstenfestung Masada
30	Hinrichtung Hyrkans' II. Durch den Freitod von Antonius und Kleopatra wird Ägypten römisch. Damit gelangt auch die größte Judengemeinde außerhalb Judäas in Alexandria unter röm. Herrschaft. Octavian belohnt Herodes für dessen Hilfe gegen Antonius mit Gebietserweiterungen
29	Herodes lässt seine Gemahlin Mariamne hinrichten
ab 20/19	Neubau des Jerusalemer Tempels
16–14	Agrippa, Freund und Schwiegersohn des Octavian Augustus, bestätigt den Juden in Kleinasien ihre Rechte
12	Herodes beschuldigt in Rom vor Octavian Augustus seine Söhne Alexander und Aristobul des versuchten Giftmords
10	Tempelweihe in Jerusalem
7	Hinrichtung von Alexander und Aristobul
5/4	Herodes beschuldigt seinen Sohn Antipater des versuchten Giftmords
4	Hinrichtung Antipaters; Tod des Herodes und Aufteilung seines Reiches unter die Söhne Archelaus *(Judäa, Idumäa, Samaria)*, Herodes Antipas *(Galiläa, Peräa)* und Philippus *(Landesteile nördlich des Sees Genezareth)*
zw. 6 v. u. 6 n. Chr.	Geburt des Juden Jesus v. Nazareth

n. Chr.

6	Kaiser Augustus setzt Archelaus ab und formt dessen Teilbereich in die *Provincia Iudaea* um; Unruhen in Judäa unter dem syrischen Statthalter Quirinius infolge einer Volkszählung, die der Steuerveranlagung dient
14	Tod des Augustus; Tiberius wird röm. Kaiser
19	Tiberius vertreibt Juden und Anhänger des Isis-Kults aus Rom
26–36	Amtszeit des Pontius Pilatus; in dieser Zeit wird Jesus von Nazareth gekreuzigt
37–41	Kaiser Gaius („Caligula"); er überträgt seinem Freund Agrippa die Tetrarchie des Philippus und verleiht ihm den Königstitel
39	Gaius setzt Herodes Antipas ab und verbannt ihn nach Gallien
41–54	Kaiser Claudius
41–44	Agrippa I., König von Judäa
44–46	Präfekt Cuspius Fadus; Unruhen zwischen Griechen und Juden in Alexandria
49	Vertreibung Unruhe stiftender Juden aus Rom; Kaiser Claudius überträgt Agrippa II. das Königreich Chalcis
48–52	Unruhen in Jerusalem unter dem röm. Prokurator Ventidius Cumanus mit mehr als 20 000 Toten
52	Vor Kaiser Claudius wird ein Streit zwischen Juden und Samaritanern ausgetragen
53	Helena, Königin von Adiabene, und ihr Sohn Izates treten zum Judentum über
52–59	Antonius Felix, Prokurator von Judäa
54–68	Kaiser Nero
58	Der Apostel Paulus kommt nach Rom
59/60	Juden und Syrer machen sich in Caesarea gegenseitig das Stadtrecht streitig; Nero entscheidet zu Gunsten der Syrer
59–62	Porcius Festus, Prokurator von Judäa
62–64	Lucceius Albinus, Prokurator von Judäa
64	Vollendung des Herodianischen Tempels unter Agrippa II.
64–66	Gessius Florus, Prokurator von Judäa
66–70	Erster großer Krieg der Juden gegen die römische Herrschaft
68	Rabbi Johanan Ben Zakkai gründet in Jamnia eine Rabbinerschule
69–79	Kaiser Vespasian
70	Eroberung Jerusalems und Zerstörung des Tempels unter Titus, dem Sohn Vespasians; Judäa wird kaiserliche Provinz; Einzug der Tempelsteuer zu Gunsten des kapitolinischen Jupitertempels in Rom *(fiscus Iudaicus)*
71	Eroberung der Festung Machaerus durch die Römer
73	Eroberung der Festung Masada durch die Römer, wo sich die letzten Sicarier verschanzt haben. Unruhen in der Cyrenaica
75	In Rom schließt die Errichtung des *Templum Pacis* den Sieg über Judäa ab
79–81	Kaiser Titus
81–96	Kaiser Domitian
um 94	Tod Agrippas II.; das letzte jüdische Klientelgebiet kommt damit unter direkte römische Herrschaft
96–98	Kaiser Nerva. Unter ihm lockern sich die Bestimmungen gegen die Juden
98–117	Kaiser Trajan

106	Das Nabatäerreich wird *Provincia Arabia*
115–117	Aufstandsbewegung der Diasporajuden in Syrien, Babylonien, Ägypten, der Cyrenaica und in Zypern
117–138	Kaiser Hadrian
132–135	Bar Kochba-Aufstand. Jerusalem wird zur „verbotenen Stadt" für die Juden und umbenannt in *Aelia Capitolina*; Änderung des Provinznamens *Iudaea* in *Syria Palaestina*
138–161	Kaiser Antoninus Pius. Lockerung der Beschränkungen für die Juden
161–180	Kaiser Marc Aurel
175	Reise Marc Aurels durch Palästina
181–192	Kaiser Commodus
193–235	Dynastie der Severer
202	Kaiser Septimius Severus lässt seinen Sohn Caracalla nach militärischen Erfolgen in Syrien einen „jüdischen" Triumph nach dem Vorbild Vespasians und Titus feiern
212	Kaiser Caracalla verleiht allen freien Reichsangehörigen das römische Bürgerrecht *(Constitutio Antoniniana)*
222–235	Kaiser Severus Alexander bestätigt den Juden ihre Privilegien
311	Toleranzedikt des Kaisers Galerius erlaubt die Ausübung christlicher Religion
361–363	Kaiser Julian (Apostata) versucht, den Jerusalemer Tempel wieder aufzubauen; nach seinem Tod wird der Plan aufgegeben
ab dem 4. Jh.	Das Christentum entwickelt sich zur Staatsreligion

DIE HASMONÄER

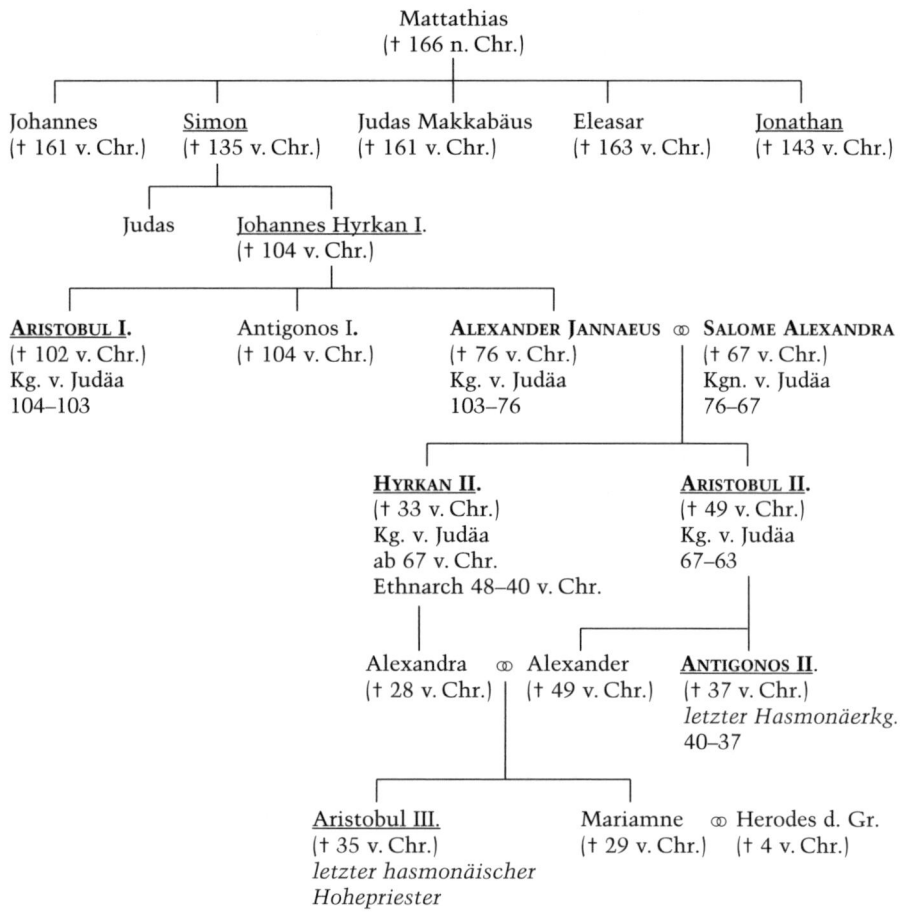

unterstrichen = Hohepriester

DIE HERODÄER

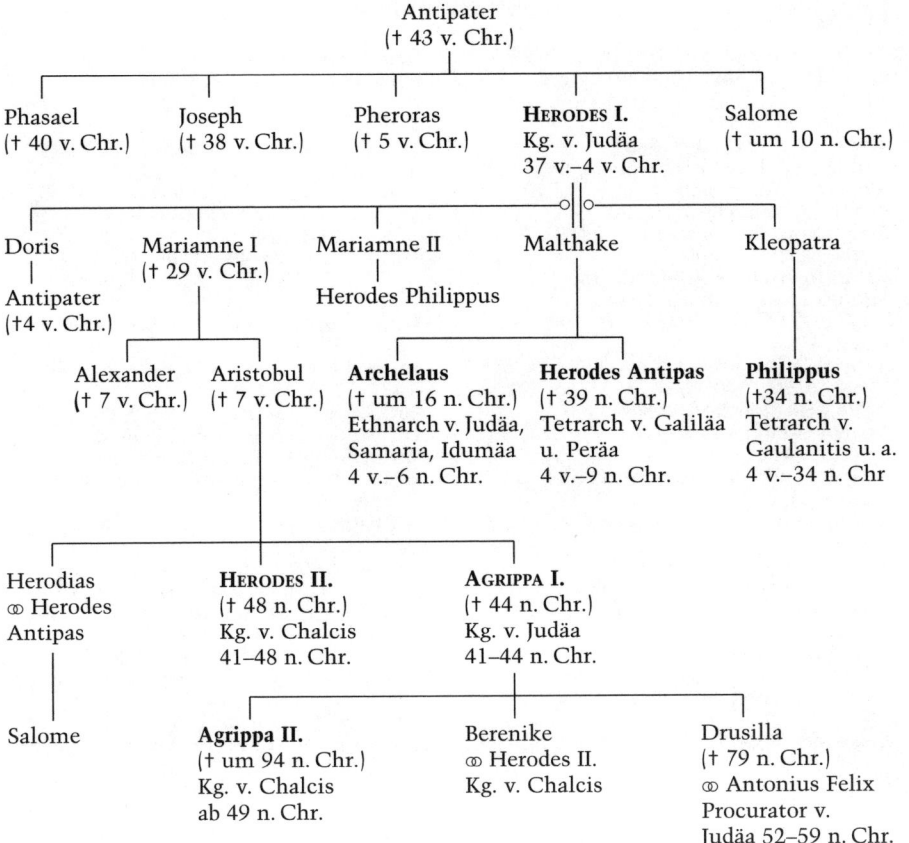

Register

Personen und Orte

(Nicht aufgenommen wurden immer wiederkehrende Begriffe wie: Jerusalem, Juda, Judäa, Juden, Rom, Römer. Die *kursiv* gedruckten Seitenzahlen weisen auf Abbildungen hin.)

Abamon, Berg, 215
Abraham 37, 315, 328, 330 f.
Actium, Stadt in Griechenland, 88
Adiabene, Königreich, 279 f
Aebutius, röm. Decurio, 222
Aelia Capitolina (Jerusalem) 294 ff., 302, 305, 312, 318, 356
Aelius Spartianus, Kaiserbiograf, 283, 289
Agrippa I., Kg. v. Judäa, 6, 146, 156, 158, 177 ff., 181, 184, 188, 191 ff., 194, 235, 260, 355
Agrippa II. (M. Iulius), Kg. v. Chalcis, 185, 194, 203 ff., 206, 208 f., 213, 216, 221, 226, 234, 236, 246, 259 ff., 268 f.
Agrippa, Marcus Vipsanius, 98, 102 f., 140 f., 147 f., 354
Agrippa, Sohn des Antonius Felix u. der Drusilla, 199
Agrippina d. J., Mutter Kaiser Neros, 198, 260
Alarich, Gotenkönig, 336
Albinus, Lucceius, Präfekt, 200, 205, 355
Alexander der Große 5, 38 ff., 41, 59, 270, 353
Alexander Jannäus, Kg. v. Judäa, 59 f., 63, 353
Alexander, Sohn Aristobuls II., 65 ff., 69, 76
Alexander, Sohn Herodes' d. Gr., 91 ff., 95, 124, 354
Alexander, M. Iulius, Bruder des Tiberius Alexander, 259
Alexander Balas, Usurpator, 51 f.
Alexander Lymachos, alexandrinischer Jude, 177
Alexandria, Hauptstadt Ägyptens, 40, 134, 136, 146 f., 158, 178, 182, 195, 212, 214 f., 221, 254, 258, 265, 270–275, 354 f.
Alexandrion, Ort, 94
Alkimos, Hohepriester, 49 f.
Alypios von Antiochia, Apologet, 331, 333
Ambivius, M., Präfekt, 149
Ambrosius, Bf. v. Mailand, 221
Ammianus Marcellinus, Geschichtsschreiber, 307, 310, 333
Amun, ägypt. Gottheit, 32
Ananias, Hohepriester, 197, 205, 210
Ananias, Sohn des Hohepriesters Eleazar, 209
Ananos, Hohepriester, 205, 218, 220, 230 ff.

Ancyra, Stadt, 142
Andreas, Bruder des Simon Petrus, 114
Andreias, Aufständischer, 273
Annas, Hohepriester, 116, 132, 154, 182
Antigonus, Sohn Aristobuls II., 65, 75 ff., 79 ff., 82 ff., 354
Antiochia, Stadt, 49, 51, 69, 76, 82, 135, 154, 157, 200, 217, 263 ff., 310, 315, 320 f., 324, 330
Antiochos III. (der Große), Seleukide, 41, 66, 135, 353
Antiochos IV. Epiphanes, Seleukide 43 ff., 47, 49, 51, 162, 353
Antiochos V., Seleukide, 49
Antiochos VI, Seleukide, 52,54
Antiochos VII., Seleukide 57 f.
Antiochos, aufständischer Bürger Antiochias, 264
Antipater, Sohn Herodes' des Großen, 86, 91–97, 354
Antipater, Vater Herodes des Großen, 61 f., 66 f., 69 ff., 75 f., 79, 146, 354
Antipater, Verwalter Antipaters, des Sohnes Herodes' des Großen 95
Antonia, Großmutter Caligulas, 178
Antoninus Pius, Kaiser, 295, 302 f., 305 f., 312, 327 f., 354
Antonius, L., Konsul, 140
Antonius, Marcus (Marc Anton), Triumvir, 67, 74 ff., 79 ff., 84, 86 ff., 105, 259, 354
Aphraat, persischer Gelehrter, 330
Apollinopolis, Stadt in Oberägypten, 275
Apollodorus von Damaskus, Erfinder und Baumeister, 291
Apollonios, Statthalter 47
Appian, Geschichtsschreiber, 274 f.
Aqiba, Rabbi, 267, 284, 293, 298 f., 304, 312
Aquila von Sinope, Bibelübersetzer, 294
Archelaus, Kg. v. Kappadokien, 91
Archelaus, Sohn Herodes'des Großen, 96, 119 ff., 124, 126, 354 f.
Ardaschir I., Kg. v. Persien, 315
Aretas III. Kg. der Nabatäer, 61
Aretas IV., Kg. der Nabatäer, 124, 160, 177
Aristides von Athen, Apologet, 300, 327 f.
Aristobul I., Kg. v. Judäa, Sohn Johannes Hyrkans I., 59, 354
Aristobul II., Kg. v. Judäa, Sohn des Alexander Jannäus, 60 ff., 65 ff., 69, 75, 84, 144

Aristobul III., Hohepriester, Bruder Mariamnes, Schwager Herodes' des Großen, 90
Aristobul, Sohn Herodes'des Großen, 92f., 95, 158, 354
Aristoteles, griech. Philosoph, 38
Arius, Glaubensspalter, 330
Artumion (Artenion), Aufständischer in Zypern, 276
Aschdod (Azotos), Stadt, 120
Askalon, Stadt, 86, 323
Atalja, Omridenprinzessin, 31
Athenagoras von Athen, christl. Apologet, 328
Augustus, Kaiser, s. Octavian Augustus
Aurelian, Kaiser, 320f.
Avi-Jonah, Gelehrter, 164
Avidius Cassius, Usurpator, 306
Azazius, Kg. v. Emesa, 198
Azotos s. Aschdod

Babylon am Euphrat 31ff., 38, 133
Bacchus, griech. Gott 44
Bakchides, Heerführer 50f.
Bar Kochba (Shimeon Bar Kochba), 6, *174*, 189, 283, 289, 300, 302f., 309, 327f.
Baskama, Stadt, 54
Bassus, Sextus Lucilius, Statthalter, 249f.
Bassus, Präfekt, 181
Batanäa, Stadt, 124
Bathseba, Frau Davids, 21
Berenice, Stadt, 141, 279
Berenike, Mutter Agrippas I., 177
Berenike, Schwester Agrippas II., Geliebte des Titus, 198, 203f., 209, 236, 247, 254, 259f.
Berytos, Stadt, 94, 205, 234, 245
Bet-Basi, Ort, 51
Beth Shearim, Ort, 311
Bethanien, Ort, 115
Bethar, Ort, 283ff., 292, 302
Betharampta, Stadt in Peräa, 125
Bethlehem 19, 110ff.
Bethoron, Ort, 218
Bethsaida (Julias), Stadt, 126
Bezetha, Vorstadt Jerusalems, 183, 235
Borkios, Gesandter, 216
Brundisium (Brindisi), Hafenstadt, 79
Brutus, Marcus Iunius, Verschwörer gegen Cäsar, 74
Byzanz 310

Caesar, Gaius Iulius s. Cäsar
Caesar, Sextus Iulius, Statthalter, 71, 73
Caesarea (Maritima), Hafenstadt, 98, 102ff., 113, 127, 129, 150, 152f., *165*, 182, 184, 196, 199, 201ff., 215, 217f., 245, 249, 289, 310, 318f., 355
Caesarea Philippi, Stadt, 125, 158, 205f., 246, 324

Caligula (Gaius Caesar), Kaiser, 126, 154ff., 158f., 178ff., 181f., 355
Caparcotna, Garnison, 306
Capri, Insel, 152, 186
Caracalla, Kaiser, 309, 31ff., 314, 317, 323, 356
Carrhae, Ort, 69
Cäsar (Gaius Iulius Caesar), Diktator, 66, 68ff., 72f., 79, 86, 127, 138ff., 143, 142ff., *163*
Cassius, C. Longinus, röm. Feldherr, 69, 73ff., 144, 354
Cassius Longinus, Statthalter, 192
Catullus, Statthalter von Ägypten, 258
Chalcis, Königreich (Libanon), 192, 104, 355
Chanina Ben-Teradion, Rabbi, 299
Charon, Fährmann in die Unterwelt, 185
Chrysostomos, Johannes, Apologet, 331
Cicero, Marcus Tullius, röm Staatsmann, 138, 144, 329
Circe, Zauberin, 260
Claudius, Kaiser, 110, 181–186, 188f., 191f., 194, 198, 355
Clemens von Alexandria, Apologet, 329
Clemens von Rom, Kirchenhistoriker, 190
Collega, Gnaeus, Statthalter, 265
Colonia Prima Flavia Augusta (Caesarea) 255
Commodus, Kaiser, 309,
Constantin der Große, Kaiser, 7, 112, 120, 294, 316, 323, 325, 332f., 335
Constantius II., Kaiser, Sohn Constantins d. Gr., 326, 333, 335
Coponius, Präfekt, 110
Crassus, Marcus Licinius, röm, Politiker und Feldherr, 5, 66, 68f., 354
Crus, L. Cornelius Lentulus, Konsul, 139
Cumanus, Ventidius, Präfekt, 195–198, 355
Cypros, Gattin Agrippas I., 177
Cyrene, Stadt, 134, 136, 140f., 174, 274, 278, 353

Damaskus, Stadt, 29, 73, 119, 14, 319f., 322
Daniel, Prophet, 39, 47, 67
Daphne, Heiligtum b. Antiochia, 76, 83
Dareios III., pers. Kg., 38
David, Kg. v. Israel u. Judäa, 13, 19–22, 24f., 28, 30f., 36, 59, 111,*161*, 353
Delos, Insel, 135
Demeter, Göttin der Fruchtbarkeit, 102
Demetrios I., Seleukide, 50ff.
Demetrios II., Seleukide, 52, 54, 57
Dio Cassius, Geschichtsschreiber, 188, 268, 272f., 280, 291ff., 310, 312, 314
Diocletian, Kaiser, 145316, 322ff., 325
Dolabella, P. Cornelius, röm. Politiker und Feldherr, 139
Domitian, Kaiser, 247f., 263, 266f., 268, 355

359

Domitius Domitianus, Usurpator, 324
Doris, Ehefrau Herodes' d. Gr., 75, 88, 92, 95f.
Dortus, aufständischer Jude, 197
Driana (Hadrianopolis), Stadt, 279
Drusilla, Schwester Agrippas II., 198
Drusus, Sohn des Kaisers Tiberius, 177

Eben-Ezer, Ort, 18, 353
Edessa, Stadt, 320
Elagabal, Kaiser, 309, 314
Eleazar, Räuber, 196
Eleazar, Bürger von Machaerus, 250
Eleazar, Führer der Zeloten, 209f., 218, 229, 232, 234
Eleazar von Modi'im, Rabbi, 285
Emesa, Ort, 321
Emmaus, Ort, 48260, 289
En-Gedi, Oase, 289
Ephesus, Stadt, 135, 139f.
Epiphanias, Kirchenschriftsteller, 294
Eschbaal, Sohn Sauls, 2
Esra, Schriftgelehrter, 36f., 353
Euphrat, Fluss, 81, 133, 257, 263, 281, 320
Eusebius, Bf. v. Caesarea, Kirchenhistoriker, 272ff., 280, 300.309, 312, 322, 331
Ezekia, Freiheitskämpfer, von Herodes hingerichtet, 123

Fadus, Cuspius, Präfekt, 192ff., 355
Felix, Antonius, Präfekt, 198f., 355
Festus, Porcius, Präfekt, 199
Flaccus, L.Pomponius, Statthalter, 158, 177, 180f.
Flaccus, L. Valerius, Statthalter, 138, 144
Flavia Domitilla, Ehefrau des Flavius Clemens, 266f.
Flavius Clemens, Vetter Domitians, 266f.
Flavius Josephus, jüd. Historiker, 6, 42, 60, 62f., 65, 68, 70, 72, 74, 93, 98f., 101, 105, 109f., 125, 128, 130, 132, 143, 147, 149, 155f., 159, *171*, 182, 186, 189, 192, 194f., 198, 200f., 206, 209f., 212, 129, 221, 224f., 230, 232, 234ff., 237, 240, 242f., 246–249, 253, 255, 258f., 263f., 267f., 270, 272, 337
Florus, Gessius, Präfekt, 191, 200ff., 206ff., 208, 216, 355
Fulvia, Römerin, 186f.

Gabao (Gibeon), 215, 217
Gabinius, Statthalter, 67
Gaius, Kaiser, s. Caligula
Gaius Caesar, Enkel von Octavian Augustus, 102
Galba, Kaiser, 228, 259
Galerius, Kaiser, 324, 335, 356
Gallienus, Kaiser, 320
Gallus, Caesennius, röm. Offizier, 215
Gallus, Cestius, Statthalter, 200, 207, 214, 217, 221, 234

Gamaliel II. Patriarch, 304, 314
Gamaliel III, Patriach, 308
Gamaliel IV., Patriarch, 323, 336
Garizim, Berg bei Sichem, 59, 149, 153, *162*, 296, 353f.
Gaza, Stadt, 59, 86, 88, 293, 310
Genezareth, See, 69, 112, 114, 125, 159, 226, 354
Georgias, Feldherr, 47ff.
Germanicus, Neffe des Kaisers Tiberius, 150
Gethsemane, Garten, 115
Gezer, Stadt, 58
Gibeon s. Gabao
Gilead, Ort, 86
Giora, Vater Simons, 226, 220, 232, 247
Gischala, Stadt, 129, 227
Gischonquelle, 24
Glaphyra, Witwe v. Herodes d. Gr. Sohn Alexander, 125
Graetz, Heinrich, Historiker, 119, 297, 299
Gratus, Valerius, Präfekt, 150
Grophnahügel 45, 50

Hadrian, Kaiser, *172f.*, 188f., 249, 274, 278f., 280, 282ff., 285, 289f., 292ff., 295f., 297, 300, 302f., 325, 327, 333, 355
Hadrianopolis, Stadt, 279
Hagar, Sklavin, 330
Haggai, Prophet, 35,
Haifa, Stadt, 104
Hauran-Gebirge 87
Hebron, Ort, 16, 353
Helena, Kgn. von Adiabene, 194, 279, 355
Helix, Rächer des Malichos, 75
Hellespont, Dardanellenstraße, 39
Herkules, griech. Halbgott, 288
Hermaiscus, Alexandriner, 271
Herodes I. (der Große), Kg. v. Judäa 5, 59, 67, 71ff., 79–108, 110, 129, 140, 150, 152, 155, 164f., 175f., 184, 209f., 243f., 250, 259, 272, 277, 279, 354
Herodes II., Bruder Agrippas I., Kg. v. Chalcis, 192, 194, 204, 259, 279
Herodes, Sohn Herodes' d. Gr. und Mariamne II., 160
Herodes Antipas, Sohn Herodes' d. Gr., 113, 1139f., 125f., 158ff., 177ff., 323, 354
Herodias, Frau des Herodes Antipas, 113, 160, 178
Herodion, Festung, 78, 228, 233, 249, 288, 292, 310
Hillel, Gelehrter, 314f.
Honorius, Kaiser, 332, 336
Hoschea, Kg. v. Israel, 31, 353
Hyksos, Fremdherrscher in Ägypten, 13
Hyrkan I., s. Johannes Hyrkan I.
Hyrkan II., Hasmonäerherrscher, 60ff., 65f., 69ff., 76f., 84, 88, 146, 353

Irenäus von Lyon, Apologet, 328 f.
Isaak, Sohn Abrahams, 328
Ismael, Hohepriester, 199
Issos, Ort, 38
Iucundus, röm. Offizier, 201
Iulia Mamäa, Mutter des Kaisers Alexander Severus, 315
Iulius Cäsar s. Cäsar
Izates, Kg. v. Adiabene, 194 f., 279, 355

Jacob, Stammvater, 13, 17, 37, 284, 328
Jacobus, Bruder des Jesus v. Nazareth, 205
Jahwe, 16, 21, 29, 45, 69, 83, 99, 114, 133, 196, 212, 262, 282, 296, 302, 304
Jamnia, Stadt, 120, 155, 228, 254, 256 f., 261, 355
Japha, Ort, 226
Jeremia, Prophet, 33 f., 262
Jericho, Stadt, 33, 58, 60, 62, 81 f., 86, 88, 105, 113, 260
Jerobeam I., Kg. v. Israel, 23, 29, 31, 353
Jesreel-Ebene 18, 29, 112
Jesus, Hohepriester, 231
Jesus von Nazareth, 5, 109, 111 f., 114 ff., 129 ff., 150, 327, 329–332, 354
Johanan, Rabbi, 284, 321
Johanan Ben Zakkai, Rabbi, 254, 256, 257, 261 f., 265, 355
Johannes, Evangelist, 109
Johannes Hyrkan I., Hasmonäerherrscher, 58 f., 63, 149, 353
Johannes der Täufer, 109, 113, 160
Johannes von Gischala, Aufständischer, 212, 219, 229, 231 ff., 234, 237, 243 f.
Jonatan, Sohn Sauls, 19
Jonathan, Aufständischer in Ägypten, 258
Jonathan, Sohn des Annas, 154
Joppe (Jaffa), Stadt, 80, 215, 304
Jordan, Fluss, 18, 59, 61, 67, 88, 97, 113, 194, 249, 315
Joschija, Kg. v. Juda, 32, 353
Josef, Sohn Jacobs, 13
Josef von Nazareth 111, 113
Joseph, Bruder Herodes' d. Gr., 80, 82
Joseph, Mann von Herodes' d. Gr. Schwester Salome, 90 f.
Joseph, Oberbefehlshaber der Juden, 218
Josephus Flavius, s. Flavius Josephus
Josua, Feldherr, 14–17
Jotapata, Stadt, 221 ff., 225 f., 259
Juda II., Patriarch, 315
Juda III., Patriarch, 323
Judah I., Patriarch, 304, 307 f., 311 f., 314
Judas, Sohn des Simon Makkabäus, 58
Judas, Zelotenführer, 110, 123
Judas Makkabäus, Sohn des Mattathias, 45 ff., 50, *162*, 353
Julian Apostata, Kaiser, 332 ff., 356
Julianus, Jude, 282
Julias, Stadt, 125
Juno, röm. Göttin, 296

Jupiter, röm. Gott, 61, 155, 296
Justin, Philosoph, 330
Justinian, Kaiser, 337
Juvenal, röm. Dichter, 329

Kadesch-Barnea, Oase, 15
Kaiphas, Hohepriester, 116, 150, 153
Kaisun, Ort, 311
Kallirhoe 97
Kambyses II., Perserkg., 134
Kanaan, Landstrich, 15 ff., 153
Kanatha, Ort, 87
Karmelgebirge 80
Karnak, Tempelstätte in Ägypten, 32
Karthago, Stadt, 42, 296, 329
Kebar, Fluss, 33
Kepler, Johannes, Astronom, 111
Kidrontal, 57, 114 f.
Kleopatra III., Kgn. v. Ägypten, 59
Kleopatra VII. (die Große), Kgn. v. Ägypten, 40, 79, 86 ff., 90, 105, 181, 259, 354
Kleopatra Thea, Ptolemäerprinzessin, 51 f.
Konstantinopel, Stadt, 331
Korinth, Stadt, 227 f.
Kos, Insel, 135
Kreta, Insel, 135
Kyros II., Perserkg., 35, 134, 353

Leontopolis, Stadt im Nildelta, 258
Leptis Magna, Stadt in Nordafrika, 309
Levi, Vater des Johannes von Gischala, 219
Livia Drusilla, Frau des Octavian Augustus, 125
Livias, Stadt, 126
Longinus, Tribun, 217
Lucia Septimia Eleutheropolis, Stadt, 310
Lucia Septimia Severa Diospolis (Lydda), 310
Lucuas, Aufrührer, 273
Lucullus, röm. Feldherr, 136, 354
Lukas, Evangelist, 109 f., 115
Lupus, Rutilius, Statthalter v. Ägypten, 258, 275
Lydda, Stadt, 215, 217, 228, 260, 310
Lysias, Reichsverweser der Seleukiden, 47 ff.

Machaearus, Festung, 6, 234, 246, 249 ff., 355
Magnesia, Stadt, 42
Makkabäer, Freiheitskämpfer, 45, 49 f., 53, 84, 104, 134, 353
Malthake, Ehefrau Herodes' d. Gr., 97
Mara, Oase, 14
Marc Anton s. Antonius, M.
Marc(us) Aurel(ius), Kaiser, 302, 306 f., 309, 313, 328, 220, 355
Marcellus, Präfekt, 153, 155
Marcellus, Publius, Statthalter, 291
Maria, Mutter Jesu, 111, 113

361

Mariamne, Ehefrau Herodes' d. Gr., Enkelin Hyrkans II., 86, 88 ff., 95, 354
Mariamne, Tochter Hyrkans II., 77
Marsus, C. Vibius, Statthalter, 183 f., 192
Martialis, Q. Rammius, Präfekt v. Ägypten, 175
Marullus (wahrscheinlich Marcellus s. o.), Präfekt, 155
Masada, Festung, 6, 78, 80 f., 98, 104 ff., 175, 209 f., 220, 233, 246, 249 ff., 252, 354 f.
Mattathias, Hasmonäer, 45 f., 51, 353
Mattathias, Vater des Flavius Josephus, 212
Matthäus, Evangelist, 109, 115
Matthias, Hohepriester, 206
Maximus, L. Laberius, Prokurator, 249
Medinet Habu, Ort, 17
Melito, Bf. v. Sardes, 190
Memphis, Stadt in Unterägypten, 275
Menahem, Aufständischer, 210
Merenptah, Pharao, 17, 353
Metilius, röm. Offizier, 210
Michal, Tochter Sauls, 19
Michmas, Ort, 51
Miltiades, altchr. Apologet, 330
Minerva, röm. Göttin, 296
Mirijam, Jüdin, 240
Misenum, Krieghafen Roms, 249, 276
Mizpa, Stadt, 33, 47 f.
Modi'im, Dorf, 45, 54
Mommsen, Theodor, Althistoriker, 254
Moses, Führer der Hebräer, 14 ff., 117, 131, 194, 312, 328, 331 f., 353
Murabba'at, Wadi in der Wüste Juda, 287
Murcus, Statthalter, 74

Nabata, Stadt, 201
Nazareth, Ort, 111, 113, 116, 304, 359
Neapel, Stadt in Italien, 135
Neapolis, Stadt, 310, 318 f.
Nebukadnezar II., Feldherr, 29, 32 f., 35, 133 f., 353
Negev, Wüste, 15 f.
Nehardea, Stadt, 320 f.
Nehemia, Statthalter, 36, 353
Neronias s. Caesarea Philippi
Nerva, Kaiser, 173, 263, 268, 355
Nikanor, makedon. Feldherr, 47, 50
Nikolaos von Damaskus, Geschichtsschreiber, 119, 140 f.
Nil, Fluss, 15, 32, 43, 70, 134, 258, 275
Nisibis, Stadt, 279
Numa Pompilius, röm. Kg. der Frühzeit, 329

Octavian Augustus, Kaiser, 74 f., 79, 86 ff., 90 f., 102 f., 110, 120 124 ff. 128 f., 135, 140 f., 143 f., 146, 149, 153, *166*, 180, 186, 209, 275 f., 277, 354
Odaenathus, Kg. v. Palmyra, 316, 320

Omriden, Herrschergeschlecht, 31, 176, 353
Onias III., Hohepriester, 258
Onias, Sohn Onias III., 258
Orosius, Kirchengelehrter, 188, 272 f., 309
Otho, Kaiser, 228

Pallas, Freigelassener Neros, 198 f.
Palmyra, Oasenstadt, 320 f.
Pandateria, Insel, 125, 266
Panion, Stadt, 125
Pappos, Feldherr, 83
Pappus, Jude, 282
Paran, Wüste, 15
Paulus, Apostel, 104, 134, 329 f., 355
Paulus von Samosata, Bf. v. Antiochia, 321
Pausanias, griech. Reiseschriftsteller, 289
Peitholaos, Aufständischer, 69
Pescennius Niger, Statthalter, 309 f.
Petra, Stadt, 61, 78, 322
Petronius, P., Präfekt, 154 ff.
Pharsalos, Ort, 70
Phasael, Bruder Herodes' d. Gr., 71, 75 ff.
Pheroras, Bruder Herodes' d. Gr., 95
Philadelphia (heute: Amman/Jordanien), 88, 193, 319 f.
Philipp von Makedonien, Vater Alexanders d. Gr., 38
Philippus Arabs, Kaiser, 317, 319
Philippus, Sohn Herodes' d. Gr., 96, 119 f., 125 f., 158 f., 177 f., 354 f.
Philo von Alexandria, Historiker, 144, 147, 150, 154 f., 157, 181 f., 193
Phoibos, Gesandter, 216
Pisonius, Märtyrer, 312
Placidus, Tribun, 221 f., 223
Plinius, röm. Naturforscher, 98
Plotina, Frau Kaiser Trajans, 271
Polemon, Kg. v. Kilikien, 204, 259
Pompeius Magnus, Gnaeus, 57, 61 ff., 68 ff., 83, 85, 127, 136 f., 143 f., 146, *163*, 274, 354
Pontius Pilatus, Präfekt, 102, 104, 109, 113, 116 ff., 130, 149 f., *165*, 355
Poppaea Sabina, Frau Kaiser Neros, 190, 199 f., 226
Poros, indischer Kg., 39
Priscus, röm. Offizier, 217
Ptolemaios I. Soter, Kg. v. Ägypten, 39 f., 134
Ptolemaios VII. Physcon, Kg. v. Ägypten, 181
Ptolemaios X. Alexander, Kg. v. Ägypten, 136
Ptolemaios XIII. Philopator, Kg. v. Ägypten, 70
Ptolemaios IX. Lathyros, Kg. v. Zypern, 59
Ptolemaios, Bruder des Nikolaos von Damaskus, 120
Ptolemaios, Schwiegersohn des Makkabäers Simon, 58

Ptolemais, Stadt, 52, 80, 156, 221
Puteoli, Stadt, 135

Qumran, Höhlen am Toten Meer, 57, 67, 174
Quadratus, Ummidius, Statthalter, 197
Quadratus, Christ, 300
Quietus, Lusius, röm. General, 280 ff.
Quirinius, Statthalter, 110 f., 128, 132, 355

Ramses II. Pharao, 13, 16, 353
Ramses III., Pharao, 17, 353
Ravenna, Stadt, 249
Refidim, Ort, 14
Rehabeam, Kg. v. Juda, 23, 29, 32, 353
Rhodos, Insel, 79, 88, 135
Rimmon-Ebene 304
Rufus, Annius, Präfekt, 149 f.
Rufus, Tineius, röm. Offizier, 290 f., 293

Sabinus, Schatzmeister, 122 ff.
Sacharja, Prophet, 35
Sadduk, jüd. Philosoph, 110
Salamis, Stadt des antik. Zypern 277
Salome, Schwester Herodes' d. Gr., 93, 120, 125
Salome Alexandra, Frau des Alexander Jannäus, 60, 72, 354
Salome, Tochter der Herodias, 113, 126, 158
Salomo, Kg. v. Israel, 21–25, 27 ff., 99 f., 292, 353
Samaria s. Sebaste
Samosata, Stadt, 81 f.
Samuel, Prophet, 18 f.
Sanballat, Statthalter, 36
Sardes, Stadt, 140, 190
Sardinien, Insel, 186, 188
Saturninus, Sentius, Freund des Kaisers Tiberius, 186
Saul, Kg. v. Israel, 13, 18 ff., 353
Scaurus, röm. Offizier, 61, 65
Schischak, Pharao, 32
Scipio, Cn. Cornelius Hispanus, röm. Feldherr, 143
Scipio, Publius Cornelius Africanus, röm. Feldherr, 42
Sebaste (Samaria), Stadt, 176, 184, 204, 310
Seianus, Regent, 151 f., 178, 187
Seleukos I., Diadochenfürst, 39 f., 50, 263, 353
Sepphoris, Stadt, 81, 126, 215, 221 f.
Septimius Severus, Kaiser, 309 f., 312 f., 356
Seron, syrischer Feldherr, 47
Severus Alexander, Kaiser, 309, 314–317, 356
Severus, Iulius, Feldherr, 291, 295
Sichem, Stadt, 29, 296, 353
Silo, Poppaedius, röm. Feldherr, 80 f.

Silva, L. Flavius, röm. Feldherr, 108, 249, 251
Simeon III., Rabbi, 304, 307
Simon, Aufständischer, 213
Simon, Sohn des Giora, 216, 220, 233 f., 237, 243 f., 247
Simon, Hasmonäer, 46, 51, 54, 57, 353 f.
Simon Ben Yohai, Rabbi, 284, 298, 303
Simon Cantheras, Hohepriester, 183
Simon Petrus, Apostel, 114
Sinai, Berg (Halbinsel), 14, 16, 312
Sinuhe, Ägypter, 15
Sosius, Statthalter, 82 ff.
Sparta, Stadt, 52
Sphapur I., Perserkg., 320
Strabo, griech. Historiker, 134, 179
Styx, Fluss, 185
Sueton(ius) Tranquillus, röm. Schriftsteller, 146, 188, 266
Sulla, Diktator, 136, 354
Sulpicius Severus, Geschichtsschreiber, 242
Susa, Stadt, 36, 38

Tabor, Berg, 67, 227
Tacitus, Publius Cornelius, Geschichtsschreiber, 109, 186, 189 f., 198 f., 201, 242, 259, 329
Tadmor (Palmyra) 321
Tarichaia, Ort, 69, 226
Tekoa, Wüste, 50
Tel Aviv, Stadt, 104
Tertullinan(us), Quintus Septimius, Kirchenschriftsteller, 190, 328 f.
Teuchira, Stadt, 279
Theben, Stadt, 17, 275
Theodosius I., Kaiser, 7, 331, 336
Theophilus, Hohepriester, 182
Theophilus, Jude, 206
Theudas, Aufrührer, 194
Tholomaeus, Räuberhauptmann, 194
Tiber, Fluss, 65, 144
Tiberias, Stadt, 126, 159, 177, 184, 219, 226, 323
Tiberius, Kaiser, 109, 126, 149 f., 152–155, 158 ff., 165, 177 f., 180 f., 186 f., 355
Tiberius Alexander, Präfekt, 192–195, 234, 254, 257
Tigranes IV., Kg. v. Armenien, 279
Tigranes V. Aristobul, Kg. v. Armenien, 279
Tiron, Soldat, 94
Tirza, Stadt, 29
Titus (T. Flavius Vespasianus; Sohn v. Vespasian), Kaiser, 168 ff., 221, 224 f., 228 ff., 234–244, 246 ff., 254, 259 f., 263, 265, 270, 281, 292, 311, 328, 332, 334, 355
Trajan (Traianus), Kaiser, 173, 266, 268, 270 ff., 274–281, 283, 322, 330, 355

363

Transtiberim (Trastevere), Stadtteil von Rom, 144
Tryphon, Jude, 330
Tryphon, Feldherr, 52 ff., 57
Tscherikover, Gelehrter, 270
Turbo, M. Marcius, röm. Offizier, 273, 275 ff., 280
Tyros, Stadt, 23, 63, 76, 353

Uscha, Stadt, 302, 304

Valentinian, Kaiser, 337
Valerian, Kaiser, 320
Valerius Maximus, röm. Dichter, 143
Varus, Publius Quintilius, 96, 120 f., 217
Ventotene (Pandateria), Insel, 266

Vespasian (Titus Flavius Vespasianus), Kaiser, *167*, 221, 223–227, 232, 234, 246, 254–257, 259, 263 ff., 289, 297, 355

Vienna, Stadt in Gallien, 125
Vitellius, Kaiser, 153, 160, 177
Vologaeses I., parth, König, 263

Yigal Yadin, Archäologe, 105

Zedekia, Kg. v. Juda, 32, 353
Zenobia von Palmyra, Gattin des Odaenathus, 316, 320 ff.
Zerubabel 262
Zeus, griech. Gott 43
Zypern, Insel, 59, 135, 195, 270, 272, 277

Bildnachweis

Kunstdruckteil:
AKG Berlin: 163 (2), 167 oben, 167 unten (Foto: E. Lessing), 168 unten, 170 (Foto: E. Lessing) und Umschlagmotiv
PD Dr. Stefan Altekamp, Berlin: 173
Dr. Martin Bentz, Regensburg: 169 unten
Bildarchiv Preußischer Kulturbesitz, Berlin: 161 oben, 162 oben, 164 oben, 174 oben
Britisches Museum, London: 161 unten
Dr. Helmut Brosch, Buchen: 174 unten, 175
Freunde & Förderer der Abguss-Sammlung Antiker Plastik e.V., Berlin: 168 oben
Österreichische Nationalbibliothek, Wien: 171
Guido Schall: 166, 169 oben, 172
Dr. Jürgen Zangenberg, Wuppertal: 162 unten, 164 unten, 165 (2), 176

Textabbildungen:
S. 26 nach: Harry Frank/Sibylle Rott, Biblisches Stätten einst und heute, Stuttgart 1983
S. 30 (Zeichnung: Annick Petersen), 106 (Zeichnung: George Taylor) nach: Roberta L. Harris, Das Zeitalter der Bibel. Spurensuche auf heiligem Boden. Aus dem Englischen von Peter Knecht, ECON, Düsseldorf 1995 (Titel der englischen Originalausgabe: Exploring the World of the Bible Lands, Thames & Hudson Ltd., London 1995)
S. 22, 53, 121 aus: Einheitsübersetzung der Heiligen Schrift. © 1980 Katholische Bibelanstalt, Stuttgart
S. 64, 89 nach: Abraham Schalit, König Herodes. Der Mann und sein Werk, 2. Aufl. Walter de Gruyter, Berlin/New York 2001

Vorsatzkarte:
aus: Meyers großes Taschenlexikon in 24 Bänden, 4. Auflage, 1992, B.I.-Taschenbuchverlag, Mannheim/Leipzig/Wien/Zürich, Band 18, S. 299

lesbar
informativ
seriös

„Herbert Heftner gelingt es, das komplexe Geschehen des Aufstiegs der kleinen Landstadt Rom zum Beherrscher in der Mittelmeerwelt in einer flüssigen und allgemeinverständlichen Sprache nachzuzeichnen, ohne daß er trivial wird oder die Dinge verzerrt. Nie ist er trocken, geschweige denn langweilig." Das Buch „setzt mit einer Skizze der römischen Expansion in Italien ein, stellt dann die römische politische Verfassung dar und schildert in der Hauptsache breit die Punischen Kriege und das Übergreifen Roms nach Griechenland – es endet mit den entsetzlich brutalen Totalzerstörungen Karthagos und Korinths. ... Aber der Verfasser vergißt nicht, die politischen, sozialen, und kulturellen Rückwirkungen der pausenlosen römischen Kriege auf das immer größer werdende Rom angemessen darzustellen. ...
Alles in allem: lesbar, informativ und seriös – was will man mehr?"
Frankfurter Allgemeine Zeitung

Herbert Heftner
Der Aufstieg Roms
Vom Pyrrhoskrieg bis zum Fall
von Karthago (280-146 v. Chr.)
493 Seiten, 29 s/w-Abbildungen,
Karten, Leinen
€ (D) 34,90
ISBN 3-7917-1563-1

Verlag Friedrich Pustet
D-93008 Regensburg